当代中国行政法

第 三 卷

应松年　主编

人民出版社

第三编 行政行为

第十二章

行政行为

杨海坤　　曾长期在苏州大学法学院工作，现任山东大学法学院一级教授、博士生导师。兼职：中国法学会行政法学研究会副会长、江苏省行政法学会名誉会长。主要著作有：《中国行政法基本理论》（独著）、《市场经济、民主政府和法治政府》（个人论文集）、《中国行政程序法典化》（合著）、《中国行政法基本理论研究》（合著）、《中国特色政府法治论研究》（合著）等。发表法学论文400余篇，其中中国人民大学书报复印资料全文转载70余篇。

第一节 行政行为的概念

　　行政行为是行政法学体系中一个枢纽性、基础性的核心概念。它是联结行政主体与行政相对人的纽带与桥梁，也是检验行政主体存在合法性、必要性以及要求行政主体承担法律责任的基础。行政主体的存在是以其行为功能为前提的，其合法性、必要性也是以其行为的合法性、必要性为前提的，如果行政主体不能作出行政行为，行政主体就没有存在之必要；如果行政主体之行为不能达到预期的效果，行政主体存在之必要性，也必定遭到质疑。同时，行政主体承担法律责任依据也就是其行为的存在以及产生客观效果为前提。正如学者所言："行政行为法理论的基础性概念无疑是行政行为，其内涵确定决定着行政行为法理论的体系建构与走向。"[①] 可见，行政行为概念的科学界定，实际上起着对行政实体法和程序法统领、衔接的功能，也是行政救济法科学性之基础。这里暂且不讨论行政行为是否是行政法学中最核心的概念，但不可否认的是，行政行为存在的学理意义，其行政执法中意义以及其接受司法审查的意义等都明显不容忽视。

　　反观中国对行政行为课题的研究一直是行政法学界最热门、也是观点纷纭的领域，特别是伴随着我国社会生活的发展，行政活动方式多样化，行政关系复杂化以及新型行政行为的出现等，对行政行为内涵与外延的深刻反思已经成为行政法学发展中的瓶颈问题。正如有的学者指出的："行政行为概念的明晰，不仅是构筑科学的行政行为法理论体系的逻辑前提，而且更是行政执法和司法审查实践的迫切需要。"[②]

[①]　闫尔宝：《我国行政行为法体系构建的问题与症结》，《国家检察官学院院报》2014 年第 5 期。

[②]　章志远：《行政行为效力论》，中国人事出版社 2003 年版，第 2—3 页。

一、相关国家和地区对行政行为概念的研究

（一）行政行为概念在大陆法系国家和地区最为流行

1. 法国

行政行为概念最早产生于资产阶级大革命胜利以后被誉为"行政法母国"的法国。法国大革命胜利之后实行"三权分立"体制，在这一政治体制中，行政机关在行政管理活动中针对具体事项作出相应的处理决定，该决定对相对人具有法律上的约束力，被称为"Acte Administratif"，即传统上的行政行为，本质上表现为行政相对人必须服从主权者单方的决定和命令。

19 世纪初，Acte Administratif 概念为法国学者普遍接受，而后来受到以狄骥为代表的社会连带主义法学思想影响，尤其是公共服务理论的影响，行政行为概念逐步深化。行政行为不再仅指行政机关的单方处理行为，行政行为作为一种本质上为相对人或更广泛的社会公众提供服务为目的的公务行为，以致不能因为它的权力因素将其定义局限为主权者单方面的命令。①

目前法国行政行为的含义，由于其使用标准不同而有三种不同的理解。

（1）以采取行为的机关为标准，行政行为是行政机关所采取的全部行为，以区别于立法机关所采取的立法行为和司法机关所采取的司法行为。这种意义上行政行为称为形式意义或机关意义的行政行为。

（2）以行为本身的性质和内容为标准，行政行为是适用普遍性规则用于具体事件的行为，以区别于制定普遍性规则的立法行为和适用普遍性规则用于解决争端的司法行为。这种意义上的行政行为称为实质意义上的行政行为。

（3）以行为的作用为标准，行政行为是行政机关作出的产生行政法上法律效果的行为，以及私人由于法律或行政机关授权执行公务时所采

① ［法］莱昂·狄骥：《宪法论》，钱克新译，商务印书馆 1962 年版，第 63、469 页。

取的某些行为。这种意义上的行为称为功能意义上的行政行为。这是法国目前的通论。其含义包括三点：①行政行为是行政机关的一种法律行为，而不是一种事实行为；②行政行为是发生行政法律效果的法律行为；③行政行为不限于行政机关的行为。

从法国行政行为概念变化的特点来看，行政行为概念可以不断吸纳新的行政活动方式和新的内容，实际上目前法国行政行为已经包括了委任立法、行政合同等活动方式，以适应法国行政法治实践的需要。

2. 德国

德国行政行为概念最初是从借鉴法国的 Acte Administratif 而来的，于 1826 年产生了 Verwaltungsakt 的概念，当时是指公共行政机关依据公法或私法所采取的一切行政措施。[1] 后来由有着"德国行政法之父"之称的著名行政法学家奥托·迈耶（Otto Mayer）对此概念进行修正，行政行为"为行政机关依法针对个别事件所作出的对人民具有公权力之宣示"[2]。这一概念在德国产生很大影响，但也引发了很多思考和争论。例如，学者柯俄曼起初曾将行政行为界定为国家机关或公共团体的所有行为。后来，受民法理论的影响，他排除了私法行为、事实行为及准法律行为，仅以具有意思表示即法效意思作为行政行为的判别标准。从上述定义不难发现，德国的行政行为具有三方面特征：是具体行政行为，而不是抽象行政行为；是外部行政行为，而不是内部行政行为；是法律行为，而不是事实行为，因为它以能够引起法律效果为条件。

为便于统一对行政行为的概念认识与整合，德国于 1976 年进行了《联邦德国行政程序法》的立法。根据《联邦德国行政程序法》第 35 条规定的定义，行政行为是行政机关为规范公法领域的个别情况采取的具有直接的对外效力的处分、决定或其他官方措施。尽管这一概念也遭到批评，例如德国学者巴杜拉等认为，德国传统行政行为概念仅指行政主体针对具体事务根据行为所作出的单方处理行为，带有很强的形式主义

---

① ［印度］M.P.赛夫：《德国行政法》，台湾五南图书出版公司 1991 年版，第 75 页。
② ［印度］M.P.赛夫：《德国行政法》，台湾五南图书出版公司 1991 年版，第 75 页。

倾向。他指出，如果仅仅用公权力、强制性和单方性作为标准来界定行政行为，就把许多不具有上述特征的行政活动排斥在行政行为之外了。

尽管德国传统行政行为概念遭到批评，但在德国，这个概念至今仍占主导地位。德国行政法学者毛雷尔在其著作《行政法学总论》中指出："行政行为是19世纪行政法理论的基础。奥托·迈耶揭示了行政行为的本质特征，至今仍然具有决定性影响。他将行政行为定义为：'行政机关对相对人在具体事件中作出的决定其权利的优越性的宣示'。理论与实践均普遍以这一定义为据。"毛雷尔将行政行为概念定义为"行政机关对具体事实作出的具有直接外部法律效果的处理行为"[①]。该定义概括了行政行为的各项特征（处理、主权上的、具体事件和外部效果），有助于与其他国家活动方式区分开来。但德国在不同时期，行政行为概念的内容处于不断变化的过程。二战之后，随着其他行政管理手段的不断被认识，一些德国行政法学者开始反思。他们认为传统行政行为在理论抽象方面有功，但毕竟失之过窄，Verwaltungsakt 之外的其他行政活动应该不断被纳入行政法学研究范围，由此形成了作为更高层次概念的行政行为法体系。[②]

3. 日本

日本早在该国明治维新时期就引入了德国行政行为 Verwaltungsakt 概念。但在日本对行政行为概念的理解最后形成最广义说、广义说、狭义说和最狭义说等多种学说，迄今仍有争论。最广义说认为，行政行为包括行政厅所作出的一切行为。这是19世纪初期，行政行为刚刚得以承认时的一种观点。广义说认为：行政行为是指行政厅所实施的所有公法行为。即行政行为是排除事实行为和私法行为以外的行政厅的行为。狭义说认为，行政行为是指行政厅就具体事件所作出的公法行为，不包括行

---

① ［德］哈特穆特·毛雷尔：《行政法学总论》，法律出版社2000年版，第181、182页。

② ［日］南博方：《日本行政法》（中译本），杨建顺、周作彩译，中国人民大学出版社1988年版，第33页。

政厅的事实行为、私法行为和立法行为。如："行政行为是指行政厅为了调整具体事实，作为公权力的行使者，对外部采取的产生直接法律效果的行为。"① 最狭义说则认为，行政行为是行政厅针对具体事项，行使公权力所为的公法上的单方行政行为。这一概念排除了立法行为、传统的统治行为、公法上的契约行为等。目前，最狭义说为日本最通行的学说。如"行政行为，是指行政厅依法行使行政权，针对具体事实，对外部采取的，能产生直接法律效果，使具体事实规则化、权利义务及其他法律地位确定化的行为。"可见，在日本，行政行为概念也经历了充满争论且逐步发展变化的过程。

在日本，对于行政行为的理解仍然是学术上的用语，学者之间曾出现不少分歧性意见。有的学者认为单方性并不是行政行为的特色，行政行为也并不仅仅作为单方性的行为而使用；行政行为也并不仅仅在规制行政中才可使用，在给付行政中同样也可以使用。日本"行政过程论"持有者认为行政行为作为行政过程的一个阶段在发挥作用，并构成行政法体系的一部分。

4. 我国台湾地区

我国台湾地区对德国行政法和日本行政法的研究一直没有中断，对行政行为的研究也没有中断。但其行政行为理论主要接受日本行政法学理论，对行政行为概念表述也有最广义说、广义说、狭义说和最狭义说四种。最广义说认为凡行政机关的一切行为均属于行政行为，与日本的最广义说相一致。广义说认为，行政行为是行政机关所作的法律行为，包括公法行为和私法行为，而不包括事实行为。狭义说认为行政机关是指行政机关所作的发生公法上效果的行为，不包括私法行为，也不包括行政机关的事实行为，但公法上的契约行为包括在内。最狭义说认为行政行为是指行政机关的单方的意思表示而发生的方法上效果的行为，包括抽象性行为，也包括具体性行为。至于公法上的契约行为则不包括在内。有些台湾地区学者甚至采取回避"行政行为"概念的做法，他们宁

---

① 杨建顺：《日本行政法通论》，中国法制出版社1998年版，第363页。

可用"行政作用"和"行政处分"概念来表达对有关问题的看法，如翁岳生教授指出："行政作用法是行政法最重要部分，而有关'行政处分'则为最主要之行政作用，故有关行政处分问题，始终是大陆法系行政法学之中心课题。"但也有学者认为："行政行为是行政主体所为，以达到行政目的的行为总称。"包括行政立法行为、行政处分、行政契约、行政处罚、行政执行等。① 目前我国台湾地区"行政程序法"第 92 条第 1 款规定："本法所称行政处分，系指行政机关就公法上具体事项所为之决定或其他公权力措施而对外直接发生法律效果之单方行政行为。"可见，在目前台湾行政法学体系中，行政行为是行政处分这一法律术语的上位概念，而德国、日本的行政行为概念在台湾地区则表达为"行政处分"。综观台湾行政处分概念的研究，在最初阶段，将意思表示作为行政处分的构成要件，而否定准法律行为的行政行为存在，显然有注重行政权而忽视公民权利保护之嫌。随着学术研究的深入和司法实践的不断自我更新，台湾地区的行政法实务开始呈现将行政处分概念外延扩大化的趋势，如将"委托个人或团体行使公权力；公法上金钱给付；对公务员之重大处分；对学生之重大处分；考试之评分；第三人效力处分；多阶段处分；都市计划之个别变更"② 等都逐渐纳入了行政处分的类型范畴。

5. 我国澳门地区

《澳门行政程序法》第 102 条规定：行政行为是指"行政当局之机关之决定，其目的是在个别具体情况中，依据公法的规定产生法律效果。"其定义与《葡萄牙行政程序法》第 120 条的规定相同，反映了大陆法系国家和地区对行政行为的一般认识。综合观察大陆法系国家与地区行政行为概念具有一些共同的特点：一是多将行政行为侧重于解释为外部的、具体的权力性法律行为；二是该概念或多或少受到特别权力关系理论的影响，至今仍有不同程度的残留；三是注重从行政诉讼角度来界定行政行为，往往以是否可以成为行政诉讼对象为标准来概括行政行为。笔者

---

① 陈新民：《行政法学总论》（修订三版），台湾三民书局 1992 年版，第 363 页。

② 刘宗德：《行政法基本原理》，台湾学林文化事业有限公司出版，第 106 页。

认为：大陆法系国家与地区"行政行为"概念有比较严谨、细致和思辨的优点，但理论色彩过浓也往往会束缚实践的发展，过于苛求其严格的要件则会走向反面。很显然，随着新型行政行为出现，行政行为概念显得陈旧，以至捉襟见肘，暴露其包容性差的严重缺陷。

（二）英美法系国家对行政行为概念缺乏系统研究

对于英美法系国家而言，行政行为的概念首先出现在行政学上。"在行政学上，'行政行为'（英文为 Administrative behavior）就是行政管理。美国学者赫伯特·A.西蒙（Herbert A.Simon）首创这个词，开拓了运用行为科学方法探讨公共行政的决策、组织、执行机制及其效果，以促进行政效率的崭新研究领域。所以'行政行为'即是行政管理活动的概括性范畴，以代表着行为主义在政治学、行政学中的应用。"①

在以控权论为理论基础的行政法学领域，由于英美法系国家法律传统中不存在独立的行政法律体系，特别是英国没有公私法的明确区分，对"行政行为"等概念的探讨往往不能引起学者们浓厚的兴趣。正如王名扬教授所说的："英国大部分行政法学著作一般对行政机关行使权力的程序和权力的范围问题比较注意，对行使权力的方式问题很少讨论，在这方面和大陆法系的行政法著作不一样。"② 但这不等于说英美法系国家不使用"行政行为"概念。《美国联邦行政程序法》对"行政行为"（又称"机关行为"）定义："'机关行为'（行政行为）包括机关的法规、裁定、许可、制裁、救济或其相等的行为；以及对它们的拒绝或不行为的全部或一部分。"该法典还对制定法规、裁定、裁决、许可证、审批许可证等行为的定义作出规定。③ 但美国行政法学者对"行政行为"概念并不花费笔墨进行讨论，其实用主义倾向十分明显。在某种意义上来说，这也许是他们之优点所在。

---

① 石东坡：《行政行为及其特征的再探讨》，《甘肃政法学院学报》1999 年第 3 期。
② 王名扬：《英国行政法》，中国政法大学出版社 1987 年版，第 105 页。
③ 王名扬：《美国行政法》（下册），中国法制出版社 1995 年版。

二、中国大陆行政行为概念概述

我国行政法学研究起始于清末维新变法时期，当时主要借鉴和引入日本的行政法学，在翻译和介绍日本行政法学过程中，行政行为概念也随之传入我国。但行政行为概念在最初时期学者研究中就呈现很大分歧，例如较早的行政法著作——1927 年白鹏飞先生的《行政法总论》一书中将行政行为分为广义和狭义两种，广义的行政行为包括行政处分、行政契约、行政协定等；狭义的行政行为仅指行政处分。① 说明当时对行政行为的范围就有不同的认识。到 20 世纪 30 年代，赵章程先生认为行政行为包括法规命令、行政规程、行政处分、行政契约、行政执行（行政处罚与行政强制执行）。② 到了 1946 年，林纪东先生的《行政法撮要》又认为行政行为仅指行政处分。③

新中国相当一段时间里行政法学研究完全中断，直至 20 世纪 80 年代开始恢复。当时最早的行政法学教材《行政法概要》关于行政行为的定义是："行政行为是国家行政机关实施行政管理活动的总称。"④ 即认为行政行为是指行政机关的一切行为，可以理解为既包括运用权力的法律行为，又包括运用权力的事实行为。这是行政法学初期对行政行为最原始，也可以说是最朴素的认识，带有明显的行政管理学或行政学的色彩。这在当时行政法被视为管理法的大背景下是可以被理解的。

但是随着研究和讨论的深入，对行政行为的认识逐步深化，尤其开始注重行政行为的法律性，即行政行为在行政法上的特殊意义。但由于行政行为本身的复杂性以及学科理论的稚嫩，讨论中形成了各家各说、五花八门，而且分歧很大。有学者对学界中提出的各种行政行为概念进行归纳排序后发现，在我国学界至少存在着十种对行政行为概念的界定

---

① 白鹏飞：《行政法总论》，上海印书馆 1927 年版，第 86 页。

② 赵章程：《行政法总论》，上海印书馆 1935 年版，第 160 页。

③ 林纪东：《行政法撮要》，上海大东书局 1946 年版，第 76 页。

④ 王珉灿主编：《行政法概要》，法律出版社 1983 年版，第 97 页。

理论，而且随着这一概念存在得越久，概念本身经历了从广义到狭义、外延逐层递减的类似一个"剥笋"的过程，越来越多的"行为"被排除在了行政行为这一概念之外。① 学界对于行政行为理论的主要分歧有以下几个方面。

（一）行政行为是单纯的法律行为，还是还包括事实行为

一种学术观点认为：行政行为是指国家行政机关的一切法律行为，即行政行为是具有法律效果的行为，不具有法律效果的行为不属于行政行为，也不应该纳入行政法学研究视野。

与此不同的观点则认为：行政行为是国家行政机关行使行政权力，为达到行政目的的一切公法行为，包括直接、间接产生法律效果的行为甚至包括尚未产生行政法律效果的行为。也就是说，行政行为包括行政法律行为、行政准法律行为和行政事实行为。只要行为与行政职权的行使有关都应该予以研究。

（二）行政行为是单方行为，还是还包括双方行为、多方行为

一种观点认为：行政行为是行政主体的单方处理行为。单方行为意味着行政行为的成立只取决于行政主体的单方意志，不以行政相对人的意志为转移。基于这一特征，双方或多方合意的行政合同、行政协定等行为就应该被排除在行政行为之外。

另一种观点认为：行政行为具有多样性，不能将行政行为只局限于单方行为。可依照参加意见表示的当事人数目为标准，将行政行为分为单方、双方和多方行政行为。单方行为，是行政机关单方面决定，不经相对一方的个人、组织同意的一种行政行为；双方行为，是指行政机关与相对一方的个人、组织，相互协商，即双方意思表示一致才能成立的行政行为，一般较多见于具体行政行为，如行政合同。而多方行为，不过是双方行为在数量上的延伸。

---

① 杨海坤、蔡翔：《行政行为概念的考证分析与重新建构》，《山东大学学报》（哲学社会科学版）2013 年第 1 期。

（三）行政行为是权力行为，还是还包括非权力行为

一种观点认为：行政行为都是与职权相关的行政权力行为，而且都具有强制性。例如有学者认为："行政行为是体现国家意志的国家行为，因而它具有强制力。"①

另一种观点认为：行政行为还可能包括非权力行为。例如有些中国学者赞同日本学者的意见，把行政指导看作一种非权力行为。

第三种观点不同意把行政指导视作非权力行为，而应该认定为弱权力行为，认为权力与强制力之间不能画等号。例如在行政指导过程中，行政机关相对于相对人来说具有一种信息优势，这种信息优势以及其他优势实际上蕴含着权力因素。特别是在大数据时代，这种优势更加凸显。有些部门便常常将这种信息优势等作为权力寻租的手段，剥夺相对人的知情权，人为地造成信息不对称以实现自身利益的目的。

（四）行政行为是合法行为，还是还应该包括违法行为

一种观点认为：行政行为是行政主体所作的合法行为，认为只有合法行为才能产生预期的行政法效果，违法行为即使产生相应的法律后果也并不是行政主体所期望的行政法律效果，因此得不到法律的保护。行政行为应该排除违法行为。

另一种观点则认为：行政行为既包括合法的行政行为，也包括违法或不当的行政行为。不能只从应然角度出发考虑问题。这一观点批评"合法行为"论，认为这是继受我国民事法律行为理论的结果（即使在民法学界，民事法律行为是"合法行为"的论点也已受到严重质疑），同时也误解了行政行为的从属法律性这一特征。"合法行为"论与现实中的行政管理现状相抵触，也不适应行政复议和行政诉讼的现实需求，因而是经不起推敲的。我们固然可以要求行政行为必须合法，但不等于说现实生活中发生的违法行政行为便不是行政行为。

---

① 胡建淼：《行政法学》，法律出版社 1998 年版，第 263 页。

(五) 行政行为是具体行政行为，还是还应该包括抽象行政行为

一种观点认为：行政行为是行政主体就具体事项而作的公法上的单方行政行为，因此，行政行为不包括行政主体制定普遍性规则的行为。[1]认为具体行政行为与抽象行政行为的划分在法理逻辑上难以自圆其说，而且已经给司法实践带来诸多负面效应，因此建议在立法实践中抛弃"具体行政行为"这一法律术语，以"行政行为"取而代之。

另一种观点则认为：行政机关制定普遍性规则的行为也属行政行为。这种观点认为有人将德国和日本行政法学中的"行政处分"等同于我国行政法学中的"行政行为"的观点是不可取的，德国和日本行政法学中的"行政处分"只相当于我国行政法学中的"具体行政行为"，不包括"抽象行政行为"，因而不能与行政行为画等号。[2]

(六) 行政行为是外部行政行为，还是还应该包括内部行政行为

一种观点认为：行政行为是产生外部法律效果的行为。针对行政系统内部机关或人员产生法律效果的行为不是行政行为。行政行为是连接国家与公民之间关系的纽带，因而只有针对行政相对人发生法律效果的行为才是行政行为。

另一种观点则认为：行政行为不仅包括外部行政行为，而且还应该包括内部行政行为。如果只研究外部行政行为，而不研究内部行政行为，行政法学就不是完整的、成熟的。因为内部行政行为与外部行政行为有着密切的联系。有些看似内部行政行为的行为在一定条件下也会对外部行政相对人权益产生影响，也要接受司法审查，这是现代行政法的一个发展趋势。从国外情况看，很多国家并不严格区分内部行为和外部行为，也不以此标准确定是否属于法院审查的范围。认为诸如行政机关对于公

---

[1]　杨建顺教授认为：对于抽象行政行为可以从行政作用角度着手分析，可以把它从行政行为中独立出来，因而行政行为是行政主体依法行使国家行政权，针对具体事项或事实，对外部采取的能产生直接法律效果使具体事实规则化的行为。(可参见《关于行政行为理论问题的研究》，《行政法学研究》1995年第3期)

[2]　胡建淼：《行政法学》，法律出版社1998年版，第264页。

务员的奖惩和任免决定等"内部行为"，同行政机关作出的其他决定一样，均需受到普通法院或行政法院的审查。

（七）行政行为是直接产生法律效果的行为，还是还应该包括间接产生法律效果的行为

一种观点认为：行政行为是指行政主体依法行使国家行政权，针对具体事项或事实，对外部采取的能产生直接法律效果，是具体事实规则化的行为。[①]

另一种观点则认为：行政行为既可以直接产生法律效果，也可以间接产生法律效果。具体行政行为大都是行政机关与被管理一方的个人、组织直接发生权利义务关系，也就是直接发生法律效果；但也有一类具体行为，并不对被管理一方的权利义务直接产生影响，但可以间接产生影响，例如行政机关制定规范或者内部会议记录，而这些行为往往决定了行政决定处理的方向，通过中间手段同样对相对人权利义务产生影响。

以上罗列的仅仅是关于行政行为概念分歧的部分观点，无怪乎有研究行政行为的学者惊呼："当前我国的行政行为法理论存在的根本性缺陷是对行政行为概念的理解各异，以行政行为概念理解为基础的行政行为法体系五花八门，行政行为法理论体系建构困难。"[②]

三、对国内外观点的分析和思考

（一）各国行政行为概念研究中基本达成的共识

在行政行为概念的研究中，虽然在理论和实践上面临着各种矛盾和不同的处理思路，但通过对学界在这一领域取得的研究成果进行归纳总结，我们发现在某些问题上的看法还是基本一致的。比如在行政行为的构成要素和行政行为的合法要件等方面存在着广泛的共识。

[①]　杨建顺：《关于行政行为理论与问题的研究》，《行政法学研究》1995 年第 3 期。

[②]　闫尔宝：《我国行政行为法体系建构的问题与症结》，《国家检察学院学报》2014 年第 5 期。

1. 行政行为的构成要素①

行政行为的构成要素，是指能够成其为一个行政行为所必须具备的独特要素，是从本质到形式上区别行政行为与其他行为或非行政行为的独特标准。学界普遍认为行政行为构成要素有四个：主体要素、行政权力要素、法律效果要素和形式要素。

（1）主体要素是回答一个行政行为作出的发动者（或启动者）——机关及人的要素。主体要素是任何一个行政行为成立的首要要素；不是任何人作出的行为都被称为行政行为。这就要求作出行为的人具有独特的品质，即行政行为的主体必须是享有行政职权的组织和个人，不享有行政职权的组织和个人作出的行为不能被认定为行政行为。所以行为主体是否享有行政职权，是行政行为成立的资格要素。"它可以由法律赋予行政机关和社会组织，也可以由行政主体分解、确定给行政机构和公务员。"② 只有具备行政职权的组织和人员所作的行为才可能是行政行为，否则就不是行政行为。

（2）行政权力要素从某种意义上来说，行政权力是行政行为理论甚至行政法学研究的核心，或者说行政行为理论和行政法学研究应该是围绕着行政权力而展开的。行政行为必须是运用行政权力所作出的行为，无行政权力的存在和运用就无行政行为，行政行为正是享有行政职权的组织基于行政权力而产生，是行政权力的具体运用方式和方法。这些方式和方法可能是多种多样的，但它们并不是行政行为的本质内容，行政权力才是其核心问题。这是因为，只有运用行政权力才能来实施具有行

---

① 目前学者对此在称谓上可能有所不同，如也有学者称其为"行政行为的构成要件""行政行为的成立要件"或"行政行为的有效要件"，但在基本内涵的理解上还是一致的。另外，在行政行为构成要素的研究过程中，有的学者针对行政行为不同分类来研究行政行为构成要素，如分别研究抽象行政行为、具体行政行为的构成要素。（参见杨海坤主编：《中国行政法基础理论》，中国人事出版社 2000 年版，第 143—147 页。参见张树义：《行政法与行政诉讼法》，高等教育出版社 2000 年版，第 78—81 页）

② 周佑勇：《行政法原论》，中国方正出版社 2000 年版，第 163 页。

政行为独特特征的行政行为，只有这样的行为才区别于民事法律行为等其他法律行为的特征，才需要行政法的规范。运用行政权力是以享有行政职权为前提的。因此，凡是享有行政职权的并实际上运用行政权力所作的行为都是行政行为；而没有运用行政权力所作的行为，即使实施者是享有行政职权的组织，也不是行政行为。

（3）法律效果要素行政行为还必须是能够产生或具有一定法律效果的行为。所谓法律效果，是指行政主体通过自己的意志为行政相对人所设定、变更或消灭的某种权利义务关系以及与之相联系而取得的法律后果。行政行为作为行政主体的一种意思表示，只有当这种意思表示具备了为行政相对人设定、变更或消灭某种权利义务的内容时，才具有法律意义。如果一个行为没有针对行政相对人，或者没有设定、变更或消灭某种权利义务，或者尚未形成或完成对某种权利关系的设定、变更或消灭，则该行为不具有法律意义，不是法律行为；并且行政主体作出这种意思表示时，是期望得到某种法律后果的，尽管最终是否能够得到预期法律后果则需要另外的法律评判。总而言之，只有具有某种法律效果的行为才是法律行为，才能成为行政行为。

（4）形式要素表示行为是指行政主体将其内在意思以一定方式表现于外部，并为外界能客观理解的行为。行政行为作为一种法律行为，即行政主体的意思表示。行政主体只有将自己的意志通过语言、文字、行动、符号及信号等行为形式表示出来，并告之行政相对人后，才能成为一个行政行为。如果行政主体的意志没有表现出来，或者还没有告知行政相对人就无法为外界所识别和认知，就应该视为行政行为不存在或不成立。

2. 行政行为的合法要件

（1）行政行为主体合法。行政行为的直接实施者是行政主体，因此，不具备相应行政主体资格的任何国家机关、社会团体、社会组织、企事业单位和个人都无权作出行政行为。行政行为主体合法的具体要求是：

第一，作出行政行为的组织和个人必须享有行政主体的资格，非行政主体作出的行为不属于行政行为（除非接受行政主体的合法委托），因而不具有行政行为的效力。

第二，具有作出行政行为的主体必须具有法定职权。行政主体必须在自己的行政职权范围内作出特定的行政行为，若超出自己的职权范围则其行为是无效的。

第三，行政行为必须是具有国家公务员或相应身份的公务人员的职务行为。这一条件要求代表行政主体从事行政行为的人员必须是与国家建立了职务关系或行政委托关系的公务人员，只有这种公务人员的职务行为才能构成行政行为。非公务人员的行为或公务人员的非职务行为均不能构成行政行为。因此，在特殊情况下，非公务人员在获得合法授权情况下方可在形式上成为行政行为的主体。

（2）行政行为内容合法。行政行为内容合法即指行政行为的内容符合法律规定，行政主体必须在职权范围内作出该行政行为，并符合法律的目的。这里的合法应作广义的理解。它既包括行政行为必须依法律法规等明确规定作出，同时也包括行政行为必须适当、明确、符合社会公共利益。行政行为如果违反法律规定，超越职权或者滥用职权、明显不符合公共利益，都不能成为合法的行政行为。行政行为内容的具体要求如下。

第一，作出行政行为有事实根据，证据确凿。即行政行为内容必须有事实根据，而且证据要确凿。

第二，行政行为内容合法。即行政行为内容必须是根据法律、法规、规章和行政规范性文件的明确规定作出的，或者说行政行为正确适用了法律、法规、规章和其他行政规范性文件。

第三，行政行为内容适当。即行政行为的内容符合实际、公正合理，具有可行性。可行性包括事实上的可能和法律上的可能两个方面。

第四，行政行为符合立法目的和公共利益。行政行为不仅在内容上符合法律规范文件的明确规定，而且还必须符合法律的目的，符合社会公共利益。

（3）行政行为程序合法。行政程序法与行政实体法之间有密不可分的关系。因此，行政行为必须依照法定程序作出才能有效。行政行为的程序要件包括：

第一，行政行为符合法定的方式和形式。如法律、法规为行政行为设定了明确的方式和形式时，行政行为必须符合法定方式和形式。

第二，行政行为符合法定步骤和顺序。行政行为的步骤是指行政行为必须经过的过程、阶段和手续。行政行为的顺序是指行政行为各步骤的先后顺序。法律、法规为行政行为明确设定了步骤和顺序时，行政行为必须严格遵守法定步骤和顺序，不能颠倒和错乱。

第三，行政行为符合法定时限。为了确保行政行为的效率，法律、法规一般要对行政行为作出明确的时限要求。如果行政行为未在法定时限内作出，就意味着该行为违法。

（二）行政行为概念面临着的各种矛盾和不同的处理思路

1. 行政行为概念在不同国家的不同处理

理论上的困惑与实践中的混乱有必然联系。而想克服实践中的混乱必须首先在理论方面寻找出路。在不同国家行政法学史上存在着不同的思路，比较典型的是法国和德国。法国在1870年左右就形成了行政行为概念，后来随着行政法实践的不断发展和理论上的不断探讨，尤其是在社会连带主义法学思潮影响下，法国行政行为的外延不断扩大，既包括传统意义上的行政行为，也包括了行政合同、抽象行政行为、行政事实行为。法国行政行为概念的发展反映了法国客观环境的变化，也更容易适应保护公民权利需要和有效发挥行政主体行政效能的需要。

德国则采取另一条道路，德国自1895年奥托·迈耶概括出经典的行政行为概念以后，尽管许多德国学者对此提出批评，但这种狭义行政行为概念基本上一直沿用下来。因为德国有着"无行政行为，则无行政诉讼"的传统理论，因此行政行为概念最初是同行政诉讼对应的。行政诉讼的范围限于对行政行为的合法性审查，随着社会发展，行政诉讼范围扩大，德国采取的是行政诉讼范围与行政行为概念外延相脱离的措施，即没有不断修正行政行为概念，而坚持原有概念的内涵与外延，从而使行政诉讼受案范围不完全受行政行为概念外延的节制和局限。

在日本，行政行为理论与行政诉讼实践密切关联。日本最高法院很

早曾用学理上的"行政行为"作出了界定:"作为公权力主体的国家以及
公共团体作出的行为中,为法律所确认的直接形成国民的权利义务以及
确定其范围的行为。"当时学理上的行政行为概念和行政诉讼制度实践之
间形成一种正相关关系。20 世纪 60 年代之后,日本行政管理发生很大变
化,规制行政之外出现了大量的给付行政、行政计划、行政指导、资金
给付等新的行为方式,为应对行政实践的变化,扩大对国民权利的救济,
日本一些地方法院采取了灵活的解释态度。学者们也尝试注重行政诉讼
法的解释适用与既有行政行为理论有机衔接。他们认为作为实体法概念
的行政行为在连接实体法和救济法方面具有独特意义,承载着重要功能。

2. 我国立法与司法解释中行政行为概念内涵与外延的变化

我国行政行为概念的提出也与行政诉讼之间存在密切的联系,1989
年《中华人民共和国行政诉讼法》颁布之始,就把行政诉讼受案范围局
限于"具体行政行为",并在最初的司法解释中对"具体行政行为"作了
明确的解释。① 但随着行政诉讼实践的发展,原有的行政诉讼受案范围正
有所突破,特别是"具体行政行为"概念解释已不能适应行政诉讼实践
和行政管理实践的发展,因此,最高人民法院于 2003 年 3 月 5 日发布了
一个新的司法解释,即《关于执行〈中华人民共和国行政诉讼法〉若干
问题的解释》,该文件第一条放弃了界定具体行政行为概念的努力,也没
有对"行政行为"再作明确的定义而是笼统地使用"行政行为"的概
念。② 根据当时任最高人民法院行政审判庭庭长的江必新法官的解释,这
里的行政行为是指"具有国家行政职权的机关、组织及其工作人员,与

---

① 最高人民法院 1991 年 6 月 11 日曾发布《关于贯彻执行〈中华人民共和国行政诉
讼法〉若干问题的意见(试行)》。该文件第一条规定:"具体行政行为是指国家
行政机关和行政机关工作人员、法律法规授权的组织、行政机关委托的组织或者
个人在行政管理活动中行政职权,针对特定的公民、法人或者其他组织,就特定
的具体事项,作出的有关该公民法人或者其他组织权利义务的单方行为。"

② 《解释》第一条规定:"公民、法人或者其他组织对具有国家行政职权的机关和
组织及其工作人员的行政行为不服,依法提起诉讼的,属于人民法院行政诉讼
的受案范围。"

行使国家职权有关的，对公民、法人或者其他组织的权益产生实际影响的行为以及相应的不作为。"① 其意图十分明显，试图增加行政行为的内涵，进而拓展行政诉讼受案范围以满足司法实践的需要。②

值得注意的是，全国人民代表大会常务委员会于 2014 年 11 月 1 日作出了修改现行《行政诉讼法》的决定，其中对《行政诉讼法》中的行政行为概念作出了重大修改。首先，新法全面弃用"具体行政行为"这一名称而以"行政行为"代之。这种变化的实质在受案范围上体现为，新法将行政合同等行政行为明确纳入行政诉讼受案范围，最后的兜底条款也由"认为行政机关侵犯其他人身权、财产权的"改为"认为行政机关侵犯其他人身权、财产权等合法权益的"，从而将可诉的行政行为大大拓宽。最后，新法赋予了公民对规章以下的规范性文件，即抽象行政行为提请法院附带审查的权利，而法院也有权对不合法的规范性文件不予适用，并向制定机关提出处理建议，从而结束了抽象行政行为不受司法审查的历史。立法及司法部门采纳的这种将行政行为概念拓宽、不再局限于狭义具体行政行为的思路，无疑将使相关行政行为更加规范，对行政行为的司法审查更为全面，使公民的合法权利能得到更好的保障。

3. 目前行政法学界的不同思路

目前，我国行政法学界对于行政行为概念仍然存在不同的理解。第一种理解是坚持最狭义的行政行为概念，继续借鉴德国行政行为概念，把行政行为局限于"具体行政行为"或"行政处分"。例如，把行政行为概念定义为：行政主体依法行使国家行政权，针对具体事项或事实，对外部采取的能直接产生行政法律效果的行为。而与行政合同、行政指导

---

① 参见最高人民法院行政审判庭编：《行政执法与行政审判参考》，法律出版社 2000年版，第 185—186 页。

② 最高人民法院行政审判庭编写的《关于执行〈中华人民共和国行政诉讼法〉若干问题的解释》的释义中认为：行政诉讼法所列举的行政行为不仅包括作为，也包括不作为；不仅包括单方行为，也包括双方行为；不仅包括法律行为，而且包括非法律行为。（见该书第 5 页，中国城市出版社 2000 年版）

等"新型行政行为"并列,其上位概念即为"行政活动"或"行政作用"。①

第二种理解是扩大行政行为概念外延,比较典型的行政行为概念这样表述:行政行为是行政主体行使行政权力为达到行政目的而实施的一切具有公法意义的行为。即行政行为的外延既包括内部行政行为,也包括外部行政行为;既包括直接产生行政法律效果的行为,也包括间接产生法律效果的行为;既包括行政法律行为,也包括准行政法律行为和行政事实行为;既包括具体行政行为,也包括抽象行政行为;既包括合法行政行为,也包括违法或不当行政行为;既包括单方行政行为,也包括双方或多方行政行为。

四、本书的意见

我们认为在界定行政行为概念之前,首先要弄清楚的问题是把握理论概念的根本目的之所在:我们究竟是为下定义而下定义,还是为了使理论概念更好地为实践服务?我们下定义的时候,究竟是先预设界限,然后把与之相适应的内容装进去,还是先归纳出一定事实或现象的共性,然后给它冠以适当的名称呢?换句话说:究竟是削足适履还是量体裁衣?显然,我们要做到理论自圆其说,要兼顾理论和实践两方面的需要,但最根本的还是为了实践的需要;我们下定义的方法是先归纳出一定的事实或现象的共性,然后给它冠以适当的名称;我们选择名称的时候必然要考虑到严密的逻辑性以及语义等方面的要求。那么我们本着这样的精神具体来看行政行为概念的相关问题。

(1)我们之所以要给行政主体的相关行为赋予有明确意义的概念,是为了在理论上明确相关界限从而为行政法实践提供切实可行的指导。

---

① [德]汉斯·J.沃尔夫、奥托·巴霍夫、罗尔夫·施托贝尔:《行政法》第二卷(高家伟译)一书中,第五编为行政活动,强制行政活动的多样化和类型化,行政活动分为行政行为和其他行政法律活动(包括行政合同、行政计划和行政事实行为)。该书由商务印书馆2002年出版。

（2）我们所作的理论概括应该是量体裁衣式的，根据行政主体行为的不同范围不同性质以及实践操作的需要，赋予各自适当的概念名称，相关的概念应该形成逻辑严密的体系，而且是具有开放性和发展性的体系。

（3）行政行为的相关概念应该与其自身的语义相适应，且与相关学科主要是与行政学相协调。

由此，本书的意见作为一种尝试，考虑将行政行为作宽泛主义的解释，甚至恢复到我国 20 世纪 80 年代初期的提法，即行政行为作为一个学理概念，指称所有行政主体所为以达到行政目的的行为。这样做，看似恢复到最原始的看法，但实际符合人类认识规律呈现螺旋式上升的态势，是在新的水平上对事物的再认识。我们主要出于两方面的考虑，一是在新修改的《行政诉讼法》出台之前，司法审判实践中行政诉讼受案范围屡屡被突破，使得行政诉讼中"具体行政行为"概念的内涵不断受到挑战，包括《国家赔偿法》中规定了与行使职权有关的行为也纳入行政赔偿的范围，《行政复议法》和《行政诉讼法》不得不对受理复议申请范围和行政诉讼案件受案范围列出烦琐冗长的清单，对"具体行政行为"的统一的司法解释也告失灵，只能通过对单个类型的行政行为进行列举和解释来明确其可诉性；二是考虑到随着国家公共职能的扩大，行政行为的方式逐步增加，行政行为的内容越来越丰富，行政行为的内涵和外延也将随之发展。目前行政管理实践中诸如行政合同、行政帮助、行政指导、事实行为等行为和现象的存在和大量出现，难以在原有行政行为概念框架内得到圆满的解释，狭隘的严格意义的行政行为概念无法涵盖许多新型行政手段和方式，因此为了使行政行为理论能与时俱进，能以开放的姿态适应现实、迎接未来，行政行为势必采用比较宽泛的概念。

同时，我们认为行政行为绝不应该是一个只属于行政法学孤芳自赏的概念。"行政"二字古已有之，《左传》中就有"行其政事""行其政令"的记载。马克思指出：行政是国家的组织活动。有政治学者认为：所谓行政，是指国家的政务推行与管理，即国家和社会公共事务的组织和管理活动。行政学和行政法学是从不同的出发点、基于不同的目的来研究行政行为的两门学科。行政学研究的侧重点是如何保证行政权及如何提高行政效率、加强管理、技术改进等问题；而行政法学侧重研究其公平性、正义性、是否构成合法性危机等问题。所以行政行为是一个客观存在。"行政行为"这个概念从语义上讲应具有最广的涵盖力，无论在行政学还是在行政法学的概念体系中，都起着举足轻重的作用。我们认为它不是一个单一的概念，而是一个有着丰富内涵的概念体系，它包含着一系列的子概念，这些子概念对于行政学和行政法学而言则可以各有特色，因为这正体现了两门学科的差异。从行政行为这个概念的来源来说，它最初也是源于行政学，有些国家的行政法学者在引进这个概念后对它加以限制，从研究角度无可厚非，但过于限制则有作茧自缚之嫌，其实即便在这些国家中也不是所有的学者都同意这样的观点。除了行政法律行为之外，应该考虑把准行政法律行为和行政事实行为也纳入行政行为的范畴。

因此，本书尝试提出的"行政行为"的概念是：行政行为是国家行政机关或法律法规授权的组织和个人具有行政职权因素的行为，包括行政法律行为，准行政法律行为和行政事实行为。

在笔者看来，这一行政行为概念有以下四个基本特征。

（一）行政行为的主体是行政主体

行政主体从应然角度来说，是能够依法行使行政权的行政机关和法律、法规授权行使行政权的组织和个人。行政权是行政行为的权力基础和基本内核，行政行为是行政权运作的外在表现。只有拥有行政权的机关、组织和个人才能成为行政行为和主体。依法不享有行政权的其他机关和组织不能成为行政行为的主体。

（二）行政行为的作出是为了实现行政目的

行政行为是行政主体有目的、有价值的行为。行政主体（尤其是政府）存在的目的不是为了自身，而是为了实现行政目的（与国家目标相一致）。法国著名思想家狄骥认为，行政的本质是"公务"，行政管理实际上就是行政主体运用权力组织公务，以满足社会公共利益的活动。本章作者也曾主张行政最本质的属性是它的公共性，行政行为就是公共权力代表公共利益，执行公共意志，以实现社会公共利益为目的的公共活动。

（三）行政行为是具有职权因素的行为

行政行为是行使行政权力（职权）的行为，从性质上讲行政行为是一种公务行为，而不是私人行为，是行政主体基于行政职权，依法代表国家，并为实现国家所规定的目的所作的行为。

行政行为不等于行政机关的行为，这是因为行政机关在各种社会活动中具有不同的法律身份，其行为也可以有多种性质。如有作为行政主体的行政行为，有作为机关法人的民事行为，也可以作为司法主体（仅限于公安机关）的司法行为（如刑事侦查），以及它作为行政相对人的行为。行政行为仅仅是当行政机关以行使行政职权的行政主体身份时所作的行为。

（四）行政行为的约束规范是公法规范

在国家公权力系统中，行政权具有最直接、最普遍、最强劲的扩张力和压迫性，在有着高度集权政治传统和计划经济影响的中国尤其如此，因此，控权理论在中国有着更显著的意义。对行政主体的控制根本上说就是对行政行为的控制，而最稳定、最持久、最有效的约束主要就是法律，对公共权力的约束最根本的就是公法规范（宪法规范和行政法规范）。对于行政行为来说，最直接的约束规范是行政法规范（其中最主要的就是法律、法规）。

凡是行政机关（主体）依法作出的行为都具有相应的法律效果，而违法作出的行为则会产生相应的法律后果，并由此承担相应的法律责任。

五、行政行为与相邻行为的区别

在明确了行政行为概念的基础上，有必要将行政行为与相邻行为区别开来。

（一）行政行为与假行政行为

假行政行为在行政法学上又称假象行政行为或行政行为的不存在，

是指不具备行政行为的成立要件，但具有行政行为的某些类似特征的非行政行为。① 一般来说，行政行为与非行政行为之间的界限很明确，但是有时，一些非行政行为却具有行政行为的某些类似特征或假象，这样就会将假行政行为误认为是行政行为，从而导致适用法律的错误。

假行政行为主要表现为两种形态：第一，不具备行政权能的行为。也即是一些不具备行政权能或行政主体资格的组织或个人实施了本该由行政主体实施的或类似于行政行为的行为。这种行为由于不具备行政行为的主体要件，所以不是行政行为而是假行政行为。如企业给职工开出的"行政罚款"、假冒行政公务人员所作出的行为、非经授权或委托的组织和个人以行政机关的名义进行的活动等等。第二，没有运用行政权的行为。行政权的享有者即行政机关和其他社会组织往往具有多重法律身份，所以其行为的性质也各不相同。当它们没有运用行政权而是基于其他权利作出某种行为，如以民事主体的身份作出民事行为时，就不是行政行为。

（二）行政行为与个人行为

个人行为是指国家公务员以普通公民或自然人的身份实施的与其职务无关的个人行为。国家公务员可以公务人员的身份代表行政主体实施行政行为，也可以一个普通公民的身份实施个人行为，但是在实施这两种行为时是不能混用其身份的，否则就属于滥用职权或玩忽职守。因此有必要对行政行为与国家公务员的个人行为加以区分，这直接关系到由谁来承担相应行为的法律后果，包括国家赔偿责任的问题。

为了分清行政行为和个人行为的性质，实践中一般认为应综合考虑或选择考虑时间、地点、目的、职责等要素。根据时间和空间的标准，公务人员的行为发生在工作时间和工作地点的，被认为是公务行为即行政行为，反之则被视为个人行为。按照目的而言，出于公务目的反映行政主体意志的属于公务行为，出于私人目的反映个人意志的行为属于个人行为。按照名义而言，公务人员的行为是以其所属的行政主体的名义

---

① 叶必丰：《假行政行为》，《判例与研究》1998年第4期。

作出的，视为公务行为，以个人名义作出的，视为个人行为。就职责而言，公务人员的行为属于其职责范围内的行为，认为是公务行为，不属于职责范围内的，认为是个人行为。但是以上这些标准也不是绝对的，如空间标准无法解决地域内行为人既可进行公务行为又可进行私人行为的难题，目的标准也无法解释国家公务员运用职权谋取私利的这种滥用职权的违法行为也属于公务行为的情况。因此仅仅根据以上的几种标准，仍然无法将行政行为与个人行为完全分开，而且有时还会出现互相矛盾的情形。

有学者提出了两个最根本的标准，即实体标准和程序标准，任何行政行为都必须是实体内容和程序形式这两方面的统一，两者缺一不可。（1）实体标准。国家公务人员的公务行为实质上是其所在行政主体的行政行为，就本质而言是运用国家行政权处理行政管理事务，公民个人行为是不可能具有这一属性的，所以运用行政职权是行政行为实体标准的根本内容。职权的运用包括两种情况，一种情况是公务人员运用其职务上的职权，无论是为了公共利益还是为了私人利益，都属于公务行为，只不过后者是一种滥用职权的违法公务行为。另一种情况是公务人员运用其职务以外职权的行为，即越权行为。并非所有的越权行为都是公务行为，应综合考察行为与职权的牵连程度，当行为在地域管辖权、事务管辖权和级别管辖权方面全部逾越时，就属于个人行为，而不再是违法公务行为。（2）程序标准。现代各国行政程序法对公务人员进行公务行为的基本程序要求是表明身份。表明身份是指公务人员在进行公务行为时，向相对人明确声明或通过动作和公务标志说明他具有某种行政职权并且已经开始行使职权的行为。国家公务员必须在程序上表明自己作为行政主体代表的身份，才属于公务行为，否则就是个人行为。

（三）行政行为与国家行为

国家行为，如果仅从字面上理解，就是由国家机关所作出的行为，理应包括国家的立法行为、行政行为和司法行为等。但是行政法学上所讨论的国家行为，是特指国家机关以国家的名义运用国家主权所实施的行为，往往涉及重大的国家利益，具有很强的政治性，被排除在司法审查之外，因而国家行为又被称为统治行为、政治行为或政府行为。

国家行为具体包括了国防行为，如对外宣战、应战；军事行为，如备战、作战；外交行为，如与外国建交、签定国际条约、协议等；紧急行为，即宪法和特别法所规定的由有关行政机关所行使的紧急行政行为，如宣布戒严、重大的防治或救灾行为；其他重大国家公益行为，如国家计划的重要调整、重大建设项目的调整等。

国家行为与行政相关联，在主体上、内容上或形式上都与行政活动类似或有联系，不少国家行为就是由国家行政机关作出的，如国务院、外交部、国防部等。但是这些行为并不接受行政法的约束，而是受到特别法的约束，因而不属于行政行为的范畴。一般认为国家行为所产生的责任是一种政治责任，属于宪法规范的范围，通常由最高国家权力机关通过质询、弹劾、罢免等方式来解决这种行为的责任问题。由于国家行为往往涉及国家的重大利益，要求对国际国内的新动向作出迅速、及时、灵活、全面的反应。如果将国家行为诉诸法院，可能会延误时间，而且因司法程序的公开性要求，也可能会泄露国家秘密，从而导致国家利益的重大损失。所以各国法律通常都规定了国家行为享受司法豁免，不受法院管辖，我国的行政诉讼法，包括修改后的行政诉讼法都将国家行为排除在司法审查范围之外。

第二节　行政行为的分类

一、研究行政行为分类的意义

早在 20 世纪 90 年代，本书主编应松年教授就在其著作中写道："行政行为是行政法上最重要、最复杂、最富有实践意义、最有中国特色，又是研究最为薄弱的一环。"① 而其中对行政行为分类的科学性程度，又

---

① 应松年主编：《行政行为法》，人民出版社 1993 年版，前言第 3 页。

被认定为行政法学研究成熟程度的标志，可见行政行为分类是行政行为理论中又一个非常重要的问题。研究行政行为的分类，既是深化行政行为理论研究的需要，也是行政法治实践的迫切需要。具体来说，至少有以下几方面意义。

（一）为认识和掌握各种行政行为的内容、特征以及规律，必须对行政行为进行科学分类

分类是科学研究的重要方法和手段之一。对事物进行科学的分类，有助于我们深化对研究现象的认识。对行政行为每一种科学的分类，将有助于我们从某一角度或某一侧面认识和揭示行政行为的某些方面的特征。从而透过这些特征，更深层次地把握行政行为的内容和运行规律。

（二）为改善行政机关各项管理活动以及完善行政法体系，必须对行政行为进行科学分类

现代行政管理活动非常复杂，呈现各种管理手段和活动方式，而每一种管理手段和活动方式，往往又有其自身特点。对于行政行为的科学分类，有助于我们把握各类行政行为的具体要求，从而遵循相应的活动程序和标准，使之符合法律规范，能达到相应行政目的。例如关于抽象行政行为和具体行政行为，就有很多区别，对其程序要求也有所不同；再如对于依职权作出的行政行为与依申请作出的行政行为，也有许多不同之处，行政机关不能在没有相对人申请条件下作出行政许可行为。可以这样认为：行政行为是建构中国行政法体系的突破口。我国行政法的性质和特征决定了行政法学新体系的建立必须选择行政行为为突破口，并且从行政行为分类入手研究各类行政行为不同特点、性质和责任等问题。出于研究和规范行政行为的需要，应该按照不同标准对行政行为进行分类，并针对具有不同特点的行为确立其运行规则。

（三）为指导行政监督、行政复议、行政诉讼、行政赔偿等实践活动，必须对行政行为进行科学分类

行政行为最能反映行政实践中出现的各种问题。行政行为是联系政府权力与公民权利的纽带，既能反映政府行政效率，又可以体现公民在国家管理中的权利。对行政行为的监督和规范实质上是协调、平衡并兼顾公共利益和个人利益的过程。

行政行为与行政监督、行政复议、行政诉讼、行政赔偿等活动都有着密切的联系。对行政行为进行科学的分类,正是加强对行政权运行的监督,提高行政监督、行政复议、行政诉讼、行政赔偿等活动质量的需要。就目前而言,具体行政行为与抽象行政行为的区分在行政复议、行政审判实践中仍有一定的意义;内部行政行为与外部行政行为的区分、羁束行政行为与自由裁量行政行为的区分也都在行政复议、行政审判实践中具有一定的意义。与行政职权相关的事实行为在行政赔偿活动中也具有特殊意义。

二、相关国家和地区行政行为分类研究概况

众所周知,行政行为概念最早起源于大陆法系,被大陆法系国家及受大陆法影响的国家广泛采用。这些国家和地区的学者在研究它时往往都试图科学地对行政行为加以分类,但由于各种因素的影响,分类体系各不相同。然而不可否认的是,这些国家和地区关于行政行为分类研究的成果对我国影响极大,他们的研究成果对我国的分类研究有明显的借鉴意义。因此,有必要首先对这些国家和地区相关研究的基本情况予以了解。但由于各国国内对行政行为的分类方法及分类原则不完全统一,我们在这里仅举其中代表性的观点。

(一) 德国的分类方法

自 1826 年德国学者从法国引入"行政行为"这一概念以来,德国向来重视行政行为分类的研究。由于涉及分类的标准不同,学者们从不同角度对行政行为作了不同的分类,择其基本如下。

1. 命令性、形成性、确认性的行政行为

这是根据行政行为的内容所作的分类。所谓命令性行政行为,是指以命令或禁止令的形式要求特定行为义务的行政行为。形成性行政行为是指建立、改变或者消灭行政法律关系的行政行为。确认性行政行为则是指确认某人的权利或者具有法律意义的资格的行政行为。

2. 授益行政行为和负担行政行为

这种分类是以行政行为对有关公民的法律效果为标准。所谓授益行政行为是指设定或证明权利或具有法律意义的利益的行政行为。负担行政行为即对关系人不利（可能是对权利的侵害，也可能是优待申请的拒绝）的行政行为。但有的行为对同一关系人也可能同时为授益和负担。除此之外，有的行政行为不但对相对人，而且也对第三人产生法律效果，并且主要是对第三人产生负担效果的授益行政行为，这种行政行为称作具有第三人效果的行政行为。

3. 控制许可和特别许可

这两种行为都是法律禁止的解除。立法机关禁止特定的行为（或特定计划）并不是因为这些行为或计划都应停止，而是因为需要行政机关在具体事件中事先审查，其是否违反特定的实体法规定，如果该行为符合实体法的规定，即予以许可，这就是通常意义的控制许可。控制许可中解除的"禁止"，实质上是预防性的"附许可保留的禁止"。此外，法律将某种具有社会危害性或不符合社会利益的行为予以普遍禁止，但是又可以在特别规定的例外情况下，赋予当事人从事禁止行为的自由。这种许可即为特别许可。基于特别许可的"禁止"的本质是压制性的"附免除保留的禁止"。

除上述三种分类，德国有的学者还提出了其他的分类方法，如对物的行政行为及一些机关的声明：许诺、保证、答复、临时决定、部分许可、临时行政行为、预备性行政行为等，这些分类方法并未得到学界普遍认可，意义不大。

（二）法国的分类方法

在法国，从功能意义上理解行政行为已为多数人接受，所以对行政行为的分类分歧相对较小，典型的分类为以下三种。

1. 单方面的行为、多方面的行为和双方面的行为

这是根据行政行为成立时意思表示的数目为标准所作的划分。单方面的行政行为是行政机关单方面的意思表示，无须相对人同意就可以成立的行政行为。行政行为以两个以上的意思表示的结合方能成立的称为

多方行政行为。而如果行政行为包括两个意思表示，双方当事人为达到不同的目的，而互为意思表示，因意思一致而成立的行政行为即双方的行政行为。

2. 普遍行政行为和具体行政行为

这仅指在单方面的行为中。根据其适用的范围为标准又作出的分类。行政机关制定普遍性的规则的行为是普遍行政行为。行政机关对具体事件所作的决定是具体行政行为，也称为行政处理。

3. 规则行为、主观行为和条件行为

这种分类的标准是行政行为所产生的不同法律效果。所谓规则行为是指创设、变更、消灭普遍的和客观的法律地位的行为，相当于上述的普遍行政行为。主观行政行为即创设变更和消灭主观法律地位的行为，是对特定人和特定事而设立的行为。条件行政行为指将已创设的客观法律地位归属于特定人，或剥夺特定人客观法律地位的行为。

（三）日本的分类方法

日本关于行政行为分类的通说经历了一个发展过程。以前的通说按照行政行为的内容作如下分类。

1. 法律行为性行政行为和准法律行为性行政行为

法律行为性行政行为是指有行政厅作出意思表示的行政行为。行政厅的意思表示则是指行政厅有希望某种法律效果发生的意思，并将这种意思向外部表示的行为。与之相对，所谓准法律行为性行政行为即根据行政厅的意思表示以外的判断或认识的表示，由法律将一定的法律效果结合起来，结果形成的行政行为。

2. 命令性行为和形成性行为

命令性行为是指对国民生来就有的活动自由加以限制，命令其实行一定行为的义务，或者解除该义务的行为。形成性行为是指对国民赋予或剥夺其本来没有的特殊权利、能力及其他法律地位的行为。

这种分类方法曾一度受到批判，其存在的实际意义也受到质疑，但毕竟有其理论基础和实践背景，更为重要的是为现行的通说奠定了基础。日本现行的分类通说依然采取了内容标准，但无不体现了简约明了的实用性风格。

（1）对国民科以特定义务的命令、禁止，及在特定条件下解除一般性禁止的许可。其中，命令是指对国民科以一定行为的义务的行为；禁止是指对国民科以不得进行一定义务的行为；许可是指在特定的情况下将已经由法令或行政行为赋课的一般禁止予以解除的行为。

（2）设定特定权利或授予总括性法律上的权利的行为，一般称为特许。

（3）补充第三人的行为，使其得以发生法律效力的行为，成为认可。

（4）此外还有确认、公证、通知及处理等等。

（四）我国台湾地区的分类方法

我国台湾地区并无独立的行政行为概念，取而代之的是"行政处分"这一名词。关于行政处分的分类，台湾学者的观点也不尽相同，以下是其中比较典型的分类方法。

1. 下命、形成和确认处分

这是对行政处分的内容所作的分类。所谓下命处分是指课以相对人特定作为、不作为或忍受义务的行政处分。形成处分是指改变、变更或消灭某具体法律关系的行政处分。确认处分指确定某特定权利或具有法律上重要意义之身份或能力存在与否的行政处分。

2. 授益与负担处分

根据行政处分对相对人产生有利或不利的法律效果，可区分为授益处分与负担处分。其中，凡对相对人产生设定或确认权利或法律上重大利益的行政处分即为授益处分；而凡对相对人产生不利效果的，无论是课以其作为、不作为或忍受义务，或变更消灭其权利或法律上的利益，乃至拒绝其收益请求的前述消极处分都可称为负担处分。对同一相对人同时产生有利和不利的效果，即混合处分；而对相对人以外的第三人的法律地位也产生影响的行政处分，学界将之界定为第三人效力处分。

3. 规制公法关系的处分和规制私法关系的处分

这种分类的标准是行政行为规制的法律关系的性质。尽管行政法规制的对象大多数是公法性质，但也有少量的行政处分规制的是私法法律关系，所以作出这种分类有其理论和实践意义。

4. 须当事人参与的处分与片面处分

须当事人参与的行政处分是指须经当事人申请或同意始能作成或生效的行政处分。完全无相对人参与的，即，既无相对人的申请，亦无须相对人同意的行政处分则称为片面处分。

5. 要式处分和非要式处分

这是以行政处分作出的是否被要求应遵循一定方式为标准的分类方法。基本上，必须以书面形式作出的行政处分也就是书面处分，都属于要式处分。其他的非书面处分则属于非要式处分。

6. 裁量处分和羁束处分

依行政受法律拘束的程度，可作此划分。所谓羁束处分指构成要件具备，行政机关即有义务作出的行政处分；裁量处分指是否构成或如何作出，行政机关仍拥有一定程度自由选择空间的行政处分。

7. 单阶处分和多阶处分

这种划分是以行政处分的作出是否须其他机关参与为标准。多阶处分指应他机关的参与始能作出的行政处分；单阶处分是指是否及如何作成可不受其他机关参与的限制的行政处分。

三、中国大陆学者对行政行为的分类概况

为了行政行为理论体系的完善，中国大陆学者在充分吸收国外关于分类方法研究成果的基础上，结合我国的具体情况对行政行为分类问题进行深入的研究，取得了丰硕的成果。但由于行政行为体系过于庞杂，而且学者们往往局限于各自不同的出发点和角度，因此，在此问题上并没有形成完全一致的意见，甚至有些学者的分类也往往自相矛盾。这里简要介绍一下我国大陆学者关于行政行为分类研究的基本情况。由于分类的方法和标准的差异，国内学者在行政行为究竟有哪些分类的问题上意见不尽相同。少的主张只保留五六种，多的则认为应当保留二十余种。但随着研究的不断深入，关于行政行为分类的问题也形成了一些较为一致的观点，大多数学者肯定下列几种分类方法。

（一）抽象行政行为与具体行政行为

以行政行为是否针对特定的对象和是否可以重复适用为标准，行政行为可以分为抽象行政行为与具体行政行为。该分类的标准是两点的结合：抽象行政行为针对的是"不特定"的对象，包括：（1）空间上的不特定，即针对不特定的人或不特定的事；（2）时间上的不特定，即抽象行政行为在时间上具备后及性，可重复适用于以后类似的情形。而具体行政行为则相反。二者区分的意义主要在于：（1）明确行政行为在对象特性上的适用性；（2）解决行政行为在时间上的适用性，抽象行政行为可以反复适用，而具体行政行为则只能作一次性适用。新修改的行政诉讼法用"行政行为"取代了原来文本中的"具体行政行为"，实际上并不消除抽象行政行为与具体行政行为的区别，新《行政诉讼法》第十二条人民法院所规定的受案范围本质上仍然属于具体行政行为。

（二）内部行政行为与外部行政行为

以行政行为适用与效力作用的对象范围为标准，可以分为内部行政行为与外部行政行为。该分类的标准是：1. 行政行为的适用范围，内部行政行为只能适用于内部行政法律关系，而外部行政行为适用于外部行政法律关系；2. 行政行为效力作用的对象范围，内部行政行为只在行政组织内部产生法律效力，而外部行政行为则对作为行政相对人的公民、法人或其他组织具有法律效力。二者区分的意义是：明确行政职权中的"交叉无效"的原则，即内部行政行为不能作用于外部行政相对人，而外部行政行为不能作用于内部相对人。

（三）行政立法行为、行政执法行为与行政司法行为

以实施行政行为所形成的法律关系为标准，可分为行政立法行为、行政执法行为与行政司法行为。其分类的标准是：实施行政行为所形成的法律关系。行政立法行为中行政主体依据法定的程序，形成具有普遍约束力的行为规则，其形成的法律关系的一方是行政主体，另一方是不确定的行政相对人；行政执法行为形成的法律关系是以行政主体为一方，以被采取措施的相对方为另一方相对人的双方法律关系；而行政司法行

为则形成了以行政机关为一方，以发生争议的双方当事人各为一方的三方法律关系。其分类的意义在于：有助于对不同的行政法律关系进行相应的法律调整方法，从而达到规范行政行为的目的。

（四）行政实体行为与行政程序行为

以行政行为的内容为标准，可以分为行政实体行为与行政程序行为。其分类的标准是：行政行为的内容。实体行政行为直接体现行为的内容；而行政程序行为则只涉及实现行政行为内容所采取的方式、步骤与形式等行为。二者区分的意义是：该划分有利于摒弃我国"重实体，轻程序"的观念，把行政程序置于和行政实体同等的地位，从而推动我国行政程序理念的更新和行政程序立法的发展。值得注意的是，该种分类与其他分类有明显的不同：行政实体行为与行政程序行为不是两类独立存在的行为，实质上是同一行政行为的两个不同的侧面。

（五）羁束行政行为与自由裁量行政行为

以法律是否对行政行为严格拘束为标准，可以分为羁束行政行为与自由裁量行政行为。此分类的标准是：法律对行政行为的控制程度。行政主体在实施羁束行政行为时，受到法律的严格控制，对行政法律规范的适用没有或有很少的选择、裁量的余地；而对于自由裁量行政行为，行政主体对行政法律规范的适用具有较大的选择、裁量余地。其区分对于认定行政行为的合法性和公正性具有一定的意义。在法律适用上，羁束行政行为一般只存在合法性问题，而自由裁量行政行为既存在合法性问题，也存在合理性问题。

当然，大陆学者对行政行为的分类远不止这些。笔者现将中国大陆出现的对行政行为其他分类加以介绍：（1）单方行政行为、双方行政行为和多方行政行为；（2）要式行政行为和不要式行政行为；（3）执行行政行为、补充行政行为和自主行政行为；（4）强制性行政行为与非强制性行政行为；（5）平时行政行为与紧急行政行为；（6）职权行政行为、授权行政行为和委托行政行为；（7）可提起复议行政行为和不可提起复议行政行为；（8）须受领行政行为和不须受领行政行为；（9）共同行政行为和非共同行政行为；（10）积极行政行为和消极行政行为；（11）告知行政行为和非告知行政行为；（12）作为行政行为和不作为行政行为等；（13）简单行政行为和附款行政行为；（14）授益行政行为和不利行政行为；（15）主行政行为和从行政行为；（16）对人行政行为和对物行政行为；（17）中间行政行为和最终行政行为；（18）可诉行政行为和不可诉行政行为；（19）实力行政行为和意思行政行为；（20）合法行政行为和违法行政行为；（21）有效行政行为和无效行政行为；（22）终局行政行为和非终局行政行为。

这些分类从各自的分类方法和角度来看，都具有一定的理论和实际意义。但或因争议较大，或只成一家之言，限于篇幅，笔者不一一论述。

四、影响行政行为分类的因素分析

从以上对各国、各地区行政行为分类的介绍可以看到，行政行为在不同国家有不同的分类，原因是多方面的。

（一）对行政行为概念的不同理解影响着对行政行为的分类。对行政行为概念的理解在内涵和外延的认识，各国、各地区都不尽一致。如德国学者认为行政行为仅是指行政法律行为，因此上文中提到的行政法律行为与行政事实行为这一分类在德国并不存在。而中国台湾地区的行政行为概念——行政处分则相对来说比较宽泛，因此不仅包括了行政法律行为与行政事实行为的分类，也包括公法行为与私法行为的划分。有学者认为对行政行为应作宽泛的理解，因此与之相应的分类就包括了一些非行政法律行为及一些新型行政行为手段，而有学者对行政行为作过窄界定时，所作的分类就仅仅局限在一个小范围之内。

（二）司法实践的需求影响了对行政行为的分类。如具体行政行为与抽象行政行为的分类方法，原来只是一个纯粹学理上的分类方法，由于我国修改前的行政诉讼法中对行政诉讼的受案范围做了严格的限制，使抽象行政行为不被列入司法审查的范围之内，因此这种分类方法在我国曾经成为最重要的行政行为分类方法之一，为行政诉讼的受案范围提供了重要的学理上的依据。

（三）各国、各地区行政的特殊性也影响了对行政行为的分类。如法国在二战后，政府在执行经济计划时，一般采用行政合同的方式，由此导致传统行政行为有了新的突破，不再是行政机关的单方行为，相对人也可以参与到行为中来。受此影响，法国行政法有了单方行政行为、双方行政行为与多方行政行为的划分，而其他一些国家则未有此划分。

（四）对行政行为分类的目的影响了对行政行为的分类。研究行政行为的分类是为不同的目的服务的，没有目的的分类是毫无意义的。较为常见的有服务于监督行政行为的目的，学者们根据《行政诉讼法》《国家赔偿法》《行政复议法》等规定来研究行政行为的分类。这种学理上的分类可以完善这些监督行政行为法，反过来，这些监督行政行为法的实践也可以促进学理上的分类研究。

（五）不同法学理念和法律思维方式也影响对行政行为的分类。如英美法系国家秉承自由主义思想，对国家权力，尤其对政府权力保持高度警惕。行政法的重点在于控权，因此对于行政权实施方式的行政行为研究比较忽视，对于行政法律行为与行政事实行为的区分更加忽略，加上英美法系国家的法律适用奉行实用主义，对于行政行为理论体系建构缺乏兴趣，所以其学者很少讨论行政行为的细致分类。大陆法系国家长期以来受建构理性主义熏陶，其学者往往醉心于法系理论体系的严谨、完整，行政行为的分类自然成为其关注焦点之一，行政法律行为与行政事实行为的区分也就顺理成章。

在对行政行为进行分类的时候，我们还必须注意到行政行为分类研究的发展趋向，即：

（一）行政行为分类向纵深发展。不仅对于行政行为进行一次分类，而且注重对行政行为进行再划分研究。如有学者对行政执法行为以及具体行政行为进行分类研究。

（二）对行政行为进行新的分类探索。如行政指导、行政合同新型行政行为的出现，使行政行为的概念有了新的发展，从而对行政行为的分类也有了不同的结果。如强制性行政行为与非强制性行政行为，行政事实行为与行政法律行为这两种分类方法的提出。

（三）注重对行政行为分类标准的研究。在对一种分类方法得到大多数学者认可的情况下，研究的重点开始从这种分类方法是否适当转变为对分类方法的标准的研究。

（四）注重规范行政行为与监督行政行为之间法律规范的协调。在《行政诉讼法》《行政复议法》等法律、法规颁布之后，为了给实际工作部门的同志以理论上的支持，行政法学者针对这些法律的相关规定，又提出了许多行政行为的分类方法。如：要式行政行为与不要式行政行为、共同行政行为与非共同行政行为、积极作为行政行为与消极不作为行政行为等等。这表明我国行政法学者在分类研究上开始注重向实践方向靠拢。

五、本书的意见

考虑到与实践的联系及新出现的不同于传统行政行为的一些新型行政行为对现代行政法理论所造成的冲击。本书将主要详细论证以下几种对行政行为的分类。

（一）从行政行为是否直接产生法律效果来划分，把行政行为分为行政法律行为、准行政法律行为和行政事实行为

行政法律行为是行政机关或法律法规授权的组织和个人基于行政职权作出的意思表示，旨在产生、变更或消灭行政法律关系的设定行为，它是对外直接产生法律效果的行为。行政主体的行为后果是否产生法律效果对于行政相对方来说，是涉及其利益在法律上是否安定的问题。这种法律效果是指要求行政相对方必须为一定行为或不为一定行为，否则违法。毫无疑问，对直接产生法律效果的行政行为，即行政法律行为，要予以严格控制，在行政诉讼制度上要有相应的救济渠道，以保障行政相对人的权益和对行政权进行控制。随着一些新型行政行为（如行政指导、行政合同等）的出现，需要对传统行政法律行为的概念重新认识。传统的行政法律行为不可能对新型的行政行为作法律上的规定，但新的现代法治理念又迫切地要求对新型行政行为进行法律上的规制。这样，我们有必要对行政法律行为的外延进行扩大，把一些新型的行政行为纳入法律规制的轨道，以适应现代法治的需要。目前学界对于行政法律行为的分类研究比较深入，依据不同的标准可以把行政法律行为分为抽象行政法律行为和具体行政法律行为（有的著作称为制定规范的行为和适用规范的行为）、羁束行政法律行为和裁量行政法律行为、内部行政法律行为和外部行政法律行为、可诉行政法律行为和不可诉行政法律行为、终局行政法律行为和非终局行政法律行为等等。行政法律行为当然是行政法学中行政行为理论研究的重点。

准行政法律行为是行政机关或法律法规授权的组织和个人基于行政职权的观念表示。它只是间接产生法律效果的行为。对于间接产生法律效果的行政行为，虽然不直接产生法律效果，但由于行为主体是公权力主体，其行为仍然会给行政相对方的权益产生间接而实际的影响，这种影响包括利益的增减。作为准行政法律行为不同于行政法律行为，准行政法律行为只是对观念事实的确认，产生间接法律效果，另外在效力内容和监督及救济的方式选择上也不同于行政法律行为。因而它具有独立于行政法律行为的特征。准行政法律行为的形式主要包括行政确认、行政证明、行政鉴定等行为。根据一定的标准，可以把准行政法律行为分类为：合法的准行政法律行为和不合法的准行政法律行为、可诉的准行政法律行为和不可诉的准行政法律行为、独立的准行政法律行为和附属的准行政法律行为、终局的准行政法律行为和非终局的准行政法律行为等。

行政事实行为是行政机关或法律法规授权的组织或个人具有行政职权因素的对外旨在产生事实上的结果，不发生法律效果的行为，或者说行政事实行为是指行政主体在实施行政管理、履行服务职能过程中作出的不以设定、变更或消灭行政法律关系为目的的行为。因此，行政事实行为不包含行政主体的意思表示内容，不对行政相对人的权利义务作出具有法律约束力的处置。需要注意的是，行政事实行为不产生法律效果，不等于不发生任何实际效果，任何行政事实行为都会发生一定的实际效果，但这些实际效果没有明确的独立的法律意义。行政事实行为首先会对行政主体自身的权力、责任产生影响，是实现其行政目的所不可缺少的实际手段和过程。同时，因为行政事实行为的实施具有一定公法上目的，所以行政相对方由于配合行政事实行为而导致利益损失的，且行政相对方主观无过错的，行政主体应对相对方的损失负一定责任。作为一种公权力在国家事务中的实际运用，行政事实行为仍然是一种涉法行为，因此，它仍然要接受法律的调整。目前学界对行政事实行为定义的理解以及其类型划分的研究都相对肤浅，一定程度上体现出不周延性和分类标准的不确定性。我们认为以行政事实行为是否为行政主体的主观意图行为为标准，把行政事实行为分为表示性与非表示性行政事实行为。前者如行政受理、自然灾害预报等，后者如行政侵权事实行为。前者具有程序上的可控性，而后者根本谈不上程序依据。根据行为的合法性与否，可以把行政事实行为分为合法行政事实行为和不合法行政事实行为。根据行为对行政相对人利益的影响，可以把行政事实行为分为授益性与侵害性行政事实行为。根据行为是否具有特定对象为标准，可以把行政事实行为分为对象特定的行政事实行为和对象不特定的行政事实行为。目前行政法学中讨论的行政事实行为，重点放在讨论该行为侵害了行政相对人合法权益时所应承担的法律责任。本书将有专章讨论行政事实行为。

（二）以行为性质及行政机关与相对人形成关系结构不同为标准，把行政行为分为行政立法行为、行政执法行为和行政司法行为

立法、行政、司法，原本是国家行使权力的主要形式，立法行为就是法定机关按程序法制定具有普遍约束力的行为规则的行为；执法行为就是直接使行为规范落实，也就是执法机关直接与相对人发生法律关系的行为；司法行为就是由法定的第三者依法解决双方的矛盾、纠纷的行为。现代国家一般都设置三个不同的国家机关，即立法机关、行政机关和司法机关，各自行使其中一项权力。但实际上这三种权力是无法绝对隔绝的，立法机关以立法活动为主，同时也有执法和司法行为；司法机关以司法活动为主，但同时也有立法和执法活动。同样的，行政机关以执法为主，但同时也有立法和司法的行为，有时也称后两者为准立法和准司法行为。行政机关同时拥有准立法权和准司法权，这并非中国特有，而是一种世界现象和趋势，即使以典型的"三权分立"著称的美国也是如此。

因此，如果我们以行政权作用的表现方式和实施行政行为所形成的法律关系为标准进行划分，就可以把行政行为分为行政立法行为、行政执法行为和行政司法行为。所谓行政立法行为，指的是行政主体依法定职权和程序制定的带有普遍约束力的规范性文件的行为。它所形成的法律关系是以行政机关为一方，以不确定的行政相对人为另一方。所谓行政执法行为，是指行政主体一方实施的直接影响相对人的权利义务的行为或者对个人、组织的权利义务的行使和履行情况进行监督检查的行为。它形成的法律关系是以行政主体为一方，以被采取措施的相对人为另一方的双方法律关系。具体包括行政许可、行政确认、行政奖励、行政处罚、行政强制、行政合同、行政监督等行为。所谓行政司法行为，是指行政机关作为争议双方之外的第三者，按照准司法程序审理特定的行政争议或民事争议，并作出裁决的行为，它所形成的法律关系是以行政机关为一方，以发生争议的双方当事人各为一方的三方法律关系，具体包括行政裁决、行政复议等行为。将行政行为划分为行政立法行为、行政执法行为和行政司法行为，有助于对因行政权不同作用方式而形成的不同的行政关系进行法律调整，从而规范行政行为。同时，这种划分也是目前国内许多行政法学教材对行政行为体系结构进行研究的基本思路。

（三）从行政行为的实际对象是否特定及适用力之不同可以把行政行为分为抽象行政行为和具体行政行为

抽象行政行为与具体行政行为的划分早在 20 世纪 80 年代就已提出，1989 年我国出台的《行政诉讼法》采用了具体行政行为这一概念，从而使具体行政行为的概念从学术用语成为法律用语。具体行政行为是指行政主体行使行政职权，针对特定的行政相对人已经发生的法律事实作出的，并直接对行政相对人权利义务产生影响的单方行为。它的主要性质和功能是将抽象行政行为所设置的权利义务模式在现实中运用，我国台湾地区行政法学也称它为"行政处分"。抽象行政行为则是指由行政主体针对处于将来可能发生的法律事实中的不特定的行政相对人单方作出的具体普遍约束力的可反复适用的行政行为。它的最基本性质和功能是就某一事项预先设置人们之间的权利义务模式，为行政法律关系的产生、变更和消灭提供法律前提和可能性。它在法国行政法学上被称为"规则行为"，在我国行政法学上则有"行政规范创制行为"等称谓。在国内外学界和实务操作中，具体行政行为受到司法的严格审查都是没有异议的，但是在我国，在新的《行政诉讼法》颁布之前，抽象行政行为曾长期超越于司法审查之外，而《行政复议法》对抽象行政行为的关注则在先。实际上，基于具有普遍约束力和往后约束力这两个特点，抽象行政行为的影响远远大于具体行政行为。一个错误的抽象行政行为，极有可能引出多个错误的具体行政行为，因此，其危害面比具体行政行为危害对象宽得多，它会给行政相对人造成很大程度的损害，比具体行政行为危害性要大。这一点无论在理论上还是在事实中都已为人们所普遍认识。所以说，抽象行政行为排斥司法不符合对人权保护的基本法治原则。抽象行政行为亦要接受司法审查，但在审查制度的设计上则与具体行政行为不同。具体行政行为由普通法院进行审查，但是在我国目前司法体制下，法院的权限和能力十分有限，因此对抽象行政行为进行审查的任务能否由普通法院全部承担，还有待研究和探索①。作为创制行政法规、行政规章、地方性法规的抽象性行政行为，将来可以考虑通过违宪审查机制来解决；而作为创制其他规范性文件的抽象性行政行为，现已由普通法院来审查。同时在行政行为类型的划分角度上，抽象行政行为和具体行政行为的划分，还可以吸收学界的行政立法行为、行政执法行为和行政司法行为的划分或者制定规范的行政行为和适用规范的行政行为的划分方法，因为它们的划分角度和标准是相似或一致的。

近年来，行政法学界不断有人提出取消具体行政行为与抽象行政行为的区别的分类。认为任何行政行为既是具体的，同时又是抽象的，具

---

① 新修改的《行政诉讼法》第五十三条规定："公民、法人或者其他组织认为行政行为所依据的国务院部门和地方人民政府及其部门制定的规范性文件不合法，在对行政行为提起诉讼时，可以一并请求对该规范性文件进行审查。前款规定的规范性文件不含规章。"

体行政行为与抽象行政行为在外延上相互兼容。笔者不同意这一意见，具体行政行为与抽象行政行为在实践中划分有时确有模糊性，存在"灰色地带"，也确有行政机关借口"抽象行政行为"逃避司法审查。这是事实。但是不能以此完全取消这两种行为的界限。实际上这两种行为在适用对象（不特定与特定）、适用次数（反复适用与一次适用）以及适用效果（间接发生效果与直接发生效果）等方面都存在区别，抽象行政行为和具体行政行为的划分还是具有一定合理性。即使《行政诉讼法》修改后，该法中原有的"具体行政行为"概念均为"行政行为"所替代，但根本上并没有取消抽象行政行为与具体行政行为的划分。

（四）根据行政行为发生效力的领域不同，可以把行政行为分为内部行政行为和外部行政行为

内部行政行为是指行政主体为对其内部事务实施管理所作的行政行为，如行政机关对行政机关工作人员的奖惩、任免决定，上级行政机关对下级行政机关报告的审批，审计机关对有关行政部门财务的审计检查等等。外部行政行为亦称公共行政行为，是指行政主体对行政主体之外的被管理的公民、法人及其他组织所作出的行政行为，是行政主体对社会事务的法律管理。一般来说，外部行政行为要接受司法审查，而作为内部行政行为则往往排斥司法审查。主要原因在于内部行政行为属于行政系统内部各部门之间或各级政府之间以及政府与部门之间的关系。在我国政府与部门之间、上级政府与下级政府之间是领导与被领导关系。行政系统内部又有自己的一套运行程序和纪律。因此，它们内部若发生矛盾，通常在内部解决。这种观点也体现在我国现行的行政诉讼法与行政复议法中。修改前与修改后的《行政诉讼法》都规定，对"行政机关对行政机关工作人员的奖惩、任免等决定"提起的行政诉讼，人民法院不予受理。那么，"行政机关对行政机关工作人员的奖惩、任免等决定"包括哪些内容呢？最高人民法院曾经作出的司法解释是"行政机关作出的涉及该行政机关公务员权利义务的决定。"显然，这里的"奖惩、任免等决定"中的"等"属于"等外等"，包括行政机关内部其他人事管理决定，如对所属公务员有关培训、考核、离退休、工资、休假等方面的决定，理论上就将其概括为内部行政行为。因此，公务员受到内部行政行为侵害，是无法通过行政诉讼渠道获得救济的。同样，《行政复议法》第二章第八条第一款也明确规定："不服行政机关作出的行政处分或者其他人事处理决定的，依照有关法律、行政法规的规定提出申诉。"这一规定赋予公务员相应的申诉权，但也将内部行政纠纷排除在行政复议范围之外。这种观点近年来被部分学者质疑。内部行为排斥司法审查的理论来源于西方的特别权力关系理论，产生于19世纪的德国，认为政府与普通老百姓之间属于一般权利义务关系，发生纠纷，由普通法院裁判；一些特定领域内的关系，如学校和学生、政府和公务员之间的关系则属于特别权利义务关系，可以不受法律调整。主管机关可以自定罚则，无须法律授权，甚至不受法律约束。纠纷由内部解决，普通法院不得干涉。但这一理论到20世纪中期在德国就已经瓦解了。德国学者乌勒于1956年提出将特别权力关系分为"基础关系"和"管理关系"。其中的基础关系包括与特别权力关系的产生、变更和消灭相关的事项，应纳入司法审查范围。1972年又产生了所谓"重要事项说"。此说认为，凡涉及人民基本权利的"重要决定"，即使属于管理关系，也应由议会立法，不许委诸行政。涉及公民利益的重要事项，司法亦应干涉。因此，笔者的观点是：随着中国民主化进程的加快，内部行政行为不被审查的局面也将逐渐被打破。法治的价值就在于实现公平、公正。所以，不仅内部行政救济的范围应当加以控制，转而更多地通过行政复议对公务员实行行政救济，而且应当将行政机关作出的涉及公务员重大人身权、财产权等权益的决定，如开除、免去职务等决定，纳入司法审查范围，对公务员重大权益实行司法保障。但目前立法上很难突破，最近修改的《行政诉讼法》并没有把这些学者的意见吸纳进去，留待以后进一步研究。

需要注意的是，内部行政行为不仅仅限于行政机关对有隶属关系的工作人员的奖惩、任免行为，还包括行政机关对其他行政机关及其工作人员所作出的行为，例如监察、审计等专门机关对行政机关及其工作人员的监督检查行为。有学者认为：大部分内部行政行为属于行政机关内部工作规程和纪律规范，不具有对外行政法律效力，因而不纳入行政行为研究范畴。如前所述，我们认为：这种观点视野比较狭隘，内部行政行为也应当是行政法学理论、行政行为理论予以关注的重要内容之一，能否科学地规范内部行政行为，既关系到行政机关及其工作人员的行政效能，同时也关系到公民、法人和组织的合法权益。目前，国内一些论著、论文开始关注这一问题。

（五）根据行政主体运作行为时的主观意志参与程度，即灵活性程度可把行政行为分为羁束行政行为和自由裁量行政行为

羁束行政行为是指在法律对行为的适用条件、内容、方式、程度都有明确、具体、详细的规定，行政主体在作出该行为时务必严格依照法律规定作出，而不能以自己的主观意志参与其间作出的行为。自由裁量行政行为，是指法律只对行为的内容、方式、程度等规定一定范围和幅度，行政主体可以凭自身对法律精神的理解和执法经验，在法律规定的限度内，作出自认为是最恰当、最合适的行政行为。我国很多行政法律对行政自由裁量的幅度规定是相当宽泛的，故行政自由裁量的空间比较大。之所以如此，是因为行政法规范对某些法律事实无法在立法上作出统一的规定，而只能由行政主体根据这些法律事实的具体因素自行裁量决定法律的适用。事实上，行政主体裁量的恰当与否，与相对人的利益有着相当密切的联系，很有可能由于行政机关工作人员裁量失当给相对人造成合法权益的损失。这种由于行政主体的失当裁量行为给相对人造成损失，相对人是否可以寻求司法救济在我国还是一个问题。我国修改前的《行政诉讼法》只对行政行为的合法性进行审查，不对行政行为的合理性进行审查，唯一的例外情形就是当行政处罚行为显失公正时人民法院可以审查并可予以变更。修改后的《行政诉讼法》则规定对行政处罚明显不当的行为，人民法院可以判决变更，同时规定了人民法院可以判决撤销或者部分撤销"明显不当"的行政行为。在法治程度较高的国家，都已建立起法院对行政失当行为的司法审查制度。在走向法治的今天，我国行政自由裁量行为也没有理由成为司法审查的空洞，对行政自由裁量行为进行司法审查已成为司法改革必然的趋势之一。

当然，一般而言，羁束行政行为只发生违法与否的问题，不发生适当与否的关系，而自由裁量行政行为一般只发生合理性、适当性问题，不发生是否合法的问题。因此羁束行政行为只受行政合法性原则的约束，而自由裁量行政行为主要受行政合理性（适当性）原则的约束。也就是说，从法律救济角度看，羁束行政行为接受行政复议审查和司法审查，在范围上基本不受限制，而自由裁量行为在接受行政复议审查和司法审查时，在范围上应该受到一定的限制。但无论如何，自由裁量行政行为也要服从法治原则，同样接受行政法的调整，自由裁量行政行为既不能超越行政主体自由裁量权的范围，也不能出现恣意和任性，必须适当、合理。

（六）依行政行为对相对人是否具有强制性为标准，可以将行政行为分为强制性行政行为和非强制性行政行为

所谓强制性行政行为，指的是行政主体依职权作出的，可以强制相对人服从或接受的行政行为；所谓非强制性行政行为，指的是由一定的行政主体依其职责权限主动作出的，不以强制行政相对人服从、接受的行政行为。前者如行政处罚、行政征收等传统行政法上的行政行为。后者如现代行政法上新兴的行政指导、行政合同、行政奖励、行政调解、行政信息服务和行政资助等行政行为。需要指出的是，非强制性行政行为并不意味因为其"非强制性"而称其为行政行为，而是说明即使其不具有强制性也不失为其性质是行政行为。

相对于强制性行政行为而言，非强制性行政行为有一些迥然不同的特征。首先，在非强制性行政行为中，行政主体与行政相对人之间特定的权利义务关系，通常不依照预先存在的法定的权利义务规范，而主要按照在遵从法律的整体目的及一般精神原则的基础上，通过双方协商达成的契约和协议等产生、变更或终止。其次，在非强制性行政行为中，行政相对人所享有的行政法上的权利，尽管仍可以推定为行政主体的义务，如前者请求行政资助的权利可以推定为后者提供相应资助的义务。但相反，行政主体在行政法上的某些权利，却并不再与行政相对方的义务尤其是"必须服从"的义务相对应。例如，行政合同的动议权、行政调解权等。再次，一般来说，行政行为都是具有单方性的，但是，在非强制性行政行为场合，这一特征将不再是绝对的。具体体现为：行政指导、行政奖励需要行政相对人配合、接受才有"结果"，即达成其目的。行政合同须双方合意始得订立。为行政相对方所不接受的行政指导亦无法生效。最后，在非强制性行政行为的实施中，如果遭到相对人的拒绝乃至对抗，行政主体是无权通过采取国家暴力的方式使该行为得以强制实现的。也就是说行政相对人抵制非强制性行政行为一般不发生承担法律责任的问题。但是，也存在例外的情况，例如行政合同的履行过程并不包括在此范围之内。

此外，相对于传统的强制性行政行为而言，非强制性行政行为的效力是不完全的。一般来说，行政行为的效力包括先定力、公定力、确定力和执行力。① 其中，依执行力所针对的主体和实现的方式的不同。行政行为的执行力可以分为四种：行政主体的自行履行力、对行政主体的强制实现力、行政相对人的自行履行力、对行政相对人的强制实现力。例如行政合同，在其缔结的过程中，行政主体和行政相对人的意思表示具有同等的地位，都不可优于对方，因此，在这里，强制性行政行为所具有的先定力在就不再发生作用。再如行政指导，即使相对人对其不予接受，行政主体也不能动用国家强制力强制实现行政指导所规定的内容，因此，在这里，强制性行政行为所具有的对行政相对人的强制实现力就不再发生作用。当然，非强制性行政行为是一个大类的行政行为，其效力缺失的内容和种类依行政行为的不同而有所不同，不能一概而论。

区分强制性的行政行为和非强制性的行政行为，突出了非强制性行政行为的独立地位，对于丰富和发展行政行为理论及指导行政法制实践具有重要的意义。首先，就理论方面而言在传统上，当我们提到行政行为时想到的只有强制性的行政行为，并以此为基础来构建行政行为的理论体系。在如此狭隘的基础上所构建起来的行政行为理论，其自身的局限性是显而易见的。随着行政法治实践的发展，新型行政行为层出不穷，

_____

① 学界关于行政行为的效力有多种意见，目前尚无定论，具体参看本章第三节。本书采用一般意见。

传统理论已很难对其加以解释并予以指导。通过强制性行政行为和非强制性行政行为的划分，突出了非强制性行政行为的地位，拓展了行政行为概念的内涵和外延，为行政行为理论的研究开辟了一个全新的领域，必将有利于行政行为理论的丰富和发展，从而使得其能够更好地指导实践。其次，就实践方面而言，传统上对行政行为的监督和控制制度都是针对强制性行政行为的，因而对于非强制性行政行为缺乏有力的控制和监督手段，这就无法避免行政主体在非强制性行政行为领域滥用权力，侵害相对人的合法权益。通过划分强制性的和非强制性的行政行为，就可以对非强制性行政行为进行专门的独立研究。在弄清楚其自身的独有特征的基础上，设计出专门针对非强制性行政行为的监督手段，从而有利于防止行政主体以非强制性行为之名滥用权力，促进行政法治的实现。

第三节　行政行为的效力

行政行为效力是指具备法定构成条件的行政法律行为所发生的法律上的效果和作用。虽然这是行政法上一个重要的研究对象，但目前行政法学界对其的研究还是比较薄弱的。其中争议最大的是关于行政行为效力的内容，可谓百家争鸣，众说纷纭，甚至截然对立，并且学者们在某些概念的表述上犹存模糊之处，尚未能统一。

一、行政行为效力内容

关于行政行为具有何种法律效力内容，行政法学界学说纷呈。纵观行政行为效力内容理论的发展史，我们仍可将国内外诸多学者的观点大致归为两大派别，即所谓行政行为效力内容区分上的传统学说和新创学说。前者是以公定力概念为核心而构筑起来的理论体系，它发端于日本，对我国台湾地区及大陆学界产生过广泛的影响，至今依旧在日本及我国大陆占主导地位；后者是以存续力概念为核心构筑的理论体系，盛行于德国，近年来又影响我国台湾地区，并对其主流的传统学说形成巨大冲击。本节将对体现两大学说派别的主要观点进行汇总，并做简要评析，最后作出自己的取舍并予以简单介绍。

（一）观点汇集

1. 相关国家和地区学者的基本观点

（1）代表传统学说的日本在日本现代行政法学上，行政行为效力内容通常被概括为拘束力、公定力、执行力、不可争力（形式确定力）和不可变更力（实质确定力）五种。著名学者南博方、和田英夫、室井力等均持这一观点。我国台湾地区学者翁岳生教授认为，这是行政行为效力内容区分上的传统学说。

（2）代表新创学说的德国在当代德国行政法学界，行政行为效力内容基本被概括为存续力、构成要件效力、确认效力及执行力四种。其中，存续力又被学者毛雷尔分为形式存续力以及实质存续力，其范围仅适用于原行政机关、相对人或有利害关系的第三人。而构成要件效力与确认效力内容基本一致，即指"行政行为的规制内容及作为其基础的事实与法律认定对其他国家机关的拘束"，实际上就是日本行政法上所强调的公定力的内容。翁岳生教授把这种学说称为区分行政行为效力内容的新说。

（3）处于传统学说与新创学说交互影响下的我国台湾地区早期的行政法学者大多承袭日本，将行政行为效力的内容归纳为公定力、确定力、拘束力和执行力。这种传统的四效力说在我国台湾地区行政法学界仍占重要地位，前后持这一观点的学者有林纪东、张家洋、陈秀美、罗传贤等。

近二十多年，以吴庚为代表的部分学者受德奥等国现时通说影响，对公定力用语提出了强烈质疑，主张不再援用公定力而将行政行为效力内容概括为存续力、构成要件效力、确认效力及执行力。这标志着新四效力说在我国台湾学界的形成。

从目前情况看，新旧四效力说在我国台湾学界仍处于相互并存的局面。由于传统学说已延续40年之久，因而一时无法全部废弃；至于是否一定要以新四效力说取而代之，学界也无定论。为此，学界另外出现了一种试图超越新旧四效力说之争，重构行政行为效力体系的尝试。例如翁岳生教授最近主编的《行政法》一书就将行政行为效力内容重新归纳为拘束力、不可争力、存续力、跨程序拘束效力、构成要件效力、确认效力和执行力七项，代表着行政行为效力内容理论向纵深发展的基本走势。

2. 我国大陆学者的基本观点

（1）"三效力说"。此乃我国早期行政学界的通说，认为行政行为效力的内容包括确定力、拘束力和执行力。

（2）"四效力说"。即认为我国行政行为的效力内容除了确定力、拘束力、执行力之外，还有公定力。其中，公定力是指行政行为一经做出，即对任何人都具有被推定为合法有效而予以尊重的法律效力。这是我国行政法学界目前的通说。

（3）"五效力说"。该说认为行政行为具有先定力、公定力、确定力、拘束力和执行力五种效力。它们既相互独立又相互依存，共同组成了行政行为的完整效力内容。其中先定力是指行政行为做出受行政主体单方面意思表示决定的效力，它是行政主体对于相对人而言的，表现为行政行为的单方面性。

（4）"新四效力说"。其认为行政行为的效力内容包括公定力、确定力、执行力、不可争力。其中不可争力是指行政相对人针对行政行为行使救济权利时所受到的一种法律约束力。值得一提的是该说否定了先定力的存在，认为若以行政行为的单方意志性即可成立作为其效力内容，实际上就是混淆行政行为的成立条件与效力；若以先定性特征作为其效力内容则又会与公定力发生重叠。这一观点认为，在现代行政行为朝向多元化方向发展的情况下，行政行为单方面性正在弱化，因此，先定力已经不能反映当今时代行政行为的效力特征。

（二）理论评析

前文提及，各种观点虽多却基本可归为两大学说派别。而所谓传统学说和新创学说两大派别，最大的区别在于他们构筑各自理论体系围绕的核心概念不同。前者以公定力概念为核心，而后者以存续力为核心。因此，对行政行为效力内容既有理论的评析便涉及这样两个问题：一是以公定力为核心的传统学说是否已经过时？二是以存续力为内核的新说能否取而代之？

1. 关于传统学说的存废问题

行政行为效力内容的传统学说肇端于日本，是由学者田中二郎于 1957 年在其《行政法总论》一书中率先提出，而公定力用语的首次使用则可以追溯至 1909 年。传统学说在日本及我国台湾地区流行 40 余年之久，而目前我国内地行政法学界的通说"四效力说"（即确定力、拘束力、执行力及公定力）也属传统学说，足以表明其影响力之广。有学者将传统学说的优点集中为两个方面：一是公定力概念准确表达了公权力行为的基本特征，对维护行政权威和法律安定起到了重要作用。二是其他几项效力都有特定的内涵和适用对象，且概念及称谓都保持了长期的稳定性，因而它们能够互相配合，共同支撑和实践着公定力。

公定力理论是传统学说的一大贡献，也是其最大亮点。尽管公定力理论在二战以后，随着人权、法治理念的张扬，屡遭质疑与批判，其自身随着社会的变迁也历经修正，但其核心精神——国家行为体现有效推定、不容随意挑战的精神却一直延续下来。支持继续沿用公定力理论的主要理由有：第一，从行政法学术史上看，公定力概念沿用近百年，对于这样一个具有特定内涵的范畴不宜简单予以否定。第二，从语义上看，公定力用语表达了公权力行为的特质——推定有效。第三，从法律地位上看，公定力自身就是一个基本的行政法学范畴，许多行政法的制度安排都需要借助公定力理论获得合理解释。第四，从整个行政行为效力体系来看，即便公定力理论存在某种特殊的价值偏好，其他的相关理论如行政行为无效理论、行政程序重开理论等也能发挥纠偏作用，从而在总体上维系行政权与行政相对人权利之间的平衡。此外随着现代服务行政理念的不断渗透和人权保障观念的进一步加强，传统学说的核心概念"公定力"在学理上也经历了两个转变：一是由抽象的实体法"合法性推定"向直观的程序法"临时有效推定"的转变；二是由先验的"超实定法效力"向现实的"实定法特别承认效力"的转变。这些反映了学界重释行政行为公定力理论以适应现实挑战的努力。由此可见，公定力理论本身具有自我修复性、发展性，而其存在的瑕疵尚不足以构成从根本上否定其存在的理由。

当然，传统学说在其他效力的概括上存在一些问题，有必要在具体内涵上作出调整以使得行政行为效力体系重新获得合理的解释。比如，传统学说一直将拘束力单列为效力内容之一，但学理上历来就缺乏对其深入而精细的研究。究其原因，主要在于拘束力概念本身的不成熟性。正如日本当代著名行政法学者盐野宏所言，把拘束力当作行政行为的效力之一，就无法包括行政行为的公定力，而这种公定力是其他效力的前提或"担保力"。"在这种意义上，说拘束力，其自身不是具有多大意义的观念。"① 台湾学者陈新民认为，关于行政行为的效力，虽然学界曾有不同的区分，其实就只有一种效力，即拘束力而已。② 大陆学者王周户则认为拘束力就是行政行为的法律约束力量，是对行政行为效力含义及其内容的涵盖性解释。因此，拘束力不是行政行为的一项独立内容。

2. 关于新效力说能否取而代之

鉴于认为传统学说中的公定力概念有过分偏重行政权力利益之嫌，近年来我国台湾地区一些学者不再使用这一概念，转而援引德奥现时通说，从而将行政行为效力内容概括为存续力、构成要件效力、确认效力及执行力。大陆学者虽然大部分采用传统学说的观点，但也有一些学者受到新创学说的影响。在新创学说中，存续力是其核心概念。它的提出意在淡化行政权的"特权"色彩，提升行政相对方在行政法上的地位。同时新创学说的各个具体效力的适用对象更加确定，从形式上看，其排列似乎更具合理性。但要判断新创学说能否取代传统学说，我们则要考虑新旧概念是否存在内涵的重叠交叉，还要考察新概念能否反映行政行为效力的本质特点，新创学说构筑的整个行政行为效力体系是否显得和谐统一等问题。诚如我国台湾地区学者程明修所担心的："另外引入其他概念取代，概念是否相容？若不深究其义，恐亦将难免引起另一场混乱之论争。"③ 而从这些角度来审视，我们发现新创学说自身还是有欠妥之

---

① ［日］盐野宏：《行政法》，杨建顺译，法律出版社1999年版，第100页注3。
② 陈新民：《行政法学总论》，第237页。
③ 程明修：《论行政处分之公定力——日本法上公定力理论之演进》，《军法专刊》第41卷第1期。

处的。

新创学说就其核心概念存续力来看，其缺陷在于：第一，名称使用混乱，除存续力外，学理名称还有持续力、继续力。实定法上亦是如此，如台湾"行政程序法"第110条第3款、第120条第2款、第128条第1款第1项分别使用的是"继续""存续""持续"来指代相同的行政处分效力，同一部法律的用语前后就如此不一。第二，存续力的内涵解释不一，不仅在其概念创始国——德国学理上是多义的，在台湾学界，学者们也各有所指。比如翁岳生教授以此概念取代公定力，学者吴庚则将之代替确定力，李震山则认为它是对两者的折中。第三，存续力的内容论述与传统学说相比并无实质性突破，倡导新创学说的学者也承认"存续力与确定力之差异不在本质而在程度"。第四，存续力难以像公定力概念那样传递行政行为效力的形式性、推定性等特点，而且很难与其他类型的效力保持和谐。

新创学说概括的其他效力内容也被学者提出批评，比如有学者认为"构成要件效力实际上已涵括确认效力，单独提出确认效力只是徒增混淆，实益不大"[1]，还有学者认为关于构成要件效力与确认效力即指"行政行为的规制内容及作为其基础的事实与法律认定对其他国家机关的拘束"的一致表述，实际上就是先前公定力的内在要求之一。[2]

以上对两大学说派别的具体分析表明，以公定力理论为核心的传统学说从总体上看并未过时。而新创学说体系的欠成熟则表明其尚不能承载起改造或替代传统学说的重任。因此正如有学者建议的那样："相比之下，与其寻找另外的理论取而代之，不如对公定力理论自身加以适当改造，使其重新焕发勃勃生机"。[3] 从法律传统、现实国情、语言习惯及社会效果等角度综合审视，目前我国大陆行政法学界的通说（属传统学说观点）基本上是值得肯定的，但需要加以适当改造。

---

[1] 应松年主编：《行政程序法立法研究》，中国法制出版社2001年版，第353页注2。
[2] 章志远：《行政行为效力论》，中国人事出版社2003年版，第50页。
[3] 章志远：《行政行为效力论》，中国人事出版社2003年版，第51页。

（三）本书观点

基于前文描述的状况，本书赞同这样的划分方法，即将行政行为的效力内容划分为公定力、确定力、执行力。其中，通说中的公定力、确定力概念予以保留，拘束力废止的理由已如前述。而执行力名称在学理上争论不多，故予以保留。它们的逻辑关系是：公定力居于基础性地位，是其他效力发生的前提；确定力、执行力则是公定力的延伸、表现及保障。以下就分别对这三项效力内容展开阐释。

1. 公定力。行政行为具有公定力，是指行政行为一经作出，即对任何人都有被推定为合法有效而予以尊重的法律效力。也就是说，行政行为即使违法，在有权机关经过法定程序将其撤销之前，任何个人或组织都不得否定其法律约束力。由于行政机关是依照法定程序依法组成的，人们在组织时就承认了行政机关的合法性，因而也就预先承认了行政行为的合法性和有效性。而且，为了有效保护社会公共利益，维护行政法律秩序的稳定，实现行政管理的任务和目标，必须保证行政行为的效率，承认行政行为的公定力。当然，行政行为的公定力也不是绝对的，对于一般人根据常识即能判断属于严重违法的行政行为，属于无效行政行为，这种行为不应该具有公定力。

2. 确定力。行政行为具有确定力，是指行政行为一经作出，具有不得任意改变的法律效力。其包括两层含义：一是对于行政主体而言，基于诚实信用的基本理念，行政主体负有遵守并兑现其先前承诺的义务。如果行政主体反复无常、不讲信用，甚至随心所欲地改变已经作出的行政行为，则将大大降低其自身的权威。因此，非经法定理由和程序，行政主体不得随意变更、撤销或废止其所作的行政行为，尤其是不得就同一事项出尔反尔，草草重新作出行为。这里的行政主体，既包括原行政主体，也包括其上级行政主体和其他行政主体；二是对于行政相对人而言，不得否认行政行为的内容，不得随意改变行政行为要求执行的事项，非依法也不得请求变更、撤销或废止行政行为。行政行为具有确定力并不是意味着行政行为绝对不可以变更，而是说行政行为作出后非经法定程序不得随意变更或撤销，也就是说，行政行为的确定力具有一定的相对性。基于法定的事由，经过法定的程序，行政行为可以通过行政复议、行政诉讼等途径依法变更、撤销或者废止。例外的是，在法定申请复议和诉讼期限届满之后，行政相对人对于行政行为则不可再掀争议风波。

3. 执行力。行政行为具有执行力，是指已生效的行政行为具有的要求相对人自行履行或者强制相对人履行其所设定义务的作用力。这里，行政行为的执行力既包括自行执行力，也包括强制执行力。需要注意的是，行政行为具有执行力，并不意味着行政行为在任何情况下都必须强制执行；行政行为具有执行力，也并不是行政行为成立、生效后，都必须立即执行。行政行为生效以后，基于保障行政管理的任务和目标实现的需要，行政行为应当具有一种既有助于督促行政相对人自觉地遵守并履行行政行为所确定的义务，也有助于在行政相对人拒绝自觉履行而对其进行强制执行的效力。这就是行政行为的执行力。

综上所述，作为行政行为效力内容的公定力、确定力、执行力是相互联系而又彼此独立的，是行政行为效力应该同时具备的三个方面。只有这样，才能保证行政行为得以实现落实和达成行政管理的任务和目的。

二、行政行为效力与司法审查

现代社会福利国家的兴起以及服务型政府理念的确立，决定了当今政府具有积极行政的特征。但行政权是一种主动性很强的权力，特别是在行政管理事项范围日益扩大的情况下，容易被行政主体滥用。为此，行政权力需要受到监督和制约。除了传统的议会制约监督，司法监督被证明也是一种不可缺少的有效制约监督手段。公正的司法被认为是法治的关键所在，澳大利亚首席法官杰勒得·布仑南爵士 1995 年在题为《是"为人民的法院"而不是"人民的法院"》的演讲中提出："法治取决于甚至可以等同于法院的公信力……摧毁公众对法院的信任，也就摧毁了法治的基础"。"王者不能为非"的观念早已成为历史的遗迹。现代法治要求政府依法办事，在法治轨道上运行。早期美国宪法学家汉密尔顿甚至认为，国家与成员或公民纠纷只能诉诸法院，其他方案都不合理。① 法治保障人权，强调保护公民的权益，而司法被看作实现法治的最后一道防线。所以当公民认为政府侵犯其合法权益时，公民有权请求司法权的保护，阻止行政行为效力的发生。

（一）司法审查中行政行为的动态考察

任何一个国家机关所作的决定总有最终的裁判者，否则即使权力制约也只能导致在不同机关流转，无法形成最终的确定力，造成国家维护社会秩序、造福人民的使命无法完成。② 所以法院以社会公正最后裁判者的身份出现，在行政诉讼过程中起着主动和控制的作用，当行政行为进入司法程序后，随着法庭审理的深入行政行为的效力将发生相应的变化。我们把司法审查对行政行为裁判看作法治最终落实的一个过程。所以，我们在行政诉讼的过程之中具体考察行政行为的效力呈现的动态变化。

1. 行政案件受理时行政行为的执行力

执行力是行政行为所体现的法律要求，也是行政行为对外的权威宣告和支配力的根据。法院受理案件后是否有权决定行政行为停止执行，在各国实践和理论界都有较大争议。

司法审查程序的启动对于行政行为效力的影响与后果，各国的立法都有不同的规定。借鉴国外的立法经验对于修改与完善我国的行政程序法及其相关规定将会大有裨益。鉴于英美法系国家并无严格意义上的公私法区分，从而导致了立法上对行政行为及其相关问题的缺失。对于这一问题做出比较详尽的规定的是大陆法系国家，其中又首推德国与日本。德国素来崇尚严谨清晰的立法精神。《德国行政法院法》第 80 条、80a 条、80b 条对此做出了详尽的规定。其中第 80 条规定："1. 申请复议及确认无效之诉具有中止执行的效力。本款也适用于创设性质行政行为、确认性质行政行为及具有双重效力的行政行为。2. 下列情况下，不存在中止效力：（1）公共捐税及费用方面的命令；（2）警察局执行官员不可

---

① ［美］汉密尔顿：《联邦党人文集》，张企泰译，商务印书馆 1992 年版，第 400 页。

② 罗豪才主编：《行政法论丛》第 1 卷，法律出版社 1998 年版，第 424 页。

迟缓的命令和措施；（3）其他联邦法律规定的情况；（4）基于公益或主要考虑参与人的利益，做出行政行为或对复议有管辖权的行政机关，特别命令立即执行的情况。3. 在第 2 款第 4 项情况下，须以书面方式说明立即执行所考虑的特别利益。行政机关为了对付迫在眉睫的危险，尤其为公共利益而预先采取消除对生命、健康或财产重大不利的应急措施的，不需要特别说明理由。4. 做出行政行为或对复议有管辖权的行政机关，可中止第 2 款规定的情况下的执行，只要联邦法未对此有不同规定。就公共捐税及费用方面的命令，行政机关也可以要求提供担保中止其执行。对干预性质的行政行为的合法性有严重怀疑，或执行会导致捐税人或交费人不公平，基于公共利益考虑不必要的强度的，必须中止公共捐税及费用方面的命令的执行。5. 根据申请，本案法院可在第 2 款第 1 项至第 3 项的情况下，全部或一部命令中止执行，在第 2 款第 4 项的情况下命令全部或一部重新中止执行。在提起确认无效之诉之前，已允许申请中止执行。行政行为在做出决定的时刻已执行的，法院可以命令撤销执行。重新中止执行时，可以要求提供担保或履行其他负担。对此也可设定期限。6. 在第 2 款第 1 项规定的情况下，根据第 5 款提出的申请，仅在行政机关已全部或一部拒绝中止执行的请求时，方可接受。但不适用于两种情况：（1）行政机关就提出的申请，在适当期间未就实质问题做出决定，也未就此决定的充分理由做出通知；（2）必须因迫切情况做出执行。7. 本案法院可随时变更或撤销根据第 5 款提出的申请做出的决定。在变更或撤销时，任何参与人可提出因情况变化或其无过错而在原本诉讼中未主张的情况，提出申请。8. 在紧急情况下，可由主审法官单独做出决定。"

日本对这一问题的立法规定与德国的大相径庭。日本的法律规定，司法审查程序的启动对行政行为的效力原则上不产生影响，只有当原告申请并且经过法院决定之后才可以停止原行政行为的效力。日本《行政诉讼法》第二十五条至二十九条对此做出了详细的规定。其中，第二十五条规定得最为详尽，该条第一款至第三款规定："（1）取消诉讼之提起，不妨碍处分的效力，处分的执行或程序的继续履行。（2）在已有了提起的取消诉讼时，为避免由于处分、处分的执行或程序的继续进行，产生难于恢复的损害而有紧急必要时，法院可根据申请用决定停止部分或全部处分的效力，处分的执行或程序的继续执行，但处分效力如由于处分的执行或程序的继续执行可达到目的时，不可停止。（3）执行停止如对公共福利有波及重大影响之虞或关于本案似乎没有理由时，不能停止。"同时，第三十八条还规定确认无效等诉讼程序也应该援引上述条款规定。

　　德国与日本两个国家之所以对同一问题存在相反的立法规定，原因在于这两个国家不同的法治土壤与历史文化背景。德国立法素来崇尚严谨明确，法治环境优良，重视公民个人与社会团体在与国家公权力进行对抗时的正当利益的保护；而日本则从维护社会公共利益的角度出发，更加注重公共利益的维护，所以立法中也贯彻了严格规定行政行为具有确定力的立法理念。从中我们可以得出结论：每个国家的法治环境、历史渊源与文化背景都不尽相同，从而导致了司法审查对行政行为效力的不同规定。

　　具体到我国，政府管理事务越来越趋于庞大与复杂，承担着大量的社会与经济的管理任务。缺少了政府管理的社会是不可想象的。而政府干涉社会与经济的主要手段和方式就是通过做出并且执行行政行为。如果完全采用德国式的立法方式，则必然会使大量的行政行为效力处于未定的状态，而有关事务的处理也将悬而未决，从而不利于社会与公共利益的促进。但是，过多地强调公共利益而一概认定司法审查对行政行为的效力完全没有影响力，从而忽视当事人的利益保护的做法也不符合现代民主法治社会的基本精神与原则。"法律为在社会秩序中创制一定程度的稳定而做的努力，在某种程度上给该制度输入了抗变动的惰性。而行政权力的扩张与行政组织的日益庞大也产生了这样一种趋势：即取消或削弱对这些机构的行动所施以的司法审查。"

　　在我国对起诉不停止执行存在两种争论，即"肯定论"与"废除论"。持肯定论的学者认为："现代国家的行政管理，要求效率性和连续性，如果具体行政行为一经当事人起诉即停止执行，势必破坏行政管理的效率性连续性，使法律秩序处于不稳定的状态。如果遇到起诉情况较多时，甚至会导致行政管理瘫痪，危害社会公共利益。"① 不过持此种观点的学者们也认为，即便在不承认自力救济的民事诉讼中，为了维护原告的合法权益，也都规定了许多临时保护措施。所以，有的学者认为："在关于行政诉讼撤销诉讼的法院最终判决之前采取某种措施，从私人救济的角度来看，是极为重要的。"② 所以大都承认在特定的条件下延缓行政行为的执行力。

持废除论学者们认为，如果过多地尊重行政机关的权威，则会使行政诉讼以保障人权，监督行政机关依法行政为宗旨的行政诉讼制度的功能落空。另外他们从我国强制执行的法律制度自身存在许多弊端来反对诉讼不停止执行。

修改后的《行政诉讼法》第五十六条规定，诉讼期间，不停止行政行为的执行，但有例外，在被告认为需要停止执行等几种情形下，人民法院可以裁定停止执行。我们认为，对诉讼不停止执行可以从三个方面理解：1. 从行政行为效力的一般理论出发，起诉不停止执行原则我们必须坚持，否则，以公定力为核心的行政行为效力体系将遭受重创。2. 有效的行政行为一经作出就必须具有执行力，即由行政主体所确定的权利义务关系必须产生相应的法律效力。执行力是强制执行制度的理论基础，是此制度存在的本原性。所以，不能由我国执行制度存在逻辑上的矛盾而推导出废除诉讼不停止执行的结论。这有舍本逐末之嫌。3. 我们不能冒着损害公共利益的风险而在未对被诉行政行为作出裁判前满足公民个人的要求。有鉴于此，我们应优先保护公共利益，但应通过赔偿或补偿的渠道，并扩大赔偿补偿的范围和提高金额，以期实现公共利益与个人利益的平衡。修改后的《行政诉讼法》已经增加这样的规定："当事人对停止执行或者不停止执行的裁定不服的，可以申请复议一次。"

---

① 罗豪才主编：《行政法学》，北京大学出版社1996年版，第210页。
② ［日］盐野宏：《行政法》，法律出版社1999年版，第387页。

2. 行政案件审理时行政行为的确定力

在行政诉讼案件的审理过程中，法院依职权对行政行为的合法性进行审查。行政主体是否有权改变原行政行为呢？即法院审理对行政行为的确定力有何影响。关于审理过程中行政机关是否可以改变原行政行为问题，在理论与实务方面，各国都有不同看法和做法。在理论界有三种看法，即肯定说：他们强调所有行政行为都毫无例外地具有实质确定力，甚至认为这种不可变更是绝对的。否定说：他们认为，确定力是司法上的概念，具有特定含义，即已确定的判决不受撤销之力。行政行为不具有实质的确定力，行政机关在任何时候都可以改变或撤销所作出的行政行为。折中说：该学说认为，并非所有行政行为都具有实质确定力，而只有某些行政行为才具有实质确定力。从国外的司法实践来看，大都承认当事人可以通过和解来终结以提起的行政诉讼。日本规定，撤回诉讼，在裁判以外进行和解的情况时有发生，法院也承认和解判例。我国台湾地区行政诉讼法甚至对行政诉讼中的和解作了详细的规定。所以，根据我国国情和国外实践，我们认为，通过适当的程序控制可以承认行政主体有权改变所作出的行政行为。

3. 行政案件判决与行政行为效力

行政案件判决是指，人民法院以社会公正的最终裁判者的身份对行政行为作出权威性的处理决定。行政案件的作出将最终决定行政行为的效力形态。法院根据审查对行政行为可作出三种情况判决，即肯定行政行为效力的判决；否定行政行为效力的判决；对行政行为效力附条件的肯定。其一，肯定行政行为效力的判决其形态表现为维持判决（即所作出的行政行为证据确凿、法律法规适用正确、程序合法）；驳回诉讼请求（即认为原告的诉讼请求没有正当理由或超过诉讼时效）；确认合法（即当行政相对人请求法院作对行政行为确认违法，经审查合法所适用的判决）；确认无效（即当行政相对人请求法院作对行政行为确认无效，经审查有效所适用的判决）。其二，否定行政行为效力的判决其表现形态为撤销判决（即法院对被诉行政行为进行审查之后，如认定证据不足、适用法律法规错误、违反法定程序、超越职权或滥用职权等违法情况所适用的判决）；变更判决（即法院对行政行为明显不当所作出的判决）；确认违法（即法院经审理确认违法但无可撤销内容的；被告改变原具体行政行为，原告不撤诉的法院经审理违法的情况）。其三，附条件的肯定判决（被诉具体行政行为违法，但撤销具体行政行为将会给国家利益或公共利益造成重大损失的，人民法院应当作出确认被诉具体行政行为违法的判决，并责令被诉行政机关采取补救措施；造成损害的，依法判决承担赔偿责任）。

法院在当今社会越来越显示其重要地位。其作为社会正义的裁判者理所当然地对公共利益与私人利益作出最后的抉择。所以，法官在对行政行为进行裁判时要进行利益衡量，法院在具体案件中对程序违法的处理要综合考虑程序违法的程度、行政行为所涉及的公共利益、对相对人权利影响的程度等因素。在行政行为仅因轻微的程序违法且不影响当事人的具体权益时可责令被告进行补正。经过补正行政行为当然有效。

（二）对两种行政行为效力的初步考察

1. 行政指导

我国从传统的计划经济向市场经济转化过程中，政府采用了一种新型的行政管理手段即行政指导。行政指导的法律属性可以定义为"非强制性行政行为"，作为一种行政行为应该具有公定力、确定力、执行力。政府作为社会资源和信息的控制者在经济运行中起着导向的作用。其作出的宏观性指导当然应为社会所尊重。其在指导政策中大多具有利益诱导功能，基于政府诚信，当相对人接受行政指导后政府应兑现自己的承诺而不能出尔反尔，失信于民。所以，我们认为行政指导具有确定力。执行力的效力形态在社会实践中可分为相对人自执行和被强制执行两种形态。行政指导属于自执行的形态，相对人应具有其自执行力，但这种自执行力的强度与其他行政行为，例如强制性行政行为的自执行力有区别。

2. 行政合同

改革开放以来，逐步实现了以合同方式确定国家与企业之间的责、权、利关系，从而为提倡和研究行政合同确定了基本方向。这种行政管理手段是在法治理念指导下蕴含着对人的尊重、对人独立主体的承认、注重合作诚信守诺的意识在追求政府与公民对公共利益共同合作，实现双方最佳状态的现代行政管理活动中的体现。我们认为其同样具有行政行为的几种效力形态。因为，行政合同中仍然存在着行政权力要素。所谓行政合同中的权力要素，可以作这样的理解，主要表现为作为签约人一方的行政机关不以通常民事合同主体权利义务对等关系存在，而是保持其原有公权力主体的身份，单方对合同行使公权力的强制性特权等情形。契约精神在公法领域中的介入，仅是弱化行政行为的单向性、命令性，强调行政主体与相对人的沟通与合作并不能改变行政权本质特点。所以，一经相对人承诺它就具有公定力。行政主体非经与相对人协商不得变更、解除合同，除因重大公共利益或情势变更外。所以，行政合同具有确定力。执行力当事人一经承诺就必须履行合同，否则行政主体将依约定或法律、法规规定对合同另一方进行强制执行。所以，行政合同具有执行力。

第四节　构建行政行为法结构体系和理论体系

《中共中央关于全面推进依法治国若干重大问题的决定》中提出了要"加强法学教材理论研究，形成完善的中国特色社会主义法学理论体系"的任务，这就要求各个法学学科都要努力构建本学科的理论体系。只有这样，才能达到全面推进法治中国的建设。行政行为作为行政法的核心概念之一，具有它独特的重要地位，行政行为法在行政法体系中具有举足轻重的地位，因此，必须首先形成和完善中国特色行政行为法理论体系作为我们建构中国特色行政行为法结构体系的理论指导，而行政行为法理论体系也不是凭空建立起来的，它必须在探索和构建行政行为法结构体系中建立并逐步完善起来。因此，两者的形成和成长是同步的。

一、行政行为法结构体系和理论体系的内涵和价值

本书所称的行政行为法结构体系是以行政活动的不同形式为基础，

从对我国行政行为的界定和类型出发，依照特定的标准并遵循一定的逻辑顺序，对行政活动的不同形式进行排列组合，进而形成一个由行政行为形式相互联系而组成的逻辑清晰、内在协调统一的法律结构体系。行政行为法理论体系是对于这个法律结构体系的反映、理论分析和总结；而行政行为法结构体系则是行政行为法理论体系的实际表现形式。两者相辅相成，互相促进。

构建行政行为法结构体系和理论体系有其重要的学术价值和实务价值。

第一，它的学术价值。行政行为法结构体系和理论体系都不是一蹴而就的，它是随着行政行为法治化过程逐渐成长发育起来的，人们最初只认识很少的几种行政行为，而且缺少对它们内在关系的认识。随着行政管理手段的多元化，随着政府与市场、政府与社会关系的不断调整，对行政行为的合法性、合理性、效率性等等的要求越来越高，对于行政行为之间的分工合作要求越来越强烈，尤其是新型行政行为的出现，往往使人们有眼花缭乱的感觉。传统的分类不能很好涵盖这么纷纭复杂的行政行为，各种行政行为效力的特点存在差异，在这种情况下更需要进行理论的观察与分析，更需要建立起逻辑清晰、分辨容易、有机协调的结构体系。只有这样，才能深刻认识不同行政行为的不同形式特点、不同法律属性、不同法律救济渠道；只有这样，才能把握好行政行为形式的发展趋势，随时有准备地有张力地吸收新的行政行为进入行政行为法结构体系，使行政行为法结构体系常新，使行政行为法理论体系充满生命力。

第二，它的实务价值。通过构建和完善行政行为法结构体系和理论体系的过程可以协调行政法体系中最主要的矛盾和冲突，特别是更好地协调行政立法、行政执法和行政监督之间的关系。目前，由于行政行为法结构体系和理论体系存在分歧较多，甚至出现混乱的状况，给立法者带来困难。行政行为法理论体系如果明确了各类行政行为概念和相互关系，立法者的立法方向就明确，可以少走弯路，少做无用功，尤其是避免挂一漏万。例如过去对行政许可概念的研究处于初创期，因此关于行政许可法出台时就出现行政许可、行政审批、行政备案登记等等概念理解的分歧，以至出现非行政许可的审批等实践中混乱的用语，造成行政执法中的困惑。行政执法中会运用各种行政行为形式，它们的相互关系对于执法者来说是最经常遇到的问题，也是他们努力做到依法行政而碰到困难最多的问题，如果整理出清晰可行的行政行为法结构体系，使执法者胸有成竹，应对自如，否则，犹如盲人骑瞎马，不知道在执法过程中哪里会陷入错误。对行政的监督一项重要制度就是行政诉讼，明确了各种行政行为的不同性质和不同特点，就可以有的放矢进行有针对性的类型化处理，就可以选择不同的诉讼救济类型，达到更好的监督和救济效果。可见构建和完善行政行为法结构体系和理论体系的现实意义是广泛而全面的。

二、构建行政行为法结构体系和理论体系的努力方向

我国行政行为法结构体系存在许多问题，其根源来自行政行为法理论体系还缺乏科学性、指导性，而行政行为法理论体系的混乱主要源于对行政行为概念的理解存在很多分歧。

（一）行政行为法结构体系和理论体系存在的问题

1. 对于最具基础性概念性质的行政行为理解各不相同：这个问题自我国行政法学在 20 世纪 80 年代恢复时期就出现，并一直绵延至今。最早的行政法学统编教材《行政法概要》把行政行为定义为行政管理活动，认为行政行为是"国家行政机关实施行政管理活动的总称。"[①] 之后各家定义迭出，基本上各国行政行为定义，包括最广义说、广义说、狭义说、最狭义说等在国内都有响应者和诠释者，而且不断加入"中国特色"，形成五花八门的行政行为概念。再如，行政行为到底应该不应该包括事实行为，观点截然对立。凡此种种，不一而足。

2. 对各种不同形式的行政活动在性质认定上存在分歧：例如对于行

---

① 　王珉灿：《行政法概要》，法律出版社 1983 年版，第 97 页。

政调查，就有事实行为说与法律行为说之争论；再如，对于行政强制执行行为，也有事实行为说与法律行为说的争论；又如关于行政指导除了事实行为说与法律行为说之外，还有"非权力性事实行为"与"非强制性法律行为"等等的争论。对于其法律性质认知的不同，必然涉及这些行为的法律效力、法律责任、法律救济渠道等等的不同认识和处理。本书中各位撰稿人对于若干行政活动形式的性质认定都有自己的见解，往往互不统一，可见把它们统起来更加困难。

3. 由于上述原因，对于行政行为结构体系和理论体系之建构，显得尤其困难：差不多每一本教科书都有自己的编排体系，例如国内基本较有影响的行政法学教材：罗豪才教授主编的《行政法学》、应松年教授主编的《行政法与行政诉讼法》、姜明安教授主编的《行政法与行政诉讼法》、胡建淼教授的《行政法学》都有自己的编排方法，同一作者在不同的教科书或者论文中又提出前后迥异的编排主张。有的教科书，明确把行政行为界定为行政法律行为，但其实际内容中还介绍行政事实行为；有的教科书明确行政行为只包括行政规定和行政决定两大类，可是又把行政调查、行政合同作为"特殊行政行为"加以介绍，其内容显然超出了原来确定的行政行为定义。很明显，有些学者在安排行政行为编排体系时缺少严密的逻辑思考。

4. 行政行为结构体系与理论体系建构之困难必然影响我国行政救济法理论和立法的完善：修改前的《行政诉讼法》采用"具体行政行为"概念，但在司法审判实践中对这一概念不断进行解释，尤其是最高人民法院对何谓"具体行政行为"前后两次作出了方向完全不同的司法解释，其原因还在于基础性概念研究之薄弱；修改后《行政诉讼法》把"具体行政行为"改变成"行政行为"，表面上是一大进步，但深层次实际问题依然没有解决。显然修改后文本中"行政行为"本质上依然是"具体行政行为"，按照这样的理解，规章以下的规范性文件的制定显然不属于"行政行为"。因此，"行政行为"的概念依然不能在《行政诉讼法》文本中得出清晰的结论。

（二）构建行政行为法结构体系和理论体系努力方向之探讨

1. 首要任务是科学确立这个结构体系和理论体系的支撑性概念——行政行为

由于行政行为实际上已经成为我国行政法学研究中一个极为混乱的基本概念，因此首先已经影响依法行政、建设法治政府的进程。因为行政行为概念提出的初衷就是为了依法行政管理和实现行政目的的需要。如果连行政行为的概念及其结构体系都众口不一、莫衷一是，那就很难规范和指导行政管理活动的进行。其次，行政行为概念的另一作用在于帮助梳理和规范行政权的运行，并使行政权的运行受到法律的监督。

因为行政行为法与行政救济法有着密切的关联，目前行政行为概念界定之混乱导致行政行为法理论体系无法科学建立，以至无法在发生行政争议时，按照行政行为不同性质、行政争议不同类型作出相应的正确处理，包括急需行政诉讼类型化的处理。再者，对行政行为概念的整理可以尝试突破对行政行为盲目分类的传统做法，探索行政行为的模式化，即侧重对具有相同构成要件的行政行为的概括，而并不以所有行政行为为概括对象。简言之，一种模式化的行政行为也并不与另一行政行为模式相对应，而是区别于所有其他行政行为而存在的。行政行为的模式化，需要行政行为现象累积到足够的程度，进行逻辑处理和锤炼，再进行法典化以及司法确认。总之，抓住支撑性概念行政行为的整理，就是抓住了"牛鼻子"。

2. 行政行为概念内涵的丰富性、多样性、动态性、开放性是解决和达到行政行为法结构体系和理论体系丰富性、开放性的前提

为了更全面地了解和研究我国学者对于行政行为概念的理解，我们对行政行为概念进行了认真的梳理，根据目前所见到的各种资料，我国学界自广义至狭义为顺序至少存在着十种代表性理论。为了简化起见，我们用以下图表来说明问题。

最广义说

↓（-非行政主体的行为+行政主体所为非行政管理活动的私法行为）

主体说

↓（-行政主体私法行为）　　　　　　　（-行政主体的违法行为）

行政权说　　　　　　　　　　　　合法行为说

↓（-行政事实行为）

公法行为说 - →（+行政服务行为）

↓（-行政立法行为）　（-内部行政行为）

行政立法行为除外说　　外部行为说　　　　　　　行政服务说

↓（-抽象行政行为）

具体行为说

↓（-具体行政行为中的双方行为）

最狭义说

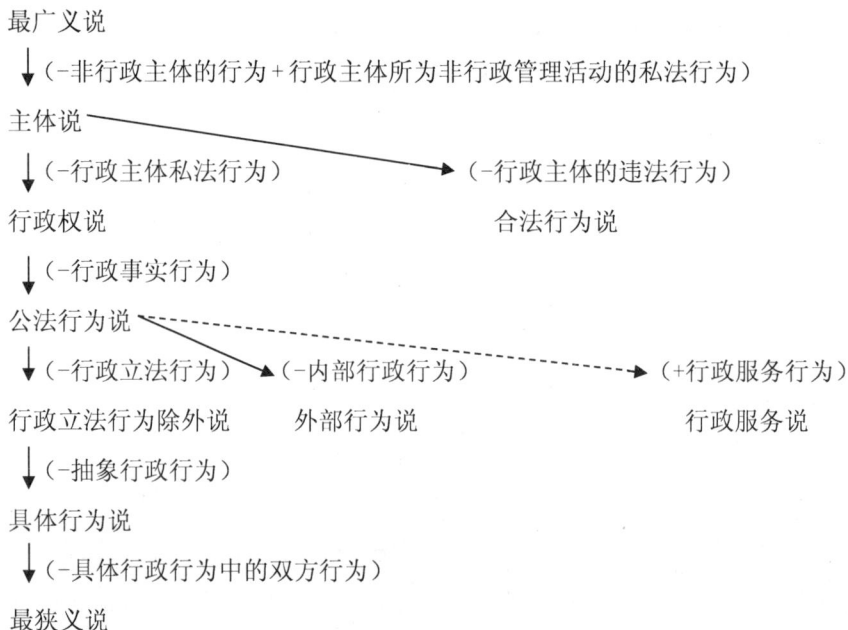

从这个图表可以看出，目前学界中关于行政行为概念界定的归纳排序其实就是一个从广义到狭义、概念外延逐层递减的类似一个"剥笋"的过程。从最广义说到最狭义说，各学说渐次将非行政主体的行为、行政主体的违法行为、行政主体私法行为、行政事实行为、内部行政行为、行政立法行为、抽象行政行为、具体行政行为中的双方行为从行政行为的外延中剥离出去。因此，从最初行政审批的思路来说，就是把"纯而又纯"的"具体行政行为"作为行政诉讼的审查范围。然而，实践包括人们对行政执法方式多样性的认知以及对行政诉讼制度的期待，都决不仅仅限于对"具体行政行为"的理解和审查。那种认为局限于"具体行政行为"司法审查就能解决依法行政中各方面问题的想法在实践中往往捉襟见肘、处处碰壁。纯而又纯的"具体行政行为"概念存在的时间越长久，对其的定义便日趋精细化，而实际效果是行政机关越来越多的实际运行方式越来越多地被排除在了行政行为这一概念之外。而实践，尤其是司法审判实践似乎又要求行政行为的外延朝着相反方向扩展。

形势比人强，法学概念之价值在于其实用性、可操作性。应该看到，随着经济体制改革的进展，现代国家的公共职能正在发生深刻变化，行政行为的方式越来越多，行政行为的内容越来越丰富，行政管理中诸如行政指导、行政扶助、行政合同、行政事实行为等大量出现，狭隘的严格意义的行政行为概念显然已经无法涵盖许多新型行政手段和方式，因此，行政行为理论必须与时俱进；同时，随着经济改革的发展，行政行为日益呈现出多样性，由此引发的问题，特别是对人民权益的侵犯方式和机会也越来越多，司法审判实践中行政诉讼受案范围屡屡被突破，使得行政诉讼法中"具体行政行为"概念的内涵和外延不断受到挑战，包括《国家赔偿法》对于与行使职权相关的行政事实行为也被纳入国家赔偿的范围，如果作茧自缚或者削足适履，行政行为的实用意义就会大大削弱。因此，笔者强调行政行为概念的丰富性、多样性、动态性和开放性，倾向于采用"广义型"的行政行为概念界定的路径。特别是采用着重围绕可诉性标准作为倒逼建构和完善行政行为概念的途径。

3. 以实践中可诉性行政行为外延的扩大倒逼行政行为法结构体系的完善不失为一条可尝试的途径

法律的双向运行模式是现代法治的要求，法律的可诉性是现代法律的特征。作为行政机关，其掌握的权力可谓现代国家机关中最大者，所以行政法——自然包括行政法意义上的行政行为——的可诉性便更加凸显。在当下，为什么需要围绕行政诉讼构筑行政行为的概念？正是因为我国行政法的可诉性太弱。在管理论的范式下，大量的行政法律具有不可诉性，这样的可诉性缺乏使司法在国家法制体系中的功能下降，且直接导致了没有法律责任追加的公权主体的存在，行政法中对行政主体罗列再多义务对其也没有约束力。因此，法律将可能沦为一种"纸面上的正义"，无论书写上多么华丽的权利辞藻，都不啻一张废纸，而这也就损害了法律的基本威信，妨碍了国家法律在具体案件中的实现，从而最终破坏了宪法和法律确定的社会秩序。法律的可诉性是指法律能被用于诉讼，而行为的可诉性是指行为能够"被诉讼"。我们认为：法律是为规范人的行为而设立的，因而它首先对行为起作用，首先调整人的行为。对于法律来说，不通过行为控制就无法调整和控制社会关系。这是法律区别于其他社会规范的重要特征之一。依照法治的理念，行政机关的一切行为都应该依法做出，又因为法有可诉性，那么这些行为也就具有了可诉性，反过来，便应该围绕可诉性来建构"行政行为"的概念。行政行为概念精细化主要是德国概念法学的产物，但是，即使在德国，情况也在发生变化，传统的严格意义的行政行为概念在实践中也遇到问题，也遭到学者的严厉批评。其中，德国行政法学家巴杜拉（Peter Badura）指出：奥托·迈耶以公权力、强制性、单方性为标准来界定行政行为，就把不具有上述特征的行政活动排除在行政行为之外了。这一概念的局限性会导致行政机关高高在上、公民屈服于行政机关之下的高权行政。① 尽管德国的立法目前还没有修改行政行为概念，但是《联邦行政法院法》已经在其第 40 条第 1 款中作出规定：行政诉讼途径提供与一切非宪法性质之公法争执。可以预示：德国行政行为之内涵和外延必将发生变化。台湾地区因袭德国概念，其行政行为概念亦被局限于行政处分，但正如台湾地区学者翁岳生所说："行政处分是一种为法治国之建构而提出之'目的性创设'，吾人于掌握行政处分之概念时，必须追本溯源以人民权利在个案中是否受到侵害及是否有保护之必要加以决定，而不得降级以概念或文义做解释之唯一依据。"② 综上所述，不管行政行为外延如何，其可诉性则是行政行为的本质属性，如果行政行为不具有可诉性，则不成其为行政行为；或者说，创设行政行为的概念就没有了任何的实际意义。行政行为始终是行政诉讼的基础和前提。

4. 对行政行为概念"盖楼"式建构可能有助于我国行政行为法结构体系和理论体系科学构建

遵循上述思路，笔者认为可以以一种"盖楼"式建构方法，通过借助上文那个排序图的相反方向、自下而上地一一考察那些被排除在各个学说外的"行为"是否有可进行行政诉讼的意义。如果有，则反过来将之放回行政行为概念这样一个与"剥笋"相反的"盖楼"的过程，也能

---

① 参见 ［德］ 巴杜拉：《在自由法治国与社会法治国中的行政法》一文，载陈新民：《公法学札记》，三民书局股份有限公司 1993 年版，第 112 页。

② 翁岳生：《行政法》（上），中国法制出版社 2012 年版，第 55—56 页。

够在建构的过程中自然而然地将这些要素加以厘清和确定。

为什么要采取这种方式，期盼能收到一种适合实践需要的特别优异的效果呢？因为事实上，要素分析法的精髓已经在上文对行政行为概念界定的"剥笋"式归纳中体现了出来。首先是主体要素，也即谁是行政行为的行为主体。最广义说就是主要凭借这一点区别于其他学说的。它认为非行政主体也可以是行政行为的行为主体，而其他学说都认为只有行政主体才能是行政行为的行为主体。其次是职权要素，也即行政行为是否必须是行政主体运用行政职权做出的行为。这一点是排序图中自主体说以上的学说与自行政权说以下的学说的分水岭。自主体说以上的学说（最广义说、主体说等）认为，没有运用到行政职权的行为也可以是行政行为，而自行政权说以下的学说（行政权说、公法行为说等）则认为行政行为应当是行政主体运用行政职权所为的行为。再次是法律要素，即行政行为是否必须具有对他人权利义务发生影响，产生、变更、消灭行政主体与相对人权利义务关系的法效果。这一要素区分开了自行政权说以上的学说与自公法行为说以下的学说。前者认为，法律意义并非行政行为所必需；后者认为，行政行为应当是具有公法意义的行为。最后是外部要素，即指行政行为应是行为主体对外所实施的行为，而非对内部事务的组织、管理。是否拥有这一要素，将外部行为说、具体行为说和最狭义说与其他学说区分了开来。

据此，我们就确定了对行政行为概念进行重构的方法，即围绕行政行为的可诉性，同时适当吸收新学说中体现了时代背景的因素，通过借助上文的排序图自下而上地一一考察那些被排除在各个学说外的"行为"是否有可行政诉讼的意义，如果有，则反过来将之放回行政行为概念中，以这样一个与"剥笋"相反的"盖楼"的过程来进行概念的重构。

（三）我们的具体建议和看法

我们按照上述努力方向进行思考，并提出以下具体建议和看法。

1. 双方行为与私法行为

首先来看最狭义说排除的具体行政行为中的双方行为。由于其与行政主体的私法行为有很密切的联系，我们在此将两者一并考察。

双方行为最典型的行为就是行政合同行为，是指以行政主体为一方当事人的发生、变更或消灭行政法律关系的合意。行政合同不同于传统单方性的行政行为，是现代行政法中合意、协商等行政民主精神的具体体现。行政合同是一种替代以命令强制为特征的柔和弹性的行政管理手段，那么我们可能会认为它的法律救济事实上可以像普通法系一样通过民事诉讼途径解决。然而，行政合同既然独立于普通民事合同，就说明其自身仍然有一定的行政特性，特别是某种"权力因素"。对于所谓行政合同中的权力因素，可以作这样的理解，主要表现为作为签约人一方的行政机关不以通常的民事合同主体权利义务对等关系而存在，而是保持其原有公权力主体的身份，存在着单方对合同行使公权力的强制性特权等情形。因此，可以认为，只要有权力因素存在，行政合同就不能以单纯的私法来调节。我国行政合同立法中一个非常鲜明的特点，允许行政机关对违约相对人采取行政上的制裁措施，以强化对履行的监管。这种责任的基础不是合同约定责任，而是法律从行政管理角度为保障合同义务必须履行而施加相对人的法定责任。这种行政合同的变更和解除上有行政优益权，即行政机关可出于对公共利益的考虑变更和解除行政合同，这显示出行政机关与行政相对人在行政合同中的不平等法律地位。其次，权力因素在其中多有表现。如《城镇国有土地使用权出让和转让暂行条例》第十七条："土地使用者应当按照土地使用权出让合同的规定和城市规划的要求，开发、利用、经营土地。未按合同规定的期限和条件开发、利用土地的，市、县人民政府土地管理部门应当予以纠正，并根据情节可以给予警告、罚款直至无偿收回土地使用权的处罚。"所以，行政合同纠纷承担的责任形式主要是赔偿责任，在处理行政合同纠纷确定赔偿责任时，可适用民事法律有关规定；但是如果涉及强制履行合同等法律责任，应当适用行政法的有关规定，这种行政合同行为应该被纳入行政行为概念中。

至于行政主体的私法行为，笔者认为，它是指行政主体为直接或间接实现某种公法上的目的，而以私法身份、通过私法手段参与到私法法律关系中去。因此，手段的私法性是其本质特征。它将其与那些带有权力因素的行政合同行为区别开来。笔者认为，必须坚持这一区分界限：凡是带"私法性"但涉及权力因素的行为，都不能被认为是行政私法行为。反过来说，行政私法行为只能是那些行政主体以纯粹私法手段做出的行为。认清这一点后，我们可以认为，行政主体的私法行为虽然也是出于国家行政管理目的，但在实施中未运用行政权。所以，笔者赞同这样的观点，即当行政主体处于做出要不要做行政行为的决策这一阶段时，这种决定属于一种行政处分，需要为行政法律法规所规范；但决策做出后，行政私法行为才正式开始，在这一阶段的行为似乎无纳入行政诉讼司法审查的范围的必要，而只需交与私法调整。因此，似乎也就没有必要将这一点纳入行政行为概念中。而显然，私法行为也是一种双方行为，所以，行政行为是一种包含了单方行为与有限的带有权力因素的双方行为的概念，也即最狭义说加上有限的双方行为。

2. 抽象行政行为

接下来是抽象行政行为。抽象行政行为在目前的我国的《行政诉讼法》规定中是不可诉的。《行政诉讼法》之所以排除对抽象行政行为提起诉讼，既有策略上的考虑，又有技术上的考虑。其原因主要有：（1）抽象行政行为多由高层次行政机关依法定程序制定，违法的可能性较小。（2）抽象行政行为是基层行政部门的执法依据，在目前我国立法尚不很完备、健全的情况下，很多领域的执法主要是依据抽象行政行为。（3）当时的情况下，法院尚不具备审查行政机关抽象行政行为的足够的能力。（4）抽象行政行为并不直接侵犯公民、法人或者其他组织的合法权益，只有执法部门在适用抽象行政行为时所作出的具体行政行为才有可能造成直接侵权。因此，受害人完全可以通过对具体行政行为的诉讼，保护其合法权益。（5）我国宪法对抽象行政行为已经设有救济途径，如国家权力机关的审查。（6）抽象行政行为多包含政策性成分和自由裁量因素，而法院解决的是法律问题而非政策问题，所以抽象行政行为不适于由法院审查。然而，这些理由已经显得十分滞后。现在看来，将司法审查对象限制在具体行政行为非常狭隘，已经落后于世界——无论英美法系国家和地区还是大陆法系国家和地区——的通行做法。而在现实生活中，抽象行政行为存在的问题有：（1）若干抽象行政行为违反上位法，破坏了法的统一性，现行纠正机制却无法启动；（2）抽象行政行为中涉及部门保护主义与地方保护主义突出；（3）缺乏制定规范性文件的统一的程序规范；（4）抽象行政行为已经沦为许多行政机关逃避司法审查、滥用行政权力的借口，行政相对人的合法权益常常因此而得不到保护。况且，我们可以看到当初将抽象行政行为排除在司法审查外的理由多是策略性、技术性的理由，如上述理由中的（2）和（3），立法者原意只是出于现实考虑想推迟抽象行政行为的司法审查，而非将其彻底拒之于司法审查的大门之外。而现在，我国都已经对外宣称"中国特色社会主义法律体系已经形成"了，莫非还可以推说立法尚不完备健全？而且，在二十多年的历程中，法院已经积累了丰富的行政诉讼经验，已基本具备审查行政机关抽象行政行为的能力。因此，当现实中渐渐具备对抽象行政行为司法审查的条件后，抽象行政行为的司法审查就应该被提到行政法与行政诉讼法的议程中。而理由（4）更易反驳。做出错误具体行政行为的依据正在于抽象行政行为，那么错误的根源也正是错误的抽象行政行为。那么行政机关的侵权行为难道不应在源头上更正吗？理由（5）声称，人大及上级行政机关已经具备审查抽象行政行为的权力。但是如前所述，人大等国家机关对其的主动审查动力肯定没有受违法抽象行政行为直接侵害的普通公民的动力大。"法律程序像市场过程一样，它的施行主要有赖于为经济私利所驱动的私自个人（privateindividual），而不是利他主义者或政府官员。""法律实施的责任大量地从私人向公共部门转移，如果像人们普遍假设的那样，私营部门的效率高于公共部门，那么这就表明了一种效率的损失。"① 如前所述，宪政是静态的，其真正的动力还是在于民主。因此，公民应当拥有对抽象行政行为的诉权，而抽象行政行为也应纳入法院的受案范围，通过公民的诉讼推动审查机制与权力制衡，从而实现政府的有效治理。至于理由（6）所说的政策，行政机关所

① ［美］理查德·波斯纳：《法律的经济分析》（下），中国大百科全书出版社1997年版，第678—679页。

需适用的政策本身必须是公共政策，而某一项政策是否是公共政策需要经过认真论证，特别是法律论证，以解决政策与法律的衔接问题。可见，将抽象行政行为排除在司法审查范围外的理由，在现在看来都不成立了。而且，加强对抽象行政行为的司法审查也是我国加入 WTO 后所面临的一项重任。WTO 的宗旨是消除国际贸易壁垒，而国际贸易壁垒主要来自成员国的政府行为。

因此，WTO 势必就要求通过司法审查机制纠正所有影响到经济自由化的政府行为，包括各种法律法规，自然也包括我国所称"抽象行政行为"。中国也已在《中国加入协议书》中承诺建立对所有行政行为的司法审查机制，不论抽象行政行为或是具体行政行为。综上，必须将抽象行政行为纳入司法审查。所以，抽象行政行为也就应当作为行政行为的子概念。

3. 行政立法行为

再看行政立法行为，笔者主张将其也列入行政行为外延中，理由与抽象行政行为大致相同，因为行政机关立法从广义上讲也是某种针对不特定对象发布的能反复使用的行政规范性文件。法学先贤孟德斯鸠这段话是为人们熟知的："当立法权和行政权集中在同一个人或同一机关之手，自由便不复存在了。"[①] 所以，行政立法是一个不得不予以容忍的祸害，对于分权是一种不幸而又不可避免的破坏。正因为面对当下政府治理的复杂性需要行政立法，出于权力制约的考虑，司法更应当能对其加以审查，特别是在我国目前尚缺乏违宪审查机制，"宪法司法化"的实行也有着重重限制的情况下，应当由行政诉讼打开一个突破口替代某些宪法诉讼的功能，审查行政立法是否违反上位法。

4. 内部行政行为

内部行政行为目前在我国也明确规定属于不可诉行为。不过之所以这样规定，在当时是有原因的：（1）我国的行政诉讼还刚刚起步，经验不足，行政诉讼解决的行政纠纷重点应放在属于外部行政法律关系的争

---

① ［法］孟德斯鸠：《论法的精神》，张雁生译，商务印书馆 1982 年版，第 156 页。

议。（2）当时我国有关公务员管理的一系列制度尚未健全，法院审查有一定难度。（3）内部人事管理行为对政府机关外部的公民、法人或者其他组织不存在权利义务关系，属于机关自身建设问题，行政机关工作人员不服的，可以向该行政机关或者上一级行政机关或者监察机关、人事机关提出，人民法院不宜对行政机关组织建设事务，通过审判程序加以干预。这也牵扯到曾风靡一时的特别权力关系说。该理论为拉班德首创，后由奥托·迈耶作出系统阐述。所谓特别权力关系，是指根据特别的法律原因而发生的特别权利义务关系，它表现为一方命令强制的权利而他方有服从义务的支配性关系。有日本学者将它所适用的具体情形概括为几种，其中就包括了行政机关与公务员间的内部行政关系。然而，我们依然需要注意该说提出的历史背景。1848年德国革命的失败，使得自由主义者开始放弃激进的主张，谋求与保守的君主制度进行妥协，俾斯麦创建的政治秩序被普遍接受，新的政治关系需要通过法学的途径稳定下来，于是在实证法基础上构建概念体系和逻辑—演绎体系的方法逐渐从私法引入国家法学领域，拉班德与奥托·迈耶的德意志帝国公法学就是这样的代表。因此，当年德国学者的"法治国"的理想是具有进步意义的，但在特定的历史条件下它毕竟是一种妥协的产物，特别权力关系就是当时行政法学学者对普鲁士保守的君主制、行政官僚阶层与军国主义的让步，它一直伴随着德国国家主义的膨胀，直到第二次世界大战。第二次世界大战后随着实质法治理念贯彻，该理论才受到挑战。管理关系是指特别权力主体为达到行政管理的目的而采取的措施，如关于公务员涉及警告、记过、记大过等"轻微"行政处罚行为。对于管理关系而言，须排除司法审查，而只能通过内部申诉途径予以解决。其主旨在于保障特别权力主体内部的稳定与效率。1972年联邦宪法法院通过司法判例提出了"重要性理论"，把特别权力关系区分为重要性关系与非重要性关系，认为即便是管理关系，只要涉及人民基本权利的重要事项，依然需要受到司法审查。该判决使德国特别权力关系理论又向前迈进一大步，其意义可归纳为：（1）法律保留原则适用于特别权力关系，对基本人权的限制须有法律依据或法律之授权；（2）行政机关以内部规则来限制个人的权利，不存在于特别权力关系；（3）在特别权力关系下，如因行政官署的措施使个人权利受到侵害时，可提起行政救济。可见，特别权力关系也是要受到严格限制的，特别是必须坚持法律保留原则，这一点要求适用特别权力关系需要有法律条文的明文规定。使以前视为特别权力关系的特别法律关系不再属于内部行政领域。除德国、日本外，特别权力关系这一概念，在英美法系国家闻所未闻，即使是在行政法母国的法国也毫无根基。那么，中国行政法又有无必要接纳这一理论？

答案应是否定的。在颁布《行政诉讼法》之后，我国又陆陆续续颁布了《国家公务员暂行条例》《国家公务员考核暂行规定》《国家公务员录用暂行规定》《国家公务员辞退暂行规定》《国家公务员申诉控告暂行规定》《国家公务员职务升降暂行规定》等法规或规章，也就是说，有关公务员管理方面的法律制度现在已经基本建立，结束了无法可依的年代。各级人民法院经过二十多年的行政审判实践，已经取得了足够的审判经验，并且对内部行政行为的审查也进行了有益的尝试，依法行政的理论已经被广泛接受。因此，将行政机关内部的涉及其工作人员的基本权利的管理行为纳入行政诉讼受案范围之内在理论上已无障碍。公务员的录用、降级降职决定影响到了公务员的职业前途、工资、福利等待遇，涉及公务员的基本权利，故不应排除在行政诉讼受案范围之外；而公务员的免职、辞退、开除、强令退休等决定更因涉及公务员自身资格的存废，对公务员的人身关系有着重要的影响，同样应当赋予公务员对这类行为提起行政诉讼的权利。尽管新《行政诉讼法》对此没有修改，但将内部行政行为完全排除在可诉行政行为之外已没有太多理由了。我们认为，行政行为概念应包含内部行政行为。

5. 行政事实行为

行政事实行为是指不为行为对象设定、变更或免除任何权利义务，而仅仅依据法律的规定产生法定的法律效果的行为，如答复、受理、通知行为等。它尽管不为行政相对人设定、变更或免除任何权利义务，然而却仍有可能侵害其权益，就像侵权、无因管理、不当得利等民法上的事实行为仍会侵害当事人的合法权益一样。有权利就有救济，我们应当借鉴英美法实用主义的态度，当公民权利受行政事实行为侵害时便应由司法介入，否则按照现行法律，行政事实行为非法律行为，不能对其提起行政复议或行政诉讼，又不是行政主体私法行为，不能对它提起民事诉讼，那么救济途径也就少得可怜。而且，依据当年最高人民法院行政庭江必新、甘文等法官的解释，2000年颁布的《最高人民法院关于执行〈中华人民共和国行政诉讼法〉若干问题的解释》第一条"公民、法人或者其他组织对具有国家行政职权的机关和组织及其工作人员的行政行为不服，依法提起诉讼的，属于人民法院行政诉讼的受案范围"的表述，已经有意回避众口不一的具体行政行为概念，而只要拥有行政职权的机关、组织或个人在行使行政职权中所实施的行为，除法律特别规定和《若干问题的解释》特别排除外，均可纳入行政诉讼受案范围。这一见解是有前瞻性的，也为后来的立法和司法实践所肯定。故欲将行政事实行为纳入行政诉讼救济范围，首要的便是将其纳入行政行为的概念中。

6. 违法行为

至于行政主体的违法行为，若将其排除于行政行为概念之外，那么，行政行为正如合法行为说所言，全都成为合法的了，那还有什么行政复议与行政诉讼等救济措施存在的必要？合法行为说是将民法法律行为理论搬入行政法领域，但我国现今民法法律行为通说"合法行为说"已在理论和实践上遭受许多诟病。最重要的一点即是它造成了我国民法体系内各概念和规则间的不和谐及概念间的逻辑混乱。法律行为本是对于婚姻、合同、遗嘱等各项具体行为制度的高度概括和抽象，反映了上述诸种行为制度的共同本质和特征，但在"合法行为说"视野下，就会产生民法理论和制度中各种无法解释的矛盾和冲突。一个行为之所以是可诉的，恰恰就在于它可能违反了法律，这一点通行于民法与行政法。因此，不能说违法的行为就不是法律行为，违法的行政行为就不是行政行为。

7. 行政服务行为

行政服务说将行政服务行为纳入行政行为概念中是有合理性的。随着人类社会的发展，公民权利中由原来仅仅由消极权利构成渐渐增加了许多积极权利，尤其表现为各种社会积极权利。所谓社会权利通常是对含有要求国家积极作为的价值诉求的基本权利的概括，在规范上体现为国家实体性积极作为的义务。目前世界上有130个国家在宪法文本中规定了社会权利条款，其中包括劳动权、受教育权、最低生活保障权、医疗卫生权、住房权利和环境权等等。在近代国家中，由于传统的政府是一种管制型政府，为了遏制政府权力的膨胀，方需要针锋相对地提出要求政府在某些领域不得作为的消极权利，如言论自由、出版自由等等。而到了现代，公民的积极权利要求的恰恰是政府在某些领域应当作为，因此也就促使了政府职能渐渐倾向于服务，行政服务于是也渐渐成为政府所应尽之义务，政府若在这些方面不作为，也可以为公民对不作为提起行政诉讼。

有人认为，行政服务行为与传统的行政管理行为不同，行政服务似乎不带有什么强制性色彩，因而怀疑将其列入司法审查范围的必要性。笔者的看法是：必须看到，行政服务行为既然是行政机关所为，当然带有行政机关行为的特质，这种特质同样会明显地表现在行政服务行为中。这种特质就是上文曾提到的权力因素的存在。这种权力因素或许不会直接、明显地以强制力形式表现出来，但是我们必须注意到行政服务所提供的是公共产品。由于公共产品具有效用的不可分割性、消费的非竞争性和受益的非排他性，因此，往往难以为市场机制所调节，只能由政府出面提供，行政服务实际上就是由政府提供公共产品的行为。因此在生产公共产品这一"行业"里，政府是占有垄断地位的，这就是行政服务行为中的权力因素所在。首先，由于在公共服务领域竞争不足，或者说几乎完全不存在竞争，垄断性强，政府缺乏自身足够的激励机制和动力去提供产品，这就造成行政服务上大量的政府不作为，从而会导致公共产品供给不足，最终严重影响普通公民的日常生活。其次，政府在公共产品供给上所占有的垄断地位，使其很容易产生权力寻租现象，滋生腐败。比如说在行政指导中的信息公开工作中，行政机关相对于相对人来说具有一种信息优势，有些部门便常常将这种信息优势当作权力寻租的手段，剥夺相对人的知情权，人为地造成信息不对称，以实现自身的不法目的。一旦提供服务的行政机关被"俘获"，将极大地影响正常的市场经济运行秩序。其实，在危害性上，滥用行政权力排除、限制竞争较经济垄断更甚，因为它实质上是一种超经济垄断，完全摆脱了市场规则的约束，任何市场主体都不具有行政部门的这种"实效性"权力，因此，无法与滥用行政权力的排除、限制竞争行为相抗衡。最后，行政服务甚至很可能沦为政府"驭民"的工具，一旦政府在某方面掌握了垄断性权力，就意味着其在那一方面有潜在的威胁公民自由的危险。德国谚语说："一个期待领取养老金的人，是最守本分的，也是最容易驯服的。"另有学者也提出："在一个政府是唯一雇主的国家里，反抗就等于慢慢地饿死。'不劳动者不得食'这个旧的原则，已由'不服从者不得食'这个新的原则所代替。"① 这句话虽然是冲着计划经济极权体制说的，但是在现在仍不失其真理性。社会主义市场经济体制相比于旧日的中央计划经济体制早已不可同日而语，但是由于公共产品的提供仍是一个垄断性的卖方市场，所以我们仍然需要警惕行政服务行为对公民自由潜在的支配力与行政服务不作为对公民权利的侵害。例如，低保户的收入来源几乎全靠行政机关的最低生活保障这一行政服务。假如行政机关中止对其救济，可想而知其生活必然遭受重重困难甚至会有性命之虞。

总而言之，由于行政服务行为带有垄断性，因而也就带有了权力因素，其仍有侵害公民权益的危险性，所以它也应当被纳入司法审查的范围，故其当纳入行政行为的概念。

经过这样一番梳理，我们将排序中被剔除的抽象行政行为、行政立法行为、内部行政行为、行政事实行为、行政主体的违法行为一一放回了行政行为的概念中，并有限地将带权力因素的双方行为也放回到行政行为，并加上了新出现的行政服务行为。至此，笔者在这里也

① ［英］哈耶克：《通向奴役之路》，中国社会科学出版社1997年版，第116页。

尝试着给行政行为下这样一个定义：行政行为是行政主体履行行政职责、运用行政职权而对内或对外实施行政管理或提供行政服务的行为。该定义继承了本章第一节中"行政职权说"概念的实质内核，同时将职权行使的面向进一步明确，从而可以更好地指导今后我国行政行为的理论发展和执法实践。以上探索仅供行政法学同行和研究者一起讨论。

|第十三章|
行政立法

董 皞　　　现任广州大学副校长、教授，武汉大学博士生导师。《法治社会》杂志总编。1998 年在武汉大学获法学博士学位。2002 年在中国社会科学院法学研究所做博士后研究人员。中国行政法学研究会副会长，广东省法学会副会长，广东法学会宪法学研究会副会长，广东省法学会行政法学研究会副总干事，广东省法官检察官遴选委员会主任。首届广东省十大中青年优秀法学家，广州市杰出人才。主要学术论著：个人专著：《司法解释论》《论法律冲突》，合著：《判例解释之变迁与重构》，参加编著：《行政行为法》《行政法学新论》《行政法总论》《行政法专题讲座》等著作十余部。在《法学研究》《中国法学》等十多家学术刊物发表《行政诉讼证据问题新探》《我国司法机关多重职能现状改革之思考》《我国行政法律规范冲突缘起探究》等论文数十篇。主持国家、省部级重大及一般科研项目若干项。

第一节　行政立法概述

一、行政立法的概念

（一）我国行政立法的界定

行政立法，由于它既涉及立法主体的性质，又涉及立法调整对象，所以对什么是行政立法有多种理解①：一是理解为专门的立法机关如议会或代表机关制定有关行政管理法律规范的活动。这一观点实际上认为行政立法的内容是行政法律，立法主体只能是专门的立法机关，否定行政机关能够成为立法主体。二是理解为专门的立法机关和行政机关制定的有关行政管理法律规范的活动。这一观点认为立法的内容既包括行政法律，也包括行政法律以外的法律规范。相应的，立法主体既包括专门的立法机关，也包括行政机关。三是理解为国家行政机关制定具有普遍约束力的规范性文件的活动。这一观点认为行政立法的内容是所有具有普遍约束力的规范性文件，立法主体专指行政机关。

研究任何问题必须研究其本质及其特性。首先应当确定，规范在什么样的条件下才能称为法，或者说什么样的规范才能称为法；其次应当确定，什么样的活动才能称为立法；最后应当确定，什么样的立法才能称为行政立法。

按照通常的理解，法是国家制定或认可的，代表统治阶级意志的，由国家强制力保障其实施的社会规范。那么，什么样的规范才是这里所说的"国家制定或认可"的社会规范呢？以前，由于缺乏法律对法的表现形式和制定机关的明确规定，学者对法的理解分歧很大，最狭义的理解是只有全国人大及其常委会制定的法律才能称为法，其他任何机关制定的规范皆不能纳入法的范畴。最广义的理解则是一切国家机关制定的

---

① 应松年主编：《行政行为法》，人民出版社1993年版，第40页。

所有规范性文件皆可以称为法。笔者认为，什么样的规范可以称为法，应当以《立法法》的规定为据。根据《立法法》的规定，法的制定主体有全国人大及其常委会、国务院及其部门和直属机构、省级和设区的市、自治州、自治县的人大及其常委会、省级和设区的市的人民政府。法的表现形式有法律、行政法规、地方性法规、自治条例、单行条例、国务院部门规章、地方政府规章。

是不是《立法法》规定的立法主体制定所有规范性文件都可以称为立法呢？答案应当是否定的。因为立法活动有特定的要求，"立法是由特定主体，依据一定职权和程序，运用一定技术，制定、认可和变动法这种特定的社会规范的活动。"① 《立法法》明确规定立法应当依照法定的程序进行，因此，严格说，只有享有立法权的主体依照法定程序制定规范性文件的活动才能称为立法，没有依照法定程序制定的规范性文件不属于立法的范畴。

法和立法的含义明确以后，行政立法的含义就好解决了。界定行政立法的概念，关键在于如何理解"行政"二字。对此主要有两种理解，一是从规范行政的角度，将"行政"理解为规范行政管理活动。照这样理解，行政立法就是规范行政管理活动的立法，包括法律、行政法规、地方性法规、自治条例和单行条例以及行政规章。二是从制定主体的角度，将"行政"理解为享有立法权的行政机关。按照这一理解，行政立法就是享有立法权的行政机关依法制定规范性文件的活动。在行政法领域研究的行政立法，是从第二种意义上来说的。

根据上面的分析，行政立法可以定义为：国务院制定行政法规、国务院部门和直属机构制定部门规章以及省级政府和较大市、自治州的政府制定地方政府规章的行为。

这里的行政立法同时具有动态和静态两方面的含义。从动态的角度而言，行政立法是享有行政法规和规章制定权的行政主体制定行政法规和规章的活动。从静态的意义上讲，行政立法就是行政法规和规章。

---

① 周旺生主编：《立法学》，法律出版社1998年版，第84页。

（二）不能称为行政立法的规范

1. 专门立法机关和司法机关的立法或者司法解释不是行政立法。由于行政立法的主体专指享有立法权的行政机关，因此，享有立法权的人大及其常委会等立法机关的立法，以及最高人民法院、最高人民检察院等司法机关的司法解释不能称为行政立法。

2. 不享有立法权的行政机关制定的规范性文件不是行政立法。根据行政立法的定义，行政立法的主体专指国务院、国务院部门及直属机构、省级政府和设区的市、自治州的政府。国务院部门是指国务院各部、委员会、中国人民银行以及审计署。《立法法》第一次从法律上赋予国务院直属机构行政立法权。国务院直属机构是指国务院根据工作需要和精简的原则设立的主管各项专门业务的机构，如国家宗教事务管理局、国家工商行政管理局、国家统计局等。国务院设立直属机构，无须全国人大或者人大常委会批准，因而其地位低于国务院部门。国务院直属机构不同于国务院各部门管理的国家局，后者如国家烟草专卖局、国家邮政局等，由相应的部、委管理。[1]《立法法》没有赋予国务院部门管理的国家局行使行政立法权。因此，这些国家局制定的规范性文件不是行政立法。国务院还设有办公和办事机构，如国务院办公厅、国务院法制办、国务院侨务办公室、国务院港澳事务办公室等。这些机构不具有行政立法权，其制定的规范性文件也不是行政立法。设区的市、自治州以外的各级地方政府，由于《立法法》没有赋予其行政立法权，因此，其制定的规范性文件当然不是行政立法。

设区的市、自治州以外的各级地方政府制定了大量规范性文件，而且在实际的行政执法活动中被广泛适用，事实上起到了法的作用。既然如此，为什么《立法法》又要将行政立法限定在高层行政机关，不赋予设区的市、自治州以外的各级地方政府行政立法权呢？《立法法》没有作出回答。笔者认为，《立法法》之所以作出如此安排，主要原因有：第

---

[1]　参见国务院 2013 年 3 月 19 日发布的《国务院关于机构设置的通知》以及《国务院关于部委管理的国家局设置的通知》。

一，由于我国在财政上实行"分灶吃饭"的体制，地方政府与中央政府在很多时候会存在利益冲突，地方政府为了周转本地的财政收支，不得不考虑本地方的利益。如果地方政府对地方的利益考虑过多，忽视中央利益，就形成地方保护主义。这样，地方政府在制定有关规则时，就可能因过多考虑地方利益而忽视了国家法制的统一性。如果让任何层级政府制定的规范性文件都上升为行政立法，则法制的统一性难以得到保障。第二，行政立法有较高的技术要求，这就需要有一批掌握立法技术的人才。一般而言，设区的市、自治州以外的地方政府，立法的人才资源比较缺乏，难以制定出达到立法要求的规范性文件。因此，如果让这些地方制定的既不像公文又不像法律规范的文件也上升到行政立法的层次，则在总体上降低了立法的价值。基于这两方面的考虑，尽管地方政府制定的规范性文件在实际生活中发挥了很大的作用，但国家仍不愿将所有的地方规范性文件都纳入行政立法的范畴。但是，如果所有地方政府制定的规范性文件都不能上升到行政立法的层次，则又不利于发挥地方的主动性和积极性。因此，《立法法》规定行政立法的下限为设区的市、自治州的政府制定的规范性文件。何海波教授敏锐地观察到，"立法权适度分化又相对集中，止于国务院部委和较大市①的政府，是中央与地方博弈的暂时均衡，大致反映了在现有宪政结构下中央控制地方的限度。"②

    3. 享有行政立法权的行政机关非依法定程序制定的规范性文件不是行政立法。如前所述，立法必须是依法定程序制定规范性文件的行为，非依法定程序制定的规范性文件不是立法，同样，享有行政立法权的行政机关非依法定程序制定的规范性文件也不能称为行政立法。我国《宪法》规定，国务院"根据宪法和法律，规定行政措施，制定行政法规，发布决定和命令"。既然《宪法》将行政法规与行政措施、决定和命令并

---

① 2014年《立法法》修改之前，拥有行政立法权的地方政府仅限于"较大的市"。——引者注

② 何海波：《形式法治批判》，载罗豪才主编：《行政法论丛》第6卷，法律出版社2003年版，第47页。

列规定，可见行政措施、决定和命令不同于行政法规，也就是说，国务院规定的行政措施，发布的决定和命令不是行政法规。《宪法》规定国务院各部、委"根据法律和国务院的行政法规、决定、命令，在本部门的权限内，发布命令、指示和规章"，也表明部、委发布的命令、指示不是行政规章。实践中，国务院发布的决定和命令，以及部、委发布的命令和指示，大多以"通知"的形式出现。这些通知与法规、规章的区别主要是：第一，法律、法规对制定行政法规和规章有严格的程序要求，而发布通知要么没有程序上的明确要求，要么虽有程序要求，但远远没有行政法规和规章这样严格。现实生活中，国务院及其部委发布通知在一般情况下，也确实没有按照制定行政法规和规章的程序来操作。第二，行政法规和规章一般用章、节、条、款、项、目等来表述其内容，逻辑性很强，而国务院及其部委的通知则比较随意，一般不分章、节、条、款、项，大多数通知都是列出几条内容，上下文之间不一定有较强的逻辑性，如国务院1999年11月8日发布的《国务院关于全面推进依法行政的决定》，一共写了六点内容，没有章、节、条、款、项的编排，而且，该六点内容之间也不具有法律逻辑性。第三，行政法规和规章的条文绝大多数具有规范性，表现为授权性规范、命令性规范和禁止性规范，而国务院及其部委的通知虽有一些内容具有规范性，但有相当一些内容没有规范的特点，不具有行为模式和法律后果的规范结构，而只是表达某种倾向性意见，如鼓励、指导、劝诱等，政策性很强，难以直接适用。如国务院2000年6月8日发布的《国务院关于贯彻实施〈中华人民共和国立法法〉的通知》，共有六项内容，每项内容的起头都有一句概括性的话，分别是："一、充分认识贯彻立法法的重要意义，认真做好立法法的学习、宣传、培训工作。""二、深刻领会立法应当遵循的原则，并以此指导政府立法工作。""三、政府立法工作要符合立法法规定的权限。""四、政府立法工作要遵循立法法规定的程序。""五、加强法规规章备案审查工作力度，维护社会主义法制统一。""六、通过贯彻实施立法法，把政府法制工作提高到新的水平。"不难看出，在这个《通知》中，除了第三、四项内容勉强属于命令性规范以外，其他内容均不符合规范的要求，只是表明了国务院对《立法法》的重视，以及表达了对各省、自治区、直辖市人民政府、国务院各部委及其直属机构遵循立法法规定的愿望，没有具体的义务性或者权利性规定，在实践中难以衡量有关政府和部门是否违反了这一通知。而国务院于 2001 年发布的规范行政立法工作的三个行政法规，即《行政法规制定程序条例》《规章制定程序条例》《法规规章备案条例》，其中绝大多数内容都是义务性或者权利性规定，具有很强的操作性，显然不同于上述通知。总之，享有行政立法权的行政机关，如果不是依法定程序制定规范性文件，不是行政立法行为。

4. 行政机关以外的组织制定的规范性文件不是行政立法。除了行政机关以外，我国还有不少行使公共行政管理职能的组织也制定了规范性文件。近年来，行使公共行政管理职能的组织开始进入行政法学专家的视野，并日益成为研究热点，高水准的著述越来越多。[①] 在这里，笔者借用沈岿教授对这类组织的命名：准政府组织。准政府组织包括：事业单位，如公立大学[②]；基层自治组织，如村民委员会[③]；行业组织，如足球协会、律师协会[④]；等等。这些准政府组织不仅作出大量具体的行政管理行为，也制定了大量规范性文件，如中国足球协会制定了《中国足球协会

---

① 最典型的是《行政法论丛》第 5 卷专门开辟了"准政府组织研究专题"，参见罗豪才主编：《行政法论丛》第 5 卷，法律出版社 2002 年版，第 1—277 页。

② 参见沈岿：《公立高等学校如何走出法治真空》，载罗豪才主编：《行政法论丛》第 5 卷，法律出版社 2002 年版，第 54—104 页。另见沈岿：《法治与公立高等学校——学校和学生的关系维度》，载沈岿编：《谁还在行使权力——准政府组织个案研究》，清华大学出版社 2003 年版，第 71—134 页。

③ 参见何海波：《国家治理视角中的村民委员会》，章永乐、杨旭：《村民自治与个体权利救济》，载罗豪才主编：《行政法论丛》第 5 卷，法律出版社 2002 年版，第 105—136、137—178 页。另见沈岿编：《谁还在行使权力——准政府组织个案研究》，清华大学出版社 2003 年版，第 135—178、201—242 页。

④ 参见黎军：《行业组织的行政法研究》，载罗豪才主编：《行政法论丛》第 4 卷，法律出版社 2001 年版，第 160—245 页；黎军：《行业组织管理及其权力来源》，载罗豪才主编：《行政法论丛》第 5 卷，法律出版社 2002 年版，第 179—201 页。另见黎军：《行业自治与国家监督——行业协会实证研究》，法律出版社 2006 年版。

纪律准则及处罚办法》，中华全国律师协会制定了《中华全国律师协会章程》《中华全国律师协会律师执业行为规范》等。这些规范性文件有的还得到法律的授权，如《中华人民共和国律师法》第四十四条第一款规定"全国律师协会章程由全国会员代表大会制定，报国务院司法行政部门备案"。这些规范性文件从内容上看，大多明确地设定了其成员的权利和义务，有些还规定了惩罚措施，如《中国足球协会纪律准则及处罚办法》就针对联赛中的各种违规、违纪行为，设置了通报批评、警告、罚款、退回奖项、禁止转会、取消注册资格、禁止从事任何与足球有关的活动等多种处罚。

尽管准政府组织制定的规范性文件对其成员具有约束力，而且有些还有法律的授权，但目前仍不能纳入行政立法之列。理由主要是：第一，《立法法》已经对具有行政立法权的主体作了规定，而准政府组织并未在这些主体之内；第二，虽然有些法律授权准政府组织制定规则，但只能说明这些准政府组织制定的规则可以对其成员具有约束力，而不能因此将其制定的规则上升到行政立法的高度；第三，虽然准政府组织制定了大量规则，但至今没有法律、法规具体规范这些规则的制定程序，因此，准政府组织与设区的市、自治州以外的地方政府一样，都不是依法定程序制定规范性文件，不符合行政立法的要求。

（三）与国外行政立法的比较

行政立法是我国学者特别是行政法学者使用的一个学理概念，国外学者不一定使用这一概念。因此，这里说的国外行政立法是指国外行使公共行政管理职权的主体的立法。另外，这里不研究国外行政立法的全貌，而是集中于这样两个问题：什么样的规则可以称为行政立法？哪些行政主体能够制定行政立法？

1. 英国。英国行政主体制定行政管理法规的权力主要是根据议会授权的委任立法[①]，因此，英国的行政立法主要就是指行政主体的委任立

① 参见王名扬：《英国行政法》，中国政法大学出版社1987年版，第108页。也有学者译为"授权立法"，参见［英］A.W.布拉德利、K.D.尤因：《宪法与行政法》（下），刘刚、江菁等译，商务印书馆2008年版，第28章。

法。能够制定委任立法的行政主体主要有：内阁的部、地方政府、法定的独立机构、社会团体等等。① 其中，"地方政府一般分为两级，即郡和区，有时分为三级，即郡、区、教区或社区。"② 英国1946年制定了法定条规法，凡适用该法律的行政管理法规称为法定的条规，否则不是法定的条规。③ "法定条规"是一个一般性的名称，不同的法定条规还有不同的称谓：规则（rules）、命令（orders）、规章（regulations）、批准（warrants）、方案（schemes），甚至许可（1icences）和指示（directions）。几个称谓可能出现在同一个法案中，以区分不同权力行使所需遵循的不同程序。④ 需要注意的是，不论是否属于法定的条规，都是委任立法，即行政立法。

2. 美国。美国立法有两种理解：一是狭义的理解，立法是指宪法规定的立法机关所制定的普遍适用的规则，宪法规定的立法机关包括国会和州议会。二是广义的理解，一切有权制定普遍性规则的机关所制定的有拘束力的规则都是立法。⑤ 如果从狭义的理解，则美国不存在行政立法。因此，要研究行政立法，必须从广义的理解。美国行政立法的主体主要有：总统、部、独立管理机构、州政府、州行政机关、地方政府。地方政府主要指郡、市、镇政府。⑥

3. 法国。在法国，相当于我国行政立法的是行政主体制定的条例⑦。能够制定条例的行政主体有：总统、总理、部长、省长、市长、独立行

---

① 参见［英］威廉·韦德：《行政法》，徐炳等译，中国大百科全书出版社1997年版，第557—558页；王名扬：《英国行政法》，中国政法大学出版社1987年版，第111—112页。

② 王名扬：《英国行政法》，中国政法大学出版社1987年版，第60—61页。

③ 参见王名扬：《英国行政法》，中国政法大学出版社1987年版，第113页。

④ 参见［英］A.W.布拉德利、K.D.尤因：《宪法与行政法》（下），刘刚、江菁等译，商务印书馆2008年版，第578页。

⑤ 参见王名扬：《美国行政法》，中国法制出版社1995年版，第4页。

⑥ 参见王名扬：《美国行政法》，中国法制出版社1995年版，第7、229—288页。

⑦ 也有人译为"规章条例性文件"。参见［法］让·里韦罗、让·瓦利纳：《法国行政法》，鲁仁译，商务印书馆2008年版，第503页。

政机关、公务法人、私人团体。① 根据法国最高行政法院的判决，某些特殊情况下（如战争、政治紧张局势、大罢工的威胁、社会动乱、重大自然灾害等），普通人挺身而出，代替缺位的行政机关制定文件并赋予其效力，只要他们这样做是在追求共同利益，其制定的文件也具有行政法规的性质。这种人被称为"事实公务员"。②

4. 德国。在德国，行政法的成文法渊源有宪法、正式法律、法规命令和规章。③ 其中，与我国行政立法相当的是法规命令和规章。法规命令的制定主体包括联邦政府、联邦部长和州政府。④ "规章是指公法人为了管理自己的事务而制定的法律规范。"公法人"主要是指乡镇、县，另外还包括大学、工业和商业协会、医师协会、社会保险机构、广播电视设施。"⑤ 因此，德国能够制定行政立法的主体有：联邦政府、联邦部长、州政府、地方政府、自治组织等公法人。

5. 我国与上述国家的比较。上述国家与我国相比较，在行政立法方面主要有两方面的区别：第一，无论是英美法系国家还是大陆法系国家，其所有层级的地方政府都享有行政立法权；而我国享有行政立法权的地方政府止于设区的市、自治州的政府，其他地方政府，即设区的市、自治州以外的县政府、乡镇政府都不享有行政立法权。之所以有这样的差异，除了我国担心设区的市、自治州以外的地方政府行使行政立法权可能会影响法制的统一这个原因以外，还有一个非常重要的原因，就是英美法德这四国都实行中央与地方分权的宪政体制。或者说实行地方自治制度，在这种体制下，地方政府一般享有自主立法权。而我国除

---

① 王名扬：《法国行政法》，中国政法大学出版社1988年版，第146—149页。

② 参见 ［法］让·里韦罗、让·瓦利纳：《法国行政法》，鲁仁译，商务印书馆2008年版，第405、406、500页。

③ 参见 ［德］哈特穆特·毛雷尔：《行政法学总论》，高家伟译，法律出版社2000年版，第56—62页。

④ 参见于安：《德国行政法》，清华大学出版社1999年版，第77页。

⑤ ［德］哈特穆特·毛雷尔：《行政法学总论》，高家伟译，法律出版社2000年版，第60页。

了民族区域自治地方和特别行政区以外，其他任何地方都不存在自治制度，而是实行中央集权的宪政体制。在这种体制下，地方政府不具有自治立法权，因此，地方政府所制定的规范性文件能否上升到行政立法的层次，有赖于上位法的规定。第二，在英美法德等国家，许多准政府组织都享有行政立法权，而我国所有的准政府组织目前都不具有行政立法权，其所制定的规范性文件属于"软法"。产生这一差别的原因主要是：首先，在英美法德四国中，如社会团体、行业协会等准政府组织一般都是自治性组织，按照自治的原理，当然可以通过制定行政立法来行使自治行政管理权。而我国传统的计划经济体制下，政府包揽了一切，不存在准政府组织，更不存在准政府组织的自主管理，当然也就不存在准政府组织的行政立法。实行市场经济体制以来，出现了新的管理职能，如对律师业、证券业等各种新兴行业的管理，政府囿于编制和经费的限制，不得不将一部分管理职能交给准政府组织行使。但是，政府仍受计划经济体制的影响，仅仅把准政府组织定位于协助政府管理而不是自主管理的位置，因此，我国准政府组织还缺乏进行自主行政立法的前提。其次，在英美法德等国家，准政府组织的产生和发展已经有很长的时期，在行使公共行政管理职能方面已经逐渐走向成熟，进行行政立法已经具备足够的经验和条件。而我国的准政府组织刚刚兴起，在行使公共行政管理职能方面尚处于不成熟的探索阶段，因此，国家不敢轻易将行政立法权赋予准政府组织。不过，随着时间的推移，地方政府和准政府组织的自主权会越来越多，在制定规范性文件方面也会逐渐成熟，国家应当赋予其行政立法权。

二、行政立法的特征

行政立法既然是特定的行政机关充当立法角色进行立法活动，那么这一活动就既区别于普通的执行行为，又有别于纯粹的立法行为。它具有行政和立法双重属性。

（一）行政立法从本质上来看是一种行政行为

1. 行政立法的主体是行政机关

行政立法是行政机关在管理过程中制定规范性文件的活动，它的这种职能是基于行政管理的需要而由宪法、立法法规定或者通过授权法而获得。就其制定规范这一行为而言，行政机关似乎已相当于一个立法机关，但就其整体来说，这种个别的有限立法行为只不过是其整体行为的一个组成部分。这种个别的有限的行为既不能改变行政机关的性质，更不能取代专门立法机关的立法活动。

2. 行政立法是行政管理活动

行政立法作为行政机关的一种活动，是应行政管理的需要而产生，围绕行政管理而运作，它是行政行为的一种，即所谓抽象行政行为。由于它在形式和内容上具有一定的立法意义，所以我们才称之为行政立法。

3. 行政立法的目的是履行执行机关的工作职能

行政机关是国家权力机关的执行机关。行政机关的基本活动就是贯彻执行由权力机关所制定的宪法、法律所设定的国家目的。行政立法的目的就是为了整个行政机关迅速、准确、有效地开展这种基本活动，使宪法和法律所确定的国家目标具体化。

4. 行政立法与其他行政行为是属种关系

行政行为按其所适用的对象，可以分为抽象行政行为与具体行政行为。行政立法是抽象行政行为的一种，是抽象行政行为中具有较完整立法意义的行为。根据我国宪法和法律的规定，行政机关除可以制定行政法规和规章以外，还可以发布行政决定、命令，规定行政措施等等。这些决定、命令、措施等虽然有相当一部分属于抽象行政行为，但它们在形式和内容上都不具备立法要素，有的为不享有行政立法权的机关制定的一般规范性文件。所以行政立法行为属于行政行为中抽象行政行为的一种。行政立法行为既然是抽象行政行为的一种，那么抽象行政行为与具体行政行为的区别，也构成行政立法行为与具体行政行为的区别。

（二）行政立法从特征上来看具有立法性质

行政立法虽然是一种行政行为，但从诸多方面又表现出了立法特征。

1. 行政立法是行政机关代表国家以国家名义制定社会规范的行为

国家行政机关同国家权力机关一样，都是国家机关，行使的是公权力，代表的是国家意志。行政机关制定行政法规和规章，从内容上说维护的是国家或者公共利益，从形式上说是以国家名义进行的。

2. 行政立法机关所制定规范由国家强制力保障其实施

行政法规和规章作为抽象行政行为，除了具有普遍性、规范性这些法的一般特征以外，更重要的是它同样具有法的最基本的特征即强制性。对一切国家机关、社会组织和公民都具有约束力（一些地方性的行政立法只对该地方范围内的国家机关、社会组织和公民具有普遍的约束力），必须切实得到实施，对违反它的行为应当按照它所确立的行为模式和惩罚标准进行处理。对于不自觉遵守这些行政法规和规章的组织和个人，行政机关可以申请司法机关或者依法自行采取措施强制其执行。

3. 行政立法活动程序严格，具有立法的形式特征

行政立法作为行政机关制定具有普遍性、规范性、强制性社会规范的行为，其涉及的是全社会、全行业或整个地方的重大利益问题，在制定程序上必须要强调系统性、科学性、民主性、稳定性。所以国务院发布了《行政法规制定程序条例》《规章制定程序条例》《法规规章备案条例》，规定行政机关制定法规和规章必须经过立项、起草、征求意见、审查、会议审议和通过、签署、公布等程序，在修改、废止方面也要遵循严格的程序要求。这种程序虽不如最高国家权力机关的立法那么严格、复杂和细密，但同样是十分规范的。

4. 行政立法不同于权力机关立法

（1）立法主体不同。权力机关立法主体是公民选举产生的代表机关，代表机关是专门的或者主要的行使国家立法权的机关。行政立法主体是行政机关，是权力机关的执行机关，由代表机关产生并受其监督。

（2）立法效力等级不同。国家权力机关立法是法律，具有仅次于宪法的效力。行政立法是行政机关根据权力机关授权或宪法、法律所赋予的立法权限所制定的规范，其立法根据当然要受议会或者代表机关控制，因而其具有从属性。这种从属性主要表现在行政立法必须根据宪法、法律制定，若与宪法或者法律相抵触便没有法律效力。在我国则表现为行政法规和规章效力低于法律①，行政法规和规章的内容不能与法律相抵触，地方政府规章不得同地方性法规相抵触，否则即无效。

（3）立法客体不同。国家权力机关的立法客体主要在于确定整个国家的基本制度或者各个领域的基本制度，行政立法客体主要表现在执行宪法、法律进行具体组织管理过程中所要处理的行政事务。也就是说，权力机关制定的法律所调整的对象是有关国家政治、经济、文化生活中的重大问题，行政法规和规章调整的对象是有关国家社会、经济、文化事务的管理问题。

（4）司法适用不同。在我国，权力机关制定的法律，司法机关只能依照执行，行政法规只是在不与宪法和法律相抵触的情况下才予以适用，而对于地方政府或中央政府部委制定的规章则是予以参照。

三、行政立法的分类

行政立法按照不同的标准可以分为不同的类型。以对行政立法的确认方式为标准可以分为职权立法和授权立法；以行政立法机关地位的差别为标准可以分为中央行政立法与地方行政立法；以行政立法的功能为标准可以分为执行性行政立法与创制性行政立法。

（一）职权立法与授权立法②

职权立法是指行政机关直接依据宪法和宪法性法律所赋予的立法权

---

① 以本节的理解，行政职权立法的效力完全符合此处的观点；但针对行政授权立法而言，则存在两种情况：若是由上级行政机关授权，其效力等级与职权立法相同；若是由权力机关授权，其效力等级与权力机关所立之法的效力等级相同。

② 有学者否认我国存在职权立法，认为宪法和组织法规定国务院等行政机关有权制定行政法规等，是"一般授权立法"。（参见罗豪才主编、湛中乐副主编：《行政法学》，北京大学出版社2001年5月重排本，第102页）也有学者总结了数种关于授权立法的不同定义。（参见刘莘主编：《立法法》，北京大学出版社2008年版，第169—171页）

在宪法和法律规定的职权范围内进行的立法活动。授权立法是指行政机关依据特定法律的授权或者有立法权的国家权力机关或者行政机关的委托,并在授权或者委托的权限范围内遵照一定的程序进行的制定规范性法律文件的活动。

职权立法与授权立法在权力的来源、性质、权限范围、效力诸多方面有所区别。职权立法源于宪法和宪法性法律,行政机关通过宪法和宪法性法律的确认或赋予而获得了立法权;授权立法源于授权机关的特别授予或委托,授权机关将宪法或者法律赋予自己的立法权授权或者委托给行政机关,让其代理自己进行立法活动。职权立法权由于是宪法和法律的直接赋予,且往往是随着行政机关的产生而产生,因而属于行政机关的固有权力;授权立法权由于属于授权机关的权力,只是授权机关将权力交被授权机关行使,因而可看作行政机关的代理权力。职权立法由于是依照宪法或法律,其制定法规的权限范围是其职责内的所有事项,因此其范围相当广泛;授权立法的范围是授权主体交由被授权主体制定法规的特别事项,其范围及其事项、应用都是有限的。职权立法是行政机关的固有权力,因而其效力等级低于权力机关的立法,与其相抵触的,职权立法无效。授权立法的效力等级有两种情况:若是由上级行政机关授予,其效力等级则与职权立法相同,若是由权力机关授权,其效力等级与权力机关所立之法的效力等级相同。

从国外的情况来看,大部分国家的行政立法既有职权立法也有授权立法,而有些国家则只有授权立法。

法国。法国宪法对国会和行政机关的立法有明确的职权划分。宪法第 34 条列举了国会立法的范围,第 37 条规定,凡在第 34 条列举范围以外的事项都属于行政机关条例的范围。宪法第 41 条第 1 款规定,在立法过程中,如果发现某一提案或修正案不属于法律范围,政府可以不予接受;宪法第 61 条还明确规定,国会所制定的法律如果超过了第 34 条列举事项,因而侵犯了属于条例的权限时,政府可以请求宪法委员会宣告法律违宪。① 显然,法国以宪法的形式确立了政府职权立法的专属性,"在

---

① 参见王名扬:《法国行政法》,中国政法大学出版社 1988 年版,第 141—142 页。

某种程度上，政府基于宪法第37条颁布的命令就如同议会基于第34条所立的法律"①。这与世界大多数国家的做法都不一样。政府根据宪法第37条的规定制定的条例称为自主条例。除了自主条例属于政府的职权立法以外，政府可以根据宪法第21条"确保法律的执行"制定执行条例，以及根据宪法第16条制定紧急情况条例，执行条例和紧急情况条例都属于职权立法。宪法第38条规定，政府为实施政纲起见，可以要求议会授权它在一定期间以内，以法令规定属于宪法第34条规定的立法事项，政府依据国会授权制定的法令条例，就是授权立法。②

德国。如前所述，德国的行政立法分为法规命令和规章，其中法规命令制定主体是联邦政府、联邦部长和州政府，这些行政机关在制定法规命令时必须要有法律的授权，"行政机关制定法规命令不是根据自己的权利，而是根据正式法律的授权，也就是说根据议会的授权，并且以立法的方式进行。"③ 可见，法规命令属于授权立法。规章的制定主体包括乡镇、县、市等地方自治政府以及其他的自治公法人。这些自治主体制定规章不需要法律的特别授权，"规章——如同法规命令——是行政法的渊源之一，但——与法规命令的不同之处在于——规章的制定不需要法律的特别授权……"④ 制定规章属于公法人行使主观公权力的行为，而非授权立法。⑤

英国。英国行政立法的来源有二：一为议会的授权；二为英王的特权。英国政府根据英王特权所制定的行政管理法规不是委任立法，但是

① ［英］L.赖维乐·布朗、约翰·S.贝尔：《法国行政法》，高秦伟、王锴译，中国人民大学出版社2006年版，第12页。
② 参见王名扬：《法国行政法》，中国政法大学出版社1988年版，第143—145页。
③ ［德］哈特穆特·毛雷尔：《行政法学总论》，高家伟译，法律出版社2000年版，第59页。
④ ［德］哈特穆特·毛雷尔：《行政法学总论》，高家伟译，法律出版社2000年版，第60—61页。
⑤ ［德］汉斯·J.沃尔夫、奥托·巴霍夫、罗尔夫·施托贝尔：《行政法》（第一卷），高家伟译，商务印书馆2002年版，第275页。

特权所能规定的事项范围很小，因此，英国行政机关制定行政立法主要是根据议会授权的委任立法。[①]

美国。美国的行政立法与英国类似，基本上表现为委任立法。"联邦宪法规定全部立法权力属于国会，行政机关通过制定法规决定公民的权利和义务，是行使立法权力，这种权力只能由国会委任。因此美国行政机关所制定的具有拘束力的法规，几乎全是委任立法，在这方面和法国有很大的区别。"[②] 二战后，立法部门在法院的认可下已将大部分法律制定权转让给行政机关，以满足公民对政府日益增长的要求。授权立法在美国行政法领域的重要性日增，规模上日益膨胀。授权立法成为政府机构履行的最重要的职能之一。授权立法被称为已构成必须承认和接受的美国宪法和州宪法的修正案。[③]

从上述国家的行政立法来看，作为英美法系国家代表的英国和美国基本上只有授权立法，不存在职权立法；大陆法系国家则既有授权立法，也有职权立法，法国行政机关还享有国会不得侵越的专属立法权。

我国的行政立法有自己的特色，与上述国家均有不同的地方。根据我国《宪法》和《立法法》的规定：国务院根据宪法和法律制定行政法规；国务院部门和直属机构根据法律和国务院的行政法规、决定、命令，在本部门的权限范围内，制定规章；省级市和设区的市、自治州的政府可以根据法律、行政法规和省市、自治区、直辖市的地方性法规，制定规章。上述行政立法只需要根据《宪法》和《立法法》的规定就可以制定，不需要法律的特别授权，因而属于职权立法。但是，我国行政机关的职权立法不同于法国行政机关的专属立法。因为我国《宪法》和《立法法》均明确规定，全国人民代表大会及其常委会行使国家立法权。根

---

① 参见王名扬：《英国行政法》，中国政法大学出版社1987年版，第108页。关于英国行政立法和授权立法的关系，可参见张越编著：《英国行政法》，中国政法大学出版社2004年版，第551—553页。

② 参见王名扬：《美国行政法》，中国法制出版社1995年版，第352—353页。

③ 参见［美］肯尼思·F.沃伦：《政治体制中的行政法》（第三版），王丛虎等译，中国人民大学出版社2005年版，第261页。

据这一规定，我国任何领域的任何事项，全国人大及其常委会均可以立法，行政机关没有排除权力机关的专属立法权。

我国行政机关除了职权立法以外，还存在授权立法。《立法法》规定，应当制定法律的事项，除有关犯罪和刑罚、对公民政治权利的剥夺和限制人身自由的强制措施及处罚、司法制度等事项以外，尚未制定法律的，全国人大及其常委会可以授权国务院制定行政法规。在《立法法》颁布以前，就有全国人大授权国务院制定暂行规定的事例，如1985年4月10日，第六届全国人大第三次会议通过《关于授权国务院在经济体制改革和对外开放方面可以制定暂行的规定或者条例的决定》，授权国务院制定暂行的规定或者条例。除此以外，权力机关还授权地方政府制定行政立法，如全国人大及其常委会先后授权深圳市、厦门市、汕头市和珠海市政府制定规章。

（二）中央行政立法与地方行政立法

中央行政立法是指中央国家行政机关根据职权或者授权所进行的立法活动，地方行政立法是指地方国家行政机关根据职权或者授权所进行的立法活动。作出这种分类的意义在于，区分哪些事项应当由中央行政机关制定行政立法，哪些事项可以由地方政府制定行政立法。一方面，为了做到法制的统一，对于全国各地共同的事项，应当由中央行政机关进行行政立法，避免地方政府由于地方保护主义的原因造成各地的做法不一致。另一方面，由于我国幅员辽阔，各地都有一些地方特色，且全国各地在经济上发展不平衡，因此，如果所有的事项都由中央统一进行行政立法，不仅会因忽视地方特色造成难以执行，而且会不利于地方因地制宜，发挥主动性和创造性。因此，我国中央与地方分享行政立法权是不可避免的，关键是如何划分两者的立法权限，如何在维护法制统一和发挥地方主动性和创造性之间把握好"度"。

（三）执行性行政立法与创制性行政立法

执行性行政立法即行政立法机关为执行法律而进行的立法活动。它可以表现为授权立法，也可以表现为职权立法。但它不得创制新的义务，其效力范围也较法律窄。

创制性行政立法是行政机关根据法律的特别授权所制定的具有新的权利义务内容的立法活动。创制性行政立法由于它是一种产生新的法律规范的活动，因此必须有权力机关的特别授权。创制性行政立法的效力范围、授权界限、效力等级必须由特别授权法严格规定。也有人认为行政立法只能是执行性的，行政机关无权创制法律规范，亦即无权在职权或授权以外进行立法活动。这与我国的实际情况不符。

第二节　行政立法的产生与发展

一、国外行政立法的产生与发展

（一）国外行政立法的兴起与发展

在英国，行政立法的产生有很长的历史。"委任立法并不是一项新措施，早在戴雪（Dicey）所谓集体主义时代，它就作为新时代的一个象征而在一定程度上被采用了。1539 年《公告法》（该法于 1547 年被废止）也许是议会所作的一次最突出的立法授权了，通过该法，亨利八世以公告方式获得了广泛的立法权。1531 年的《污水排除法》授权污水排除专员在确定排污通道计划和对土地所有者征税方面制定法律。这些都是议会一直认为可以采取这种措施的早期例子。但是，直到 19 世纪这个改革的时代到来之前，这种授权只不过是涓涓细流而已。"① 可见，英国在 16 世纪就已经出现了行政立法。到了 19 世纪末，行政立法开始大量兴起。"1891 年，各种行政规章和命令在数量上就多达议会立法的两倍。……到 1920 年，战时特别体制尚未废止，各种行政立法和规章已达到议会立法

---

① ［英］威廉·韦德：《行政法》，徐炳等译，中国大百科全书出版社 1997 年版，第 560 页。

的 5 倍之多。"① 1918 年后，许多法律人和政治家开始担忧授权行政机关进行立法的潜在危险，但在两次世界大战期间，议会为形势所迫，通过非常宽泛的条款授权政府就战争行为制定规章。二战结束后的 1946 年，《法定条规法》取代了 1893 年的《规则公布法》，进一步促进了行政立法程序的统一。1944 年以来，议会定期任命审查委员会对行政立法进行审查——在 1981 年至 1996 年之间，接受议会程序审查的文件数量以大约 50%的速度增长，也就是说，从一年 1000 件增长到一年 1500 件；在所有这些文件中，接受议会否定程序（negativeproce-dure）审查的数量几乎翻了一倍，从 20 世纪 80 年代早期的大约 700 件增加到 1994—1999 年间的大约 1300 件。但是，行政立法的潮流并没有被遏止的迹象。② 2003 年，英国颁布了 45 部公共普通法（Public General Acts），共计 4500 页，而同年颁布的法定条规总量达 3360 多件，约有 9300 页。③ 对于法国，由于手头资料所限，无法确定行政立法最初产生的具体时间。但是，根据有关资料，可以推定法国 18 世纪末 19 世纪初就存在行政立法。王名扬教授在《法国行政法》中写道："法国大革命初期……政府制定条例的权力，只以执行法律为限"。④ 从这里可以合理地推测，法国在大革命初期，政府可以在执行法律时制定条例。法国著名行政法学家莫里斯·奥里乌在其《行政法与公法精要》中提到另一位行政法学家的著述："伊桑贝尔的《使行政权与规章制定权分离的界限论》"。⑤ 既然法国学者在 1825 年就已经研究规章制定权的问题，那么在此前应当有政府制定规章事实的存

① ［英］威廉·韦德：《行政法》，徐炳等译，中国大百科全书出版社 1997 年版，第561 页。
② 参见［英］A.W.布拉德利、K.D.尤因：《宪法与行政法》（下），刘刚、江菁等译，商务印书馆 2008 年版，第 566—568 页。
③ 参见［英］A.W.布拉德利、K.D.尤因：《宪法与行政法》（下），刘刚、江菁等译，商务印书馆 2008 年版，第 565 页。
④ 王名扬：《法国行政法》，中国政法大学出版社 1988 年版，第 140 页。
⑤ ［法］莫里斯·奥里乌：《行政法与公法精要》，龚觅等译，辽海出版社、春风文艺出版社 1999 年版，第 80 页。

在。不过，这时期，"这种条例的范围不广，只限于行政警察和行政机构的内部组织。"① 但是，到了20世纪20年代，由于政府的职务继续大量增加，国会不得不授权政府制定大量的条例。政府制定的条例在数量上远远超出国会制定的法律，"条例是汪洋大海，法律是大海中几个孤岛。"② 在法国，行政立法大量存在是20世纪初期的事情。第四共和国鉴于过去的条例导致政府权力过大，由于厌恶维希政府的专制，有意恢复立法机关的最高地位。1946年《法兰西第四共和国宪法》第13条规定："只有国民议会能制定法律，这个权力不能委托。"但宪法的规定并没有完全限制行政立法的发展，政府通过一些迂回的办法仍然享有很多行政立法权力。包括：专属条例的领域；纲领性法律；有限的权力委托。1958年《法兰西第五共和国宪法》确认了行政立法的地位。

可见，虽然世界各国行政立法产生的时间有先有后，但其兴起的时间一般均在19世纪末20世纪初，并在第二次世界大战之后得到进一步发展。

（二）国外行政立法大量产生的原因

为什么行政立法会在19世纪末20世纪初大量兴起，而且随着时间的推移，其数量日益增多、作用日益凸显呢？主要原因是：

1. 议会没有足够的时间对所有事项都进行立法。19世纪后期以来，随着经济的发展进入垄断资本主义阶段，各种社会经济问题大量出现，政府不能再仅仅定位于消极的"守夜人"角色，而应当对公众"从摇篮到坟墓"的每一个阶段和领域都进行积极的干预和管理。这样，政府的职能急剧膨胀，需要大量的法律规范进行调整。国会由于时间所限，不可能对所有行政管理的领域和事项都进行立法调整，因而不得不授权行政机关立法。

2. 对于一些专业性和技术性很强的事项，议会没有能力立法。19世纪后期以来，随着科技的飞速发展，越来越多的领域具有很强的专业性

---

① 王名扬：《法国行政法》，中国政法大学出版社1988年版，第140页。
② 王名扬：《法国行政法》，中国政法大学出版社1988年版，第141页。

和技术性，而议会议员大多数都是政客，对于专业性和技术性很强的事项，根本没有能力制定法律进行规范。而有关的行政机关由于经常对这些领域进行管理，积累了丰富的经验，对这些领域制定规范不是一件难事。因此，议会只好授权行政机关制定法律规范。

3. 行政立法较法律具有灵活性，能够更好地满足社会需要。议会制定法律，主要是立足于在实践生活中已经出现并已为大家所掌握的情况，当然也不排除对以后出现某些情况进行假设和预测。但是，由于新情况、新问题总是层出不穷，已经制定的法律也就会日益显露出不足与缺陷，而议会不可能一出现新情况就修改法律，如果这样，议会既没有足够的时间，也影响法律的稳定性。而行政机关制定的规则较法律具有灵活性，可以随着情况的变化作出修改。对此，英国学者威廉·韦德作了生动而敏锐的描述："议会立法可以对汽车须装载适当重量，或者鸡蛋须有定价，或者应当给予免费的保健服务，或者某些案件应当支付国民保险金等事项作出规定。但是，由于情况变化很快，这种立法只有在根据情况变化不断进行调整、并允许自由裁量的情况下，才有可能得到正确执行……各种规则、规章的一个根本性的优越性就在于它的灵活性，同议会立法的修改相比，其变化要快得多也容易得多。"① 因此，在这种情况下，议会明智的做法是授权行政机关制定具体的规定，或者作出详细的解释。

4. 议会立法不能照顾到地方特色。在一个国家中，对有些事项，各地是大致相同的，可以通过议会制定法律进行统一调整。而有些事项，不同地方的差别会非常之大，需要各地方因地制宜地进行规范。如果由议会制定法律进行调整，则不符合有些地方的特别需要。因此，对于各地差别比较大的事项，议会一般授权地方作出规定。

5. 有些事项处于试验阶段，议会制定法律的时机不成熟。实践中，往往不断出现某些新的事项，而这些事项的规律还没有很好地被人们认

---

① ［英］威廉·韦德：《行政法》，徐炳等译，中国大百科全书出版社1997年版，第559页。

识，制定法律的时机还不成熟。但是，如果不对这些事项进行规范，行政机关又缺乏执行的标准和依据。因此，在这种时候，最好的办法就是由议会授权有关行政机关立法，待条件成熟后，再上升为法律。

二、我国行政立法的产生与发展

（一）职权行政立法的产生与发展

1. 职权行政立法产生与发展概况

1949年新中国成立时，尚未制定宪法，在当时政治生活中起到宪法作用的是《中国人民政治协商会议共同纲领》。《共同纲领》规定，政协闭会期间，中央人民政府委员会是最高政权机关，有权废除或修改政务院与国家法律、法令相抵触的决议和命令。可以看出，政务院在当时有权颁布决议和命令，但《共同纲领》并未像1982年宪法那样明确规定政务院可以制定行政法规。因此，虽然政务院在这一时期颁布不少决议和命令，事实上起到了立法的作用，但严格讲，政务院不具有宪法规定的行政立法权。既然作为最高行政机关的政务院在当时都没有行政立法权，就更不用说政务院的部门和地方政府了。

1954年，新中国制定了第一部《宪法》。《宪法》第二十二条明确规定："全国人民代表大会是行使国家立法权的唯一机关。"既然当时全国人大是唯一的立法机关，连全国人大常委会都没有立法权，可见国务院在当时更无立法权可言。虽然《宪法》规定国务院根据宪法、法律、法令，可以规定行政措施，发布决议和命令，但都不能称为"行政立法"。

1975年《宪法》和1978年《宪法》对于立法权限的规定，都没有突破1954年《宪法》，因此，国务院这时候仍然不享有行政立法权。

第一次赋予行政机关以行政立法权的是1982年《宪法》。《宪法》第八十九条明确规定国务院有权根据宪法和法律规定行政措施，制定行政法规，发布决定和命令。与1954年《宪法》相比，不同之处就是增加了"制定行政法规"这一内容，说明国务院制定行政法规有了明确的宪法依据。不仅如此，1982年《宪法》第九十条规定国务院各部委有权根据法律和国务院的行政法规、决定、命令，在本部门的权限内发布命令、指示和规章，明确赋予国务院部委规章制定权。但 1982 年《宪法》并未规定国务院直属机构有行政立法权，也没有赋予地方政府行政立法权。不过，1982 年修改《地方各级人民代表大会和地方各级人民政府组织法》时，赋予省级政府和较大的市的政府制定规章的权力。2000 年制定的《立法法》规定国务院有权制定行政法规，国务院部门及直属机构有权制定部门规章，省级人民政府和较大的市的人民政府有权制定地方政府规章。与以前相比，《立法法》在行政立法的规定上有三项突破：一是宪法只规定国务院部委可以制定规章，并未规定中国人民银行和审计署制定规章的权力，立法法对此作了明确规定；二是宪法没有规定国务院直属机构可以制定规章，《立法法》增加了这一规定；三是组织法没有规定经济特区人民政府可以制定规章，而《立法法》明确规定较大的市的人民政府可以制定规章，其中较大的市除了省会市和国务院批准的较大的市以外，根据《立法法》的规定，还包括经济特区。2015 年修订的《立法法》进一步将行政立法权下放到设区的市、自治州政府，但将其权限限定在城乡建设与管理、环境保护、历史文化保护等方面的事项。

2. 职权行政立法产生与发展的特点

（1）立法主体的范围越来越广，级别越来越低。根据 1982 年《宪法》的规定，享有行政立法权的主体只有国务院及国务院部委；《地方各级人民代表大会和地方各级人民政府组织法》赋予省级政府和较大的市的政府行政立法权；2015 年修订的《立法法》进一步将行政立法权下放到设区的市、自治州政府。可见行政立法主体的范围大大拓宽，级别也越来越低。

（2）由中央行政立法到地方行政立法。1982 年《宪法》只赋予中央行政机关即国务院和国务院部委行政立法权，地方行政机关并未取得行政立法权。《地方各级人民代表大会和地方各级人民政府组织法》制定后，地方政府取得了行政立法权。

（3）立法程序逐渐得到规范。1982 年《宪法》和《地方各级人民代表大会和地方各级人民政府组织法》虽赋予行政机关立法权，但并未对行政立法的程序作出规定，因此在一定时期内，对行政法规和规章的制定没有程序方面的要求和约束。1987年，国务院发布《行政法规制定程序暂行条例》，对行政法规的制定程序作出了一定的规定，但没有规定部门规章和地方规章的制定程序。1990年，国务院发布《法规、规章备案规定》，对行政法规、部门规章和地方规章的备案程序作出了规定。此后，有些地方政府也制定了有关规范性文件的备案规定，但这时候很少有地方政府对制定规章的程序作出规定。因此，在2001年国务院发布《规章制定程序条例》以前，规章的制定程序基本上都没有得到规范。2001年，国务院发布了《行政法规制定程序条例》《规章制定程序条例》以及《法规规章备案条例》，各地也陆续制定了这方面的规定，使行政法规和规章在制定程序方面逐渐走向规范化。

（二）授权行政立法的产生与发展

1. 授权行政立法产生与发展概况

新中国最早的授权立法出现在1955年。1954年《宪法》规定全国人大为唯一的立法机关，全国人大常委会不享有立法权，这种立法体制不能满足政治、经济、文化等领域对法律的需求。1955年7月30日，第一届全国人大第二次会议通过决议，授权全国人大常委会制定单行法规的立法权。既然当时连全国人大常委会立法都需要特别授权，那么，不难想象，授权行政机关立法根本不可能。

我国最早出现授权行政立法是在1982年《宪法》制定以后。主要表现在以下几个方面。

（1）授权国务院立法。迄今为止，全国人大及其常委会共对国务院立法进行三次授权：一是1983年9月2日，第六届全国人大常委会第二次会议通过《关于授权国务院对职工退休退职办法进行部分修改和补充的规定》，授权国务院对1978年5月24日第五届全国人大常委会第二次会议原则批准的《国务院关于安置老弱病残干部的暂行办法》和《国务院关于退休、退职的暂行办法》的部分规定作一些必要的修改和补充；二是1984年9月18日，第六届全国人大常委会第七次会议根据国务院的建议，通过《关于授权国务院改革工商税制发布有关税收条例的草案试行的决定》，授权国务院在实行国营企业利改税和改革工商税制的过程中，拟订有关税收条例，以草案形式发布试行，再根据试行的经验加以修订，提请全国人大常委会审议；三是 1985 年 4 月 10 日，第六届全国人大第三次会议通过《关于授权国务院在经济体制改革和对外开放方面可以制定暂行的规定或者条例的决定》，该《决定》规定，为了保障经济体制改革和对外开放工作的顺利进行，第六届全国人大第三次会议决定：授权国务院对于有关经济体制和对外开放方面的问题，必要时可以根据宪法，在同有关法律和全国人大及其常委会有关决定的基本原则不相抵触的前提下，制定暂行的规定或者条例及颁布实施，并报全国人大常委会备案。经过实践检验，条件成熟时，由全国人大或者全国人大常委会制定法律。

（2）授权经济特区政府立法。全国人大及其常委会对经济特区政府立法共有三次授权：一是 1992 年 7 月 1 日，第七届全国人大常委会第二十六次会议通过《关于授权深圳市人民代表大会及其常委会和深圳市人民政府分别制定法规和规章在深圳经济特区实施的决定》，明确授权深圳市人民政府制定规章并在经济特区组织实施；二是 1994 年 3 月 22 日，第八届全国人大第二次会议通过《关于授权厦门市人民代表大会及其常委会和厦门市人民政府分别制定法规和规章在厦门经济特区实施的决定》，授权厦门市人民政府制定规章并在经济特区组织实施；三是 1996 年 3 月 17 日，第八届全国人民代表大会第四次会议通过《关于授权汕头市和珠海市人民代表大会及其常委会、人民政府分别制定法规和规章在各自的经济特区实施的决定》，明确授权汕头市和珠海市人民政府制定规章并在经济特区组织实施。

全国人大及其常委会对国务院和地方政府的上述授权都是以特别授权法的形式进行授权，属于特别授权。这也是我国《立法法》规定的两种授权行政立法的形式。除此以外，我国立法实践中还有大量全国人大及其常委会、国务院等立法主体在具体的法律、法规对其他立法主体进行授权的情况，即，法条授权情况。全国人大及其常委会的法条授权如，《水法》第七十七条规定："对违反本法第三十九条有关河道采砂许可制度规定的行政处罚，由国务院规定。"国务院的法条授权如，《商标法实施条例》第九十七条规定："申请商标注册或者办理其他商标事宜，应当缴纳费用。缴纳费用的项目和标准，由国务院财政部门、国务院价格主管部门分别制定。"

值得注意的是，我国有学者将下级立法机关针对上位法制定实施条例或者实施办法也视为授权立法。如认为《中华人民共和国归侨侨眷权益保护法》第二十九条规定"国务院根据本法制定实施办法"，国务院发布的《高等教育自学考试暂行条例》第四十条规定"国家教育委员会根据本条例制定实施细则"等等，都属于授权下级机关立法的规定。[①] 笔者认为，这种情况属于职权立法，而不是授权立法。理由是，根据宪法和组织法的规定，国务院有权根据宪法和法律制定行政法规，国务院部门有权根据法律和行政法规，在本部门的权限内发布规章，设区的市、自治州的地方政府有权根据法律、行政法规和地方性法规制定规章，这些都是行政机关为执行上位法的规定而在职权范围内实施的立法，不需要授权就可以制定。这不同于《水法》授权国务院对违反河道采砂许可证制度的制定行政处罚规定的情况。这是因为，在《水法》没有对违反河道采砂许可证制度的处罚事项作出规定的情况下，如果法律没有对国务院进行授权，国务院就不能对该处罚事项作出规定。而且，自《立法法》制定以后，全国人大及其常委会制定的法律中，均不再出现"由国务院制定实施办法"等规定；以前制定法律出现的这些规定，在《立法法》颁布后修改法律时，也一律予以删除，这可以从《商标法》《专利法》等法律修改前后的比较中得到证明。这充分说明，《立法法》颁布以后，这一点更为明确：下级机关针对上位法制定实施办法和实施细则等，属于其固有的职权，不需要上位法多此一举，再作出下级机关可以制定实施办法或实施细则的规定。这一认识在比较法上也可找到佐证：法国宪法第 21 条就规定，政府可以为了"确保法律的执行"而制定执行条例，这属于职权立法而非授权立法。[②]

[①] 陈伯礼：《授权立法研究》，法律出版社 2000 年版，第 118—140 页。

[②] ［英］L. 赖维乐·布朗、约翰·S. 贝尔：《法国行政法》，高秦伟、王锴译，中国人民大学出版社 2006 年版，第 12 页。

2. 授权行政立法产生与发展的特点

（1）授权主体不仅有权力机关也有行政机关。全国人大及其常委会对国务院和经济特区政府的授权，授权主体是权力机关。国务院在《商标法实施条例》中授权工商行政管理部门会同国务院价格主管部门规定当事人缴纳费用的项目和标准，属于行政机关授权。因此，我国授权行政立法的授权主体既包括权力机关，也包括行政机关。这与国外的制定不一样，"在西方国家，不论实行何种政治体制，在立法授权问题上，都是立法机关向行政机关和地方机关授权，而没有行政机关授权的情况。"[①]

（2）一揽子授权现象比较严重。从国外的授权法实践来看，一般都是一事一授权，即一个授权法只对某一个事项作出授权的规定，被授权机关也只能制定一个法律或者法规。而在我国，很多都是一揽子授权。如1985年4月10日，第六届全国人大第三次会议通过《关于授权国务院在经济体制改革和对外开放方面可以制定暂行的规定或者条例的决定》。全国人大的这个授权法授予国务院可以制定的暂行规定或者条例的事项相当宽泛，即，只要是有关经济体制和对外开放方面的问题，国务院都可以制定暂行的规定或者条例，数量上没有任何限制。又如全国人大及其常委会授权经济特区政府立法，也是一揽子授权，即，只要属于经济特区内的事项，经济特区政府就可以根据全国人大及其常委会的授权法制定规章，在数量上也没有限制。

（3）授权法条款对被授权主体的限制太少。国外授权法一般对授权的事项规定了比较明确的限制性内容。德国基本法明确规定授权法必须规定"授权的内容、目的和范围"，否则授权法就构成无效，不能成为法规命令的根据。[②] 我国不少授权法没有规定授权事项的内容、目的和范围，如全国人大及其常委会《关于授权国务院在经济体制改革和对外开放方面可以制定暂行的规定或者条例的决定》，以及授权经济特

---

① 陈伯礼：《授权立法研究》，法律出版社2000年版，第118页。

② 参见［德］哈特穆特·毛雷尔：《行政法学总论》，高家伟译，法律出版社2000年版，第335页。

区政府制定规章的决定，授权事项内容、授权目的和范围均不明确。虽然《立法法》也明确规定"授权决定应当明确授权的目的、范围"，但实践中一些法律的授权条款仍然没有达到这一要求。如《水法》授权国务院对违反河道采砂许可证制度的行政处罚作出规定，虽然这一授权条款对授权的范围规定得比较明确，但没有规定这一授权的目的。当然，应该看到，比起以前的授权条款，《水法》的授权条款有了比较明显的进步。

针对以往出现的问题，2015年修订的《立法法》第十至十二条对授权立法作出了六点限制：第一，授权决定应当明确授权的目的、事项、范围、期限以及被授权机关实施授权决定应当遵循的原则等。第二，授权的期限不得超过五年，但是授权决定另有规定的除外。第三，被授权机关应当在授权期限届满的六个月以前，向授权机关报告授权决定实施的情况，并提出是否需要制定有关法律的意见；需要继续授权的，可以提出相关意见，由全国人民代表大会及其常务委员会决定。第四，授权立法事项，经过实践检验，制定法律的条件成熟时，由全国人民代表大会及其常务委员会及时制定法律。法律制定后，相应立法事项的授权终止。第五，被授权机关应当严格按照授权决定行使被授予的权力。第六，被授权机关不得将被授予的权力转授给其他机关。相比于之前，修订后的条款有了明显的进步，相信会对实践产生积极的影响。

（三）我国行政立法产生与发展的原因

我国行政立法的产生与发展，既有与外国相同的原因，也有我国比较特殊的原因。与国外相同的原因如权力机关没有足够的时间立法，权力机关对一些技术性很强的事项难以立法，权力机关对一些处于实验性阶段的事项不宜立法，等等。对这些原因不再赘述。这里只探讨我国行政立法产生与发展的特有原因。

从前面的介绍可以看出，我国行政立法的大量兴起是在1982年《宪法》制定以后，基本上与我国改革开放同步。自改革开放至2000年年底，我国"共审议通过法律271件，有关法律问题的决定和法律解释113件，总计384件。……在这一时期，国务院制定行政法规800多件，享有立法权的地方人大及其常委会制定地方性法规 8000 多件，国务院各部门和地方政府制定规章 3 万多件。"① 可见，自改革开放以来，我国行政立法兴起的速度之快、数量之多以及在总体立法中的地位之重要。为什么改革开放以前行政立法没有得到发展，而改革开放以来却发展如此迅猛呢？最为重要的原因是改革开放以前的计划经济体制影响了行政立法的发展。在计划经济体制下，经济成分基本上就是国有经济和集体经济，而集体经济主要就是农业经济。国有经济和集体经济之间很少有现代意义上的公平交易关系，而是通过政府指令进行流通和交换，不需要立法调整。国有经济内部不同企业之间的人财物更是通过行政手段进行干预和调配。因此，经济方面基本上不需要立法进行规范。社会方面，在城市，每个国营企业就是一个小社会，职工的生老病死都由企业包揽下来，只需要按照有关政策进行调整即可；在农村，广大农民的生老病死由各自的家庭解决，不需要立法规定。因此，社会方面也不需要立法进行规范。一句话，在社会经济领域，基本上没有法律生长的土壤，行政立法当然也就得不到发展。随着计划经济体制向市场经济体制转变，国有经济与集体经济之间，以及国有经济和集体经济内部之间的经济关系发生了变化，而且，公有制经济以外的各种经济成分纷纷出现，各种经济关系变得复杂起来，不能再像以前那样仅仅用行政手段进行调控，而必须采用法律规范的形式进行调整。与此同时，企业与政府，企业与职工之间的关系也发生了根本性的变化，也需要通过立法进行调整。总之，经济体制的转型，使社会经济的各个领域迫切需要立法进行规范。而全国人大及其常委会和享有立法权的地方人大及其常委会不可能在短时期内进行数量庞大的立法，唯一的办法就是一方面用宪法和法律确认行政机关的立法权，让行政机关进行职权立法；另一方面通过法律、法规授权行政机关开展授权立法。这样，行政立法便得到了长足发展。

---

① 《李鹏在全国人大常委会立法工作会议上强调：加强和改进立法工作、提高立法水平和质量》，《人民日报》2000 年 11 月 2 日。

第三节　行政立法体制

一、立法体制的概念

行政立法体制是指国家行政立法机关的结构体系及其立法权限的划分。行政立法机关的结构体系是指享有行政立法权的行政机关共同构成的一个联系紧密、层级分明的系统。由于并非所有的行政机关都享有行政立法权，所以它并不等同于行政机关体系。行政立法权限的划分则是指中央和地方享有行政立法权的行政机关的立法权的范围和界限，包括中央政府与地方政府的立法权限的划分和中央政府与其各部门及直属机构之间立法权限的划分，不同层级的地方政府或者地方政府之间行政立法权限的划分，既包括纵向权限划分，也包括横向权限划分。

二、行政立法体制的分类

（一）按行政立法程序民主程度分，可分为民主的行政立法体制与专制或独裁的行政立法体制。民主的行政立法体制表现为国家行政机关相对独立地行使行政立法权，其立法活动须经过一定的民主程序，而不受个人或少数人的操纵。专制或独裁的行政立法体制恰恰相反，其立法不经过民主程序，是一种由君主或独裁者一人或少数人决定行政法律规范立改废的行政立法体制。

（二）按行政立法机关体系分，可分为单一的行政立法体制、复合的行政立法体制及制衡的行政立法体制。单一的行政立法体制是由某个人或者某一个国家机关独享行政立法权的行政立法体制。在奴隶制和封建制国家，君主和皇帝拥有全部立法权。现代国家由国家立法机关或者国家行政机关拥有行政立法权。也有的国家是由一个国家机构兼有立法和行政两方面的职能，如总统委员会、革命指挥委员会等。复合的行政立法体制是由两个或两个以上国家机关分别行使行政立法权的行政立法体制。一般是由国家立法机关和行政机关分别行使行政立法权。在这种体制下，国家立法机关制定的行政法律规范的效力等级高于国家行政机关制定的规范。制衡的行政立法体制是行政立法权原则上属于国家立法机关，但国家行政机关的首脑可以对立法活动施加重大影响，甚至直接参与或享有行政立法权，司法机关对立法享有司法审查权的一种行政立法体制。如国家行政机关的首脑有法律的批准权、签署权、颁布权、否决权，有将法律草案提交公民投票的权力，有要求立法机关对法律重新审议的权力等，而宪法法院、最高法院享有对国家立法机关、国家行政机关制定的法律及行政规范的司法审查权，地方法院享有对地方立法机关、地方行政机关制定的地方法律及行政规范的司法审查权。它们可以分别宣布国家立法机关、国家行政机关、地方立法机关和地方行政机关制定的法律及规范因与宪法、法律或地方法律相抵触而无效。这种制衡的行政立法体制存在于三权分立的国家。但实际上，三权分立国家的立法权正在分散，国家行政机关已经和正在制定大量的行政法规。

（三）按行政立法层级分，可分为一级行政立法体制和两级或多级行政立法体制。一级行政立法体制是只有中央一级国家机关或只有君主和皇帝享有行政立法权的行政立法体制。两级或多级行政立法体制是存在中央和地方两级或三级的国家机关享有行政立法权的行政立法体制。另外按行政管理部门及行政管理活动的内容可以分为政治、经济、文化、教育、科技等行政立法体制，按参与行政立法活动部门的数量可以分为单一部门和多部门的行政立法体制。

三、行政立法体系

我国行政立法体系是整个国家立法体系中重要的不可分割的组成部分，因此，考察我国行政立法体系必须同时考察我国国家立法体系（见下页图）。我国现行立法体系纵向分为中央立法和地方立法两级。中央立法包括全国人大及其常委会制定法律；国务院制定行政法规；国务院部门及直属机构制定规章。地方立法包括省、自治区、直辖市的人大及其常委会，设区的市、自治州的人大及其常委会制定地方性法规；民族自

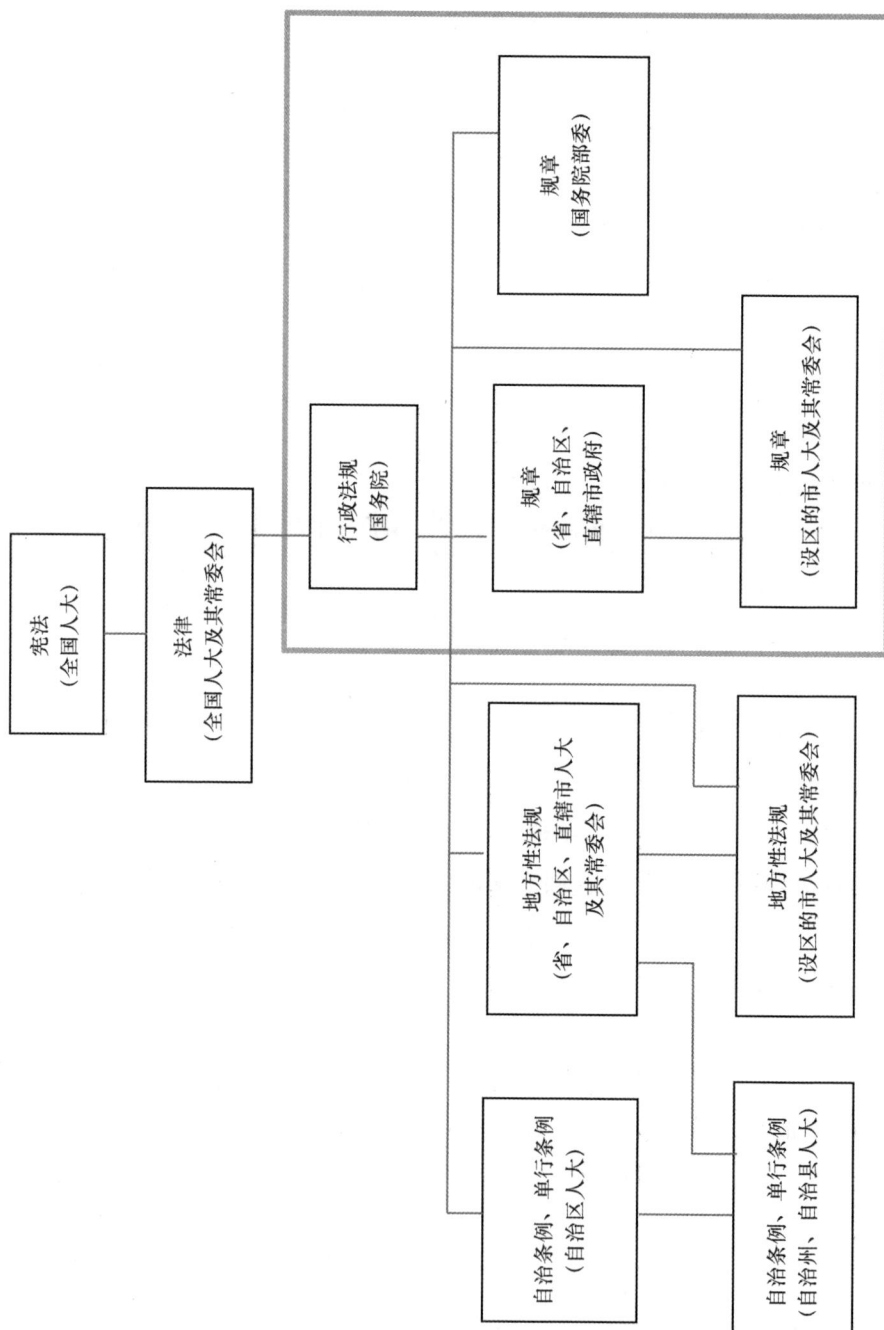

我国立法体系图（方框内为行政立法体系）

治地方人大制定自治条例和单行条例；省、自治区、直辖市人民政府和设区的市、自治州的人民政府制定规章。我国现行立法体系横向分为权力机关立法和行政机关立法两个系统。权力机关立法包括全国人大及其常委会制定法律；省、自治区、直辖市的人大及其常委会，设区的市、自治州的人大及其常委会制定地方性法规；民族自治地方人大制定自治条例和单行条例。行政机关立法系统包括国务院制定行政法规；国务院部门及直属机构、省、自治区、直辖市人民政府和设区的市、自治州的人民政府制定规章。

在我国立法体系中，诸多的立法机关制定规范必须遵循一定的规则。在内容上必须有"根据"或者"不抵触"；在程序上必须有"批准"或者"备案"；在废止上可以有"撤销"。

（1）在内容上，较高层级的法律规范是较低层级法律规范的制定根据，较低层级的法律规范不得与较高层级的法律规范相抵触。即宪法是法律、行政法规、地方性法规和规章的制定根据；宪法和法律是行政法规、地方性法规和规章的制定根据；宪法、法律和行政法规是地方性法规和规章的制定根据；宪法、法律、行政法规和地方性法规都是规章的制定根据。反过来，每一个层级的行政法律规范都不得与其制定根据相抵触，即规章不得与宪法、法律、行政法规和地方性法规相抵触，地方性法规不得与宪法、法律、行政法规相抵触，行政法规不得与法律和宪法相抵触，法律不得与宪法相抵触。

（2）在程序上，省、自治区、直辖市人大常委会制定的地方性法规须报全国人大常委会备案；自治区人大制定的自治条例和单行条例须报全国人大常委会批准；设区的市、自治州的人大及其常委会制定的地方性法规须报省或自治区人大常委会批准，报全国人大常委会和国务院备案。自治州、县人大代表制定的自治条例和单行条例须报省或自治区人大常委会审批，报全国人大常委会备案。

（3）在特殊的废止方式上，上级权力机关有权撤销下级权力机关和同级行政机关制定的与上级权力机关制定的法律规范相抵触的规范性文件；上级行政机关有权撤销下级行政机关不适当的规范性文件。如全国人大及其常委会有权撤销国务院制定的与宪法和法律相抵触的行政法规以及地方人大及其常委会制定的与宪法、法律、行政法规相抵触的地方性法规。省、自治区人民政府有权撤销省、设区的市、自治州的人民政府制定的不适当的规章等。

四、行政立法权限

（一）行政立法权限概念

行政立法权是指不同立法主体制定的行政法律规范在内容和形式上的分工和限制。其基本含义是指哪些国家机关享有行政立法权，或享有哪些方面的立法权，应该享有多大范围的立法权及其表现在内容和形式上的特点？行政立法权限的概念提出三个问题：（1）在我国行政立法权到哪一级为止，即哪些行政机关制定的规范性文件不包括在法律规范之中。（2）行政法律规范与一般规范性文件之间除了主体之外，还有哪些区别。（3）权力机关制定的行政法律规范与行政机关制定的行政法律规范应有何区别，上下级机关制定的行政法律规范应有何区别。研究行政立法权限有助于分析行政立法权限不清的表现和产生的原因；可以为确立合理的立法秩序提供理论依据；可以进一步充实和完善行政立法理论；有利于提高和增强立法者、执法者以及司法者的法律效力等级观念。

（二）行政立法权限的特性

行政立法权限的特性决定和表现了行政立法权限的基本属性和基本特点，主要有三个特性。

1. 行政立法权限的立法先定性。任何立法主体的立法权限都应由法律事先予以界定，没有法律界定或者超越法律界定范围的行政立法即属越权的行政立法。这一特性是由法律的基本特征和立法主体的地位决定的。法律是由国家制定的，这是法律基本特征之一，但并不是任何国家机关都可以制定法律。只有经过国家最高权力机关确认的国家机关才享有立法权。在我国，全国人大是当然的立法机关，其他国家机关的立法权则应由其通过宪法和法律赋予。

2. 行政立法权限具有层级区别。宪法和法律规定的行政立法主体的权限，表现为不同性质和不同层级的立法机关，享有不同的立法权限。这一特性表现为不同性质和层级的立法机关在立法内容和形式上的差别。这种特性是由于行政立法体系和行政立法层级的多元决定的。我国的立法体系分为权力机关的和行政机关的行政立法，地方行政立法还可以分为不同层次。由于宪法和法律赋予不同立法主体以不同的立法权限，因此，不同行政立法机关制定的行政法律规范在内容上、形式上表现出不同的特性。

3. 授权立法的权限范围有限扩展。受到一定立法权限限制的行政立法机关，可接受有权机关授权其制定某项超越其本身立法权限的行政法律规范。这一特性是由授权立法机关与被授权立法机关的关系及社会发展现状对行政法律规范的需求所决定的。我国的行政机关是权力机关的执行机关，这一关系决定了享有立法权的权力机关可以授予下级权力机关或有关的行政机关制定、修改或补充某项行政法律规范的权力。被授权的机关则有服从这一授权的义务。授权立法的内容和范围是在被授权机关无此立法权限，而享有该立法权限的机关因种种原因无法完成此项立法的情况下，由享有该立法权的机关授予一定的行政机关行使该项立法权。行使该项立法权的机关所制定的行政法律规范与授权机关制定的行政法律规范具有同等效力。① 所以，在授权立法的情况下，行政立法主体原有立法权限就发生了变化，即行政立法权限得到扩展。

（三）行政立法权限的分类

1. 按照行政立法权限的性质可分为实体权限和程序权限。实体权限是指一定的行政立法机关制定的行政法律规范在内涵上是否能够涉及或

---

① 对授权立法的位阶，有不同的看法。有学者认为授权立法的位阶与授权机关立法的位阶相同。（参见周旺生：《立法论》，北京大学出版社 1994 年版，第 395—396 页）有学者认为授权立法的位阶与被授权机关本身立法的位阶相同。（参见陈伯礼：《授权立法研究》，法律出版社 2000 年版，第 21 页）有学者认为授权立法的位阶介于授权机关本身立法与被授权机关本身立法的位阶之间。（参见郭道晖：《论立法的无序现象及其对策》，《法律与学习研究》1990 年第 5 期）本书赞成以上第一种观点。

在多大范围涉及设定或剥夺或免除公民的权利义务，制裁的种类与幅度等性质的内容。程序权限是指一定的行政立法机关制定的行政法律规范的行为是否要经过或在何种情况下要经过哪一级机关的批准或者备案程序。

2. 按照行政立法权限的外在表现可分为内容权限和形式权限。内容权限是指一定的行政机关制定的行政法律规范在外延上是否能够涉及或在多大范围内涉及政治、经济、文化、军事、外交等方面的基本制度或重大事项或某方面的问题的内容。形式权限是指对一定的行政机关制定的行政法律规范所采用的结构、名称的要求。

3. 行政立法权限存在的方式可分为排除权限和享有权限。排除权限是指一定的行政立法机关依法不享有制定包含某种性质或内容事项的行政法律规范。享有权限是指一定的行政立法机关依法享有制定包含某种性质或内容事项的行政法律规范。这种分类可以使行政立法权限更加分明，同时不至于产生立法规定的空缺或遗漏。

4. 按照行政立法权限产生的方式可分为一般权限与特有权限。一般权限是指依照行政立法权限的一般规则所确定的，不同行政立法主体所享有的行政立法事项。特有权限是指依照法律规定，赋予某些特殊的行政立法主体与其他同类或同级行政立法主体不同的特有立法事项。

（四）保障行政立法权限的原则

确定行政立法权限的目的在于使各立法主体能够依法立法。要防止行政立法权的滥用，就必须确定以下原则。

1. 不越权原则。为了保证行政立法权限得以有效地贯彻实施，首先要确保各享有行政立法权的立法主体只能在自己立法权限范围内活动，不得超越权限。超越行政立法权限一般有两种情况：一是纵向越权，即不享有制定某些实体规范的下一层级的行政立法机关，制定了上级立法机关权限范围内的规范。二是横向越权，即行政立法主体超越自己的管理权限制定了同一层级内其他机关职责权限管辖的有关事项的行政法律规范。这一原则保证从内容和实体上各行政立法主体在自己立法权限范围内进行立法，确保各种行政法律规范不相互重复、相互交叉。

2. 根据原则。行政立法是执行性立法，行政立法涉及的内容或实体应当有法律或上级机关制定的法律规范作为依据。我国宪法规定，行政法规要根据宪法和法律制定，规章要根据法律和行政法规（地方性法规）制定。

3. 不抵触原则。不抵触原则是指行政立法机关在其立法权限范围内制定的行政法律规范，不得与上级立法主体制定的行政法律规范相冲突或矛盾。虽然所制定的行政法律规范是在本机关立法权限范围之内，但如果与上级立法机关的立法相抵触，势必打破行政立法秩序，导致行政立法权限混乱，破坏国家法制的统一。不抵触原则，是宪法规定行政立法根据的题中应有之义，是各行政立法权限之间不矛盾冲突的保证。

4. 适当性原则。要使行政立法权限有效地实施，还应当贯彻适当性原则。在行政立法权限范围内进行的立法未必就一定是好的立法。一个好的行政法律规范不仅仅是要合法，而且要合理、公正、切实可行。因此适当性原则也是保证行政立法权限有效贯彻的原则之一，具有合理公正的行政立法才能切实可行。如果行政立法在实际立法中无法行得通，行政立法权限就可能受到冲击。该立法机关是否能够胜任某类立法就值得怀疑，它是否应该享有这一权限范围的立法就值得考虑了。

（五）行政立法权限的划分

1. 行政法规和法律权限的划分。行政法规的制定机关是国务院，法律的制定机关是全国人大及其常委会，前者是执行机关，后者是权力机关，前者从属于后者。从立法权限的实体来说，法律可以创设实体权利义务。行政法规只能使实体权利义务具体化，除非法律对行政法规有特别授权。根据某个法律制定的实施细则，只能是对这一法律的具体解释或补充，不能超出该法的规定去设置新的实体上的权利义务。从立法权限的内容来说，法律调整的范围较行政法规调整的范围要宽。法律调整的范围包括国家政治、经济、文化、军事、外交、司法等基本制度，公民的基本权利义务，国家机关的组织、职权等，行政法规调整的范围仅限于国家的行政管理事项。

2. 行政法规和地方性法规的权限划分。行政法规和地方性法规的权限划分实质上是中央行政机关与地方权力机关权限的划分。由于中央和地方的分权是中央与地方立法权限划分的前提，因而在目前情况下对中央与地方立法权限的划分不宜采取划定具体事项的办法，而应该采取比较原则的办法予以划分。一般来说，地方立法权限应该包括：

（1）为在本地区实施国家法律，根据法律规定，制定法律的实施细则和办法，包括根据法律明文规定由地方性法规制定实施细则、办法和地方权力机关认为有必要结合本地实际情况制定该法的实施细则、办法。

（2）根据宪法原则在国家立法还不成熟时，先于国家立法根据本地特点制定地方性法规，如计划生育、青少年保护等。

（3）地方经济文化建设和其他公共事务的规定。

（4）维护地方治安和社会秩序的规定，如公共场所管理等。

（5）根据全国人大常委会的授权制定地方性法规。

（6）批准自治州、县人大制定的自治条例和单行条例，以及下级权力机关制定的地方性法规。在实体权限方面，可以创设地方范围内的一些实体权利义务，甚至可以超法律之前立法。在根据立法和法律制定时，地方性法规着重解决该实体权利义务内容的具体化，而行政法规则着重解决该权利义务的具体实现。

3. 行政法规与国务院部门及直属机构规章的权限划分。国务院部门及直属机构主管某一方面的业务，在确定制定行政法规还是制定规章问题上应该是：

（1）涉及全国性的几个部门关系的应制定行政法规，只涉及一个部门内部关系的应制定规章。

（2）法律未作规定，国务院也未发布过决定、命令的，需有授权才得制定规章。

（3）调整内容明确属于某部门职权范围内的制定规章，调整内容是否属于部门职权或属于某一部门职权尚不明确的，应制定行政法规。

（4）需要在全国统一推行的政令，不管是否在部门职权范围内，都应制定行政法规。

（5）部门规章规定的事项应当属于执行法律或者国务院的行政法规、决定、命令的事项。没有法律或者国务院的行政法规、决定、命令的依据，部门规章不得设定减损公民、法人和其他组织权利或者增加其义务的规范，不得增加本部门的权力或者减少本部门的法定职责。

4. 地方性法规和地方政府规章权限划分。地方性法规和地方政府规章区别有二：其一，地方性法规制定原则是不抵触原则，地方政府规章制定原则是有依据原则，即地方性法规可以在不与宪法、法律和行政法规相抵触的前提下，对法律尚未纳入范围的问题先予规定，而地方性规章的制定必须先有法律和行政法规为依据。其二，地方性法规是权力机关制定的，规章是政府制定的，政府作为同司法机关置于权力机关监督之下的国家机关，不能涉及关于司法机关活动的内容。因此，确定地方性法规和地方政府规章权限的原则是：

（1）法律需要进一步明确具体的，制定地方性法规，行政法规需要进一步明确具体的，制定规章。

（2）涉及司法机关活动规范的，制定地方性法规，调整行政机关自身活动规范的，制定规章。

（3）法律和行政法规未作规定，需要创设新的实体权利义务的，制定地方性法规，不需要创设新的权利义务的，制定规章。

（4）本行政区域内的政治、经济、文化等方面的重大事项，制定地方性法规，其他事项制定规章。

（5）设区的市、自治州的人民代表大会及其常务委员会制定地方性法规，以及其人民政府制定地方政府规章，限于城乡建设与管理、环境保护、历史文化保护等方面的事项。2015 年《立法法》修改之前已经制定的地方性法规和地方政府规章，涉及上述事项范围以外的，继续有效。

（6）没有法律、行政法规、地方性法规的依据，地方政府规章不得设定减损公民、法人和其他组织权利或者增加其义务的规范。

5. 特别立法权限的划分。特别立法权限主要是特殊立法主体的权限划分，特别立法主体因具体情况不同所享有的立法权限差别很大。在我国享有特别立法权限的有：特别行政区、经济特区。它们的立法权限由全国人大及其常委会专门予以规定。

6. 授权立法权限。授权立法权限主要是指授权立法的条件，主要包括：

（1）被授权的主体要明确、具体。

（2）授权立法的否定事项，即哪些事项不能进行授权立法，只能由特定立法机关予以规定，不能授予其他机关。

（3）授权立法的肯定事项，即哪些方面的事项可以进行授权立法。一般来说，授权立法应仅限于原属本机关立法权，但又依法可以授权的事项。

（4）授权立法的前提，即规定在什么情况下可以授权立法，以杜绝授权的随意性和克服立法惰性。一般来说，授权立法的前提应该是逐案授权，且必须是在授权机关制定该法律规范条件不成熟时才能提出。

（5）授权立法的具体条件，包括授权立法的时间限制、内容限制、形式限制、程序限制等。

五、行政法律规范的效力等级

（一）行政法律规范效力等级的概念

行政法律规范效力等级是指不同的立法主体制定的行政法律规范，在适用中表现出来的作用差别。

行政法律规范效力等级的含义有三个方面：（1）行政法律规范效力等级表现为规范的作用差别，包括对适用范围的作用、对相对人约束程度的作用、采取何种手段保障其实施的作用。（2）行政法律规范效力等级存在于法律适用的全过程。某一行政法律规范从颁布实施到终止效力，都涉及与同时存在的其他行政法律规范作用的差别问题。（3）行政法律规范效力等级区别的原因是由于不同行政立法主体的地位不同。这种效力差别是当然的差别，一般情况下，这是宪法确定的差别，无须法律加以明确规定。

行政法律规范效力等级的区分，是在统一立法的国家里存在着多层次立法状况而导致的。在我国，全国人大及其常委会有制定宪法和法律的权力，这是最高层次的立法机构，享有最高的法律效力等级；国务院有制定行政法规的权力，它是全国人大的执行机关，是仅次于全国人大及其常委会的第二层次的立法机构，相应的行政法规为第二等级的立法；省、自治区、直辖市及设区的市、自治州的人大及其常委会是在局部地区享有立法权的立法机构，有制定地方性法规的权力，是次于国务院的第三层次的立法机关，制定的地方性法规为第三等级效力的立法。国务院部门及直属机构可以制定部门规章，省、自治区、直辖市及设区的市、自治州的政府可以制定地方性规章，部门规章与地方性规章的效力等级无高低之分。

（二）行政法律规范效力等级的特点

行政法律规范的效力等级实质上是不同的立法主体的法律地位的差别。这种差别表现在所制定的法律规范上就是效力等级差别，因而效力等级差别的特点必然是各行政立法机关之间关系的反映。

1. 服从性

服从性是指较低效力等级的行政立法原则和精神，以及在立法的主要内容上要服从较高效力等级的行政立法，较高等级的行政立法机关可以委托较低等级立法机关制定应由委托机关制定的行政法律规范。在这里服从是指较高效力等级的行政立法对较低效力等级的行政立法的指导和较低效力等级的行政立法以较高效力等级的行政立法为依据。较高等级的立法原则精神是较低等级立法的指导，较低等级的行政立法机关制定行政法律规范及文件时要依据较高效力等级行政立法机关制定的行政法律规范的原则、精神和内容。

2. 派生性

派生性是指行政法律规范都是依据宪法、法律、行政法规或其他较高效力等级的行政法律规范而制定，往往是较高效力等级行政法律规范的具体化或实施细则。这是行政法律规范效力等级最为明显的一个特征。这种性质决定了不同效力等级的行政法律规范的"母法"与"子法"关系。

3．可变性

可变性是指行政法律规范在制定颁布以后，如果发现与较高效力等级的法律规范相抵触或不当，有权的权力机关或行政机关即可予以撤销或改变。当然，这种撤销绝非随意性的，与上级规范相抵触或不适当的确定，必须是经过有效的审查，依法认定，撤销或改变也必须经过法定程序。

（三）行政法律规范效力等级区别标志

行政法律规范效力等级反映的各法律规范之间的差异的确定标志，可以分为实质性的区别标志和形式上的区别标志。实质性的区别标志是决定效力等级产生和差异的根本原因，形式上的区别标志是效力等级差别的外在表现。

1．实质性的区别标志。实质性区别标志是效力等级之所以产生的根本原因，主要表现在立法主体、立法权限、立法权来源以及适用范围等方面。

（1）立法主体标志。由于行政法律规范制定机关的层级区别和性质区别，从而导致行政法律规范效力等级上的差别。这是以制定机关为标志来区分行政法律规范效力等级的高低，是形成行政法律规范效力等级的根本因素。不同性质和不同层级的行政法律规范的制定，由于法律地位和权限不同，制定的法律适用范围不同，实施的保障手段不同，其结果必然通过法律效力等级差别表现出来。同一性质同一层级的行政立法机关制定的行政法律规范则不存在效力等级的差别问题。

（2）立法权限标志。不同性质和不同层级的行政立法机关，所制定的行政法律规范，在内容所涉事项、法律表现形式上都有一定的限制和要求，也即立法权限要求。立法权限反映了行政立法机关在制定行政法律规范内容方面的差别所表现出来的效力等级。如哪些机关立法中可以给予相对人赋予权利和设定义务，或能够赋予哪些权利，设定哪些义务，效力等级越高的法律规范其权力范围就越宽，这是效力等级的实体因素。

（3）立法权来源标志。行政立法权的来源一般有两个，一是依职权立法，二是依授权立法。依职权的立法权限是由法律规定的，是行政机关的固有职权，与行政机关同生共失。这种立法的效力等级与行政机关的层级相适应。依授权进行的行政立法则有所不同，它是由授权机关将应由自己制定的行政法律规范在一定条件下，交由下级机关制定。这就使下级行政机关取得了制定超越自己立法权限的行政法律规范的权力，其制定的法律规范就拥有同授权机关制定的行政法律规范同等的效力等级。所以授权立法标志是行政法律规范效力等级的影响因素。

（4）适用范围标志。行政法律规范的适用范围的大小一般来说，是由行政立法机关所辖区域的大小决定的，行政机关的管辖范围也即行政法律规范的适用范围。但在某些情况下，行政立法机关可以制定只适用于自己所辖区域一部分地区的行政法律规范。因此，行政法律规范的适用范围也是其效力等级的区别标志之一，它是效力等级区别的地域因素。

2. 形式上的区别标志。形式上的区别标志是行政法律规范效力等级的外在表现，主要表现在行政法律规范采用的名称、适用选择、保障其实施的手段等。

（1）规范形式标志。行政法律规范效力等级在形式上表现为不同效力等级的规范性文件的套用名称的差别。从法律规范的名称一般可以判定制定该规范的机关及该规范的效力等级，法律规范名称的格式都应包含反映其效力等级、内容、适用范围三个因素。

（2）适用选择标志。行政法律规范效力等级差别的又一表现是在多个行政法律规范对同一事项都有明确规定的情况下，在适用法律时应选择具有较高效力等级的行政法律规范加以适用，而排除较低效力等级行政法律规范的适用。即较高效力等级的行政法律规范在适用时具有优先权或排他权。

（3）保障实施标志。各种具有约束力的行为规范都必须具有保障实施的手段，否则约束力就是一句空话。但不同性质的行为规范保障其实施的手段不同，比如法律是靠国家强制力保障其实施，而习惯、道德准则则是靠社会舆论手段保障其实施。这种保障实施手段的区别同样也表现在不同效力等级的行政法律规范方面。法律的明显特征之一，就是国家强制力保障其实施，按照我国现行体制，行政强制必须由法律规定。

第四节　行政立法原则、程序和技术

一、行政立法的原则

（一）行政立法原则的含义

行政立法的原则是指行政立法机关在制定行政法律规范时应当遵循的基本准则。它体现在行政立法过程之中，统率和指导整个行政立法活动。我国学者对行政立法的原则尚未达成共识，有人主张行政立法的原则是：民主立法原则；法制统一原则；可操作性原则。① 有人则认为行政立法的原则是：依法立法原则；民主立法原则；加强管理与增进权益相协调原则。② 笔者认为，探讨行政立法的原则，离不开对行政立法性质的认识。行政立法从性质上讲，既是行政行为，也是立法行为，是行政行为与立法行为的有机结合体。因此，行政立法的原则应当同时是行政法的原则和立法法的原则。换言之，行政法与立法法的共同原则就构成行政立法的原则。尽管我国学者对行政法的原则在表述上存在差别，但每位学者笔下原则的具体内容却大同小异，正如姜明安教授研究指出："由此可见，我国学者关于行政法基本原则的内容正在逐步形成共识。"③ 学者们概括的行政法原则主要有：合法性原则或者依法行政原则或行政法治原则；合理性原则或行政公正原则；参与行政原则；行政公开原则；行政公正原则；行政效率原则，等等。其中参与行政原则与行政公开原

---

① 参见姜明安主编：《行政法与行政诉讼法》，北京大学出版社、高等教育出版社 1999 年版，第 164—165 页。

② 参见罗豪才主编、湛中乐副主编：《行政法学》，北京大学出版社 2001 年 5 月重排本，第 106—107 页。

③ 姜明安主编：《行政法与行政诉讼法》，北京大学出版社、高等教育出版社 1999 年版，第 44 页。

则实际上可以用民主行政原则进行概括。因此，上述行政法原则包含了依法行政与民主行政原则。至于立法法的原则，我国学者周旺生教授认为，中国整个立法总的原则，以法治原则、民主原则和科学原则最为重要。① 因此，行政法与立法法的共同原则是依法原则和民主原则。可见，行政立法的原则可以确定为依法立法原则和民主立法原则。

（二）依法立法原则

依法立法是指立法必须依法进行。这一原则包含法律优越原则与法律保留原则。下面分别论述。

1. 法律优越原则。法律优越是指："一个只要经过立法者制定之法律就是代表民意，享有崇高性。在未经合法程序废止之前，其位阶高于其他之行政法规。因此，行政机关不论在为抽象或行政决定，皆不得与法律相抵触。"② 简言之，就是行政行为不得与法律相抵触。行政行为包括具体行政行为和抽象行政行为，因此，法律优越既是具体行政行为应当遵守的原则，也是行政立法等抽象行政行为应当遵循的原则。

法律优越原则对行政立法的具体要求，就是行政机关的行政立法不得与上位法相抵触，否则无效。不得与上位法相抵触包括既不能与上位法的具体规定相抵触，也不得与上位法的精神和原则相抵触。具体地说，国务院制定的行政法规不得与宪法和法律相抵触，部门规章不得与宪法、法律和行政法规相抵触，地方政府制定规章不得与宪法、法律、行政法规、地方性法规以及上级政府的规章相抵触。当然，在上位法对某些事项没有作出规定时，下位法可以作出规定。如《行政许可法》第十四条第一款规定："本法第十二条所列事项，法律可以设定行政许可。尚未制定法律的，行政法规可以设定行政许可。"第十五条第一款规定："本法第十二条所列事项，尚未制定法律、行政法规的，地方性法规可以设定行政许可；尚未制定法律、行政法规和地方性法规的，因行政管理的需要，确需立即实施行政许可的，省、自治区、直辖市人民政府规章可以

---

① 参见周旺生主编：《立法学》，法律出版社1998年版，第50页。

② 陈新民：《中国行政法学原理》，中国政法大学出版社2002年版，第34页。

设定临时性的行政许可。临时性的行政许可实施满一年需要继续实施的，应当提请本级人民代表大会及其常务委员会制定地方性法规。"但是，如果一旦上位法对行政许可事项作出规定，那么，下位法的规定就不能与之相抵触，否则无效。

2. 法律保留原则。法律保留原则有宪法意义上和行政法意义上两种不同的含义。宪法意义上的法律保留，"系指在国家法秩序的范围内，有某些事项必须由法律来规定，不可由其他国家机构，特别是行政机关代为规定。"① 可见宪法意义上的法律保留，就是指某些事项，行政机关的立法不得作出规定，应当由法律进行调整。行政法意义上的法律保留，"是指行政机关的行为，必须获得法律之授权，才取得了行为的合法性。"② 行政法意义上的法律保留就是说，行政行为必须要有法律依据。由于行政立法既是行政法的内容，也是宪法所规定立法体制的一部分，因此，宪法意义上和行政法意义上的法律保留应当同时适用于行政立法。

（1）宪法意义上法律保留对行政立法的具体要求。宪法意义上的法律保留有相对保留和绝对保留之分。

第一，相对保留。相对保留是指应当作出法律规定的事项，行政机关不得立法，除非有法律的特别授权。我国《立法法》对法律相对保留的事项作出了规定。该法第八条规定："下列事项只能制定法律：（一）国家主权的事项；（二）各级人民代表大会、人民政府、人民法院和人民检察院的产生、组织和职权；（三）民族区域自治制度、特别行政区制度、基层群众自治制度；（四）犯罪和刑罚；（五）对公民政治权利的剥夺、限制人身自由的强制措施和处罚；（六）税种的设立、税率的确定和税收征收管理等税收基本制度；（七）对非国有财产的征收、征用；（八）民事基本制度；（九）基本经济制度以及财政、海关、金融和外贸的基本制度；（十）诉讼和仲裁制度；（十一）必须由全国人民代表大会及其常务委员会制定法律的其他事项。"第九条规定："本法第八条规定的事项尚未制

---

① 陈新民：《中国行政法学原理》，中国政法大学出版社2002年版，第35页。
② 陈新民：《中国行政法学原理》，中国政法大学出版社2002年版，第35页。

定法律的，全国人民代表大会及其常务委员会有权作出决定，授权国务院可以根据实际需要，对其中的部分事项先制定行政法规，但是有关犯罪和刑罚、对公民政治权利的剥夺和限制人身自由的强制措施和处罚、司法制度等事项除外。"从这两条规定可知，第八条中的事项，除有关犯罪和刑罚、对公民政治权利的剥夺和限制人身自由的强制措施和处罚、司法制度等事项以外，都属于法律相对保留的事项，没有全国人大及其常委会的特别授权，国务院不得制定行政法规。

第二，绝对保留。绝对保留是指某些事项只能由法律作出规定，不得通过授权法授权行政机关作出规定。《立法法》规定，有关犯罪和刑罚、对公民政治权利的剥夺和限制人身自由的强制措施和处罚、司法制度等事项，只能由法律作出规定，全国人大及其常委会不得授权国务院制定行政法规，即行政立法不得染指。国务院有关收容遣送和劳动教养制度的行政法规，均因违反绝对保留的规定被先后废止。其实，早在《立法法》出台以前，《行政处罚法》就对绝对保留事项作出了规定。《行政处罚法》明确规定"限制人身自由的行政处罚，只能由法律设定"，国务院的行政法规无权设定。

（2）行政法意义上法律保留对行政立法的具体要求。行政法意义上的法律保留对行政立法的具体要求就是行政立法必须有上位法的根据，具体地说，国务院应当根据宪法和法律制定行政法规，国务院部门应当根据法律和国务院的行政法规、决定、命令制定规章，省、自治区、直辖市和设区的市、自治州的人民政府，应当根据法律、行政法规和本省、自治区、直辖市的地方性法规制定规章。在这里，还存在对"根据"的理解问题。比如，国务院制定行政法规应当有宪法和法律的根据，这里的"根据"究竟是指只要根据宪法、组织法和立法法的规定，还是指除了这些根据以外，还必须根据单行法律的规定？笔者认为，如果有单行的法律规定，国务院必须根据单行的法律制定行政法规，如果没有单行的法律，国务院只需要根据宪法、组织法和立法法的规定就可以制定行政法规。刘莘教授对此作了很好的说明："由于我国在法制发展上的特殊性——发展时间很短，且这一很短的时间并不是建国后就连贯发展的，

中间有较长时间的停顿。因此，在恢复法制建设之初，肯定会有许多立
法空白，法律来不及制定出来，不进行行政立法的话，我们许多领域就
无从进行行政管理；另外，没有相应的行政立法起实验性立法的作用，
国家法律的制定就会缺乏经验甚至难以制定。因此，在没有某一方面的
法律的情形下制定行政法规，在没有相应法规的情形下制定规章，应该
说是在所难免，具有合理性。"① 其实，除了学理上的论证以外，还可以
找到法律上的依据。《立法法》第六十五条第一款、第二款规定："国务
院根据宪法和法律，制定行政法规。行政法规可以就下列事项作出规定：
（一）为执行法律的规定需要制定行政法规的事项；（二）宪法第八十九
条规定的国务院行政管理职权的事项。"第八十二条规定："省、自治区、
直辖市和设区的市、自治州的人民政府，可以根据法律、行政法规和本
省、自治区、直辖市的地方性法规，制定规章。地方政府规章可以就下
列事项作出规定：（一）为执行法律、行政法规、地方性法规的规定需要
制定规章的事项；（二）属于本行政区域的具体行政管理事项。设区的
市、自治州的人民政府根据本条第一款、第二款制定地方政府规章，限
于城乡建设与管理、环境保护、历史文化保护等方面的事项。已经制定
的地方政府规章，涉及上述事项范围以外的，继续有效。除省、自治区
的人民政府所在地的市，经济特区所在地的市和国务院已经批准的较大
的市以外，其他设区的市、自治州的人民政府开始制定规章的时间，与
本省、自治区人民代表大会常务委员会确定的本市、自治州开始制定地
方性法规的时间同步。应当制定地方性法规但条件尚不成熟的，因行政
管理迫切需要，可以先制定地方政府规章。规章实施满两年需要继续实
施规章所规定的行政措施的，应当提请本级人民代表大会或者其常务委
员会制定地方性法规。没有法律、行政法规、地方性法规的依据，地方
政府规章不得设定减损公民、法人和其他组织权利或者增加其义务的规
范。"显然，《立法法》的上述规定表明：如果有上位法的规定，享有行
政立法权的行政机关应当根据上位法的规定制定执行性立法；如果没有

---

① 刘莘：《行政立法研究》，法律出版社 2003 年版，第 62—63 页。

上位法的规定，行政立法机关可以在宪法、组织法和立法法规定的职权范围内制定创制性立法。

（三）民主立法原则

民主立法原则是指行政立法机关进行立法活动时应当通过有效的方式听取各方面意见的原则。

民主立法原则，在不同阶段有不同的含义。在资本主义早期，实行纯粹的代议制民主，公民通过行使选举权选出代议机关，由代议机关行使立法权，公民很少直接参与立法。因此，这时期民主立法的含义就是由民主选举产生的代议机关行使立法权。之所以如此，一方面当时政府管理的社会经济事务很有限，不能干预私人生活，因此，许多立法与公民的直接利益联系不够紧密，公民直接参与立法的积极性不高。另一方面，公民之所以很少参与立法，与当时大多数政治家和学者的观念有明确的关系，其中的典型代表孟德斯鸠，就经常毫不掩饰地流露出公民不需要直接参与立法的思想。例如，他写道："古代的大多数共和国有一个重大的弊病，就是人民有权通过积极性的、在某种程度上需要予以执行的决议。这是人民完全不能胜任的事情。他们参与政府应当只是选举代表而已，这是十分适合他们的能力的。"① 20 世纪以来，特别是二战以后，民主制度有了长足的发展，不再是纯粹的代议制民主，而是公民可以多途径、多层次参与和影响各种重大决策的参与式民主，正如当代最负盛名的民主理论家罗伯特·达尔指出，民主制度朝着这样的方向演变，"其中民众所有积极合法的群体都可以在决策过程的某个阶段表达自己的意见。"② 表现在立法领域，无论代议机关立法还是行政机关立法，公民

---

① ［法］孟德斯鸠：《论法的精神》，张雁深译，商务印书馆 1961 年版，第 159 页。
② ［美］罗伯特·达尔：《民主理论的前言》，顾昕译，生活·读书·新知三联书店 1999 年版，第 189 页。同样的观点还可见其他民主理论家。如英国学者赫尔德说："我相信，最值得辩护和最有吸引力的民主模式是那种公民基本上可以将其对决策的参与扩大到一系列广泛领域（政治、经济和社会领域）的模式。"［英］赫尔德：《民主的模式》，燕继荣等译，中央编译出版社 1998 年版，第 10 页。

都通过各种途径广泛参与。不仅如此，这种民主立法原则得到了法律认可，并予以程序化和具体化，如美国、德国等国家先后制定行政程序法，其中专门对行政立法的程序作出规范，规定了公民参与行政立法的种种制度。

在我国，民主立法原则得到了宪法的确认。现行《宪法》第二条第三款规定："人民依照法律规定，通过各种途径和形式，管理国家事务，管理经济和文化事业，管理社会事务。"这里虽没有明确提到民主立法的原则，但既然公民有权参与管理国家各种事务，当然有权参与行政立法。《立法法》第五条规定："立法应当体现人民的意志，发扬社会主义民主，坚持立法公开，保障人民通过多种途径参与立法活动。"该法又明确规定起草行政法规和规章应当听取有关机关、组织和公民的意见，确定了民主立法原则。《行政法规制定程序条例》和《规章制定程序条例》的有关规定进一步加强了民主立法的原则地位。我国民主立法原则主要包括以下几个方面的内容。

1. 行政立法在宗旨上应当以切实保护和实现公民合法权益为出发点。民主立法的首要含义就是立法活动应当以保护和实现公民的利益为出发点和归宿。正因为如此，《行政法规制定程序条例》和《规章制定程序条例》都明确规定，制定行政法规和规章，应当切实保障公民、法人和其他组织的合法权益。

2. 行政立法在内容上应当科学合理地设置公民的权利和义务。行政立法能否体现公民的利益，最终表现在行政法规和规章对公民所设定的权利和义务之中。因此，《行政法规制定程序条例》和《规章制定程序条例》规定，行政法规和规章在规定公民、法人和其他组织应当履行义务的同时，应当规定其相应的权利和保障权利实现的途径。

3. 行政立法在程序上应当使公民充分参与行政立法的权利得到实现。首先，行政立法机关在制定行政法规和规章时，应当为公民、法人和其他组织提供广泛的参与渠道，与行政立法有利害关系的主体都应当有充分的机会反映意见；其次，对于有不同意见的，行政立法机关应当组织各方利益代表进行听证；最后，对于公民、法人和其他组织反映的意见，行政立法机关应当予以充分考虑，不予采纳的，应当说明理由。

二、行政立法程序

行政立法程序是指国家行政机关按照法律的规定制定、修改和废止行政法规和规章的活动程序。对于行政立法程序应当包括哪些环节，我国学术界有不同的看法。例如，行政立法程序应从何时开始，学术界就有不同的观点。有人认为，立法程序应从立法预测、立法规划开始，有人认为应从准备法律草案开始，也有人认为应从提出立法草案开始。[①]从《行政法规制定程序条例》《规章制定程序条例》以及《法规规章备案条例》的规定来看，我国行政立法程序包括：

（一）立项。立项是指行政立法机关将需要起草的行政法规或者规章确定为本年度的行政立法项目。立项包括以下几个步骤：

1. 国务院有关部门向国务院报送行政法规立项申请，国务院部门内设机构或者其他机构向所在部门报送部门规章立项申请，省、自治区、直辖市和设区的市、自治州的人民政府所属工作部门向省、自治区、直辖市和设区的市、自治州的人民政府报送立项申请。报送立项申请的时间是在每年年初编制立法工作规划之前，报送的要求是应当在立项申请里说明立法项目所要解决的主要问题、依据的方针政策和拟确立的主要制度。

2. 行政立法机关的法制机构对立项申请进行汇总研究，拟订行政立法机关的年度立法工作计划。

3. 行政立法机关审核批准。

（二）起草。起草包括以下几个步骤：

1. 组织起草。国务院的行政法规由国务院的一个或者几个部门具体负责起草工作，也可以由国务院法制机构起草或者组织起草。部门规章由一个或者几个内设机构或者其他机构具体负责起草工作，也可以由其法制机构起草或组织起草。省、自治区、直辖市和设区的市、自治州的

---

① 孙琬钟主编：《立法学教程》，中国法制出版社 1990 年版，第 140 页。

人民政府可以由一个或者几个部门具体负责起草工作，也可以由其法制机构起草或者组织起草。对于部门规章和地方政府规章，可以邀请有关专家、组织参加，也可以委托有关专家、组织起草。

2. 调查、听取意见。行政立法应当进行调查研究，弄清行政法规或者规章的指导思想和原则、适用范围、适用主体、基本制度和具体规范、特殊与例外、可资借鉴的国内外资料、法律责任等立法内容。行政立法还应当广泛听取有关机关、组织和公民的意见，这是行政立法民主原则的重要体现。听取意见的方式有召开座谈会、论证会、听证会等。如果起草的规章直接涉及公民、法人或者其他组织的切身利益，有关机关、组织或者公民有重大意见分歧的，应当向社会公布，征求社会各界的意见；也可以举行听证会。召开听证会的，应当制作笔录，在报送草案送审稿时，应当说明对听证会意见的处理情况及理由。

3. 协商。在行政立法过程中对于涉及其他主管部门的业务或与其他部门关系密切的规定，应当与有关部门进行协商，经过协商不能达成一致意见的，应当在上报草案送审稿时说明情况和理由。

4. 送审。起草完毕后，起草单位负责人应当在送审稿上签名，并将签名的送审稿及其说明、对送审稿主要问题的不同意见和其他有关材料按规定报送审查。

（三）审查。负责送审稿审查工作的是行政立法机关的法制机构。法制机构在审查送审稿时主要应做好如下工作：

1. 审查送审稿。主要审查：第一，是否符合宪法、法律和上位法的规定；第二，是否体现切实保障公民、法人和其他组织合法权益的精神；第三，是否体现科学规范行政行为、促进政府职能转变的改革精神；第四，是否与有关的行政法规或规章协调；第五，是否正确处理有关机关、组织和公民对送审稿主要问题的意见；第六，是否符合立法技术要求。

送审稿有下列情形之一的，法制机构可以缓办或退回起草单位：第一，制定行政法规或者规章的基本条件不成熟的；第二，有关部门或者机构对送审稿的主要制度存在较大争议，起草单位未与之进行协商的；

第三，送审稿没有起草单位负责人签名，或者所附材料不符合要求的。

2. 书面征求意见。法制机构应当就送审稿涉及的主要问题发送有关机关、组织和专家征求意见。

3. 实地调研。法制机构应当就送审稿涉及的主要问题，深入基层进行实地调研，听取基层有关机关、组织和公民的意见。

4. 研究论证。对于送审稿涉及的重大疑难问题，法制机构应当召开由有关单位、专家参加的座谈会、论证会。

5. 举行听证会。送审稿直接涉及公民、法人和其他组织切身利益，有关公民、法人和其他组织有重大意见分歧，且起草单位未举行听证会的，法制机构应当组织听证会。

6. 协调。有关部门或者机构对送审稿涉及的主要制度或措施、管理体制、权限分工等有不同意见的，法制机构应当进行协调，协调不成的，报行政立法机关决定。

7. 形成草案。在完成上述各方面工作后，法制机构应当形成草案和对草案的说明，由法制机构负责人签署，提出提请行政立法机关审议的建议。

（四）决定和公布。

1. 审议或审批。国务院常务会议对行政法规草案进行审议，或者国务院对行政法规草案进行审批；国务院部门的部务会议或者委员会会议对部门规章草案进行审议；地方政府的常务会议或者全体会议对地方政府规章进行审议。

2. 形成草案修改稿。法制机构根据审议意见，形成草案修改稿。

3. 签署公布。行政机关负责人（总理、部门首长、省长、自治区主席、市长）签署公布行政法规或者规章。行政法规签署公布后，应当及时在国务院公报和在全国范围内发行的报纸上刊登；部门规章签署公布后，应当及时在部门公报或者国务院公报和全国范围内发行的有关报纸上刊登；地方政府规章签署公布后，应当及时在本级人民政府公报和本行政区域内发行的报纸上刊登。在公报上刊登的行政法规和规章文本为标准文本。

（五）备案。《立法法》对行政法规的备案程序作了规定，《法规规章备案条例》则对部门规章和地方政府规章的备案作了规定。根据这两个法律、法规的规定，备案工作主要包括以下内容：

1. 报送备案。报送时间：行政法规和规章应当在公布之日起30日内报送备案。备案机关：行政法规报全国人大常委会备案；部门规章和省、自治区、直辖市人民政府规章报国务院备案；设区的市、自治州的人民政府规章报国务院备案，同时报省、自治区备案。报送内容：报送行政法规和规章备案时，应当提交备案报告、行政法规和规章文本以及说明，并按照规定的格式装订成册，一式十份。

2. 备案登记。报送备案的行政法规和规章制定主体和程序合法，且报送的内容符合备案要求的，备案机关的法制机构予以备案登记；行政法规和规章制定主体和程序不合法，不予备案登记；制定主体和程序合法，但报送的材料不符合备案要求的，暂缓备案登记。

3. 审查建议。国家机关、社会团体、企业事业组织、公民认为行政法规和规章与上位法相抵触的，可以向备案机关提出审查建议。

4. 审查行政法规和规章。备案机关对行政法规和规章审查的内容主要是：第一，是否超越权限；第二，下位法是否违反上位法的规定；第三，规章的内容是否适当；第四，是否违反法定程序。

5. 审查后的处理。全国人大专门委员会认为行政法规同宪法和法律相抵触的，可以向国务院提出书面审查意见；也可以由法律委员会与有关的专门委员会召开联合审查会议，要求国务院到会说明情况，再向国务院提出书面审查意见。国务院应当在两个月内研究提出是否修改的意见，并向全国人大法律委员会和有关的专门委员会反馈。全国人大法律委员会和有关的专门委员会审查认为行政法规同宪法或者法律相抵触而国务院不予修改的，可以向委员长会议提出书面审查意见和予以撤销的议案，由委员长会议决定是否提请常务委员会审议决定。

规章超越权限，违反法律、行政法规的规定，或者其规定不适当的，由国务院法制机构建议制定机关自行纠正；或者由国务院法制机构提出处理意见报国务院决定，并通知制定机关。

三、行政立法技术

行政立法技术就是行政立法机关制定行政法规和规章时应当遵循的方法和操作技巧的总称。我国不少学者在论述行政立法时，对行政立法技术没有涉及。[①] 这与我国总体上不够重视立法技术有关，"无论是立法主体、立法决策者、立法工作的具体实行者，所重视、所看重的，主要是一个时期应当立哪些法，这些法应当解决哪些问题。至于如何运用立法技术手段，使所要立的法成为技术先进的、科学的、完善的法，则考虑甚少，甚至不去考虑。"[②] 事实上，立法技术有着举足轻重的作用，"立法技术对立法、法制乃至整个社会发展，有弥足珍贵的价值。它的功能和作用集中表现在：可以使立法成为科学的立法，使立法臻于较高水平，使立法正确调整社会关系和准确、有效、科学地反映立法者、执政者的意愿，可以从一个重要侧面保障整个法制系统有效地运行，从而充分满足国家、社会和公民生活对立法提出的种种需要。"[③] 因此，研究行政立法不能不研究行政立法技术。

国外学术界一般对立法技术有广义和狭义两种理解，"广义立法技术指与立法活动有关的一切规则，包括：规定立法机关组织形式的规则，规定立法程序的规则，关于法的结构和形式、法的修改和废止的方法、法的文体、法的系统化方法等方面的规则；狭义立法技术专指营造法的结构的规则。"[④] 广义的立法技术所包括的范围显然太宽，其中规定立法机关组织形式的规则和规定立法程序的规则，属于立法制度的范畴。因此，本章对立法技术取狭义的理解。从这种意义上讲，行政立法技术主

---

① 参见罗豪才主编、湛中乐副主编：《行政法学》，北京大学出版社2001年5月重排本；姜明安主编：《行政法与行政诉讼法》，北京大学出版社、高等教育出版社2011年版。

② 周旺生：《立法学教程》，北京大学出版社2006年版，第410页。

③ 周旺生：《立法学教程》，北京大学出版社2006年版，第404页。

④ 周旺生：《立法学教程》，北京大学出版社2006年版，第404页。

要包括以下内容①:

(一) 行政法规和规章的结构

行政法规和规章的结构总体上可以表现为:卷、编、章、节、条、款、项、目。但行政法规和规章很少出现卷和编这种结构的,大多数行政法规和规章只有章、条、款、项、目,如国务院制定的《企业法人登记管理条例》《土地管理法实施条例》,原国家土地管理局制定的《土地违法案件查处办法》、原外经贸部制定的《外资企业法实施细则》。有些规章由于内容比较简单,条文比较少,在结构上不分章,只有条、款、项、目,如国家工商行政管理局制定的《企业法人登记公告管理办法》就是如此。无论采取什么样的结构,“条”总是行政法规和规章的基本构成元素。

(二) 行政法规和规章的名称

行政法规的名称不能称“法”,一般称“条例”,也可以称“规定”“办法”等,国务院根据全国人大及其常委会的授权制定的行政法规,称“暂行条例”或“暂行规定”。规章的名称不得称“条例”,一般称“规定”“办法”。条例一般是对某一方面的行政工作做比较全面、系统的规定,如《广告管理条例》。规定一般是对某一方面的行政工作做部分的规定,如《中外合资经营企业合营期限暂行规定》。办法一般是对某一项行政工作做比较具体的规定,如《商品交易市场登记管理办法》。

(三) 行政法规和规章的内容

1. 总则。总则是行政法规和规章中对全法起统领性作用的组成部分,一般包括:

(1) 立法目的;(2) 立法根据;(3) 法的原则;(4) 法的效力;(5) 法的适用。当然,有些行政法规和规章不一定会明确写“总则”二字,但其内容一般也包括这些方面。

2. 分则。分则是与总则相对应的,使总则内容具体化的法条的总称。

---

① 本部分的写作主要参考了周旺生主编《立法学》一书的相关内容。参见周旺生主编:《立法学》,法律出版社 1998 年版,第 533—604 页。

分则应当对有关主体、客体、行为、事件以及法律责任等作出具体规定。即使行政法规和规章不明确写明"分则"，在内容上也应当有上述规定。

3. 附则。附则是对总则和分则起辅助性作用的内容。附则一般包括：（1）关于名词和术语的解释；（2）关于解释权的授权规定；（3）关于宣告有关行政法规和规章失效或者废止的规定；（4）关于施行日期的规定。

（四）行政法规和规章的语言文字

《规章制定程序条例》第七条第一款规定："规章用语应当准确、简洁，条文内容应当明确、具体，具有可操作性。"这一规定虽然是对规章语言文字的要求，但同样适用于行政法规的语言文字。

第五节　行政立法监督

一、行政立法监督的含义及必要性

行政立法监督就是指有关国家机关对行政立法进行监督的制度。监督主体是有关国家机关，监督对象是行政立法，包括行政立法过程和行政立法过程的结果即行政法规和规章。在这里将监督主体表述为有关国家机关，并不是要无视或者否定公民和社会对行政立法的监督。事实上，我国《立法法》和《法规规章备案条例》规定，公民和社会组织认为行政法规或者规章与上位法相抵触的，可以向有关国家机关书面提出审查建议，启动有关国家机关对行政法规和规章的监督。但是，公民和社会只能启动有关国家机关对行政立法的监督，不能撤销或改变行政立法，只有有关国家机关才有权最终撤销或改变行政立法。因此，公民和社会的监督可以视为有关国家机关启动监督机制的一个环节。也就是说，公民和社会监督可以被有关国家机关的监督所吸收。我国学者在论述行政立法监督时，一般只阐述行政立法监督的表现形式，对其必要性或者作用往往一笔带过。如罗豪才主编、湛中乐副主编的《行政法学》对行政立法监督的必要性只有一句话："行政立法由于具有普遍约束力和强制执行力，所以一旦它们违法或不适当，将造成对公民或组织权益的广泛和严重的损害。所以，应特别强调对行政立法的监督和审查。"① 这种情况还可见于其他行政法学著述。我国第一部专门研究行政立法的专著——刘莘教授所著《行政立法研究》，对行政立法监督的必要性也只是简单地点到为止，没有展开论述。② 在笔者看来，之所以产生这一现象，原因主要有二：第一，学者可能认为，任何监督都有其必要性，行政立法监督也是如此，这是不言自明的，没有必要详细探讨。第二，我国虽然针对行政立法设计了一些监督制度，但在现实中真正发挥的监督作用很微小，因而没有足够的素材来研究行政立法监督的必要性或作用。笔者认为，一方面行政立法监督的作用并不见得就会不言自明，因此，有研究的必要；另一方面，正是因为我国目前行政立法监督发挥的作用很有限，我们更应该研究行政立法监督的必要性，通过研究，可以更好地比较行政立法监督的实然作用与应然作用之间存在的差距，从而为完善我国行政立法监督机制提供认识基础。行政立法监督的必要性主要有以下几个方面：

（一）国家权力平衡的需要

孟德斯鸠通过考察历代国家政治体制的利弊后指出，一切有权力的人都容易滥用权力，这是万古不易的一条经验。要防止滥用权力，权力就必须分离，相互制约达到平衡。自 19 世纪末，特别是 20 世纪以来，由于社会经济发展的需要，行政机关逐渐分享了立法权。行政机关行使立法权，显然打破了立法权、行政权和司法权这三种权力之间的平衡。但是，由于现实的需要，又不能不让行政机关立法，"20 世纪，授权立法研究形成宪政理论研究的持续热点，宪政理论对授权立法现象进行广泛的研究，其目的不在于论证授权立法的合法性，而是如何更好地加强对授权立法的监督，防止授权立法的滥用。"③ 既然行政立法已不可避免，那

① 罗豪才主编、湛中乐副主编：《行政法学》，北京大学出版社 2001 年 5 月重排本，第 110 页。
② 参见刘莘：《行政立法研究》，法律出版社 2003 年版，第 194 页。
③ 邓世豹：《授权立法的法理思考》，中国人民公安大学出版社 2002 年版，第 167 页。

么，只有代议机关或者法院对行政立法加强监督制约，建立一种新的权力平衡机制，才能防止行政机关滥用立法权。我国的宪政体制虽然不是西方国家意义上的三权分立体制，如只能由权力机关制约行政机关和司法机关，而不能由行政机关和司法机关制约立法机关。但是，我国依然有比较明确的立法、行政、司法这三种职能的分工。如果行政机关的行政立法得不到制约，就会使行政机关凌驾于权力机关之上，改变我国宪法所确立的政治体制。因此，只有加强对行政立法的监督制约，才能确保宪法所确立的三种权力职能之间的平衡。

（二）保障公民基本权利的需要

宪法赋予公民许多基本的权利，如人身权、财产权等，这些基本权利的实现有赖于法律、法规和规章的具体化，包括在行政立法中得到体现。但行政立法在规范公民的权利时，可能会为了管理的方便，只追求行政效率，而忽视公民的权利，甚至为了部门和地方利益作出侵犯公民权利的规定。如果没有有效的监督，公民的基本权利就只能停留在宪法的条文里，而不能在实实在在的生活中得到切实的保障。

（三）保障民主的需要

如果权力机关制定了恶法，公民会将矛头直接针对权力机关，可以通过行使选举权这一民主权利罢免其选出的代表，使以后不再出现类似立法，或者通过选举新的代表，修改恶法。可见，对于权力机关的立法，公民的民主权利可以得到保障，民主制度也因此可以得到实现。而行政立法可能损害公民的民主权利。虽然表面上看，公民通过参与行政立法扩大了民主权利，因为公民不仅可以选举代表，而且可以直接参与行政立法活动。但是，如果在立法过程中不给公民提供充分的参与机会，或者虽然给公民提供了参与机会，但却不考虑公民的意见，使公民的参与流于形式，这样，公民参与行政立法这种民主权利就只是空中楼阁。而且，行政机关的官员大多数不是通过选举产生的，即使行政机关立了恶法，公民也不能通过行使罢免权使恶法得到纠正和修改。也就是说，公民通过行使选举权控制立法的做法在行政立法这里也可能落空。到最后，行政立法不仅没有扩大民主，反而因难以直接控制行政机关而削弱了民主。因此，要保障公民的民主权利不被削弱，并在行政立法中得到扩大和加强，就必须对行政立法有一种强而有力的监督措施。

（四）维护法制统一的需要

法制统一是一个国家进入法治状态的重要标志。法制统一的主要内涵就是国家的立法层级分明，下位法与上位法不相抵触，同位法之间能够协调一致。行政立法大量兴起以后，对法制统一带来了挑战。如国务院制定的行政法规就有与宪法和法律相抵触情形。《立法法》明确规定限制人身自由的强制措施和处罚属于法律绝对保留的事项，国务院不得制定行政法规。1957 年国务院发布了《国务院关于劳动教养问题的决定》，因为该《决定》是全国人大常委会批准的，可以视为法律，因此设定劳动教养这种限制人身自由的强制措施无可厚非。该《决定》规定劳动教养的对象只有 4 种，但国务院 1980 年制定的《关于将强制劳动和收容审查两项措施统一于劳动教养的通知》，增加了劳动教养适用的对象，1982 年转发的《劳动教养试行办法》将劳动教养对象扩大到 6 种。显然，国务院扩大劳动教养对象的行政法规，违反了《立法法》的规定。在《立法法》通过后的很长时间内，这些行政法规曾长期有效，直到 2013 年才被废止。实践中，国务院部门和地方政府因为出于部门利益或者地方保护主义的考虑，制定的规章与上位法发生抵触的情况就更多了，破坏了法制统一。因此，如果对行政立法没有强势的监督，法制统一就只能是一个梦想。

二、国外行政立法监督

（一）英国[①]

1. 议会的监督。议会对委任立法的主要监督方式是：（1）对授权条

---

① 关于英国的行政立法监督制度，主要参考王名扬：《英国行政法》，中国政法大学出版社 1987 年版，第 117—120 页；[英] A.W.布拉德利、K.D.尤因：《宪法与行政法》（下），刘刚、江菁等译，商务印书馆 2008 年版，第 581—598 页。

款的监督。早在 1931 年，大臣权力委员会就建议：所有包含立法授权条款的法案都应提交给两院中的常务委员会接受审查，但直到 1992 年，上议院才任命了一个委员会专门审议法案中的立法授权条款。2001 年，该委员会更名为委任权力与管制改革委员会，主要职责是防止议会过度授权，并确保在母法中包含适当的防范条款。（2）对委任立法的特别监督程序。授权条款中一般都规定了委任立法的特别监督程序，较常用的主要有 7 种，其中最严格的程序要求政府先将草案提交议会，取得议会同意后才可以正式着手制定；相对宽松的程序只要求将委任立法提交给议会，并没有进一步的控制手段。在有些情形中，议会可能创设一个"超级肯定"程序，以处理特殊的委任立法，而且，有些法定条规根本无须提交议会。（3）法定条规联合委员会的审查。1944 年，下议院成立一个专门审查委员会审查行政机关制定的委任立法。1973 年，英国上下两院设立一个法定条规联合委员会，专门审查提交议会的各项行政管理法规和行政管理法规草案。法定条规联合委员会审查的范围很广，但是无权作出决定，只能就审查后发现的问题向两院提出报告，由议会采取行动。每年有超过 1500 部法定条规要接受委员会的调查，但是，相对而言，只有少数条规须向两院作报告。在作这样的报告之前，相关的政府部门须向委员会就其立场提交一个解释。一个不利的报告并不必然对该条规产生影响，特别是，如果委员会对某项条规的权限产生质疑，那是一个只能由法院判定的问题。

2. 法院的监督。英国法院对委任立法的监督确立了越权原则，对于越权的委任立法，法院可以宣告其无效。（1）实质的越权。实质的越权是指行政管理法规的内容超过授权法的范围，包括违反或者超出授权法的目的，如法律授权行政机关为了经济平衡目的可以制定管理物价条例，而行政机关所制定的管理物价条例却是为了增加财政收入。实质的越权还包括超出授权法规定的权限，如行政机关在其所制定的行政管理法规中超越授权法的规定增加公民的负担或者限制公民自由。（2）程序上的越权。程序上的越权是指行政机关在制定行政管理法规时，没有遵循法律所规定的必要程序，如法律规定行政机关在制定某类行政管理法规时，必须咨询某个团体的意见，而行政机关没有经过咨询程序就制定了法规。根据 1998 年《人权法案》第 3 条第（1）项，在条件许可的情况下，法院应以与《欧盟人权公约》中的权利相一致的方式解释立法，这极大地拓宽了法院对委任立法的审查范围。一般情形下，除非母法通过明文规定地或者暗示授权政府制定那些侵害公约权利的委任立法，法院可以判定委任立法越权。

（二）美国

1. 议会的监督。议会监督行政立法的重要方式是行使立法否决权。立法否决就是议会撤销行政机关制定的法规和规章。立法否决源于英国，因而与英国议会监督行政立法的制度类似。从 1932 年至 1983 年，美国国会共行使过 230 次立法否决。但是，1983 年，联邦最高法院判决阻止国会行使立法否决，因此，议会对行政立法不能再进行立法否决。①

2. 总统的监督。总统对行政立法的监督主要是对法规的审查。行政机关制定的行政法规在颁布以前，必须经过总统的审查，以保证符合总统的政策，以及不和其他行政机关的法规相冲突。但是，总统对行政法规的审查，只适用于隶属于总统的行政机关，不包括独立的行政机关。②

3. 司法审查。司法审查是美国监督行政立法的最为重要的制度，包括实体审查和程序审查。（1）实体审查。一是通过司法解释缩小立法权力委任，即授权法对委任立法没有规定明确的标准时，法院通过解释授权法的正当范围，对行政立法进行控制；二是法院要求行政机关制定标准，限制立法权力的行使，即授权法没有对委任立法规定标准时，法院要求行政机关制定标准，控制行政立法的滥用。（2）程序审查。程序审查就是法院审查行政立法是否符合法定的程序要求。美国于 1946 年制定了《联邦行政程序法》，对行政立法的程序作出了规定。行政立法不能违反该法的程序规定。③

---

① 参见王名扬：《美国行政法》，中国法制出版社 1995 年版，第 908—910 页。

② 参见王名扬：《美国行政法》，中国法制出版社 1995 年版，第 862 页。

③ 参见王名扬：《美国行政法》，中国法制出版社 1995 年版，第 305—309 页。

（三）法国

1. 行政系统内部监督。行政机关自己可以按照有关撤销和废除的准则，审查确认一个有瑕疵的行政法规为无效。它可以自发进行审查，也可以应行政相对人的行政复议申请而审查。①

2. 法院监督。法国对行政立法的监督主体主要是行政法院。行政法院在诉讼程序中可以审查条例的效力，撤销违法的条例。这里所指的违法包括四个方面：无权限、形式上的缺陷、权力滥用、违反法律。法官可以在越权之诉和完全管辖之诉中否定行政法规的效力，差别在于：在越权之诉中被撤销的行政法规对所有人绝对失效，在完全管辖之诉中被撤销的行政法规只在该案中相对失效。② 此外，对于行政机关必须制定条例的情况，公民的请求被行政机关拒绝时，公民可以提起行政诉讼，行政法院可以责令行政机关制定条例。③

（四）德国

在德国，对行政立法的监督主要表现为司法监督，包括宪法法院和行政法院的监督。

1. 宪法法院的审查

宪法法院审查行政立法主要有三种情况：（1）根据行政机关、联邦机关或者州机关的申请，对法规进行审查；（2）根据法院的申请，对该法院进行审判中作为判案依据的法规进行审查；（3）公民认为其宪法权利受到侵害，向宪法法院提起宪法诉愿，对于其中涉及的法规违宪问题，宪法法院可以进行审查。④

---

① 参见［法］让·里韦罗、让·瓦利纳：《法国行政法》，鲁仁译，商务印书馆2008年版，第541页。

② 参见［法］让·里韦罗、让·瓦利纳：《法国行政法》，鲁仁译，商务印书馆2008年版，第786页。

③ 参见王名扬：《法国行政法》，中国政法大学出版社1988年版，第145—151页。

④ 参见［德］黑塞：《联邦德国宪法纲要》，李辉译，商务印书馆2007年版，第512—522页；［德］克劳斯·施莱希、［德］斯特凡·科里奥特：《德国联邦宪法法院：地位、程序与裁判》，刘飞译，法律出版社2007年版，第123—189页。

2. 行政法院的审查

（1）审查形式。行政法院对行政立法的审查包括直接审查和间接审查两种形式。直接审查是指《德国行政法院法》第47条规定的规范审查程序①，即自然人、法人和公共当局直接针对行政立法提起诉讼，行政法院对行政立法所进行的审查；间接审查是指公民提起以行政立法为基础的具体行政行为诉讼时，附带对该行政立法的效力提出质疑，行政法院可以对该行政立法进行审查。

（2）审查内容。行政法院主要对行政立法的如下内容进行审查：第一，是否具有充分的、符合《基本法》第80条第1款规定的授权依据；第二，形式上是否符合规定；第三，内容上是否符合授权根据；第四，是否与其他上位阶的法律一致；第五，如果存在裁量，该裁量是否存在瑕疵。②

（3）审查效力。对于规范审查申请，法院通常在裁判中对规范是否自始无效作出确认。如果规范被确认为自始无效，颁布该规范的行政机关在法律和事实状态相同的情况下，不得再颁布一个内容相同的规范。但规范的自始无效对于基于该规范作出的、已经生效的法院裁判不产生影响。③

另外，在德国还有一种规范颁布之诉，即请求行政机关制定行政立法的诉讼。这种诉讼类似法国的必须制定条例的诉讼。《德国行政法院法》并未规定规范颁布之诉，但"联邦行政法院和部分其他的行政法院判例，已经相应地在不放弃大原则的前提下，倾向于肯定规范颁布之诉的适法性。"④

---

① 参见刘飞：《德国公法权利救济制度》，北京大学出版社2009年版，第80页。

② 参见［德］哈特穆特·毛雷尔：《行政法学总论》，高家伟译，法律出版社2000年版，第340页。

③ 参见刘飞：《德国公法权利救济制度》，北京大学出版社2009年版，第91页。

④ ［德］弗里德赫尔穆·胡芬：《行政诉讼法》（第5版），莫光华译，法律出版社2003年版，第363页。

（五）小结

通过上述介绍，可以看出国外行政立法监督具有以下特点。

1. 在各种监督形式中，法院监督最为重要。无论是英美法系国家，还是大陆法系国家，虽然也存在议会监督和行政机关对行政立法的监督，但其发挥的作用远远不如法院的监督。

2. 两大法系法院对行政立法的审查，均可以进行形式审查和实质审查。

3. 英美法系国家对行政立法的审查统一由普通法院行使；大陆法系国家对行政立法的审查，既有宪法法院的审查，也有行政法院的审查。

4. 英美法系国家普通法院对行政立法的审查只有间接审查这种方式，即公民只能附带提起对行政立法的审查；大陆法系国家行政法院的审查则既有间接审查，也有直接审查。

5. 在大陆法系国家，公民除了对已经制定的行政立法可以提起行政诉讼以外，还可以对应当制定行政立法而未制定的情形提起行政诉讼。

三、我国行政立法监督的现状及完善

（一）我国现行的行政立法监督体制

1. 权力机关的监督

（1）备案审查。除了部门规章不需要向权力机关备案以外，其他行政立法都需要向权力机关备案。具体地说，行政法规应当向全国人大常委会备案，地方政府规章应当报本级人大常委会备案，设区的市、自治州的政府规章还应当报省、自治区人大常委会备案。从《立法法》的规定来看，权力机关在备案时，有权对行政立法进行形式审查和实质审查。审查的具体内容主要规定在《立法法》第九十六条之中："法律、行政法规、地方性法规、自治条例和单行条例、规章有下列情形之一的，由有关机关依照本法第九十七条规定的权限予以改变或者撤销：（一）超越权限的；（二）下位法违反上位法规定的；（三）规章之间对同一事项的规定不一致，经裁决应当改变或者撤销一方的规定的；（四）规章的规定被

认为不适当，应当予以改变或者撤销的；（五）违背法定程序的。"权力机关经过审查后，认为行政法规同宪法和法律相抵触或者规章不适当，有权予以撤销，但不能改变。

（2）适用裁决。适用裁决是指行政立法在适用中与其他法律规范出现不一致的情形时，权力机关依法对该适用问题作出裁决的制度。《立法法》第九十五条第一款第二项规定："地方性法规与部门规章之间对同一事项的规定不一致，不能确定如何适用时，由国务院提出意见，国务院认为应当适用地方性法规的，应当决定在该地方适用地方性法规的规定；认为应当适用部门规章的，应当提请全国人民代表大会常务委员会裁决。"第二款规定："根据授权制定的法规与法律规定不一致，不能确定如何适用时，由全国人民代表大会常务委员会裁决。"全国人大常委会进行适用裁决，直接决定着行政法规和部门规章对某一事项的规定能否在实践中适用，也就是说决定着该规定是否具有效力。因此，全国人大常委会作出适用裁决的过程，就是对行政立法实施监督的过程。

（3）异议审查。异议审查是指有关国家机关、社会团体、企业事业组织以及公民认为行政法规和规章同上位法相抵触，向权力机关提出审查的建议，权力机关对行政法规和规章进行审查的制度。异议审查可以发生在备案过程中，也可以发生在备案之外。权力机关对异议的审查内容与备案审查相同。

2. 行政机关的监督

（1）备案审查。所有的部门规章和地方政府规章都必须报国务院备案，其中，设区的市、自治州的政府规章还应当报省、自治区政府备案。《法规规章备案条例》第十条规定："国务院法制机构对报送国务院备案的法规、规章，就下列事项进行审查：

（一）是否超越权限；（二）下位法是否违反上位法的规定；（三）地方性法规与部门规章之间或者不同规章之间对同一事项的规定不一致，是否应当改变或者撤销一方的或者双方的规定；（四）规章的规定是否适当；（五）是否违背法定程序。"

从审查内容上看，国务院对规章的审查与权力机关对行政法规和规章的审查内容基本相同。不同的是，权力机关只能撤销行政法规和规章，而国务院对于不适当的规章，不仅可以撤销，而且还有权改变。

（2）适用裁决。根据《立法法》的规定，在适用过程中，地方性法规和部门规章之间对同一事项的规定不一致，或者部门规章之间、部门规章与地方政府规章之间对同一事项的规定不一致，由国务院进行裁决。

（3）异议审查。国家机关、社会团体、企业事业组织、公民认为规章同法律、行政法规相抵触的，可以向国务院书面提出审查建议，国务院在审查规章后有权作出处理。

（4）行政复议中的审查。《行政复议法》第二十七条规定："行政复议机关在对被申请人作出的具体行政行为进行审查时，认为其依据不合法，本机关有权处理的，应当在三十日内依法处理；无权处理的，应当在七日内按照法定程序转送有权处理的国家机关依法处理。处理期间，中止对具体行政行为的审查。"因为具体行政行为的依据包括行政法规和规章，因此，根据这一规定，复议机关如果有权处理行政立法的，可以在复议过程中予以处理，无权处理的，可以转送有权机关处理。

3. 法院的监督

根据我国《宪法》的规定，对行政法规和规章的撤销或者改变权属于权力机关和上级行政机关，法院无权撤销或改变行政法规和规章。正因为如此，《行政诉讼法》第十三条明确将行政法规和规章排除在法院的受案范围之外。基于上述规定，不少人认为法院对行政法规和规章不能进行合法性审查。

然而，如果说法院对行政法规和规章没有任何审查权，则难以对《行政诉讼法》第六十三条作出合理解释。该条规定："人民法院审理行政案件，以法律和行政法规、地方性法规为依据。地方性法规适用于本行政区域内发生的行政案件。人民法院审理民族自治地方的行政案件，并以该民族自治地方的自治条例和单行条例为依据。人民法院审理行政案件，参照规章。"原全国人大常委会副委员长王汉斌在《关于〈中华人民共和国行政诉讼法（草案）〉的说明》中对"参照规章"作出这样的解释："对符合法律、行政法规规定的规章，法院要参照审理，对不符合或者不完全符合法律、行政法规原则精神的规章，法院有灵活处理的余地。"既然"参照规章"意味着法院要判断规章是否符合法律、行政法规的规定，这就必须以法院对规章有权进行审查作为前提和基础。如果法院对规章不能进行审查，那么法院又怎能判断规章是否符合法律、行政法规的规定？因此，"参照规章"实际上就是法院对规章有一定的审查权，或者说法院对规章行使有限审查权。蔡小雪法官认为，虽然宪法和法律没有赋予法院可以改变或者撤销规章的权力，"但如果依此否认人民法院在审理行政案件中对规章的审查权，那么，《行政诉讼法》就没有必要规定参照规章，而可以直接规定依据规章。"① 所以，"参照是指行政规章从总体上对法院不具有绝对的约束力"。②《行政诉讼法》于 2014 年修改后，依然坚持这一立场。这样规定的原因主要有二：第一，从立法意图上看，主要源于规章的复杂情况和立法体制上存在的问题；第二，从规章的性质而言，制定规章的行为属于广义的行政行为，对法院不应有绝对的拘束力。③ 对于没有法律和法规依据的规章，最高法院曾明文批复不予适用。最高法院法行复字［1993］第 5 号《关于人民法院审理行政案件对缺乏法律和法规依据的规章的规定应如何参照问题的答复》明确写道："国务院发布的《中华人民共和国公路管理条例》没有规定公路行政管理部门对拖缴、逃缴公路规费的单位和个人可以采取扣留驾驶证、行车证、车辆等强制措施。而辽宁省人民政府发布的《关于加强公路养路费征收稽查工作的通告》第六条'可以采取扣留驾驶证、行车证、车辆等强制措施'的规定，缺乏法律和法规依据，人民法院在审理具体案件时应适用国务院发布的《中华人民共和国公路管理条例》的有关规定。"最高法院的这一批复实际上是对"参照规章"的司法解释。

---

① 蔡小雪：《行政审判中的合法性审查》，人民法院出版社 1999 年版，第 64 页。
② 参见江必新、梁凤云：《行政诉讼法理论与实务》（下），北京大学出版社 2009 年版，第 1033 页。
③ 参见江必新、梁凤云：《行政诉讼法理论与实务》（下），北京大学出版社 2009 年版，第 1033—1034 页。

如果法院一遇到规章与上位法不一致的情形，就向最高法院请示，最高法院不可能有足够的时间对所有同类请示都作出批复。因此，需要审理具体案件的法院自己审查判断和取舍是否适用某一规章的规定。实际上，在行政审判实践中，不少法院遇到规章的规定与法律、法规相抵触的情形，并未向最高法院请示，而是自行决定对该规章不予适用。例如，某直辖市政府制定一个交通管理规章，对违反交通秩序的行为加大行政处罚力度。律师李某因酒后驾车，被交管部门罚款200元、计6分、吊销驾照3个月。李某不服向法院提起诉讼。李某称，该市交通规章的处罚幅度超越了国务院《道路交通管理条例》的规定，依照《行政诉讼法》，该规章不应予以适用。被告答辩称，国务院行政法规规定的处罚幅度实在太低，不足以遏制交通违规，市政府的规章合情合理。法院认为，对律师李某的处罚依据抵触行政法规，因此判决撤销该行政处罚。[1] 笔者所在的城市，发生过类似的行政案件，也是交管部门对违章驾驶者依据该市的规章进行罚款，罚款幅度超出国务院《道路交通管理条例》的规定，但法院的判决结果不是撤销罚款决定，而是变更处罚决定。可见，"参照规章"的含义在审判实践中已经逐渐明确，即：法院对具体行政行为依据的规章进行审查，判断该规章的有关规定是否与法律、法规的明确规定或者其精神相抵触，如果不抵触，就予以适用，反之，则不予适用。

对于规章，法院可以凭借"参照规章"的规定对其进行审查，那么，对于行政法规，法院在审理案件的过程中能否予以审查呢？有人认为不能审查，因为法院审查规章有《行政诉讼法》规定的"参照规章"作为依据，而《行政诉讼法》对于行政法规的表述则不是"参照"，而是"依据"，也就是说，法院只能将行政法规作为依据，而不能参照。笔者不同意这一观点，如果仅仅因为《行政诉讼法》规定法院审理行政案件要"依据"行政法规，就意味着法院不能对其进行审查，那么，《行政诉讼法》对地方性法规同样规定的是"依据"，为什么审判实践中法院又可

---

① 参见《醉酒司机原是律师受罚连带律师行为》，转引自何海波：《形式法治批判》，载于罗豪才主编：《行政法论丛》第6卷，法律出版社2003年版，第29页。

以对其是否符合法律、法规的规定进行审查呢？有这样一个案例：《中华人民共和国渔业法》规定非法捕捞情节严重的，可以没收渔具，而《福建省实施〈中华人民共和国渔业法〉办法》规定对于上述违法行为，可以没收渔船。福建渔业管理部门依据后者的规定作出没收非法捕捞者渔船的决定。经请示最高法院后，福建法院撤销了该没收渔船的处罚决定。最高法院对该请示作出的复函是法函〔1993〕16号《关于人民法院审理行政案件对地方性法规的规定和行政法规不一致的应当执行法律和行政法规的规定的复函》，主要内容为："《中华人民共和国渔业法》第三十条规定：'未按本法规定取得捕捞许可证擅自进行捕捞的，没收渔获物和违法所得，可以并处罚款；情节严重的，并可以没收渔具。'这一条未规定可以没收渔船。《福建省实施〈中华人民共和国渔业法〉办法》第三十四条规定，未取得捕捞许可证擅自进行捕捞或者伪造捕捞许可证进行捕捞，情节严重的，可以没收渔船。这是与渔业法的规定不一致的，人民法院审理行政案件，对地方性法规的规定与法律和行政法规的规定不一致的，应当执行法律和行政法规的规定。"

可见，法院并未因为《行政诉讼法》规定要"依据"地方性法规，就不能对其进行审查判断。法院之所以能够对地方性法规进行审查判断，是由我国立法层级差别和法院的工作性质决定的。我国不同立法主体制定的法律规范，存在效力层级的区别，法院在审理案件中，应当正确适用法律。也就是说，其适用的法律规范不能与上位法相抵触，而是否与上位法相抵触，需要有权机关进行审查判断。我国有几千个法院，每年要受理大量的案件，其中肯定有不少案件会遇到下位法是否与上位法相抵触的情形，如果都提交给全国人大常委会审查判断，后者只能是心有余而力不足。因此，最好的办法就是让法院进行审查判断。既然对地方性法规是如此，对行政法规又何尝不能如此呢？

（二）我国行政立法监督体制的不足及完善

我国虽然设计了不少行政立法监督制度，但与现实的需要相比，存在很多不足：

1. 权力机关的监督徒有虚名。虽然根据我国《宪法》《立法法》及其他法律的规定，权力机关对行政立法有不少监督途径，但是，权力机关实际上并没有发挥多大的监督作用，"宪法颁布以后近二十年，全国人大常委会无一审查撤销行政法规的先例。"[1] 且不说全国人大常委会没有撤销行政法规的先例，就连对行政法规不予备案的事例也是闻所未闻，"时至今日，我国的全国人大常委会还没有行使过一次不予备案的权力。"[2] 但是，这并不能说行政法规的质量高得无可挑剔。之所以出现这一局面，主要原因是，全国人大常委会虽然在名义上是我国常设的权力机关，对国务院享有宪法规定的监督权，宪法地位高于国务院，但在我国的实际政治生活中，国务院的地位却高于全国人大常委会，因此，全国人大常委会即使想撤销行政法规，恐怕也是顾虑重重，掂量再三之后只好作罢。

2. 行政机关的监督流于形式。我国行政机关对行政立法的监督途径比权力机关的还多，但也没能真正发挥应有的监督作用。原因主要有二：第一，脱离具体案件的备案审查，其监督作用有限。虽然上级行政机关可以通过备案的程序审查监督下级行政机关制定的规章，但是，规章的规定是否存在问题，大多数情况下，要等到具体的个案发生以后才会清楚明了，而备案审查面对的是抽象的条文，这些条文是否存在问题，上级行政机关在备案时难以判断。第二，上级行政机关难以做到公正无私。虽然上级行政机关也可以在异议审查和行政复议中对具体个案情境下规章的有关规定是否存在问题进行审查，但是，上级行政机关在这种情况下难以做到公正。一般来说，无论是个人还是机关，在双方发生纠纷时，往往会偏向与其关系密切的一方。无论是有关组织和个人对规章的有关规定提出异议，还是在复议程序中申请复议机关审查规章有关规定的合法性，异议人和申请人都是站在下级行政机关的对立面。上级行政机关作为裁判者，难免不对下级行政机关进行维护，这就必然会影响上级行政机关对规章的监督效果。

---

[1]　刘莘：《行政立法研究》，法律出版社2003年版，第248页。
[2]　陈伯礼：《授权立法研究》，法律出版社2000年版，第332页。

3. 法院的监督力度不够。虽然不少法院在审判实践中通过对作为具体行政行为依据的行政法规和规章进行审查，对行政法规和规章起到了一定的监督作用，但是，由于法院不享有对行政法规和规章的撤销权，使法院的监督作用打了很大的折扣。第一，由于法律没有赋予法院撤销行政法规和规章的权力，一些法院或者由于理解上存在偏差，或者基于种种考虑而不对行政法规和规章进行审查。第二，由于法律没有赋予法院撤销权，行政机关会因此认为法院不能对行政法规和规章进行审查，因此，法院如果进行审查，可能会遇到行政机关的强大阻力。兹举一法院不适用地方性法规的案例：1998 年，甘肃酒泉地区技术监督局对甘肃省酒泉地区惠宝制冷设备有限公司作出行政处罚，后者不服诉至法院。酒泉地区中院二审认为，《产品质量法》并未赋予产品质量监督管理部门对维修者的行政处罚权，监督局对酒泉公司实施行政处罚所依据的《甘肃省产品质量监督管理条例》第十三条、第三十条有关行政处罚的规定，有悖于《行政处罚法》第十一条第二款"法律、行政法规对违法行为已经作出行政处罚规定，地方性法规需要作出具体规定的，必须在法律、行政法规规定的给予行政处罚的行为、种类和幅度范围内规定"的规定，不能作为实施处罚的依据，该行政处罚超越职权。因此酒泉中院判决撤销该行政处罚决定。在甘肃省人大的压力之下，甘肃高院再审认为酒泉中院"直接对地方性法规的效力加以评判是错误的"，因此撤销了酒泉中院的判决。① 这虽然是人大对法院审查地方性法规的不认同，但是，作为实际权力比人大还要大，实际地位比人大还要高的政府，如果其行政法规或者规章被法院加以评判，对法院施加压力也就不难想象了。第三，由于法院不能对违反上位法的行政法规和规章予以撤销，即使法院在案件中对其不予适用，也只有个案的价值，对行政机关以后依据该行政法规和规章作出的行政行为不具有拘束力。美国法院对行政立法的审查也是在个案中发生的，审查结果也只局限于本案当事人，但是，美国是判

---

① 参见李希琼、王宏：《法院废了人大法规?》，转引自崔卓兰、于立深：《行政规章研究》，吉林人民出版社 2002 年版，第 229—231 页。

例法国家，"遵循先例原则使判决的效力有机会波及其他同类案件"。①

对于权力机关和行政机关对行政立法监督的不足，仅仅寄希望于完善权力机关和行政机关的监督机制，恐怕效果不大。笔者认为，最佳的办法是建立法院对行政法规和规章的撤销制度。建立这一制度的理由和好处在于：

第一，可以在一定程度上弥补权力机关和行政机关对行政立法监督的不足。不可否认，我国政府的实际地位高于法院，因此，法院监督行政立法也存在权力机关对行政立法进行监督所遇到的尴尬。但不同的是，我国法院近年来在审判实践中对行政立法进行审查的现象时有发生，行政机关也逐渐习惯于法院的这种做法，而且，法院审查具体行政行为和审查行政立法也只有一步之遥，因此，行政机关可能会更容易接受法院对行政立法的审查，这就可以在一定程度上弥补权力机关对行政立法监督的不足。法院对行政立法进行监督，对于弥补行政机关监督的不足，其作用更为明显。首先，法院作为具体案件的审判机构，当然能够较容易地发现行政立法存在的问题，这是上级行政机关在备案审查时所不具有的优势；其次，在具体的案件中，法院居于中立的裁判者地位，不像上级行政机关与下级行政机关这样有着非常密切的关系，因此，法院能够公正地对行政立法进行监督。

第二，可以克服法院不享有撤销权所造成的局限性。首先，一旦赋予法院对行政法规和规章的撤销权，法院就可以理直气壮地对行政立法进行审查，不需要再像过去那样瞻前顾后，欲说还休。其次，法院享有对行政立法的撤销权后，政府就会顾忌到法律的规定，不可能再像以前那样对法院施加压力。再次，法院享有对行政法规和规章的撤销权后，在认为行政法规和规章的有关规定违反上位法的规定时，就可以宣告该规定无效，或者予以撤销，使个案的审理具有普遍的拘束力。

第三，符合世界潮流和 WTO 的要求。世界各国，均将法院的监督审

---

① 季卫东：《宪政新论——全球化时代的法与社会变迁》，北京大学出版社 2002 年版，第 37 页。

查作为对行政立法最为重要的监督方式，而且，事实证明，这种监督方式最为有效。而我国目前以权力机关和行政机关的监督为主的监督体制，在法制实践中发挥的作用非常有限，因此，借鉴国外将法院作为监督行政立法的中心和重心的制度，极有必要。此外，我国已于2001年加入WTO，WTO的许多协定都规定行政立法应当接受司法审查。《中华人民共和国加入议定书》中"司法审查"部分规定的审查内容是"……所有与《1994年关税与贸易总协定》（"GATT 1994"）第10条第1款、GATS第6条和《TRIPs协定》相关规定所指的法律、法规、普遍适用的司法决定和行政决定的实施有关的所有行政行为……"。"从行政行为或者政府行为概念的语义解释来看，无论是英语、法语还是西班牙语，都包含着抽象行政行为的内容。"① 而且，这些国家都建立了对行政立法行为进行司法审查的制度。如果我国不将包括行政法规和规章在内的抽象行政行为纳入司法审查范围，则难以获得WTO其他成员国的认同。因此，赋予法院对行政法规和规章享有撤销权，也是在国际上树立我国法院的良好形象，并取得WTO其他成员国认同和信赖的需要。

2014年修改的《行政诉讼法》第五十三条赋予了法院附带审查行政规范性文件的权力，但将行政法规和规章排除在外。在完善行政立法监督的道路上，我们仍有很长的路要走。

---

① 江必新：《WTO与司法审查》，人民法院出版社2002年版，第103页。

第十四章

行政规范①

叶必丰 武汉大学法学博士，现为上海交通大学法学院教授，兼任中国行政法学研究会副会长等。代表作有《行政法的人文精神》《行政行为的效力研究》《行政行为原理研究》《行政法与行政诉讼法》和《区域经济一体化的法律治理》。主攻行政法学，集中研究行政法的理论基础、行政行为的一般原理和区域法制协调研究。

---

① 徐涛博士亦参与了本章的写作（徐涛，法学博士，中共上海市委党校、上海行政学院公共管理教研部法学讲师。曾在《政治与法律》《东方法学》《四川师范大学学报》（社会科学版）等刊物上独署、合署发表论文十多篇）。

第一节 行政规范概述

一、行政规范的概念

(一) 行政规范的模式化

在现代社会，规范人们行为的规则不限于法，还包括由行政机关制定的各种规则。这些由行政机关制定的规则，除行政法规和规章以外，还有被称为"红头文件"的规范性文件。对于这些"红头文件"，无论是在学理上还是在我国立法上，虽然使用者如云，但是名称各异，界定也各不相同。在理论上，有的称这类规则为"规范性文件"①，有的则称为"行政规范性文件"②，有的称为"规章以下行政规范性文件"③，还有的称为"其他规范性文件"④"行政规定"⑤ 等等。在立法上，其名称更是各种各样。其中，我国宪法典和组织法称为"行政措施""决定""命

---

① 参见罗豪才编：《行政法学》，中国政法大学出版社1996年版，第177页；姜明安编：《行政法与行政诉讼法》，北京大学出版社、高等教育出版社1999年版，第171页；周佑勇：《行政法原论》，中国方正出版社2000年版，第195页；高若敏：《谈行政规章以下行政规范性文件的效力》，《法学研究》1993年第3期。

② 参见张淑芳：《规章以下行政规范性文件调整对象》，《东方法学》2009年第6期。

③ 参见应松年编：《行政法学新论》，中国方正出版社1998年版，第228页；杨解君、孙学玉：《依法行政论纲》，中共中央党校出版社1998年版，第87页；张正钊编：《行政法与行政诉讼法》，中国人民公安大学出版社1999年版，第119页；罗豪才：《行政法学》，北京大学出版社1996年版，第158页；湛中乐：《论行政法规、行政规章以下其他规范性文件》，《中国法学》1992年第2期。

④ 参见朱芒：《论行政规定的性质——从行政规范体系角度的定位》，《中国法学》2003年第1期；章剑生：《现代行政法专题》，清华大学出版社2014年版，第283页。

⑤ 赵建清编：《行政文书写作》，中国政法大学出版社1994年版，第2页。

令"，《行政诉讼法》称为"决定""命令"（第十三条），《行政处罚法》称为"其他规范性文件"（第十四条），《行政复议法》称为"规定"（第七条），等等。《各级人民代表大会常务委员会监督法》（2007年1月1日施行）将法律、法规和规章之外的规范性文件统称为"规范性文件"，包括了人大、人民政府、法院和检察院所制定的普遍性规则。部门规章中一般将之称为"规范性文件"，例如《水利部规范性文件审查与备案管理办法》（2005年8月3日施行）、《气象规范性文件管理办法》（2011年9月30日施行）。地方规章中一般将之称为"行政机关规范性文件"或"行政规范性文件"，例如《安徽省行政机关规范性文件备案监督办法》（2007年1月1日施行）、《北京市行政规范性文件备案监督办法》（2006年1月1日施行）。可见，行政法规和规章以外的普遍性规则在我国仍未形成一个为理论和实务所普遍接受的名称，模式化或形式化程度还不高。这既给理论研究带来了困难，也有碍于人们的沟通和交流。人们为了消除这种障碍，往往不得不求助于复杂而又烦琐的解释。例如，河南省人民政府法制办公室为了统一认识，便于各行政机关准确认定行政规范，专门制定了《关于认定行政规范性文件的指导意见》（豫政法〔2014〕29号）。《意见》指出，认定规范性文件在内容上应从行政性、外部性和规范性三个特征去把握：行政性，即从文件的制定主体是否符合法律、法规规定的要求，内容是否属于行政管理的范围及是否作为行政管理的依据等方面把握；外部性，即从文件中管理内容涉及的对象是不是属于行政机关、财政拨款单位及其所属人员以外的公民、法人或者其他组织等方面把握；规范性，即从"一定时期内反复适用""普遍约束力""涉及权利义务"等方面把握。该《意见》还提出可以从文种上区别，即《党政机关公文处理工作条例》第八条规定的公文种类，其中报告、请示、通报、批复、议案、函、纪要等7个文种的公文不宜认定为规范性文件，其余的是否属于规范性文件，还需要通过内容判定。

　　为此，就有必要运用概念法学的方法对其进行一定的逻辑处理，使其予以模式化，从而形成一种统一的概念或范畴。我们认为，行政主体所制定的这些"红头文件"，有三个最主要的共同特征。第一是它的行政性，即它是由行政主体运用行政权，就行政领域的问题所作的规定。第二是它的规则性，即它是针对不特定公民、法人或其他社会组织所作的具有普遍约束力的规定或具有普遍指导意义的行为规则。第三是它的过渡性，即它是从法律、法规和规章过渡到行政决定的一个中间环节。基于上述认识，并考虑到名称的简洁性和方便性，我们将其称为行政规范。如果抽象行政行为和具体行政行为之分仍然成立的话，那么它是抽象行政行为中与行政立法相并列的一种行为。

（二）行政规范的含义

行政规范，是指行政机关及被授权组织为实施法律和执行政策，在法定权限内制定的除行政法规和规章以外的决定、命令等普遍性行为规则的总称。

1. 行政规范的制定主体。从主体上看，有权制定行政规范的主体只能是国家行政机关或被授权组织。只有国家行政机关或被授权组织才能制定行政规范，也只有国家行政机关或被授权组织制定的规范性文件才能称为"行政规范"。其他任何国家机关都不能制定行政规范，它们制定的规范性文件也不能称为"行政规范"。例如《浙江省行政规范性文件管理办法》（2010年9月1日施行）第六条规定，可以制定行政规范的机关有地方各级人民政府、县级以上人民政府所属工作部门、省以下实行垂直管理的部门、县级以上人民政府依法设立的派出机关、法律法规授权实施公共管理的组织等，县级以上人民政府所属工作部门、省以下实行垂直管理部门的内设机构或者派出机构以及不具有行政管理职能的机构不得制定行政规范性文件。

2. 行政规范的制定程序。行政规范必须依据一定的程序来制定，只有这样，才能保证其规范性调整具有严肃性、权威性和稳定性。不过，行政规范的制定程序与立法程序或行政立法程序存在着较大的差别。首先，行政规范的制定程序由《党政机关公文处理条例》（2012年7月1日施行）和部委、地方专门制定的行政规范管理办法加以规定。法律、法规和规章因为其内容的重要性，在制定程序上适用《立法法》《行政法规制定程序条例》和《规章制定程序条例》的规定。其次，在具体的程序设计上，法律、法规和规章的制定有着一系列比行政规范的制定更为严格和特殊的立法程序。譬如，行政规范的制定并不都需要像立法那样必须经听证、会议讨论通过，而由行政首长审批通过即可。尤其是，任何立法都必须遵循严格的公布程序，以便于大家共同遵守执行。行政规范则依法可由行政机关办事机构的首长签发。在以往，这种行政规范一般不公开对外发布，最多只下达或发送给有关部门和一定范围的公众，或者在报刊上登载一则消息而已。现在，根据行政公开原则，这些行政规范也要采取相应的公开措施予以发布。如《上海市行政规范性文件制定和备案规定》（2010 年 5 月 1 日施行）第 23 条规定，未经公布的行政规范不得作为实施行政管理的依据，行政规范可以通过政府公报、政府网站、报纸、杂志、广播、电视等媒介公布。但无论如何，立法程序要更为正式、严格，更注重民主；行政规范的制定程序则比较简单、灵活，更注重效率，可以根据具体情况进行调整。《上海市行政规范性文件制定和备案规定》第 21 条第 1 款规定：如果遇到突发事件、执行紧急命令、需要采取立即施行的临时性措施、依授权调整和发布标准等情形，行政机关可以简化听取意见、法律审核、会议审议的程序。

3. 行政规范的形式。从形式上看，行政规范是有关决定、命令、指示、行政措施等的总称。根据宪法和组织法的有关规定，凡是具有普遍约束力的决定、命令、指示和行政措施都是行政规范的表现形式。这里应当注意的是，决定、命令、指示和行政措施也是一种集合概念，指某一类行政规范。对行政规范的具体形式，《党政机关公文处理条例》第八条作了详细规定，即决议、命令（令）、决定、公告（通告）、通知、通报、报告、请示、批复、意见、函、会议纪要。并且，其中的每一种行政规范都具有规范的体式。所谓体式，即文本的样式。行政规范的文本从标题到签署，从正文到各种附加标记，从文面到用纸，都有特定的要求，都必须规范。① 以命名为例，《吉林省规范性文件制定办法》（2013

---

① 该汇编在 1989 年年底前由新华出版社出版，从 1990 年年初起改由中国法制出版社出版。

年 5 月 1 日施行）第四条第一款规定，行政规范的名称一般为规定、办法、细则、决定、意见、通告等。凡内容为实施法律、法规、规章和上级行政机关规范性文件的，名称一般应当冠以"实施"字样。

4. 行政规范的对象。行政规范不是针对已经发生的法律事实制定的，而是针对将来要发生的法律事实而制定的，是为了规范将来发生的法律事实。因此，行政规范的对象不是特定的公民、法人或其他社会组织，而是不特定的公众。也就是说，行政规范是一种普遍性的行为规则。尽管有时，一个行政规范可能是应某个组织的请示、请求或因某一法律事实的发生而制定的，但所针对的对象却仍然是不特定的公众，所规范的仍然是将来的法律事实。例如，《公安部关于为赌博提供的交通工具能否予以没收的批复》（［89］公（治）字 75 号，1989 年 9 月 16 日实施，2006 年 3 月 1 日废止），就是应宁夏回族自治区公安厅的请示，针对请示中所提出的法律事实，对《治安管理处罚条例》（2006 年 3 月 1 日废止）第七条和公安部《关于没收、处理违反治安管理所得财物和使用工具的暂行规定》所进行的解释。这一"批复"所针对的对象，不仅仅是请示中所涉及的两个案件的当事人，而是全国各地所有此类案件的当事人；所规范的不仅仅是请示中的两个案件，还包括全国各地今后发生的所有此类案件。行政规范的这一特性，正是它作为抽象行政行为而存在，并区别于具体行政行为的主要标志。

二、行政规范的分类

分类是科学研究的基本方法之一。当我们所面对的事物纷繁杂乱时，常常需要借助于分类的方法来加以认识、把握。行政规范就是这样一个领域。在庞大复杂的行政管理系统中，存在着各种类型的行政规范。并且，随着经济和社会的发展，国家行政管理的范围越来越大，发布的行政规范越来越多，所涉及的领域也越来越广泛。面对复杂而广泛存在的行政规范，我们只有借助类型的划分来对其条分缕析。重要的还在于，不同类型的行政规范，实际上还意味着遵循的规则有所不同。这也正是我们对行政规范进行分类研究的意义之所在。依据不同的标准，可以对行政规范作不同的分类。分类的标准不同，其意义的大小也不相同。

（一）行政规范的分类学说

对行政规范可以进行各种各样的分类。根据行政规范制定主体的不同，我们可将行政规范分为法规性行政规范、规章性行政规范和一般行政规范。国务院法制局编辑的，按季度出版的《中华人民共和国新法规汇编》①，就称国务院制定的行政规范为"国务院制定的非法源性文件"。作者在以往的论著中，也曾以此为标准将规范性文件分为法规性文件、规章性文件和其他规范性文件三类。② 以制定行政规范的目的为标准，可将行政规范分为执行性行政规范、补充性行政规范和自主性行政规范。其中，以执行法律、法规、规章或上级行政规范为目的而制定的行政规范，称为执行性行政规范；以补充法律、法规和规章及上级行政规范为目的而制定的行政规范，称为补充性行政规范；行政主体为了行政管理的实际需要运用其职权所制定的行政规范，则称为自主性行政规范。作者以往也曾以这一分类作为行政规范的主要分类方法之一。③ 另外，以调整对象为分类标准，可将行政规范分为内部行政规范和外部行政规范；以是否适用于全国为标准，可将行政规范分为中央行政规范和地方行政规范；以行政主体的公务范围为标准，可将行政规范分为地域性行政规范和公务性行政规范；以公务性质为标准，可将行政规范分为工商行政规范、公安行政规范、税务行政规范、海关行政规范、土地行政规范、文化行政规范、教育行政规范、卫生行政规范等等。

德日行政法学者也对行政规范即行政规则进行了分类。德国学者哈特穆特·毛雷尔认为，行政规则可以分为四类，即组织规则和业务规则、

---

① 参见叶必丰：《行政法学》，武汉大学出版社1996年版，第171页；叶必丰：《论规范性文件的效力》，《行政法学研究》1994年第4期。

② 参见叶必丰：《行政法学》，武汉大学出版社1996年版，第171—172页。

③ 参见［德］哈特穆特·毛雷尔：《行政法学总论》，高家伟译，法律出版社2000年版，第593—595页。

解释性规则、裁量性规则和替代性规则。其中，组织规则和业务规则是指调整行政机关的内部机构和业务活动，如行政机关内部机构设置、业务划分、案卷制作方式和上下班时间等的行政规则。解释性规则就是解释法律的行政规则或者规范具体化的行政规则（解释性准则），是指针对法律规范的解释和适用，特别是法律概念的理解所作的行政规则。它为下级行政机关提供了法律解释的指南，从而确保法律的统一适用。裁量性规则即裁量控制规则，是确定行政机关如何行使法定裁量权的行政规则，其目的是确保裁量权行使的统一性和平等性。替代性规则即替代法律的行政规则，是指在出现法律缺位或者没有法律规定而又需要规范时，行政机关所制定的起替代法律作用的行政规则。他认为，在虽然有法律规定，但非常宽泛以至于需要具体化时，行政机关所制定的裁量性规则，也可以归类为替代性规则。① 日本学者盐野宏对行政规则做了两种分类。他认为，如果对所有行政规则加以区分和归类，那么大致有五种：第一，关于组织的规定。例如，各省的事务组织及事务分配的规定。第二，关于具有特别关系的人的规定。例如，关于公务员、国立、公立学校的学生的规定。第三，以各行政机关为相对人，关于各行政机关的行动基准的规定，包括解释基准和裁量基准。第四，交付补助金时制定的交付规则或者交付纲要。第五，对相对人的行政指导基准的规定。② 盐野宏认为，行政规则本来是一种内部规则，随着社会的发展出现了外部化的倾向，即对相对人权利义务的影响已越来越大。这种外部化的行政规则有两类，即关于部分性秩序的规则和行政机关的行动基准。部分性秩序的规则，主要是关于特别权力关系领域的行政规则。行政机关的行动基准及行政基准，具体包括以下四类，即：第一，解释基准，指为了防止进行某种处分时作出各不相同的对待，确保行政的统一性，上级行政机关对下级行政机关发布的法令解释的基准，此使用通知的形式；第二，裁量基准，指为防止行政自由裁量权的滥用，以求实现公平对待而制定的

---

① 参见 ［日］盐野宏：《行政法》，杨建顺译，法律出版社1999年版，第73页。
② 参见 ［日］盐野宏：《行政法》，杨建顺译，法律出版社1999年版，第77页。

行政基准；第三，给付基准，指关于国家及地方公共团体对私人给付补助金等金钱或者物品的给付基准；第四，指导纲要，指为了保证住宅建筑、宅基地开发的公正，由地方公共团体（其首长）制定的行政指导的基准。[①] 德国和日本学者的上述分类，对我们区分行政规范具有重要的借鉴意义。

（二）本书所采用的分类

我们认为，之所以关注行政作用，是因为它影响着我们的社会生活。我们之所以要研究行政规范，或者说行政规范之所以成为行政法学的研究任务，是因为它可能对公民的权利义务发生现实的影响，即对外产生相应的法律效果。也就是说，行政规范是否能对外产生法律效果，怎样产生法律效果，从而按其特性进行相应的法律监控，是我们研究行政规范的出发点和归宿。因此，本书将采用法律效果为标准来区分和归类行政规范。

在行政法规范或上级行政规范没有作出规定而又需要加以规范的情况下，行政主体为了弥补行政法规范或上级行政规范的空缺，制定了行政规范，为相对人创设了权利义务。或者是，行政主体根据行政法规范或上级行政规范的授权，为了弥补行政法规范或上级行政规范的不足，制定了行政规范，为相对人创设了权利义务。德国学者哈特穆特·毛雷尔称这类具有外部法律效果的行政规范为替代性行政规则。在另一种情况下，尽管有相应的行政法规范的规定，但行政主体基于各种各样的利益考虑还是制定了行政规范，为相对人创设了权利义务，并且是与行政法规范规定不同或相抵触的权利义务。这种行政规范对外也具有法律效果。我们把上述行政规范统称为创制性行政规范。

有些行政规范并没有在行政法规范和上级行政规范的基础上创设新的权利义务，而仅仅是现有行政法规范和上级行政规范所作规定的具体化。这些行政规范尽管并没有新的法律效果，但对外却具有相应的法律

[①]　参见［俄］拉扎列夫编：《法与国家的一般理论》，王哲等译，法律出版社1999年版，第234页。

效力，并影响到行政法规范的准确适用和自由裁量的合理限度。这类行政规范也就是哈特穆特·毛雷尔所称的解释性规则和盐野宏所称的解释基准。我们把这类行政规范统称为解释性行政规范。

还有些行政规范并没有为相对人创设权利义务，或者尽管对相对人的行为提出了各种要求但并没有法律上的约束力。这类行政规范就是盐野宏所称的指导纲要。我们把这类行政规范统称为指导性行政规范。尽管指导性规范中的"规范"一词有约束的意思，甚至也有可能误解为强制的意思，但有"规范"前面的"指导性"做定语，基本上可以比较清楚地表明我们的意思。

我们认为，哈特穆特·毛雷尔所称的裁量控制行政规则或盐野宏所称的裁量基准，没有必要作为一类独立的行政规则，而可以分别归类为创制性行政规则、解释性行政规则和指导性行政规则来加以讨论、研究和认定。同时，内部行政规则即哈特穆特·毛雷尔所称的组织规则和业务规则，基本上不具有外部法律效果，并不是我们研究的重点。如果内部行政规则发生对内对外的法律效果，则也可以分别归类为创制性行政规范、解释性行政规范和指导性行政规范来加以讨论和研究，无须作为一类独立的行政规范。同样，盐野宏所称的给付基准，也可以分别归为相应的行政规范。

综上所述，本书将行政规范分为创制性行政规范、解释性行政规范和指导性行政规范三类。

三、行政规范的作用

（一）弥补法律的缺陷

法律是抽象的，而生活是具体的；法律基本上是静止的，而生活总处在发展之中。同时，立法也总有疏漏之处。也就是说，法律是有缺陷的。就我国现行体制而言，法律的漏洞是通过法律解释来弥补的。虽然从国际惯例上看，法律解释应当是法官的职责，有的学者也反对司法解释外的其他任何解释。① 但在我国，长期以来行政机关拥有对法律规范的解释权。《立法法》施行以来，这种解释体制虽然已经发生重大变化，但根据《行政法规制定程序条例》和《规章制定程序条例》的规定，行政法规和规章的制定主体仍然具有法定解释权。作者认为，上述批评意见是有道理的，但在我国现行体制改变以前，行政机关的法律解释与其他国家机关的法律解释一样，是对法律漏洞的弥补。只要这种法律漏洞存在，即使行政机关没有相应的法律解释权，也会形成一些解释性文件，以统一和指导所属行政机关及其工作人员的行动。行政机关对法律规范进行各种各样解释后所形成的书面文件，就属于我们所说的行政规范。因此，法律的漏洞正是行政规范存在和作用的空间，行政规范的作用之一就在于通过法律解释来弥补立法的漏洞或缺陷。

（二）创制新的规则

从根本上说，人们的行为规则应当由法来创制，而不能由其他形式来创制。但有时却因各种各样的因素，法律往往授权行政机关来创制某些规则。这类法律授权有两种，即授权制定行政法规和规章，以及授权制定行政规范。前者如国务院根据《中华人民共和国海关法》第四条第一款的授权，所批准并由海关总署、公安部发布的《海关工作人员使用武器和警械的规定》（1989 年 6 月 19 日施行）。这种授权的对象只能是依据宪法、组织法和立法法规定具有行政立法权的行政机关。后者如武汉市财政局、武汉市公安局根据《武汉市城镇暂住人口管理规定》（武汉市人民政府令第 23 号，1990 年 7 月 28 日施行）第八条的授权，所制定的《关于暂住人口管理费收取、管理、使用有关问题的通知》（武公户字〔1990〕30 号）。该《通知》规定："暂住人口管理费每人每月三元，由市区（县）公安局户政管理部门和派出所根据暂住时间一次收取。"这种授权的对象可以是任何行政机关。行政规范所创制的规则，是法的必要补充，为法所未穷尽的领域和层次提供了可遵循的规范或准则，对社会生活的有序化或社会的控制具有重要的作用。

---

① 参见杨建顺：《日本行政法通论》，中国法制出版社 1998 年版，第 535、545 页。

（三）指导社会生活

社会生活往往是盲目的。当有的人往东时，有的人却可能正在往西。这就需要有理性的组织和指导，从而推动社会的进步、文明和繁荣。对社会的组织和指导，可以通过立法来实现，但更多的却是通过行政规范来实现的。每届政府都有它的施政纲领，每位行政首长都有他的理想和抱负。尽管施政纲领和理想、抱负可以通过向立法机关提交法案、制定法律来实施，但更多的也是通过行政规范来倡导某种精神、取得公众的合作。日本经济的成功发展有各种各样的原因，但其根本原因却不外乎两条，即日本国民的勤勉精神和日本政府的科学指导。日本政府的科学指导，就是行政法学上的行政指导，是日本战后经济发展的一把金钥匙。这是因为，行政规范的灵活性，可以及时指导变化中的经济活动；行政指导的非强制性，有利于公众的接受，减少摩擦和冲突；行政指导的预见性，可以避免和预防经济资源的不合理配置和浪费。① 这种行政指导有的表现为一种事实行为即行动，有的却表现为一种行政规范。行政指导即使以事实行为出现，也往往需要有行政规范上的依据。在我国，这种指导社会生活的行政规范也很多。例如，针对四川省一中学食堂垮塌砸死4名学生事件，教育部曾通报要求"各地从四川省小金县及其他地区发生危房垮塌事故中吸取教训，进一步引起对消除中小学危房工作的高度重视，坚决杜绝此类事故的再度发生。"② 这一通报也是一个指导社会生活的行政规范。

---

① 《四川一中学食堂垮塌，砸死4名学生》，《长江日报》2000年3月27日。

② 参见叶必丰：《应申请行政行为判解》，武汉大学出版社2000年版，第51页；姜明安主编：《行政法与行政诉讼法》，北京大学出版社、高等教育出版社1999年版，第152页；[印]赛夫：《德国行政法》，周伟译，五南图书出版公司1991年版，第80页；翁岳生：《行政法与现代法治国家》，祥新印刷公司1979年版，第16页。

第二节　创制性行政规范

创制性行政规范，是指行政主体未启动行政立法程序而为不特定相对人创设权利义务的行政规范。从创制性行政规范的根据上来看，它可以分为两类，即依职权的创制性行政规范和依授权的创制性行政规范。

一、依职权的创制性行政规范

（一）依职权创制性行政规范的含义

依职权的创制性行政规范是行政主体为了行政管理的实际需要，根据宪法和有关组织法规定的固有职权而为不特定相对人设定权利义务的行政规范。这也就是说：

1. 它创制了行政法规范所没有规定的权利义务或不同于行政法规范规定的权利义务。例如，《国务院关于建立粮食收购保护价格制度的通知》（1993 年 2 月 20 日实施）创设了不特定相对人的相应权利，即"对粮食的主要品种实行收购保护价格制度，除早籼稻外，其他粮食品种的保护价格，按不低于国家合同定购价格制定。列入 1993 年粮食年度收购保护价格的品种及标准：每五十公斤北方冬小麦（中等质量标准，下同）三十二元五角，南方冬小麦三十一元，关内玉米二十一元，关外玉米二十元，大豆四十五元，早籼稻二十一元，中籼稻二十六元，晚籼稻二十八元，北方粳稻三十五元，南方粳稻三十一元五角。"《国务院关于调整企业离退休人员离退休金的通知》（1994 年 2 月 22 日发布）也创设了不特定相对人的权利义务，即国有企业中 1993 年 9 月 30 日以前离退休的人员，从 1993 年 10 月起分别按下列标准增加离退休金：1978 年 12 月 31 日以前离退休的人员，每月分别增发 100 元离休金和 60 元退休金；1979 年 1 月 1 日至 1985 年工资改革前离退休的人员，每月分别增发 85 元离休金和 45 元退休金；1985 年工资改革后至 1988 年 12 月 31 日离退休的人员，每月分别增发 70 元离休金和 30 元退休金；1989 年 1 月 1 日至 1993 年 9

月 30 日离退休的人员，每月分别增发 60 元离休金和 20 元退休金。这些行政规范都是依职权的创制性行政规范。

2. 它是行政主体依职权制定的。创制性行政规范的职权根据是宪法典和有关组织法规定赋予行政主体的固有职权。也就是说，这类行政规范之规则创制权来源于宪法典和有关组织法的规定。《宪法》第八十九条第一项规定："国务院根据宪法和法律，规定行政措施，制定行政法规，发布决定和命令"；第九十条第二款规定："各部、各委员会根据法律和国务院的行政法规、决定、命令，在本部门的权限内，发布命令、指示和规章"；第一百零七条规定："县级以上地方各级人民政府依照法律规定的权限……发布决定和命令……"。《地方组织法》第五十九条第一项规定："县级以上的地方各级人民政府执行本级人民代表大会及其常务委员会的决议，以及上级国家行政机关的决定和命令，规定行政措施，发布决定和命令"；第六十一条第一项规定："乡、民族乡、镇的人民政府执行本级人民代表大会的决议和上级国家行政机关的决定和命令，发布决定和命令"。根据上述规定，行政主体有权制定创制性行政规范，而无须其他行政法规范或行政规范的特别授权。并且，既然是制定主体的固有职权，那么在其职权的有效期间内，这种创制权一直有效，并可经常、反复地运用。《国务院关于建立粮食收购保护价格制度的通知》和《国务院关于调整企业离退休人员离退休金的通知》等创制性行政规范，都是国务院直接根据宪法典和《中华人民共和国国务院组织法》（1982 年 12 月 10 日发布实施）规定的固有职权而制定的。

3. 它是行政主体为了行政管理的需要制定的。依职权的创制性行政规范既不是为了执行行政法规范或上级行政规范，也不是为了补充行政法规范或上级行政规范，而是为了实际需要由行政主体自行制定的。例如，《国务院关于建立粮食收购保护价格制度的通知》和《国务院关于调整企业离退休人员离退休金的通知》，就属于一种自主性行政规范。尽管在此前，对企业离退休人员的离退休金已经有相应的规定，但《国务院关于调整企业离退休人员离退休金的通知》并不是对以往规定的执行或补充，而是针对现实中的新情况对以往规定的修改。因此，它不属于执行性行政规范或补充性行政规范，而属于自主性行政规范。并且，这种自主性行政规范往往是在行政法规范空缺的领域，由行政主体制定的，起替代作用的行政规范。

（二）依职权创制性行政规范的合法要件

从性质上说，只要是行政主体为了行政管理的实际需要，根据宪法和有关组织法规定的固有职权而为不特定相对人设定权利义务的行政规范，都属于依职权的创制性行政规范。但这并不意味着它们都是合法有效的行政规范。依职权的创制性行政规范要合法有效，必须主体合法、职权合法、内容合法、程序合法和形式合法。就目前我国的实际情况而言，我们认为尤其应当强调职权要件和内容要件。

行政主体依职权制定创制性行政规范，必须在自己的职责权限范围内进行，而不得超越自己的事务管辖权和级别管辖权。实践中，很多违法的行政规范往往是由于行政主体越权而引起的。并且，行政机关的内部机构也不应以自己的名义对外发布创制性行政规范。否则，也可以构成越权。在以往，这种现象还比较普遍。例如，《中华人民共和国卫生部关于加强对人胎盘收集管理工作的通知》（［84］卫药政字第199号）和《中华人民共和国关于严禁农村医疗单位从私人手中购买药品的通知》（［86］卫药政字第159号），都是作为卫生部内部机构的药政局和医政司联合制定、发布的，武汉市《关于暂住人口管理工作实行分级奖励的有关事宜的通知》（武公户字［1991］第12号），则是武汉市公安局户政处制定和发布的。同时，行政主体依职权制定创制性行政规范，也不得滥用职权。在实践中，有许多旨在实现部门垄断和地方保护的创制性行政规范，就是行政主体滥用职权制定的。

行政主体依职权制定创制性行政规范，在内容上只能是给付行政，而不能是负担行政。在给付行政领域，行政主体可以制定创制性行政规范，为公众提供比行政法规范规定更多更好的服务。例如，在公民最低生活保障标准方面，地方政府制定创制性行政规范，即使规定了与行政法规范不同的标准，只要该标准比行政法规范的规定高，也是可以的。尤其是在行政法规范尚无规定的情况下，行政主体可以在给付行政领域依职权制定创制性行政规范。但是，在给付行政领域，行政主体制定创制性行政规范也不得违反行政法规范的强制性规定，损害公共利益。例如，行政主体不得为了改善本地区的投资小环境，任意制定减免教育附加费、税收的创制性行政规范。行政主体不得在负担行政领域制定创制性行政规范。这一点在地方立法中得到了确立，例如《贵州省规范性文件制定程序和监督管理规定》（2014年3月1日施行）第六条第一款规定，行政规范不得设定行政处罚，行政许可，行政强制，行政处分，应当由法律、法规、规章规定的事项和法律、法规、规章禁止的其他事项。第二款规定除省人民政府及省级财政、物价主管部门的规范性文件外，其他规范性文件不得设定行政收费。第三款设定了总的原则，即规范性文件不得违法限制公民、法人或者其他组织行使权利，不得违法增加公民、法人或者其他组织的义务。

依职权创制性行政规范的各合法要件是相互联系的。只有遵守或符合所有合法要件的依职权创制性行政规范，才是合法有效的。如果只符合其中某个或某几个合法要件，而不符合其他或其中一个合法要件，都属于违法的依职权创制性行政规范。例如，有关税收法律法规和《国务院关于纠正地方自行制定税收先征后返政策的通知》（国发［2000］第2号，2000年1月11日发布实施）的规定，除国务院外，其他行政机关不得制定税收优惠政策。《国务院办公厅关于再次重申发布全国性对外经贸法规、政策有关规定的通知》（国务院办公厅1993年9月23日发布）规定，"今后，全国性的对外经贸法规、政策均由对外贸易经济合作部审核并统一对外发布（需立法或需由国务院发布的除外）……各地方、各部门未经国务院授权，不得制定、发布全国性对外经贸法规、政策（包括禁止或限制进出口商品的目录）。各地方、各部门在各自职权范围内制定有关法规、政策涉及对外经贸问题时，必须以国家的对外经贸法规为依据，不得与其相抵触。"如果地方政府在这些领域依职权制定创制性行政规范，尽管在内容上有利于不特定相对人，但却超越了自己的权限范围，仍然属于违法的行政规范。

二、依授权的创制性行政规范

依授权的创制性行政规范是指行政主体为了补充或变通行政法规范或上级行政规范的规定，依据宪法和组织法以外的法律、法规、规章或上级行政规范的专门授权而制定的，为不特定相对人设定权利义务的行政规范。

（一）依授权的创制性行政规范的特点

与依职权的创制性行政规范相比，依授权的创制性行政规范具有自己的特点。

1. 创制依据。制定依授权的创制性行政规范的依据，是宪法和组织法以外的法律、法规、规章或上级行政规范的专门、明确授权。也就是说，这类行政规范之规则创制权来源于法律、法规或规章的专门授权，并非宪法和组织法所规定的固有职权。授权的法可以是法律、法规，也可以是规章。例如，国务院制定的《中华人民共和国水土保持法实施条例》（国务院第 120 号令，1993 年 8 月 1 日实施）第六条规定："水土流失重点防治区按国家、省、县三级划分，具体范围由县级以上人民政府水行政主管部门提出，报同级人民政府批准并公告。"这就是一种行政法规的授权。根据这一授权，湖北省人民政府制定的《省人民政府关于划分水土流失重点防治区的公告》（鄂政发〔2000〕47 号，2000 年 8 月 21日实施）即为一种因法规授权而制定的创制性行政规范。又如上述《武汉市城镇暂住人口管理规定》（武汉市人民政府令第 23 号，1990 年 7 月28 日实施）第八条的授权则为规章的授权，《关于暂住人口管理费收取、管理、使用有关问题的通知》（武公户字〔1990〕30 号）属于一种因规章授权而制定的创制性行政规范。但有时，行政规范也会对下级行政主体做某些授权。例如，四川省人民政府《关于进一步放开搞活城镇集体工业企业的若干规定》（川府发〔1984〕141 号）规定："三州及边远山区县，还可以结合当地实际情况，制定灵活变通的措施。"同时，这类行政规范的创制权并不与制定主体原有职权并存。有关行政主体在依授权制定相应的行政规范后，这项创制权即自然终止，而不能反复运用。这里所说的不能反复运用，是指取得授权的行政主体只能制定所授权事项的行政规范，而不是说对已制定的该创制性行政规范不能修改。

2. 补充性行政规范。依授权的创制性行政规范属于一种补充性行政规范。也就是说，其制定的目的和内容是为了补充特定行政法规范或变通上级行政规范的规定，而不是为了履行职责而制定的自主性行政规范，也不是为了执行行政法规范或上级行政规范的规定而制定的执行性行政规范。这样，依授权的创制性行政规范与依职权的创制性行政规范就有所不同。行政法规范之所以需要补充，则是因为它具有时间上的稳定性和相应地域范围内的统一性。然而，我国地域辽阔，人口众多，情况复杂。就拿罚款数额来说，对同样的违法行为罚款200元人民币，在大城市和经济发达地区恐怕不会显得过重，但在农村和贫困地区就可能显得过重。这就导致了违法行为与所受处罚是否一致的问题，即实质性公平问题。这就需要各级各类的行政主体根据本部门和本地方的具体情况，制定创制性行政规范来加以解决，作为行政法规范的补充或变通。通过变通上级行政规范而制定补充性行政规范的原因也在于此。

3. 创制内容。依授权的创制性行政规范，在创制内容上不限于给付行政领域。只要有授权依据，行政主体也可以在负担行政领域为不特定相对人设定义务。例如，武汉市财政局、武汉市公安局根据地方规章《武汉市城镇暂住人口管理规定》第八条的授权，制定了《关于暂住人口管理费收取、管理、使用有关问题的通知》。该《通知》规定："暂住人口管理费每人每月三元，由市区（县）公安局户政管理部门和派出所根据暂住时间一次收取。"该《通知》就是一种依授权的创制性行政规范，所设定的是一种不特定相对人的义务。

（二）依授权创制性行政规范的合法有效

依授权的创制性行政规范要合法有效，除必须具备主体合法、程序合法和形式合法外，还必须具备职权合法、内容合法。

依授权创制性行政规范的创制权，来源于行政法规范或上级行政规范的授权。因此，判断一个依授权的创制性行政规范在职权上是否合法，就必须以授权条款为依据。行政主体在制定时是否超越职权，也只能按授权条款的规定来确定。例如，地方规章《武汉市城镇暂住人口管理规定》第八条授权武汉市财政局、武汉市公安局设定暂住人口管理费。如果武汉市财政局、公安局在设定暂住人口管理费的行政规范中，又设定没有授权设定的罚款，那么就属于超越授权范围。另外，如果一个行政主体制定的创制性行政规范，缺乏行政法规范或上级行政规范的授权依据，那么只能被认定为依职权的创制行政规范，然后再判断其是否合法有效。

依授权创制性行政规范的内容，应符合授权条款的要求。首先，所创制的内容应受授权条款的限制。在授权条款已经规定创制内容的种类、幅度或范围的情况下，行政主体应在该种类、幅度或范围内设定权利义务，不得违反。其次，所创制的内容应当符合授权目的。行政法规范或上级行政规范的许多授权，是考虑到我国各地经济社会发展的不平衡性，考虑到各部门的不同情况而进行的，目的是为了更好地实现实质公平。例如，我国西部地区属于经济欠发达地区，沿海地区属于经济较发达地区。如果西部省市所创制的收费标准高于沿海地区，如果没有其他因素，即使在授权条款所规定的幅度内，那么在内容上也仍然是不符合授权目的的。也就是说，取得授权的行政主体在创制不特定相对人的权利义务时，不得谋求地方保护、部门垄断或其他不正当利益。

严格地说，一个已授权的创制性行政规范的合法有效，不仅仅取得授权的行政主体应严格受授权条款的规定设定权利义务，并且授权条款本身必须合法有效。行政法规范或上级行政规范不得把依法不能授出、没有必要授出的权力和内容授予行政主体。例如，法律保留的内容，以及行政处罚的设定等，依法都不能授权行政主体通过行政规范来规定；没有必要作区别规定的内容，也就没有必要设置授权条款。如果行政法规范或上级行政规范的授权条款违法，那么也将导致授权条款的无效和依授权的创制性行政规范的违法无效。在实践中，具有普遍性的问题是授权条款过于笼统或原则。例如，《行政处罚法》第十二条第二款规定，部、委可以设定警告或者一定数量罚款的行政处罚。"罚款的限额由国务院规定"。国务院根据这一授权制定了创制性行政规范即《国务院关于贯彻实施〈中华人民共和国行政处罚法〉的通知》。该通知规定，"行政处罚法施行后制定的规章新设定行政处罚，必须依照行政处罚法的规定执行，国务院各部门制定的规章对非经营活动中的违法行为设定罚款不得超过1000元；对经营活动中的违法行为，有违法所得的，设定罚款不得超过违法所得的3倍，但是最高不得超过30000元，没有违法所得的，设定罚款不得超过10000元；超过上述限额的，应当报国务院批准。"然而，由于授权条款过于简单，实际上并不能起到制约创制性行政规范制定的作用，外界也无法对国务院依授权制定的这一创制性行政规范作出客观评价。也正因为此，在实践中行政主体所制定的创制性行政规范时有与授权法不一致的地方。实践中另一个比较严重的问题是，某些授权条款本身往往就是为行政主体谋取不正当利益留下的方便之门。例如，武汉市收取暂住费的标准，既然武汉市财政局和公安局能作统一规定，那么为什么就不能在规章里作出统一规定呢？部委规章设定罚款的限额，既然国务院能作出统一规定，那么为什么就不能在《行政处罚法》中作统一规定呢？这种现象在行政规范授权下级行政主体创制中更为普遍，并由于授权条款的过于简单和原则，导致了对依授权创制性行政规范的严重失控。

第三节　解释性行政规范

一、解释性行政规范概述

(一) 解释性行政规范的含义

所谓解释性行政规范，就是指行政主体为了实施法律、法规和规章，统一各个行政主体及其公务员对法律、法规和规章的理解及执行活动，对法律、法规和规章进行解释而形成的规范性文件。它指的是规范性文件中解释法律、法规和规章的那部分内容，而不是指整个规范性文件。如果该规范性文件的所有内容都是解释法律、法规和规章的，则该规范性文件都是解释性行政规范。如果规范性文件的内容部分是解释法律、法规和规章的，部分是为不特定相对人设定权利义务的，部分是倡导或引导相对人行为的，则只有部分是解释性行政规范，其他两部分则分别属于创制性行政规范和指导性行政规范。例如，湖北省卫生厅《关于医疗单位配制制剂审批问题的有关规定》（鄂卫药字［85］第234号）规定："1. 凡领有《制剂许可证》的医疗单位，方能申请办理审批手续"；"2. 报备、报批品种范围：临床需要常年配制的定型、批量的储备制剂"；"3. 报备、报批手续：由配制制剂单位填写'医院制剂审批申请表'（式样附后），报送样品（1—3批）及资料（一式二份）。经当地药检所检验、审查后，由卫生行政部门批准"；"4. 配制三级标准中未收载品种，必须实行报批，并提供以下具体资料……"；"6. 检验收费标准：按卫生部药品检验现行收费标准的50%收取"。在该规范性文件中，第1、2项是对《药品管理法》第十七条的解释，属于解释性行政规范；第3、4项内容属于指导性行政规范，第6项内容则属于创制性行政规范。总之，如果说行政规范与行政主体未启动行政立法程序而制定的规范性文件还可以画等号的话，则当我们说到解释性行政规范、创制性行政规范或指导性行政规范等某类具体的行政规范时，是不能与整个规范性文件相等同的。

（二）解释性行政规范的法律效果

解释性行政规范与创制性行政规范不同。创制性行政规范独立地创设了不特定相对人的权利义务，依通说符合行政行为的构成要件，属于抽象行政行为的表现形式之一。但是，解释性行政规范只是对法律规范内容的阐述和确定，对立法意图的说明和强调，对行政主体及其公务员理解的统一和行动的协调，并没有独立地设定、变更或消灭相对人的新的权利义务，并不具有独立的新的法律效果，也不能构成一个独立的行政行为。这在学说上是明确的①，在判例中也是这么认定的②。从上述意

---

① 《澳门高等法院合议庭裁判第172号》（1995年2月15日），《澳门法律学刊》总第4期。尽管该判例中的解释行为并不是对法律规范的解释，而是对行政行为的解释，但解释性行为能否作为行政行为的道理是相同的。

② ［德］哈特穆特·毛雷尔：《行政法学总论》，高家伟译，法律出版社2000年版，第599页。

义上说，解释性行政规范不属于抽象行政行为，因而有关纠纷也不能获得司法救济。

尽管解释性行政规范没有构成一个行政行为，不具有独立的新的法律效果，但是它指明了法律是什么或者说表明了在行政主体的眼里法律是什么，规定了行政主体将如何适用相应的行政法规范，统一了各行政主体对行政法规范的实施标准或规则，因而对公民的权利义务具有重要的影响。德国学者哈特穆特·毛雷尔指出："行政规则虽然只在行政内部有效，但可能对公民即外部领域具有重要意义。大量的行政规则都规定了行政机关及其工作人员如何在外部领域针对公民执行行政任务。通过行政机关适用，行政规则具有事实上的外部效果。补贴申请人只有符合行政规则规定的条件，才能得到主管机关的批准；如果不符合，就会被驳回。这种情形尚不产生'法律问题'；如果申请人认为驳回其补贴申请的决定违法，向法院起诉，'困难'就会发生。起诉人只有针对补贴准则，证明该补贴准则不仅事实上而且法律上具有外部效果，影响了他的权益，才可能胜诉。现在普遍承认行政规则事实上的外部效果具有法律意义。"① 我国的学理则对法律效果作了扩大解释，即它不限于对权利义务的设定、变更或消灭，还包括对权利义务的影响。这样，解释性行政规范也是一种具有法律效果的行为，属于抽象行政行为。

根据有关学者的分类，法律解释可以分为两大类：理解性解释，即一个获得有关每一个法律规范的完全的和穷尽的概念的过程，一个"为自己"认识须适用的法律规范的过程；阐明性解释是国家机关、社会组织、公民"为他人"揭示法律及其规范的含义和内容而发表的介绍和说明的总和。② 其中，阐明性解释根据解释的法律效果可以分为官方的和非官方的。官方解释是通过专门的法律形式体现出来的，具有必须执行的性质。官方的解释中又分为正式的解释，即颁布该规范性法律文件的机关所做的解释，效力等同于被解释的规范和法定解释，即由颁布该规范

① 参见 [日] 盐野宏：《行政法》，杨建顺译，法律出版社 1999 年版，第 72 页。
② 参见 [日] 盐野宏：《行政法》，杨建顺译，法律出版社 1999 年版，第 74 页。

性法律文件的机关以外的国家机关在其权限范围内实施的解释。根据上述理论上对于法律解释的界定，本书将解释性行政规范分为法定解释性行政规范和自主解释性行政规范。

二、法定解释性行政规范

法定解释性行政规范，是指具有法定解释权的行政主体对法律规范进行解释而形成的具有普遍性强制拘束力的行政规范。

（一）解释主体

法定解释性行政规范的主体是具有法定解释权的行政主体。这就意味着，只有行政主体的法律解释才有可能是法定解释性行政规范，不属于行政主体的国家权力机关、政党组织、其他社会组织和个人对法律规范所作的解释不属于法定解释性行政规范。同时，只有具有法定解释权的行政主体对法律规范进行解释，才能形成法定解释性行政规范；没有法定解释权的行政主体，对法律规范进行解释而形成的行政规范不属于法定解释性行政规范。

在《立法法》制定、生效以前，根据全国人民代表大会常务委员会《关于加强法律解释工作的决议》的规定，国务院及其主管部门，省、自治区、直辖市人民政府的主管部门具有法律解释权。此后，随着地方组织法的修改，出现了规章的解释权问题。其中，部委规章的解释权一般属于该规章制定主体，如《律师事务所在外国设立分支机构管理办法》（司法部第35号令，1995年2月20日实施）第十四条规定："本办法由司法部负责解释"。但个别部委规章规定解释权属于相应的业务主管机构，如《商品流通企业法律顾问工作试行办法》（1994年3月1日国内贸易部发布）第二十六条规定："本办法由国内贸易部政策体制法规司负责解释"。地方政府规章的解释权一般被赋予政府职能部门，如湖北省人民政府在《湖北省气象管理办法》（湖北省人民政府第109号令，1996年11月5日实施）第40条规定："本办法应用中的问题，由省气象主管机构负责解释"。我们查阅了四川省人民政府办公厅汇编出版的，从1952—1984年的全部法规、规章和规范性文件，以及湖北省人民政府法制办公室汇编成册的，从 1949—1990 年的全部法规、规章和规范性文件，没有发现地方政府规章的解释权属于规章制定者的规定。同时，地方政府的解释权也得到了发展。根据全国人民代表大会常务委员会《关于加强法律解释工作的决议》第四部分的规定，地方性法规的法律解释权并不属于地方人民政府，而属于制定该法规的人民代表大会的常务委员会和同级人民政府的主管部门。但后来，地方人大常委会的这一解释权基本上没有运用，而往往在地方性法规中规定由同级人民政府来行使。例如，《北京市图书报刊音像市场管理条例》（1990 年 1 月 19 日北京市第九届人民代表大会第十七次会议通过）第 34 条规定："本条例具体应用中的问题，由市人民政府负责解释"；《上海市实施〈中华人民共和国集会游行示威法〉办法》（1990 年 1 月 9 日上海市第九届人民代表大会常务委员会第十四次会议通过）第 25 条规定："本办法的具体应用问题，由市人民政府负责解释"等。

在《立法法》《行政法规制定程序条例》和《规章制定程序条例》相继生效后，具有法定解释权的行政主体则只有国务院和规章制定主体了。

（二）解释对象

在《立法法》《行政法规制定程序条例》和《规章制定程序条例》生效前，法定解释性行政规范的解释对象是法律、法规和规章，而不是行政规范和政策。例如，根据《海关法行政处罚实施细则》（1993 年 2 月 17 日国务院批准修订，1993 年 4 月 1 日海关总署第 44 号令重新发布）第三十五条的规定，该实施细则的法定解释机关是海关总署。海关总署根据该规定制定了《关于认定走私行为有关问题的通知》（1988 年 8 月 25 日颁布），对于认定不构成犯罪的走私行为是否"以牟利为目的"为必要条件进行了明确解释。该"通知"属于法定解释性行政规范，所解释的对象是行政法规即该实施细则。湖北省卫生厅的《转发"关于加强对人胎盘收集管理工作的通知"的通知》（〔84〕鄂卫药字第 334 号）针对本省的情况规定了三项具体措施，是《中华人民共和国卫生部关于加强对人胎盘收集管理工作的通知》（〔84〕卫药政字第 199 号）这一行政规范的进一步具体化。但是，湖北省卫生厅的转发通知所解释的对象并不是法律、法规和规章，因而不属于法定解释性行政规范，而属于自主解释性行政规范。国家税务局尽管是具有法定解释权的行政主体，但《国家税务局关于传达贯彻〈中共中央关于党和国家机关必须保持廉洁的通知〉的通知》（［88］国税监字第 004 号，1988 年 7 月 20 日实施）所执行的对象却不是法律、法规和规章而是政策，因而该通知不是法定解释性行政规范而是一个依职权的创制性行政规范。当然，有法定解释权的行政主体把有关行政规范或政策的内容，纳入某个特定的法律、法规和规章来进行解释，则所形成的规范属于法定解释性行政规范。例如，卫生部是具有法定解释权的行政主体，在其制定的《关于在香烟中添加罂粟问题的复函》（［85］卫药字第 68 号）中，把中共中央、国务院关于禁绝鸦片烟毒的紧急指示结合到《麻醉药品管理条例》上来解释，则该复函属于法定解释性行政规范。在《立法法》《行政法规制定程序条例》和《规章制定程序条例》相继生效后，国务院只能对行政法规进行解释，规章制定主体只能解释自己制定的规章。

（三）解释内容

在《立法法》《行政法规制定程序条例》和《规章制定程序条例》生效前，具有法定解释权的行政主体作出法律解释，应当以法律、法规和规章的规定在具体执行中的问题为限。如果在解释时，所解释的内容超出了法律、法规和规章规定的内容，则不属于法定解释性行政规范，而属于创制性行政规范了。例如，《药品管理法》（1985 年 7 月 1 日施行）第五十条规定："生产、销售假药的，没收假药和违法所得，处以罚款，……"该条并未规定罚款的额度和对单位直接责任人员的罚款及额度，但在卫生部、财政部和国家工商行政管理局《关于对制售假药、劣药案件经济处罚的通知》中却作了明文规定。该《通知》的内容已超出了《药品管理法》的规定。因此，尽管卫生部对该法具有法定解释权，但该通知不属于法定解释性行政规范，而属于创制性行政规范。具有法定解释权的行政主体在制定法定解释性行政规范时，在内容上不限于对行政法规范的解释。例如，修订之前的《中华人民共和国环境保护法》

(1989 年 12 月 26 日颁布实施)第四十一条第二款规定："赔偿责任和赔偿金额的纠纷，可以根据当事人的请求，由环境保护行政主管部门或者其他依照法律规定行使环境监督管理权的部门处理。"如果国家环保局对此作出解释，环保部门对赔偿责任和赔偿金额的确定标准适用《民法通则》的规定，则因该解释而形成的规范性文件仍然是法定解释性行政规范。在《立法法》《行政法规制定程序条例》和《规章制定程序条例》相继生效后，国务院可以就行政法规条文本身需要进一步明确界限或者作出补充规定的问题进行解释，规章制定主体可以就规章中需要进一步明确具体含义的规定、规章制定后出现新的情况需要明确适用规章依据的问题进行解释。

（四）解释效力

按通说，法定解释属于法的渊源之一。因此，法定解释性行政规范是法的渊源，具有普遍性强制拘束力（参见本章第六节）。

三、自主解释性行政规范

自主解释性行政规范，是不具有法定解释权的行政主体为了统一所属行政主体及其工作人员对法律、法规和规章及特定行政规范的认识，对法律、法规和规章及特定行政规范进行解释而形成的行政规范。

（一）自主解释性行政规范的特点

1. 解释主体。自主解释性行政规范的制定主体，即对法律、法规和规章进行解释的行政主体是没有法定解释权的行政主体。例如，我们在前文提到过的湖北省卫生厅《关于医疗单位配制制剂审批问题的有关规定》中的第 1、2 项的内容，是对《药品管理法》第十七条的解释，是解释性行政规范。但是，湖北省卫生厅并不是对该法具有法定解释权的主体，因而该解释性行政规范属于自主解释性行政规范。即使具有法定解释权的行政主体，也并不是对所有的法律、法规和规章都具有解释权。在特定的法律、法规和规章已经把解释权赋予某个行政主体后，其他行政主体对该法律、法规或规章进行解释而形成的解释性行政规范都是自主解释性行政规范。例如,《国有企业职工待业保险规定》(1993 年 4 月 12 日国务院令第 110 号发布)第二十五条规定:"本规定由国务院劳动行政主管部门负责解释。"在这种情况下,中国人民银行和国内贸易部等国务院有关行政主管部门并不是该规定的法定解释主体,如果进行解释而形成解释性行政规范则属于自主解释性行政规范。

2. 解释对象。自主解释也就是任意解释。这样,与法定解释性行政规范不同,法律、法规和规章都可以成为自主解释性行政规范的对象。例如,湖北省 1985 年 6 月 1 日〔85〕鄂税字第 201 号通知规定:工业企业(包括商办企业)通过所属非独立核算的门市部销售的自制产品,都应按产品的实际销售价(即门市部接受价)和规定的税率征税。这一"通知"的规定就属于对法律规范进行自行解释而形成的自主解释性行政规范。并且,自主解释性行政规范的解释对象不限于法律、法规和规章,还包括有关行政规范。它所解释的行政规范一般是上级行政主体所制定的行政规范。例如,卫生部《关于调整药品审批监督检验收费标准的通知》(〔86〕卫药字第 34 号),是根据国务院国发〔1986〕62 号文制定的创制性行政规范。湖北省卫生厅《转发卫生部"关于调整药品审批监督检验收费标准的通知"的通知》(鄂卫药字〔1986〕第 19 号),则是针对卫生部通知而制定的自主解释性行政规范。湖北省人民政府《关于认真贯彻国务院 105 号文件的通知》(鄂政发〔1983〕第 108 号,1983 年 10 月 20 日发布实施),则是对国务院所制定行政规范的解释。但有时,行政主体也会对自己以往的行政规范或没有隶属关系的行政主体的行政规范进行解释,制定自主性解释规范。例如,《湖北省卫生厅关于印发"湖北省县级医院基本用药品种目录(试行)"和"湖北省乡级医院基本用药品种目录(试行)"的通知》(鄂卫药政字〔86〕第 27 号),就是对其以往制定的行政规范即鄂卫药政字〔86〕第 8 号文的解释性行政规范。海关总署《关于转发对外经济贸易部〈关于进口汽车及汽车关键部件统一由经贸部签发进口许可证的通知〉的通知》(1989 年 2 月 23 日发布),则是对没有隶属关系的对外经济贸易部(《海关法》施行后两者间没有隶属关系)所制定行政规范的自主解释性行政规范。

在自主解释性行政规范的解释内容上，所体现的基本原理与法定解释性行政规范相同。

（二）自主解释性行政规范的作用

从总体上说，自主解释性行政规范的作用与法定解释性行政规范的作用是相同的，即阐明法律、法规和规章的意义，从而进一步控制行政自由裁量，实现行政公平。但具体地说，自主解释性行政规范又有其特殊的作用。

1. 对内作用。自主解释性行政规范以往并不对外发布，只发送到相关机关及负责人，因而对外并不具有法律效力，更不像法定解释性行政规范那样可作为法的渊源。日本学者盐野宏认为，这种解释性行政规范只能拘束下级行政主体，而不能拘束外部相对人，不具有外部法律效果，也不能作为法院审理行政案件的依据。当一个具体行政行为以这类基准为依据时，法院应当以独立的立场，依法来审理。[1] 在《法国行政法》一书中，王名扬先生则把这种解释性行政规范称为"内部行政措施"。它是指"行政长官对工作的指挥，对机关内部的组织和管理以及对下级公务员和机关所发布的命令和指示"，包括"通令"（解释性通令）、"指示"（作为自由裁量的指导标准）等。他指出，"内部行政措施的对象不是外界人员。一般不具有执行力量，而是一种事实行为。"行政法学研究内部行政措施的任务在于，分析内部行政措施是否真正限于内部。[2] 但现在，自主解释性行政规范已越来越外部化，可能直接或间接地影响到公民的权利义务。

2. 统一行动。由于行政主体各种各样，公务员的法律素质及其他素质各不相同，各行政主体及公务员所处的环境条件差异极大，因而往往导致对法律规范的理解上的不一致，对法律规范的执行上的不统一。这就有必要进一步阐明和确定法律规范的含义，统一认识、协调行动，对法律规范和行政规范进行工作解释。这种自主解释性行政规范即使从对

---

[1] 王名扬：《法国行政法》，中国政法大学出版社 1989 年版，第 178 页。

[2] 参见［日］盐野宏：《行政法》，杨建顺译，法律出版社 1999 年版，第 74 页。

内作用来说，至多也只是一种有约束力的工作指示，即指示所属行政主体及其公务员对法律规范和行政规范应作何种理解，从而统一和协调其行动和裁量，避免各级各类行政主体或公务员在操作上各行其是。日本学者盐野宏教授认为，这种解释性行政规范的目的是为了防止进行某种处分时作出各个不相同的对待，确保行政的统一性。① 德国学者哈特穆特·毛雷尔也指出：解释法律的行政规则"针对法律规范的解释，特别是法律概念的理解。它为下级行政机关提供了法律解释（指执行法律规范时的理解和认识，而并非我们在前文所说的法律解释——本书作者）的指南，从而确保法律的统一适用。"② 因此，自主解释性行政规范从作用内容上看，重点在于统一所属行政主体及其公务员对法律规范和行政规范的认识和理解从而使行动和裁量取得一致，而不在于使法律规范和行政规范进一步具体化以适应本地方本部门的具体情况。但自主解释性行政规范的外部化，也影响或调控着公众的行为。

3. 明确效力。行政系统是一个长官意志浓厚的系统。当一个法律、法规或规章生效时，下级行政主体及其公务员往往并不会积极主动地去实施它，而总是等待上级行政主体对实施该法律、法规或规章的安排或指示。只有在上级行政主体作出一个贯彻实施某某法律、法规或规章的通知后，下级行政主体及其公务员才会行动起来。例如，《行政处罚法》颁布后，国务院发布了《关于贯彻实施〈中华人民共和国行政处罚法〉的通知》，接着财政部也发出了《关于贯彻〈中华人民共和国行政处罚法〉的通知》（财法字［1996］15号），然后财政部条法司又列出了《〈行政处罚法〉中与财政相关的规定》（1996年4月22日发布），再由湖北省财政厅发出《关于贯彻〈中华人民共和国行政处罚法〉的通知》（鄂财法发［1996］407号），……最后各基层财政部门才行动起来。因

---

① ［德］哈特穆特·毛雷尔：《行政法学总论》，高家伟译，法律出版社2000年版，第594页。

② 参见罗豪才编：《行政法学》，北京大学出版社1996年版，第276—279页；胡建森：《行政法学》，法律出版社1998年版，第414—415页。

此，从法律上说，自主解释性行政规范起到了说明和强调特定法律、法规或规章在本地方本部门具有约束力，并要求所属各行政主体予以执行和自觉接受约束的作用。自主解释性行政规范，还可以明确上级行政规范对本系统的具体要求以及它在法律上的性质和地位，阐明和确定不具有行政隶属关系的行政主体所制定的行政规范在本系统的效力。总之，明确法律规范和行政规范在本系统的效力，从而统一认识、协调行动，是自主解释性行政规范的又一个作用。

第四节　指导性行政规范

一、指导性行政规范的含义

所谓指导性行政规范就是行政主体对不特定相对人事先实施书面行政指导时所形成的一种行政规范。

行政指导所针对的对象可以是特定的也可以是不特定的，其形式可以是书面的也可以是口头的。当行政指导以口头形式进行时，并没有形成一种行政规范。例如，某公安派出所根据《武汉市公安局关于执行〈武汉市城镇暂住人口管理规定〉的具体办法》等的规定，建议前来办理《武汉市暂住证》的建筑业民工李某集体申报的行为，是一个针对特定相对人的行为，尽管是一个行政指导行为，但却并不是一个指导性行政规范。当行政指导针对特定相对人时，即使以书面形式作出，也并没有形成行政规范。然而，当行政主体对不特定相对人，以书面形式进行行政指导并予以公布时，则形成了我们所说的行政规范。例如，《国务院关于发展高产优质高效农业的决定》（1992 年 9 月 25 日发布）和《国务院办公厅转发国务院引进国外智力领导小组办公室、国家科委、农业部关于进一步积极推广水稻旱育苗稀植栽培技术报告的通知》（1992 年 2 月 14 日发布）等，在内容上都属于行政指导而不是创制权利义务或解释法律规范，所针对的是不特定相对人而非特定相对人，因而都属于指导性行政规范。

指导性行政规范在内容上具有行政指导的各项特征，即并非创制权利义务，不具有强制性。否则，就不是指导性行政规范。在行政法学上，对行政指导作了各种各样的分类，如有法律根据的行政指导和无法律根据的行政指导，宏观行政指导和个别行政指导，促进性行政指导和限制性行政指导，管制性行政指导、调整性行政指导和促进性行政指导，助成性行政指导、规制性行政指导和调整性行政指导，等。[1] 这些分类都有一定的道理，可以帮助我们进一步认识行政指导。但是，我们认为对限制性行政指导必须加以限定，否则行政指导与行政创制和行政解释就没有什么区别了。例如，国家计委 1994 年颁布的《汽车工业产业政策》分别规定了应予支持、扶持、限制或禁止的汽车生产、经营的种类和范围。有的学者认为这是一种行政主体以限制相对人行为为目的限制性行政指导。[2] 我们认为，这种禁止性规定已经影响到相对人的权利义务，只能作为行政创制或行政解释，而不能作为行政指导。因此，《汽车工业产业政策》并非都是指导性行政规范。有的学者还把规定指导性内容的法律规范和代表政府观点的报刊等社论，作为一种行政指导。[3] 我们认为，规定指导性内容的法律规范和代表政府观点的报刊等社论，无论从主体上看还是从权利性质上说，都不属于行政指导。因此，这些法律规范和社论都不是指导性行政规范。

二、指导性行政规范的特征

指导性行政规范与其他行政作用一样是行政主体运用行政权所作的一种行为，与其他行政规范具有许多共同特征。但是，它又具有某些与其他行政作用不同的特征。

---

[1]　参见罗豪才编：《行政法学》，北京大学出版社 1996 年版，第 278 页。

[2]　参见包万超：《转型发展中的中国行政指导研究》，罗豪才编：《行政法论丛》（第 1 卷），法律出版社 1998 年版，第 290 页；郭润生、宋功德：《论行政指导》，中国政法大学出版社 1999 年版，第 64 页。

[3]　参见罗豪才编：《行政法学》，北京大学出版社 1996 年版，第 276 页；姜明安编：《行政法与行政诉讼法》，北京大学出版社、高等教育出版社 1999 年版，第 247 页。

（一）不具有法律效果

指导性行政规范并不具有相应的法律效果。它并不为不特定相对人创设权利义务，也没有为特定相对人设定、变更或消灭的某种权利义务关系及期望取得法律保护的行政意志。它在内容上主要表现为一种倡导、号召、建议和设想等，如《国务院批转国家计委关于全国第三产业发展规划基本思路的通知》（1993年3月12日发布）等。

该通知及附件仅仅阐明了国家在今后发展第三产业的态度和设想以及要达到的目标，而并未设定进入第三产业的自然人或法人的权利义务，其目的在于取得相对人的积极参与和主动配合。这样，在相对人对指导性行政规范未予合作时，行政主体也不得对相对人作出行政处罚或其他不利行政行为。这在国外立法上也已作出这样的规定。例如，《日本行政程序法》（1993年）第三十二条第二款规定："为行政指导者，不得以相对人不依从其行政指导为理由，而为不利益之处置。"《韩国行政程序法》（1996年）第四十八条也规定："行政指导应采取为达成其目的所必要且最少限度之方法为之。但不得违反受指导者之意思，不当地强为要求。""行政机关不得以受指导者不执行行政指导为由，采取不利益之措施"。我国虽然还没有作出统一、明确的立法规定，但在行政法学说中却已形成共识。① 尽管相对人自愿接受了行政指导之后也会产生一定的法律后果，从而导致相对人行政法上权利义务的取得、变更或丧失，但是这种法律后果的产生并不依赖于作出指导性行政规范的行政主体，而依赖于相对人的自觉协助及相关法律规范的规定。例如，广大农民积极响应《国务院关于发展高产优质高效农业的决定》，开展农田水利基本建设，兴修旱涝保收的基本农田，在资金上将得到优先贷款。但是，该决定并没有直接规定农民可获得无偿使用的资金等权利，贷款也将按有关法律规范的规定取得。也就是说，该决定没有任何关于权利义务及其可期望

---

① 参见包万超：《转型发展中的中国行政指导研究》，罗豪才编：《行政法论丛》（第1卷），法律出版社1998年版，第286页；郭润生、宋功德：《论行政指导》，中国政法大学出版社1999年版，第55页。

的法律保护方面的规定。因此，指导性行政规范在法律效果上有别于创制性行政规范和行政行为。

（二）不具有强制性

指导性行政规范最显著的特征之一，是不具有强制性。行政主体或人民法院都不能强制执行或强制实施该指导性行政规范，而只能依赖于相对人的接受或自觉遵守。例如，《国务院批转农业部关于促进乡镇企业持续健康发展报告的通知》（1992 年 3 月 18 日发布）在附件中分为六大部分，即明确发展目标和指导思想、合理调整经济结构和布局、大力提高企业的整体素质、不断深化企业改革、继续对发展乡镇企业实行扶持政策和切实加强对乡镇企业的领导。其中的内容，如"乡镇企业要因地制宜，积极开发利用当地资源，大力发展农副产品（包括林、畜和水产品）加工业、原材料工业、建材工业、农用工业和第三产业；在合理开发资源的前提下发展采矿业；根据条件和市场需求，积极发展为大工业配套服务、出口创汇、劳动密集型产品和城乡人民生活必需品"等，都只是号召和倡导，并不具有强制性。对指导性行政规范的非强制性特征，《日本行政程序法》（1993 年）第三十二条第一款作了明文规定："行政指导时，为行政指导者应注意不得超越该行政机关之职务或所掌事务之范围，且行政指导之内容仅得依相对人任意之协力以达成之。"指导性行政规范的这一特征是由它的内容决定的。它既然没有设定、变更或消灭相应的权利义务，也就无法予以强制执行或实施。如果要强制推行相应的政策或计划，就应制定相应的法律规范。当然，尽管指导性行政规范不具有法律上的强制力，但往往具有某种事实上的强制力。[①] 行政主体往往施以利益诱导的方式，来引导相对人进行相关行为的正确选择，从而事实上起到强迫相对人接受或遵守的行政目的。例如，在上述《国务院批转农业部关于促进乡镇企业持续健康发展报告的通知》中，就专门提出了扶持政策。这种扶持政策仅仅是适用法律规范时的指导思想，而并

---

① 日本公正、透明之行政程序委员会：《日本行政程序法纲要案暨说明》第 26 条，应松年主编：《外国行政程序法汇编》，中国法制出版社 1999 年版，第 430 页。

不是具体的权利义务。至于具体的权利义务，仍需要按有关法律规范来确定。因此，如果要把这种扶持政策看作强制性，最多也只是一种事实上的强制性，而不是法律上的强制性。在日本公正、透明之行政程序委员会提出的《日本行政程序法纲要案暨说明》中也指出：行政机关"对不依从行政指导之人，以法律规定发布命令或采取公开之处置"，不属于强制性的不当处理。① 这就说明，相对于传统单一且多以强权做后盾的"命令—服从"模式的行政手段而言，指导性行政规范体现了现代行政的"服务与合作"这一民主精神和对相对人的尊重。这不仅不会降低行政的功效，反而"可以使相对人主动参与实现行政目的，或自觉服从行政机关的意志"②，从而更加有效地实现行政的目的。无疑，指导性行政规范"是对传统依法行政如机械法治主义和干预行政的重要修正，使现代依法行政走向机动法治主义和福利行政，体现了现代行政管理权力手段淡化的新特点。"③

应当注意的是，国务院的行政规范是部委规章的依据。但是，国务院各主管部门在制定规章时，不得使国务院的指导性行政规范具有法律效果和强制力。同样，有关行政主体的指导性行政规范不仅仅是实施行政指导的依据，而且也是实施具体行政行为的依据。但是，行政主体不得通过具体行政行为使指导性行政规范具有法律效果和强制力。

（三）自主性行政规范

指导性行政规范一般是自主性行政规范。行政指导一般都是行政主体依职权所作的行政作用，并不需要取得法律规范的授权。以行政指导为内容的指导性行政规范，也不需要法律规范的授权，可由行政主体依宪法典和有关组织法赋予的职权制定。例如，《国务院关于下达〈国家中

---

① 罗豪才编：《现代行政法的平衡理论》，北京大学出版社1997年版，第21页。

② 袁曙宏、张永伟：《西方国家依法行政比较研究》，《中国法学》2000年第5期。

③ 参见姜明安编：《行政法与行政诉讼法》，北京大学出版社、高等教育出版社1999年版，第248—250页；[日]室井力编：《日本现代行政法》，吴微译，中国政法大学出版社1995年版，第155页。

长期科学技术发展纲领〉的通知》《国务院关于发展高产优质高效农业的决定》《国务院批转农业部关于促进乡镇企业持续健康发展报告的通知》和《国务院批转国家计委关于全国第三产业发展规划基本思路的通知》等，都是国务院依职权制定的。并且，它们都属于行政指导的内容。因此，这些指导性行政规范都属于自主性行政规范。有时，指导性行政规范的制定具有相应的法律依据。例如，《日本行政程序法》（1993年）第三十六条为日本行政机关制定指导性行政规范提供了法律依据。《中华人民共和国农业法》（1993年7月2日公布）第三十七条第二款规定："国家鼓励和引导农民从事多种形式的农产品流通活动"；《中华人民共和国科学技术进步法》（1993年7月2日公布）第二十六条规定："国家鼓励和引导从事高技术产品开发、生产和经营的企业建立符合国际规范的管理制度，生产符合国家标准的高技术产品，参与国际市场竞争，推进高技术产业的国际化"等内容，本身并不是行政指导行为，而都是制定指导性行政规范的法律依据。根据相应的法律依据所制定的指导性行政规范，并不是依授权的行政规范，而仍然是自主性行政规范。这是因为上述法律规范并没有授权有关行政主体制定指导性行政规范，也不需要作这样的授权。指导性行政规范没有相应的法律效果，也没有相应的强制性，可由行政主体依职权制定。当然，尽管指导性行政规范的制定并不需要法律规范的授权，也不需要相应的法律规范为依据，但这并不意味着它不受法的任何拘束。指导性行政规范的制定，不能超越行政指导的界限，必须坚持依法行政原则。[①]

三、指导性行政规范的作用

指导性行政规范作为一种灵活有效的行政方式，在当今世界许多国家的行政管理中得到越来越广泛的应用，发挥着越来越重要的作用。根据日本学者的研究，行政指导具有四种作用，即抑制作用、协助作用、

[①]　[日]室井力编：《日本现代行政法》，吴微译，中国政法大学出版社1995年版，第151页。

调整作用和引导作用。① 因此，我们可以说指导性行政规范也具有抑制作用、协助作用、调整作用和引导作用四种。

（一） 抑制作用

"所谓抑制性作用是指在某种意义上，对相对人的行为事实上具有抑制效果。"②

例如，《国务院关于下达〈国家中长期科学技术发展纲领〉的通知》（1992年3月8日）确定了国家中长期科学技术发展重点。这一内容本身并没有法律上的抑制作用，但却有事实上的抑制作用，即相对人在申请科研经费的时候，如所研究课题不属于所确定的研究重点，将难以得到批准。也就是说，指导性行政规范不仅引导相对人的行为，而且指导着行政主体在适用法律规范和行政规范时的价值选择，从而对不响应指导性行政规范号召的相对人行为起到事实上的抑制作用。

（二） 协助作用

"所谓协助作用是指保护相对人并予以协助的作用。"③ 例如，如果科研单位和研究人员所确定的研究计划属于《国务院关于下达〈国家中长期科学技术发展纲领〉的通知》（1992年3月8日发布实施）确定了国家中长期科学技术发展重点，那么在申请科研经费时将优先得到政府的支持。又如，四川省人民政府《关于加速发展水产生产的决定》（川府发［1981］79号文件，已废止）指出："发展水产养殖，要贯彻自力更生的精神，依靠集体力量为主，国家以必要的支持"；"养鱼所需钢材、木材、水泥、桐油、网具等物资，要列入计划，保证供应"；"国营渔场、站、水产科研所和渔业社养鱼所需精料，由粮食部门按规

---

① ［日］室井力编：《日本现代行政法》，吴微译，中国政法大学出版社1995年版，第151页。

② ［日］室井力编：《日本现代行政法》，吴微译，中国政法大学出版社1995年版，第151页。

③ ［日］室井力编：《日本现代行政法》，吴微译，中国政法大学出版社1995年版，第152页。

定供应。国家管理的水利工程，养鱼所需精料，原则上自行解决，确有困难的，可酌情供应一些"。这就表明，政府对所提倡的养鱼事业将给予保护和协助。

（三）调整作用

调整作用，是指行政规范对相对人相互之间的利害冲突所起的平息作用。例如，居民生活必需品价格的稳定与否，关系到消费者与生产经营者的切身利益，也关系到社会的稳定和公共利益的实现。当居民生活必需品价格波动过大，引起消费者普遍不满时，物价行政主管部门就应当根据《中华人民共和国价格法》（1998 年 5 月 1 日施行）第十八、二十五条等的规定，制定政府指导价，促进消费者和生产经营者之间的互让和合作，从而稳定社会关系。

（四）引导作用

引导作用是指导性行政规范的主要作用。"引导作用是指为实施和实现一定的政策或计划，并依据该政策和计划引导相对人行动的作用。从法治主义观点看，可以认为它是作为抑制指导之一的统制指导或协助作用。"例如，前述四川省人民政府《关于加速发展水产生产的决定》，对相对人的行动就具有引导作用。又如，湖北省人民政府《关于限制毁田烧砖积极开发和应用新型墙体材料的通知》（鄂政发［1989］16 号）指出："各地要从本地区的资源情况出发，充分利用工业废渣和其他非黏土资源，发展新型墙体材料生产。山土、河泥、湖泥、页岩资源丰富的地区，要大力发展黏土空心砖、页岩烧结砖生产；……河砂、水泥、石、石膏等资源丰富的地区，要大力发展黏灰砂砖及砌块、混凝土空心砌块以及石膏板、石膏砌块、石膏装饰品等生产；工业废渣排放集中的城市和工矿区，要大力发展粉煤灰砖、煤矸石烧结砖、加气混凝土和各种砌块的生产"。这些都是为了引导相对人因地制宜地发展新型墙体材料生产，从而停止毁田烧砖。

第五节　行政规范的法律地位

一、行政规范法源地位的争论

行政规范可以分为创制性行政规范、解释性行政规范和指导性行政规范三类。其中，创制性行政规范又可以分为依职权的创制性行政规范和依授权的创制性行政规范；解释性行政规范可以分为法定解释性行政规范和自主解释性行政规范。

对法定解释性行政规范，理论上并无争议，一致认为是法的渊源，可以作为具体行政行为和司法裁判的依据。但在司法界看来，这种法定解释性行政规范在我国当前还具有较大的行政随意性，因而不赞同给予其与其他法律解释相同的法律地位。最高人民法院《关于审理行政案件适用法律规范问题的座谈会纪要》规定："根据立法法、行政法规制定程序条例和规章制定程序条例关于法律、行政法规和规章的解释的规定，全国人大常委会的法律解释，国务院或者国务院授权的部门公布的行政法规解释，人民法院作为审理行政案件的法律依据；规章制定机关作出的与规章具有同等效力的规章解释，人民法院审理行政案件时参照适用。"可见，在司法界，法定解释性规范的地位也并不一致：针对行政法规的法定解释性规范可以作为依据，而针对规章的法定解释性规范在行政诉讼中仅仅是参照的作用。

对行政规范法律地位的理论争议，主要集中在法定解释性行政规范以外的行政规范上。有不少包括著名教授在内的学者主张，行政规范都应当作为行政法的渊源来对待。① 然而，也有许多学者却并不认为行政规

---

① 参见应松年编：《行政法学新论》，中国方正出版社 1999 年版，第 17—21 页；朱新力：《行政法基本原理》，浙江大学出版社 1995 年版，第 22 页；[德] 平特纳：《德国普通行政法》，朱林译，中国政法大学出版社 1999 年版，第 12 页。

范是行政法的渊源，甚至明确反对将其作为行政法的法源或具体表现形式。① 作者曾经提出一种折中并区别对待的观点，即法定解释性行政规范以外的行政规范并不当然属于行政法的渊源，只有当其构成一个行政惯例时才是行政法的渊源；② 创制性行政规范可以与准用性法律规范相结合而成为依据，或者在具体行政行为和司法裁判文书的说理部分作为认定事实的性质和程度轻重的依据；③ 自主解释性行政规范不具有独立的权利义务内容，但对内具有法律约束力，对外不具有法律约束力，也不能作为依据。④ 由此可见，"行政规则的法律性质充满争议，而分歧又因不同的概念表述变得更加模糊和激烈。在 19 世纪的国家法和行政法学理论中，法的概念限于独立的权利主体——在行政法领域是国家和公民——之间的关系，行政规则作为行政机关的内部规则被排除在法的范畴之外。"⑤

在德国，"后来历史的发展冲破了这种以当时宪政法律概念为依据的界限。现在，行政规则的法律特征已经得到了广泛的承认。有争议的是：行政规则是否——全部或者部分——作为法律规范纳入法律渊源。"⑥ 在我国，《立法法》并没有将行政规范列入其调整范围。由此看来，法定解释性行政规范以外的行政规范似乎并不是法的渊源。但行政规范的大量存在以及对不特定公众权利义务的影响，却是一个不争的事实。《立法法》可以不作规定，理论争论也可以继续，但司法审判却无法绕开行政

---

① 参见叶必丰、周佑勇：《行政规范研究》，法律出版社 2002 年版，第 84、100 页。

② 参见叶必丰、周佑勇：《行政规范研究》，法律出版社 2002 年版，第 83 页。

③ 参见叶必丰、周佑勇：《行政规范研究》，法律出版社 2002 年版，第 98—100、108 页。

④ ［德］哈特穆特·毛雷尔：《行政法学总论》，高家伟译，法律出版社 2000 年版，第 591—592 页。

⑤ ［德］哈特穆特·毛雷尔：《行政法学总论》，高家伟译，法律出版社 2000 年版，第 591—592 页。

⑥ 赵瑞罡、蒋慕鸿：《其他规范性文件在行政审判中的适用——对国内首例"尾号限行"案的评析》，《人民法院报》2010 年 8 月 12 日。

规范，也不能等待理论争论的结果。因此，《最高人民法院关于执行〈中华人民共和国行政诉讼法〉若干问题的解释》（法释［2000］8号）回避了"依据"和"参照"，使用了模糊化的"引用"一词。该解释第六十二条第二款规定："人民法院审理行政案件，可以在裁判文书中引用合法有效的规章及其他规范性文件。"《关于审理行政案件适用法律规范问题的座谈会纪要》（法［2004］96号）中明确了行政规范在行政审判中的地位，认为："这些具体应用解释和规范性文件不是正式的法律渊源，对人民法院不具有法律规范意义上的约束力。但是，人民法院经审查认为被诉具体行政行为依据的具体应用解释和其他规范性文件合法、有效并合理、适当的，在认定被诉具体行政行为合法性时应承认其效力；人民法院可以在裁判理由中对具体应用解释和其他规范性文件是否合法、有效、合理或适当进行评述。"司法审判人员将我国司法审判中对行政规范的态度基本总结为4条，即：（1）最高人民法院的司法解释和会议纪要主张合法有效的行政规范，可以作为以此作出的具体行政行为合法性审查的依据；（2）法院可依据行政行为合法有效的法定要件对行政规范进行审查；（3）法院不能直接确认行政规范因违法而无效或被撤销；（4）行政规范不能单独作为行政审判的法律依据。①

理论上对行政规范法律地位的争议，以及实践中对行政规范之所以用"引用""证明……依据"而不用"依据""依照""按照"或"根据"，关键在于对法源和法律依据的不同认识。在反对行政规范作为法源的人们看来，作为法源的规范对法院具有拘束力，法院不能对其进行合法性和合宪性审查或判断②，即使它存在违法或违宪的嫌疑也只能按《立法法》第四十三、九十条的规定予以处理。在主张行政规范可以作为法源的学者看来，凡是在法律文书中可引用的规则都是依据或法源，在国外司法裁判中所引用的权威学说也是法源。就我国来说，在这种争论的背后还存在着对行政权的信任程度及如何监控的不同认识问题。如果作

---

① 参见朱新力：《行政法基本原理》，浙江大学出版社1995年版，第22页。

② 参见任建国案［最典行1993-3］。

为国家最后权或最终权的司法权，对立法权的行使即法律和地方性法规的制定，对行政权的行使尤其对行政法规和规章的制定都能进行检验，并可拒绝适用违宪或违法的法律、法规或规章，那么上述争论就不会存在。然而，我国目前的实际情况是，对法律和法规法院尽管具有事实上的审查权却在法律上不具有判断权而仅具有解释权，对规章法院具有一定的审查权和合法性判断权①，对行政规范则法院具有审查、判断和拒绝适用权。《行政诉讼法》（2014 年修订）第五十三条第一款规定："公民、法人或者其他组织认为行政行为所依据的国务院部门和地方人民政府及其部门制定的规范性文件不合法，在对行政行为提起诉讼时，可以一并请求对该规范性文件进行审查。"当然，还有一个重要的原因是行政规范也没有按立法程序制定，不具有行政法规范所应具有的法的规范性特征。

二、法源的标准

（一）法源和依据的不对等性

在我国行政法理论和实务界，"法源"和"依据"往往是在同一意义上使用的。那就是，凡是法的具体表现形式，都是具体行政行为和司法裁判的依据；反之，凡是能够作为具体行政行为或司法裁判依据的，都是法的具体表现形式。主张行政规范作为法源和依据的人们和反对行政规范作为法源和依据的人们，在这一思路上可以说是相同的。

作者认为，法源与"依据"是两个不同的概念。作为法源的行为规范，无疑是具体行政行为和司法裁判的依据，但可以作为行政行为和司法裁判依据的，不一定就是法的具体表现形式。我们常说，法律上也规定，以事实为依据、以法律为准绳。这说明，从广泛的意义上讲，事实也是依据，但它显然不属于法的范畴。法院对事实的尊重，不是基于强制性约束力，而是基于它的真实性。国家机关和仲裁机关所制作的法律

---

① 参见《最高人民法院关于行政诉讼证据若干问题的规定》，2002 年 6 月 4 日最高人民法院审判委员会第 1224 次会议通过（法释〔2002〕21 号）。

文件，既可以作为证据①，也可以作为行政主体实施具体行政行为和法院作出司法裁判的依据。例如，房屋买卖合同既可以作为行政主体颁发房产证书的依据，也可以作为法院在民事诉讼中审理房产纠纷、遗产继承纠纷的依据，还可以作为法院在行政诉讼中审理房产证书合法性的依据。作为具体行政行为的房产证书，既可以作为民事主体对房产进行交易的依据，也可以作为行政主体变更房产登记的依据，还可以作为法院审理案件的依据。还有公证文书、仲裁文书和司法裁判文书等，都可以作为上述意义上的依据。可以说，合同、仲裁决定是当事人之间的法律，具体行政行为是行政主体向特定相对人宣布的关于特定事项的法律②，司法裁判对当事人来说则是最后的法律。③ 但是这种"法律"，只是凯尔森所说的相对于"一般规范"而言的"个别规范"，即："它决定一个人在一个不重复发生的状态下的行为并从而只对一个特殊场合才有效而且只可能被服从和适用一次"。④ 这种个别规范之所以也是法律规范，是因为对法的含义是从法律秩序上来界定的，⑤ 而不是从法源体系上来界定的。显然，这种个别规范并不是法的具体表现形式。另外，一个学校的规章制度，也是行政部门解决学校与学生之间纠纷的依据，法院也要作为依据来对待，但同样不是法源。某些行政惯例，如行政主体对相对人的申请不予答复的在我国视为对申请的拒绝，也可以成为依据，但行政惯例在获得法律的特别承认外在我国并非法的具体表现形式。⑥ 总之，作为"依

---

① 参见叶必丰：《行政行为的效力研究》，中国人民大学出版社 2002 年版，第 28—31 页。

② 参见刘星：《法律是什么》，中国政法大学出版社 1998 年版，第 64—66 页。

③ ［奥］凯尔森：《法与国家的一般理论》，沈宗灵译，中国大百科全书出版社 1996 年版，第 40 页。

④ 参见［奥］凯尔森：《法与国家的一般理论》，沈宗灵译，中国大百科全书出版社 1996 年版，第 40 页。

⑤ 参见沈宗灵编：《法理学》，高等教育出版社 2000 年版，第 346 页；张文显编：《法理学》，高等教育出版社、北京大学出版社 2001 年版，第 315 页。

⑥ 参见沈宗灵编：《法理学》，高等教育出版社 2000 年版，第 346 页；张文显编：《法理学》，高等教育出版社、北京大学出版社 2001 年版，第 64 页。

据”的法律文件并非都是法源。

（二）法源的效力标准

主张行政规范都应作为法源的人们和反对行政规范作为法源的人们，尽管都把法源与“依据”相等同，但他们的推理思路却是不同的。主张者的思路是从行政推及司法，即行政规范能作为具体行政行为的依据，也应作为司法裁判的依据，是法的具体表现形式；反对者的思路则是从目前的司法实践推及行政，即法院审理行政案件不必以行政规范为依据，具体行政行为也不能仅仅以行政规范为依据，因而不是法的具体表现形式。这就涉及论证的逻辑起点和法源判别标准的选择问题。

我们认为，判断一个行为规范是不是能够作为法源即法的具体表现形式的标准，应当是法的一般特征。从效力上说，能够作为法的渊源的行为规范的一般特征就是具有普遍性强制约束力。① 合同、具体行政行为和司法裁判也具有强制性法律效力，但却不具有普遍性约束力，因而不是法的具体表现形式。当然，在英美法系国家，判例可以上升为判例法，对特定事项的裁判可以抽象出一般规则。这时，本来只能约束当事人的裁判，也就成了具有普遍性法律约束力的法的具体表现形式。

法律规范的普遍性强制约束力，意味着它不仅仅约束普通公众，而且也适用于执法者和法官。也就是说，法律规范不仅是普通公众作为或不作为必须遵循的规则，而且也是执法者和法官要求公众作为或不作为的规则，以及评判公众作为或者不作为是否合法的标准。“法律拘束的两重性在司法中意味着，法律既作用于个人也作用于法院，两者都处于法律约束之下。”② “法官不得不依据规范来决定案件”，“使法典保持着对法官判决的决定性作用”。③ 法官不得抛开制定法规范自行创造规则。法

---

① ［德］奥托·迈耶：《德国行政法》，刘飞译，商务印书馆2002年版，第79页。
② ［德］阿图尔·考夫曼等编：《当代法律哲学和法律理论导论》，郑永流译，法律出版社2002年版，第271、273页。
③ ［法］勒内·达维：《英国法与法国法：一种实质性比较》，潘华仿等译，清华大学出版社2002年版，第32页。

官"所作的充其量不过是从立法者发布的文字中提取出其真意而已。"①
法律规范对法官的约束，具有两方面的含义："其一，约束法官，一方面
允许详细预测判决的结果，相关人能较早地对法官行为作好准备；另一
方面，因此增强法律规范对社会可期待的作用：愈是可精确地预计行为
结果，一般上，则愈是可能持续的决定着行为人可能的选择。其二，法
官受判决标准（法律规范）约束，是对这个判决进行事后审查的前提，
这个标准不仅仅通过判决本身而建立有效性。"② 当然，这种情况发生在
具有大陆法传统的国家。在英美法国家，什么是法律是由法官来宣布
的③，事先并"不存在超越个案裁断所必需的法律规则"，法律规范对法
官的拘束力是非常有限的，甚至"严格讲他们没有拘束的权威"。④

判断一个行为规范是否具有普遍性强制约束力，不仅仅要看该行为
规范所指向的对象是不是不特定多数公众，而更要看对法官是否具有强
制性约束力。因为法官或法院不同于普通公众，拥有国家权力即司法权。
只有对法官或法院具有强制性拘束力的行为规范，才具有普遍性。法官
和法院也不同于行政官员和行政机关。在行政系统，所实行的是下级服
从上级原则和首长负责制。对一个行为规范的执行或者说受一个行为规
范拘束，不仅仅取决于该行为规范的拘束力，还取决于下级服从上级原
则和首长负责制。法官或法院却具有独立的身份或地位。在西方国家，
从法律上说，法官不受任何个人或组织的控制，是完全独立的。他们只
对法律负责，只服从于法律。在我国，法院依法独立行使审判权。只有
在这种具有独立地位的法官或法院，也要受到行为规范的拘束时，我们
才能说该行为规范具有真正的普遍性强制拘束力，是法的具体表现形式。

当然，拘束力与公定力、既判力是不同的。法官或法院不能审查法

① ［德］阿图尔·考夫曼等编：《当代法律哲学和法律理论导论》，郑永流译，法律
　出版社2002年版，第271、279页。
② 参见刘星：《法律是什么》，中国政法大学出版社1998年版，第67页。
③ ［法］勒内·达维：《英国法与法国法：一种实质性比较》，潘华仿等译，清华大
　学出版社2002年版，第28页。
④ 参见曹建明编：《WTO与中国的司法审判》，法律出版社2001年版，第285页。

律，是由法律的拘束力决定的。法院或法官对受诉具体行政行为和无效具体行政行为外，对所涉及的其他具体行政行为也不能任意加以审查、推翻，这是由具体行政行为的公定力决定的，而不是因为具体行政行为的拘束力。具体行政行为的拘束力，仅限于拘束作出该具体行政行为的行政主体和该具体行政行为所指向的相对人，不能拘束法院或法官等其他主体。法院也不能任意推翻已生效的司法裁判。同样，这不是由该司法裁判的拘束力决定的，而是由其既判力决定的。具体行政行为和司法裁判，并不具有普遍性强制拘束力。

总之，从效力标准上说，只有当一个行为规范能够拘束法官或法院时，才是法的具体表现形式。

三、行政规范并非都是法源

（一）具有法源地位的行政规范

《行政法规制定程序条例》第三十一条规定："行政法规条文本身需要进一步明确界限或者作出补充规定的，由国务院解释。国务院法制机构研究拟订行政法规解释草案，报国务院同意后，由国务院公布或者由国务院授权国务院有关部门公布"；"行政法规的解释与行政法规具有同等效力"。无论是从《立法法》还是从《行政诉讼法》的规定上来看，行政法规对法院都是具有强制性拘束力的。国务院对行政法规的解释既然与行政法规本身具有同等的法律效力，那么也应该对法院发生强制性拘束力。

根据《行政诉讼法》的规定，人民法院审理行政案件应"参照"规章。对这里"参照"的权威解释，是《最高人民法院关于执行〈中华人民共和国行政诉讼法〉若干问题的解释》第六十二条第二款的规定，即："人民法院审理行政案件，可以在裁判文书中引用合法有效的规章。"在这"合法有效"四字的背后，所蕴藏的是法院对规章的审查。这也就意味着规章本身对法院缺乏强制性拘束力。在《行政诉讼法》制定时及实施初期，规章的制定上很不规范，存在的问题比较多。对规范规章制定的现实迫切性超过了我们的理性，赋予法院对规章的一定审查权是可以接受的。但现在，我们基本上可以说，规章的制定已经走上了法制化的轨道。当然，这并不是说对规章已无可挑剔。问题是规章仍然可能存在的不规范性，是法律和法规也同样存在的，那么是不是也因此可以否定法律、法规对法院的拘束力呢？如果标准是统一的，那么回答显然是否定的。何况，《立法法》已经将规章纳入其调整范围，即给予其法的渊源地位，并在第八十八条明确规定了有权改变或者撤销规章的机关。《规章制定程序条例》第三十三条规定："规章解释权属于规章制定机关"；"规章有下列情况之一的，由制定机关解释：

（一）规章的规定需要进一步明确具体含义的；（二）规章制定后出现新的情况，需要明确适用规章依据的"；"规章解释由规章制定机关的法制机构参照规章送审稿审查程序提出意见，报请制定机关批准后公布"；"规章的解释同规章具有同等效力"。该条例第三十五条又明文规定："国家机关、社会团体、企业事业组织、公民认为规章同法律、行政法规相抵触的，可以向国务院书面提出审查的建议，由国务院法制机构研究处理"；"国家机关、社会团体、企业事业组织、公民认为较大的市的人民政府规章同法律、行政法规相抵触或者违反其他上位法的规定的，也可以向本省、自治区人民政府书面提出审查的建议，由省、自治区人民政府法制机构研究处理。"作者认为，这些规定可以视为随着情况的发展变化而对《行政诉讼法》关于参照规章规定的一种校正。

《立法法》是一部基本法律，《规章制定程序条例》是一部行政法规。法院就应该按《立法法》和《规章制定程序条例》的规定，接受规章的拘束。反过来说，同一个规章，即使是在同一个法院，当它在行政诉讼中出现时就予以审查，而出现在民事诉讼和刑事诉讼中时却并不需要予以审查，也是一个不能再持续下去的矛盾。同时，GATS 关于可受司法审查、法院可不受拘束的行政行为，也并不包括规章。① 总之，如果作者对规章的上述分析是可以成立的，那么与规章具有同等效力的解释即对规章的法定解释性行政规范，对法院也应当具有强制性拘束力。

与此相适应，在《立法法》《行政法规制定程序条例》和《规章制

---

① 参见叶必丰、周佑勇：《行政规范研究》，法律出版社 2002 年版，第 100—102 页。

定程序条例》生效以前，行政机关根据《全国人民代表大会常务委员会关于加强法律解释工作的决议》，以及根据单行法律、法规和规章的规定，对法律、法规和规章进行解释所形成的法定解释性行政规范①，也应具有对法院的强制性拘束力。

总之，上述法定解释性行政规范，具有普遍性强制拘束力，对法院或法官同样具有强制拘束力，是法的具体表现形式。尽管我国的法定解释性行政规范，无论在内容还是形式上，与法治的要求相比还有较大的距离，其严肃性和科学性也都有待加强，但这不应该成为否定其普遍性强制拘束力和法源地位的正当理由。

（二）与法律规范相结合而具有法源地位的行政规范

行政规范可因与准用性法律规范相结合而具有普遍性强制拘束力。例如，国务院制定的《中华人民共和国水土保持法实施条例》（1993年8月1日发布）第六条规定："水土流失重点防治区按国家、省、县三级划分，具体范围由县级以上人民政府水行政主管部门提出，报同级人民政府批准并公告。"这是一条准用性法律规范。湖北省人民政府制定的《省人民政府关于划分水土流失重点防治区的公告》（鄂政发〔2000〕47号)②，是一个行政规范，并且是一个为该条例第六条所承认的、构成第六条之部分内容的行政规范。在这种情况下，准用性法律规范因其内容的不确定性，拘束力并不完整。行政规范本身也没有独立的普遍性强制拘束力。只有两者的结合，才共同构成了普遍性强制拘束力。依授权的创制性行政规范，都属于这种情况。但属于这种情况的不限于依授权的创制性行政规范，也可以是其他行政规范。③

----

① 《省人民政府关于划分水土流失重点防治区的公告》，2000年8月21日。

② 参见叶必丰、周佑勇：《行政规范研究》，法律出版社2002年版，第83页。

③ 参见《地方各级人民代表大会和地方各级人民政府组织法》第五十九条第一项，《行政诉讼法》第十二条第二项，《最高人民法院关于执行〈中华人民共和国行政诉讼法〉若干问题的解释》第三条，《上海市行政机关规范性文件制定程序规定》（2002年10月9日上海市人民政府发布）第二条第一款，《安徽省行政机关规范性文件制定程序规定》（2002年12月4日安徽省人民政府发布）第二条，等。

（三）不具有法源地位的行政规范

人们主张行政规范都是行政法的渊源的主要理由，是因为它对不特定公众和所属行政机关及其工作人员都具有强制性拘束力。行政规范对不特定公众和所属行政机关及其工作人员的这种拘束力，几乎并不存在争议，而且也是有相应法律依据的。①《行政复议法》第二十六、二十七条也确认了这种拘束力，即复议机关只能在自己的权限范围内对行政规范予以处理，对无权处理的应送有权处理的行政机关依法处理。但我们有必要指出的是，行政规范对不特定公众的强制拘束力是通过具体行政行为来实现的；对所属行政机关及其工作人员的强制性拘束力，也并非源于行政规范本身，而源于下级服从上级原则和首长负责制。我们在前文已经指出，一个行为规范是否具有普遍性强制拘束力，关键不是看对不特定公众是否具有拘束力，也不是看对所属行政机关及其工作人员是否具有拘束力，而是看对法院或法官是否具有拘束力。但行政规范对不特定公众和所属行政机关及其工作人员的拘束力，由于是基于具体行政行为和下级服从上级原则、首长负责制，因而也就不能当然地推及法院或法官，而应当考察我国实定法的规定。

法律规范、行政规范对法院的拘束力问题，是与法律适用即法院是否可以拒绝适用或选择适用某个行为规范相联系的。"当然，这在此时以非常固定和精确的方式出现的。法律预先为各种具体情况确定了完整的、对于这种情况正当的决定。法院还需要做的，只是确定法律的这种一致性并予以宣布。这就是法律的适用。"② 对法律适用问题加以规定的，我国早就有相应的大量司法解释存在③，而在法律上首次加以规定却是《行

---

① ［德］奥托·迈耶：《德国行政法》，刘飞译，商务印书馆 2002 年版，第 79—80 页。

② 参见 1955 年 7 月 30 日《最高人民法院关于在刑事判决中不宜引用宪法作为论罪科刑依据的批复》，1986 年 10 月 28 日《最高人民法院关于人民法院制作法律文书如何引用法律规范性文件的批复》，等。

③ 参见曹建明编：《WTO 与中国的司法审判》，法律出版社 2001 年版，第 285 页。

政诉讼法》。该法规定，法律和法规是审理行政案件的依据，规章是参照；行政规范具有普遍性约束力，不属于行政诉讼的受案范围。这一规定是引起对规章、行政规范是不是法源的争议的起因，并且不适用于各类诉讼而只适用于行政诉讼领域。因此，这一规定不足以作为我们论证行政规范对法院是否具有拘束力的基础。同时，司法权是最后权、最终权，行政机关运用规章对行政规范约束力的规定；我国并不实行判例法制度，最高法院对行政规范约束力的规定及各级法院的实践，也都不足以作为我们论证的基础，都缺乏充分的说服力。在我国现行有效的法律规范中，系统全面规定法律适用问题的是《立法法》。该法第六章"适用与备案"的规定，不仅适用于行政执法，而且也适用于检察和审判；不仅适用于行政诉讼，而且也适用于民事诉讼和刑事诉讼。因此，该法是我们分析和论证法律适用问题的基础。

根据《立法法》的规定，法院在审理各类案件中应当予以适用，即使认为违法也只能通过有权机关予以处理的，即对法院具有强制拘束力的，是法律、法规和规章（包括它们的法定解释），而并不包括法定解释性行政规范以外的行政规范。我们认为，在《立法法》制定、通过以前，有关行政规范的法律地位已经引起广泛关注和讨论的情况下，该法未规定行政规范对法院的拘束力并不是一种疏忽和遗漏。也许，这也可以被怀疑为是一种理论上争论不清、实践中尚未协调一致的回避。但即便是回避，在对法院具有拘束力的法律规范已经实行法定主义的情况下，在法律制度上应该说已经明确法定解释性行政规范以外的行政规范的地位，即对法院不具有拘束力，不是法的渊源。

另外，行政规范（法定解释性行政规范除外）并非法源的论据，还有 GATS 规则。GATS 中关于可受司法审查的行政行为（Administrative Decision）的外延，并不包括行政立法行为即制定行政法规和规章行为却包括制定行政规范（除法定解释性行政规范外）行为和具体行政行为。① 也就是说，行政规范（除法定解释性行政规范外）对法院没有强制拘束力。

---

① 参见叶必丰：《行政法学》，武汉大学出版社 2003 年版，第 78 页。

我们还有必要指出的是，法定解释性行政规范对法院具有拘束力，其他行政规范对法院没有拘束力，不仅仅在行政诉讼中是如此，而且在其他所有诉讼中都是如此。

四、行政规范都是"依据"

(一) 行政规范的"依据"地位

我们在前文指出，法源与依据是两个不同的概念，依据的内涵可以不包括强制拘束力，依据的外延也就比法源要广泛。以此为前提，我们认为所有行政规范都可以作为具体行政行为和司法裁判的依据。也就是说，具有法源地位的行政规范即法源性行政规范可以作为具体行政行为和司法裁判的依据，非法源性行政规范也可以作为具体行政行为和司法裁判的依据。这是因为：第一，既然已生效的具体行政行为和司法裁判等都可以作为依据，那么行政规范为什么就不能作为依据呢？第二，行政主体作出具体行政行为和法院作出裁判总得有个依据。在法律规范没有作出规定或者规定不具体的情况下，或者是以行政规范为依据，或者是以非国家机关制定的行为规则作为依据，或者是以行政主体或法院自己的理解、判断作为依据。在这三者中，行政规范比非国家机关的规则更具权威性，比行政主体、法院在个案中的自行理解、判断更具可预测性。因此，以行政规范为依据也是理所当然的选择。第三，反对把行政规范作为依据，不仅仅是为了反对把它作为法源，而且更重要的是为了反对行政随意性和保障公民的合法权益。但是，作者认为只有把行政规范作为依据，才能达到上述目的。依职权的创制性行政规范仅限于给付行政领域，是一种在没有相应法律规范规定时的替代性规则。① 如果一个以此为依据的具体行政行为被认定为没有法律依据而予以撤销，实际受害的是相对人，也就是相对人的权利没有得到保障。解释性行政规范是为了向行政主体提供一个更明确具体的裁量基准。如果法院不以这些行

---

① 参见［法］勒内·达维：《英国法与法国法：一种实质性比较》，潘华仿等译，清华大学出版社 2002 年版，第 32 页。

政规范为依据，也就意味着反对行政主体以这些行政规范为依据，意味着允许行政主体抛开行政规范按自己的理解和判断裁量，那么只能导致行政随意性增加，行政准确性丧失。第四，就我国现实而言，法官的整体法律素质高于公务员。然而，即便是法官也仍然要求法律规范越具体、越明确越可操作，几乎已经到了要求每一举一动都需要条文的"条文崇拜主义"地步。在公务员队伍中，经过法学专门训练的几乎凤毛麟角。如果离开行政规范，那么我们可以预测行政统一性和一致性将会怎样。

（二）行政规范的可审查性

具体行政行为和司法裁判可以以行政规范为依据，是以行政规范的合法有效为前提的，而不是把违法的行政规范也作为依据。尽管我国行政规范的制定在逐渐完善，但毕竟并没有经过立法程序或没有按立法程序论证，在民意的表达、利益的体现和符合法律方面，往往都存在着不能容忍的缺陷。如果说行政规范的大量存在可以有效遏制具体行政行为的随意性，那么行政规范本身的随意性却得以泛滥，至少曾经如此。这就不仅需要规范行政规范的制定，还需要确立对行政规范的事后补救机制。备案等上级对下级的监督，是行政规范的事后补救机制之一，但迄今为止收效并不明显。下级对上级的监督，则只能表现为提出异议和意见的保留。基于下级服从上级原则，即使行政规范违法，如异议未被接受、违法未被纠正，那么也只能执行。即使事后的行政补救机制较完善，由法院在审理案件中对行政规范一并予以审查，也是并行不悖又简便有效的机制选择，也可以为行政规范建立一道最后的"防火墙"。人们反对把行政规范作为依据的主张，正反映了对它给予司法审查，对行政权进行司法监控的现实要求，而不是、至少不仅仅是基于制定主体地位高低的考虑。

在成文法体制下，对于作为法源的行为规范，法官最多只能解释它而不能审查它。法官所能做的是力求证明自己的裁判基于法律规范，而不是基于正当程序和公平理念审查法律或创制法律。① 但除法定解释性行政规范外，行政规范不是法的具体表现形式。这就为法院对行政规范的审查提供了可能性。法院对这类行政规范的审查不仅没有法律障碍，而且还有 GATS 所提供的保障。GATS 要求把具体行政行为和制定行政规范的行为都纳入司法审查的范围。对这一要求的满足，我们不仅可以通过修改《行政诉讼法》的受案范围的规定来实现，而且也可以在不修改该法的情况下，规定法院在审理案件中对行政规范进行合法性审查来实现。这种审查，不仅可在行政诉讼中进行，而且可在各类诉讼中进行。

第六节　行政规范的位阶

一、行政规范的位阶概述

行政规范的位阶所要说明的是行政规范与法律规范间，以及行政规范相互间的效力关系问题。它也是行政规范法律地位的组成内容，只因篇幅问题而被作为单独一节。

法定解释性行政规范是一种法源性行政规范，其他行政规范是非法源性行政规范。法源性行政规范是法律规范之一种。其中，国务院的法定解释性行政规范与行政法规具有同等效力，规章制定主体的法定解释性行政规范与规章的效力相同。因此，以下几点是非常清楚而无须细说的：第一，在行政规范与法律规范的效力关系上，不具有行政立法权的行政主体也就不具有法定解释权，所制定的行政规范，都不是法源性行政规范，效力无疑都低于宪法、法律、法规和规章；具有行政立法权的主体即国务院和规章制定主体所制定的法定解释性行政规范的位阶则分别按行政法规和规章的位阶确定，也无疑问；而比较复杂的是具有行政

---

① 参见应松年编：《行政行为法》，人民出版社 1993 年版，第 309 页；罗豪才编：《行政法学》，中国政法大学出版社 1996 年版，第 161 页。

立法权的主体所制定的非法源性行政规范与法律规范间的效力关系问题。第二，在行政规范相互间的效力关系上，非法源性行政规范与法源性行政规范的效力关系，等同于非法源性行政规范与法律规范间的效力关系，下级非法源性行政规范的效力低于上级非法源性行政规范的效力，不相隶属的行政主体所制定的行政规范之间也不存在效力等级关系。因此，本节需要着重说明的是国务院和规章制定主体制定的非法源性行政规范与法律规范间的效力关系。

另外，本节也将说明行政规范违反法律规范和上级行政规范的处理问题。

二、国务院的非法源性行政规范与法律规范间的效力关系

国务院是最高国家权力机关的执行机关，因而所制定的非法源性行政规范的效力无疑低于宪法典和法律。如果它与宪法和法律相抵触，则可由全国人大常委会依据《宪法》第六十七条第七项的规定予以撤销。但是，国务院制定的非法源性行政规范与行政法规、地方性法规和行政规章间的效力关系如何呢？

（一）国务院的非法源性行政规范的效力低于行政法规

国务院制定的非法源性行政规范的效力不能高于行政法规，与行政法规也不具有同等效力。这在学说上基本上已经达成共识。[①] 例如，《国务院关于发展数字程控电话交换机有关问题的通知》（1992 年 12 月 13 日发布）、《国务院关于进一步加强造林绿化工作的通知》（1993 年 2 月 23 日发布）和《国务院办公厅关于确保人口变动情况抽样调查工作质量的通知》（1992 年 10 月 24 日发布），在效力上都低于国务院的有关行政法规。国务院制定的非法源性行政规范的效力之所以低于行政法规，主要有几方面的理由：第一，根据《党政机关公文处理工作条例》第十九条第一项的规定，起草行政规范应当"符合党的理论路线方针政策和国家

---

① 参见叶必丰：《行政法学》，武汉大学出版社 2003 年版，第 175 页；叶必丰：《论规范性文件的效力》，《行政法学研究》1994 年第 4 期。

法律法规，完整准确体现发文机关意图，并同现行有关公文相衔接符合国家的法律、法规及其他有关规定"。这就意味着国务院制定的非法源性行政规范应符合行政法规的规定，而不得违反行政法规或与行政法规相抵触，否则是无效的。第二，《行政法规制定程序条例》第三十五条规定："修改行政法规的程序，适用本条例的有关规定。"这就是说，只有参照该条例规定的程序所制定的规范性文件，才能修改行政法规的规定，否则就不能修改行政法规的规定。按照该程序修改行政法规的活动是一种行政立法活动。国务院制定的非法源性行政规范是按照《党政机关公文处理办法》规定的程序制定的，因而就不能修改行政法规的规定。第三，从理论上说，国务院制定的非法源性行政规范内容的重要性、程序的严格性、形式的严肃性、结构的严谨性、条文的规范性和效力的普遍性、稳定性，都不如行政法规，自不具有与行政法规相等的法律效力。

（二）国务院的非法源性行政规范的效力低于地方性法规

国务院制定的非法源性行政规范与地方性法规间的效力关系如何，未见有法律、法规和规章等的明文规定。根据《宪法》第六十七条第八项、《地方组织法》第七条和第四十三条和《立法法》第七十九条第二款等的规定，地方性法规只是不能同行政法规相抵触，而未规定不能同国务院制定的非法源性行政规范相抵触。有关地方性法规制定程序方面的规定，如《上海市人民代表大会常务委员会制定地方性法规程序的规定》（1992年3月4日施行）、《湖北省人大常委会制定地方性法规程序的规定》（1994年1月25日修正）和《武汉市人民代表大会及其常务委员会制定地方性法规办法》（2001年2月20日施行）等，也未规定地方性法规不能同国务院制定的非法源性行政规范相抵触。尽管根据《党政机关公文处理工作条例》第十九条第一项的规定，行政规范不能同"法规"相抵触，行政规范包括了国务院制定的非法源性行政规范，"法规"也包括了地方性法规，但这并不能必然地得出地方性法规不能同国务院制定的非法源性行政规范相抵触的结论。

我们认为，地方性法规是地方民意机关按立法程序制定的一种规范性法律文件，是法的渊源之一，具有权威性和稳定性。相反，国务院制定的非法源性行政规范并不是民意机关按立法程序制定的，也并不是法的具体表现形式。由此可见，宪法典、地方组织法和《立法法》规定部门规章的制定应以国务院制定的非法源性行政规范为依据，而没有规定地方性法规也应以国务院制定的非法源性行政规范为依据，似乎不应理解为立法者的疏忽。因此，当国务院制定的非法源性行政规范与地方性法规不一致时，应以地方性法规的规定为准，只要该地方性法规符合宪法典、法律和行政法规。例如，国务院制定的非法源性行政规范与《湖北省农村五保户供养工作暂行规定》（1986 年 3 月 19 日实施，1996 年 1 月 24 日失效）不一致的，在湖北省境内就应当以该暂行规定的规定为准。当然，这并不意味地方性法规可以废止国务院制定的非法源性行政规范，而仅仅表明在该地方性法规所适用的地域范围内，应以该地方性法规的规定为准，国务院制定的非法源性行政规范在其他地方仍然是有效的。例如，《国务院办公厅转发国务院环境保护委员会关于积极发展环境保护产业若干意见的通知》（1990 年 11 月 10 日）如果与湖南省的某一地方性法规不一致，则只在湖南省境内以该地方性法规的规定为准，该通知在其他省、市仍然具有法律效力。

本章作者曾经认为，国务院作为中央人民政府、最高国家权力机关的执行机关和最高国家行政机关，所制定的行政规范应在全国范围内得以贯彻和遵守。同时，根据法律和行政法规制定的国务院的非法源性行政规范也可视为国务院对法律和行政法规的解释，是法律、行政法规的组成部分。因此，地方性法规不仅应与法律、行政法规相一致，而且还应与执行或解释法律、行政法规的国务院制定的非法源性行政规范相一致，而不能与这类由国务院制定的非法源性行政规范相抵触；如果相抵触的，国务院可按照《法规规章备案规定》建议全国人大常委会依《宪法》第六十七条第八项等规定处理。[①] 对此，作者在马怀德教授主编的《行政法与行政诉讼法》一书中已作修正，[②] 在此再予说明。这是因为，

---

① 马怀德编：《行政法与行政诉讼法》，中国法制出版社 2000 年版，第 212 页。
② 参见叶必丰：《行政法学》，武汉大学出版社 2003 年版，第 175 页；叶必丰：《论规范性文件的效力》，《行政法学研究》1994 年第 4 期。

只要地方性法规能与法律和行政法规保持一致，法制的统一和国务院的统一领导应该不会有什么大的障碍。

（三）国务院的非法源性行政规范与行政规章的效力关系

1. 国务院的非法源性行政规范的效力高于部门规章（部委规章）。根据《宪法》第九十条第二款，《立法法》第七十一条第一款的规定，国务院各部、委员会、中国人民银行、审计署和具有行政管理职能的直属机构，可以根据国务院的决定、命令，在本部门的权限范围内，制定规章。这就意味着，国务院制定的非法源性行政规范是部门规章的制定依据之一，部门规章不仅不能与法律、行政法规相抵触而且不能与国务院制定的非法源性行政规范相抵触。由此也可以说，国务院制定的非法源性行政规范的效力高于部门规章。宪法典和《立法法》之所以作这样的规定，我们认为是为了加强中央政府"政令"的统一和一致。

2. 国务院制定的非法源性行政规范的效力低于地方规章。对这一问题，宪法、法律和行政法规及规章都未作明确规定。作者曾经认为，国务院制定的非法源性行政规范的效力高于地方规章，理由是宪法典所规定的国务院对全国行政工作的统一领导和指挥权，以及行政系统下级服从上级的原则和行政规范的内部效力。① 但从最新立法趋势上来看，上述观点恐怕需要加以修正。这是因为，《立法法》在要求部门规章应以国务院制定的非法源性行政规范为依据的同时，并没有要求地方规章也应以国务院制定的非法源性行政规范为依据，这恐怕不会是立法者的一时疏忽所致。相反，这是《立法法》等有关法律要求有关地方人民政府在保持法制统一的前提下，即在不与法律、法规和上级规章相抵触的前提下，充分发挥积极性和主动性，制定符合本地区实际情况的行政规章。也就是说，地方规章的规定可以与国务院制定的非法源性行政规范不一致，并在当地以地方规章的规定为准。我们认为，这并不会影响国务院对全国行政工作的统一指挥和领导，也不会影响下级服从上级原则的贯彻。这是因为，国务院可以通过制定行政法规及对行政法规的解释来指挥、

---

① 参见叶必丰：《规则抄袭或细化的法解释学分析——部门规则规定应急征用补偿研讨》，《法学研究》2011 年第 6 期。

领导和贯彻，还可以要求各部委把国务院制定的非法源性行政规范制定为部门规章来指挥、领导和贯彻。地方规章尽管不必与国务院制定的非法源性行政规范保持一致，却应当与行政法规及其解释保持一致。因此，地方规章的效力在其所适用的地域范围内，高于国务院制定的非法源性行政规范。但是，这并不意味地方规章可以废止国务院制定的非法源性行政规范，即国务院制定的非法源性行政规范在其他地区的效力不受影响。

三、规章制定主体的非法源性行政规范与法律规范间的效力关系

对此，我们可以从以下几方面来把握：第一，根据《党政机关公文处理工作条例》第十九条第一项的规定，规章制定主体的非法源性行政规范的效力，不仅低于宪法典和法律，并且还低于行政法规和地方性法规。第二，规章制定主体的非法源性行政规范与该主体所制定的行政规章间的效力关系，虽然法律、法规和规章都未作明确规定，但是同国务院制定的非法源性行政规范的效力低于行政法规一样，规章制定主体的非法源性行政规范的效力也应当低于行政规章。第三，规章制定主体的非法源性行政规范的效力，低于上级行政主体制定的行政规章。例如，武汉市人民政府《关于清退外来劳动力和做好待业青年安置工作的通知》（武政〔1989〕82号）的效力，自然低于《湖北省国营企业劳动争议处理实施细则》（1988年7月1日发布实施）和《湖北省全民所有制企业固定职工退休费用统筹暂行办法》（1990年12月3日发布实施）等上级行政主体发布的规章。第四，同国务院制定的非法源性行政规范的效力低于地方性法规和地方规章的道理一样，规章制定主体的非法源性行政规范的效力也低于下级行政主体制定的行政规章，但下级行政主体的规章并不能废止上级行政主体的行政规范、并不影响上级行政主体所制定行政规范在其他地方的效力。因此，下级行政主体（如武汉市人民政府）所制定的规章在与上级行政主体（如湖北省人民政府）所制定的规章制定主体的非法源性行政规范不一致时，在规章所适用地区内（如武汉市人民政府）应以该规章的规定为准；规章制定主体的非法源性行政规范在其他地区（武汉市以外的湖北省境内）仍具有法律效力。

四、非法源性行政规范违反法律规范和上级行政规范的处理

非法源性行政规范违反宪法、法律、法规、规章或上级行政规范的，都应按有关规定予以改变或者撤销：第一，国务院根据《宪法》第八十九条第十三、十四项的规定，对任何行政主体制定的非法源性行政规范，可以依法认定该行政规范"不适当"而予以改变或者撤销。第二，县级以上地方各级人民政府根据《地方组织法》第五十九条第三项的规定，对所属行政主体（包括所属各工作部门和下级人民政府）的行政规范，可以依法认定该行政规范"不适当"而予以改变或者撤销。第三，公务行政主体对下级公务行政主体有领导权的，对该下级的行政规范可以依法认定为"不适当"而予以改变或者撤销；没有领导权而只有指导权的，则不能直接予以改变或者撤销。第四，在行政复议中，作为复议机关的上级行政主体，根据《行政复议法》第二十七条的规定，认为被申请人作出的具体行政行为的"依据""不合法"，可以"依法予以处理"。这里的"依据"当然包括被申请人作出的具体行政行为所依据的行政规范。"依法予以处理"也包括对该行政规范予以改变或者撤销。第五，制定非法源性行政规范的行政主体也可自行改变或者撤销或者废止其制定的行政规范。第六，地方各级人大及其常委会根据《地方组织法》第八条第十一项、第九条第九项和第四十四条第八项的规定，对本级人民政府的行政规范，可以依法认定为"不适当"而予以改变或者撤销。

第七节　行政规范的监控

一、行政规范的合法要件

对行政规范的合法性，除了宪法的原则性规定和有关单行法的特别规定外，《各级人民代表大会常务委员会监督法》第三十条作了统一规定："县级以上地方各级人民代表大会常务委员会对下一级人民代表大会

及其常务委员会作出的决议、决定和本级人民政府发布的决定、命令，经审查，认为有下列不适当的情形之一的，有权予以撤销：（一）超越法定权限，限制或者剥夺公民、法人和其他组织的合法权利，或者增加公民、法人和其他组织的义务的；（二）同法律、法规规定相抵触的；（三）有其他不适当的情形，应当予以撤销的。"同时，各地方也作了各种各样的规定。例如，《贵州省规范性文件制定程序和监督管理规定》（2014 年 3 月 1 日施行）第五条规定行政规范的制定应当遵循的原则有："（一）维护法制统一和政令畅通；（二）依照法定权限和程序；（三）内容合法、合理，确有必要和可行；（四）保障公民、法人或者其他组织的合法权益。"根据这些规定，行政规范的合法性要件有权限要件、内容要件和程序要件。

（一）权限要件

1. 组织法上的权限。组织法上对行政法规范的制定主体，要求并不是很严格。也就是说，行政主体在组织法上都有行政规范的制定权。有些行政机关，如国务院参事室和国务院机关事务管理局，根据其"三定方案"并不具有对外进行行政管理的职权，并非行政主体。有些行政机构，如行政主体的内设机构，根据司法解释和实践，也并非行政主体。陈炯杰案［最参行第 21 号］① 裁判要旨对此再次予以确认。非行政主体的行政组织，当然不具有组织法上的行政规范制定权。例如，《河北省规范性文件制定规定》（2011 年 2 月 1 日施行）第四条第二款中即规定"县

---

① 本书对案例进行缩略。案例缩略名一般由原告（起诉人）名加检索项构成。原告为自然人但有多个的，用"等"说明；原告为法人或其他组织的，提炼容易记忆的关键词。检索项即方括号部分，"最"系最高人民法院，"指"系指导案例，"典"系最高人民法院公报发布的典型案例，"参"系最高人民法院业务庭所编写、发布的参考案例；"民""刑""行"分别指民事案例、刑事案例、行政案例。最高人民法院指导案例检索项的数字，系指导案例的编号；最高人民法院典型案例检索项的数字，系最高人民法院公报时间；最高人民法院参考案例检索项的数字一般为案例编号，无编号的为裁判文书案号；最高人民法院终审案例和地方法院案例检索项的数字，系裁判文书案号。

级以上人民政府为完成某项任务而设立的议事协调机构、临时机构以及政府工作部门的内设机构、派出机构、临时机构，不得制定规范性文件"。

2. 行为法上的权限。一般说来，行政主体的行政规范制定权与它的事务管辖权相同，由法律、法规和规章规定。这不仅仅是不同部门行政主体间的权限分工，而且也是政府与所属职能部门间的权限分工。青岛万和案［最参行第 30 号］一审判决就认为："《青岛市城市供热条例》第二条规定，市城市供热行政主管部门（市政公用局）主管全市城市供热工作。市供热管理机构和各县级市、崂山区、城阳区、黄岛区城市供热行政管理部门按照规定的职责，具体负责城市供热行政管理工作。显然，区政府并非青岛市供热行政管理部门，其无权负责城市供热行政管理工作。"

但是，单行法或上级行政规范没有授权规定的事项，或已明文禁止规定的事项，行政主体即使具有事务管辖权，也不得制定行政规范。莱芜发电案［最（1998）行再字第 1 号］终审判决认为："《水法》第三十四条第三款规定：'水费和水资源费的征收办法，由国务院规定。'也就是说，水费、水资源费的征收范围、征收标准等，应由国务院规定，其他部门无权规定。"《立法法》禁止对专属立法权的事项制定行政规范，《行政处罚法》第十四条、《行政许可法》第十七条和《行政强制法》第十条第四款则明文禁止行政规范设定行政处罚、行政许可和行政强制。《国务院关于纠正地方自行制定税收先征后返政策的通知》（国务院 2000 年 1 月 11 日国发［2000］2 号）禁止除国务院外的其他行政机关制定税收优惠政策。《国务院办公厅关于再次重申发布全国性对外经贸法规、政策有关规定的通知》（国务院办公厅 1993 年 9 月 23 日国办发［1993］63 号）规定，除国家经贸委外，禁止各地方、各部门未经国务院授权制定、发布全国性对外经贸行政法规。

（二）内容要件

1. 不得与法律、法规、规章和上级行政规范相抵触。林剑辉案［最（1997）行终字第 8 号］为终审判决维持的一审判决认为，"经国务院批准的国务院办公厅国办发（1993）55 号文与《中华人民共和国海关法》

不相抵触。……成都海关依据国办发（1993）55 号文的有关规定对该车予以没收，适用法律、法规正确。"洋浦大源案 [最（2003）行终字第 2 号] 终审判决认为，琼府办（1992）41 号《海南省木材市场管理暂行办法》"是省政府办公厅发布的规范性文件，其与海南省人大通过的《海南法人登记条例》的规定不一致时，应适用《海南法人登记条例》的规定"。当然，行政规范性文件是否相抵触应当以制定时有效的法律、法规、规章和上级行政规范为认定标准。行政规范在制定后，如果与新的法律、法规、规章和上级行政规范相抵触的，则可以废止。乙公司案 [最参民建第 5 号] 判决认为："地方政府建委下发的（1994）建 1 号文件是建筑业从计划经济向市场经济过渡阶段的产物。是当时当地建筑市场内对外资企业工程结算普遍适用的规范性文件，对此，应当尊重历史、实事求是。……（1994）建 1 号文件在这里是作为工程结算的一种价格标准存在的，对双方当事人当然具有约束力。"

2. 内容上没有不适当的情形。根据《关于审理行政案件适用法律规范问题的座谈会纪要》，行政规范不仅仅要合法而且还必须合理。行政规范的合理主要体现在内容的适当性上。这里的不适当，应当包括以下情形。

（1）制定目的不适当，即行政主体制定行政法规、规章和行政规范，不符合公共利益和授权目的，或滥用权力。安远稻种案 [最典民 1986-3] 双方签订合同约定，种子公司按议价或兑换的办法收购稻种。但在稻种收购前，安岳县政府却发布了《关于今年两杂（杂交水稻、杂交玉米）种子收购有关问题的通知》，强制性规定了稻种收购的较低价格。该通知系由种子公司代为起草，其实是为种子公司谋取不当利益，属制定目的不当。法院遂以该通知违反《经济合同法》第十七条第三项和上级行政规范性文件的规定为由，不予认可。刘起山等案 [最典刑 1994-2] 所涉《关于对走私单位按规定投案自首问题的紧急通知》，制定目的却在于通过罚款牟利，因而构成犯罪。南市防治站案 [最参行第 59 号] 裁判要旨理由认为，限制竞争、牟取垄断利益的行政规范，侵犯了原告的经营自主权。

（2）制定依据不适当。行政法规、规章和行政规范的制定依据不适当的，属于内容上的不适当。某省公安厅在《关于做好2000年春运道路交通安全管理工作的通知》规定："凡客车超员20%以上的，对驾驶员一律治安拘留15天、罚款200元（适用《治安处罚条例》第十九条第（三）项）"。本来，对超载行为的处罚应当适用的是《治安管理处罚条例》第二十八条第一项。这是为了遏制超载现象而推出的，加大处罚力度举措。它既属于滥用权力，又属于依据错误。这里所说的制定依据，是指法律上的依据而不包括党组织的政策依据。党组织的政策依据，应当纳入调整对象是否适当的范畴。

（3）调整对象不适当。行政规范的调整对象，是指相应的社会关系，是一种事实状态。对这种事实状态的社会关系的科学认识，不仅需要以调查研究为基础，而且还需要以法治观念为指导。根据《突发事件应对法》第五十二条的规定，中央及地方各级政府的职能部门没有征用权。根据该法指定的《上海市公共信息系统突发事件处置办法》（沪经信法〔2010〕493号）第二十二条规定了征用规则，依法就缺乏相应的调整对象。调整对象是否适当，原则上应该按照法律规范的规定来判断。但在我国，党组织的政策也是判断调整对象是否正确的依据。我国很多行政规范，就是依据党组织的政策而制定的。

（4）文件制定的必要性欠缺。行政规范的制定也需要把握时机，契合现实行政管理的需要。《广东省行政机关规范性文件管理规定》（2005年2月1日施行）第六条规定需要行政规范制定的情形有："（一）相关法律、法规、规章和国家政策对某一方面的行政工作尚未作出明确规定的；（二）相关法律、法规、规章和国家政策对某一方面的行政工作虽有规定但规定不具体、不便操作的；（三）相关法律、法规、规章和国家政策授权制定相关规范性文件的。"然而，行政机关经常出现以细化实施为名简单抄袭上位法的规定。这些规定并没有必要和意义，相反容易导致规则建设资源的浪费和对法律意思的肢解或误解。① 因此，行政机关应当

---

① 国家环保局：《孔祥仁等82人的行政复议决定书》（环法〔2006〕38号）。

避免制定简单抄袭上位法的行政规范，在上位法制定比较完善的情况下可以考虑采取法律解释或者案例指导的方式进行业务指导和行政管理。《吉林省规章规范性文件监督办法》（2005 年 10 月 1 日施行）第十三条第四项即规定，政府机关法制部门审查行政规范时，发现文件内容与上位法规定基本重复，没有制定必要的，要建议制定部分予以及时废止。

（三）程序要件

合法的行政规范不得有违背法定程序的情形。这里的法定程序，不仅仅是指法律、法规、规章和行政规范所规定的程序，还包括正当程序。国务院《关于加强法治政府建设的意见》（国发〔2010〕33 号）中要求行政规范"未经公开征求意见、合法性审查、集体讨论的，不得发布施行"。然而，从实践来看，违背法定程序主要有以下情形。

1. 未给予公众和有关机关参与机会。行政规范数量众多，但给予公众参与机会的却很少，未给予有关机关参与机会的也存在。2006 年，人称"中国高考移民诉讼第一案"的 12 名河南籍高三学生状告西安教育部门的行政诉讼案，涉及西安市有关"买房入户"的行政法规与教育部门有关考生报名的行政规范相冲突。这一冲突的根源，就在于事先未经听证，未征求教育行政主管部门的意见。

2. 未经上级机关批准。行政规范在依法需报经上级机关批准才能生效的情况下，未经上级机关批准的，属于违背法定程序。黑龙江汇丰案〔最（1999）行终字第 20 号〕终审判决认为，1996 年《哈尔滨市城市总体规划》未经国务院批准，根据《城市规划法》第二十一条第三款有关省政府所在地城市的总体规划应"报国务院审批"的规定，因此其不具有法律效力。在司法实践中，法院关注的是行政规范是否履行了批准程序，而并不苛求批准的形式。念泗居民案〔最典行 2004-11〕一审判决，对《念泗二村地段控制性详细规划》进行了合法性审查。"扬州市政府在执行城市规划法和江苏省实施办法所规定的详细规划的审批程序时，授权规划委员会负责此项工作，这种做法本身并不为法律、法规所禁止。""由于法律、法规只规定城市详细规划应当由城市人民政府或规划行政主管部门审批，没有规定审批形式，故不能否定扬州市规划委员会会议纪要对批准详细规划发挥的实际作用，应当认定《念泗二村地段控制性详细规划》经过合法有效的批准。"石跃中等案［最（1999）行终字第16号］终审判决认为："经湖北省人大常委会批准施行的《武汉市城市客运出租汽车管理条例》第六条规定：'出租汽车经营权可实行有偿转让，具体办法由市人民政府另行规定'。在武汉市人民政府尚未制定具体办法的情况下，市公用局根据《条例》的规定，拟订的《市公用局关于客运出租汽车和小公共汽车经营权有偿使用期满后重新取得经营权问题的请示》经报请武汉市人民政府审查批准，作为此次出租汽车经营权有偿出让的实施依据是可行的。经核实，市公用局请示的日期与武汉市人民政府领导签字批准的日期同为1998年4月28日，尽管武汉市人民政府对市公用局请示的批复没有文号，但并不因此影响该批复的有效性。"

3. 未对外发布。行政规范仍然被分为内部行政规范和外部行政规范，内部行政规范很多就没有对外发布。实践中，行政主体对某些涉及公民权利义务的行政规范，仍有意或无意地作为内部行政规范，在实施具体行政行为时则又将其作为依据。这种违背法定程序的现象并不少见，必须予以遏制。例如，《广西壮族自治区规范性文件监督管理办法》（2010年12月1日施行）第九条第二款中规定未经公布的行政规范不得作为行政管理的依据。当然，行政机关在行政过程中的意见并不具有最终性质，对外不具有法律效力，无须对外发布。

二、行政规范的监控机制

（一）国家权力机关的监控

根据《宪法》和《地方组织法》的规定，国家权力机关可以通过人事任免政府组成人员，发展计划和财政预决算的审查、批准，工作报告的审议，以及质询和罢免等对行政规范性文件的制定进行间接监控。并且，国家权力机关还可以对行政规范的制定进行直接监控。《宪法》第六十七条第七项规定，全国人大常务委员会有权撤销国务院制定的同宪法、法律相抵触的行政法规、决定和命令。根据《地方组织法》第八、九、四十四条的规定，地方各级人大及县级以上地方各级人大常委会有权撤销本级政府的不适当的决定和命令。这里的决定和命令，包括行政规范。《各级人民代表大会常务委员会监督法》对上述规定作了细化规定，并规定可以组织关于特定问题的调查委员会展开调查。地方立法也纷纷规定了相应的人大监督办法，如湖北省的《规范性文件备案审查工作规程》（2009 年 5 月 31 日通过）、《南昌市人民代表大会常务委员会规范性文件备案审查规定》（2013 年 10 月 16 日发布实施）。然而，对行政规范的这种监控基本停留在制度规定上，还没有良好的实践。之所以如此，关键在于公权力相互之间的监督缺乏由利害关系人参与的交涉性。

（二）行政机关的监控

国务院《关于加强法治政府建设的意见》（国发［2010］33 号）中强调要加强对行政规范的清理、备案审查，健全行政规范的制定程序。除了制定过程中权限、内容和程序上的审查外，根据相应的法律规范，行政机关对行政规范的监控还包括：

1. 自动失效制度和"三统一"制度。据前文所述，行政规范具有过渡性，是从法律、法规、规章到行政决定之间的过渡。这一特性降低了行政规范的稳定性。为了及时淘汰已经不符合行政管理需要的行政规范，行政机关在行政规范制定之时就设定了行政规范的失效时间。例如《上海市行政规范性文件制定和备案规定》（2010 年 5 月 1 日施行）第 26 条第 1 款规定："制定机关应当规定规范性文件的有效期；有效期届满，规范性文件自动失效。规范性文件的有效期自施行之日起一般不超过 5 年；需要超过 5 年的，制定机关应当在起草说明中载明理由。未明确有效期的，其有效期为 5 年。"第 2 款规定："规范性文件的名称为'通告'的，有效期自施行之日起一般不超过 1 年；未明确有效期的，其有效期为 1 年。规范性文件的名称冠以'暂行'、'试行'的，有效期自施行之日起不超过 2 年；未明确有效期的，其有效期为 2 年。"

行政规范的"三统一"制度是指行政规范的统一登记、统一编号和统一发布的制度。浙江省人民政府《关于推行行政规范性文件"三统一"制度的意见》（浙政发［2012］100 号）中指出，"三统一"制度的目的在于"切实解决行政规范性文件管理不到位、制定程序不规范、公众查询不方便等问题，从源头上预防和减少行政争议，维护法制统一和政令畅通，不断提高人民群众对行政规范性文件制定与发布工作的满意度"。可见，该制度从文件管理的角度加强了行政规范的规范性，方便了对行政规范的监管。

2. 规范清理制度。有效期制度的设置比较固化，在操作中不能及时清除不符合现实需要的行政规范。行政机关还需要定期和不定期的行政规范清理制度来解决这一问题。《辽宁省规章规范性文件定期清理规定》（2009 年 10 月 15 日施行）第 8 条中规定，行政规范每 2 年清理一次，在出现上位法变动、存在重大问题的、不适应社会发展需要的情况时，即时清理。第 13 条中规定，清理的标准是：（一）合法性，即规章、规范性文件是否与上位法一致或者相抵触；（二）合理性，即规章、规范性文件是否与经济社会发展需要相适应；（三）协调性，即规章、规范性文件之间是否协调一致；（四）操作性，即规章、规范性文件是否需要进一步完善；（五）实施效果，即规章、规范性文件是否实现了立法目的。根据上述审查标准，行政机关对行政规范采取废止、宣告无效、修改等措施。

3. 备案审查制度。根据《宪法》和《地方组织法》的规定，上级行政机关可以撤销或改变下级行政机关的行政规范。为了实施上述规定，各地建立了行政规范性文件的备案审查制度。《江苏省规范性文件制定和备案规定》（2009 年 6 月 1 日施行）第 29 条规定，备案监督机关的法制机构经审查发现报送备案的规范性文件存在违法或者不当内容等问题的，按照下列规定予以处理："（一）由备案监督机关的法制机构要求制定机关在规定时间内自行纠正，制定机关应当在规定期限内改正，并向备案监督机关的法制机构书面报告处理结果；制定机关无正当理由逾期未纠正的，由备案监督机关的法制机构制发《行政执法监督决定书》，责令制定机关限期纠正；仍拒不纠正的，由备案监督机关的法制机构提请备案监督机关决定撤销或者改变；（二）继续执行可能造成严重后果的，在制定机关改正之前，备案监督机关的法制机构可以提请备案监督机关及时作出中止执行该规范性文件部分或者全部内容的决定。"根据《行政监察法》的规定，行政监察机关有权对制定违法行政规范的人员进行处理，从而实现间接监控。

4. 行政复议监督。在制度设计上具有交涉性的行政机关监控制度是行政复议。根据《行政复议法》第七条第一款的规定，公民、法人或者其他组织认为国务院各部门、县级以上地方各级人民政府及其工作部门、乡、镇人民政府的规定不合法的，可以与有争议具体行政行为一并向行政复议机关提出审查申请。该法第二十六条规定："申请人在申请行政复议时，一并提出对本法第七条所列有关规定的审查申请的，行政复议机关对该规定有权处理的，应当在三十日内依法处理；无权处理的，应当在七日内按照法定程序转送有权处理的行政机关依法处理，有权处理的行政机关应当在六十日内依法处理。处理期间，中止对具体行政行为的审查。"在孔祥仁等复议案中，这一制度得到了实践，迫使浙江省环保局改变了行政规范，也使得国务院法制办作出"有关规章或者规范性文件与《建设项目环境保护管理条例》规定不一致的，应当依照《建设项目环境保护管理条例》的规定执行"的解释。

需要说明的是，行政机关内部的监控，包括合法性审查、自动失效制度、三统一制度、清理制度、备案审查制度，无论是否得以有效运行，公众都没有太多的感受。近年来媒体的开放尤其网络媒体的发展，为公众参与提供了途径。同时，政府信息公开制度为公众参政权的实现，提供了有效途径。公众在媒体上对行政规范的评论，申请政府信息公开的不断实践，弥补了行政机关监控的交涉性不足，使得这些制度得以真正启动。

（三）司法机关的监控

对行政规范的一种很重要的监控机制，是司法监控。在法律上，法院并不具有改变或者撤销行政规范的权力。乙公司案［最参民建第5号］判决指出："关于当事人对该文件效力的争议，不属民事案件受理范围。"但是，法院民、刑事诉讼中却可以依法通过对证据的审查和对违约行为或犯罪行为的认定，以及司法解释，否定行政规范的效力。安远稻种案［最典民1986-3］、乙公司案［最参民建第5号］和刘起山等案［最典刑1994-2］判决，对此都有良好的实践。

在行政诉讼中，法院则可以审查作为证据的行政规范。行政诉讼当事人都可以把行政规范作为证据。作为证据，法院可以组织对行政规范的质证，有权审查其真实性、关联性和合法性，并决定是否采信。洪雪英等案［最参行第 3 号］判决对被告提供的慈溪市国土资源局《国有出让土地使用转让办事须知》，未予采信；念泗居民案［最典刑 2004-11］中法院判决对被告提供的《念泗二村地段控制性详细规划》的合法性，进行了质证和审查并予采信；戴文锋案［最（2000）行终字第 9 号］判决对原告提供的中国证监会、公安部《关于在查处证券期货违法犯罪案件中加强协调配合的通知》的真实性，组织了质证和审查并予采信。

在行政诉讼中，法院还可以审查作为具体行政行为依据的行政规范。法院审查行政规范的依据在于《行政诉讼法》（2014 年 11 月 1 日修订）第五十三条第一款的规定，即"公民、法人或者其他组织认为行政行为所依据的国务院部门和地方人民政府及其部门制定的规范性文件不合法，在对行政行为提起诉讼时，可以一并请求对该规范性文件进行审查。"第六十三条规定："人民法院在审理行政案件中，经审查认为本法第五十三条规定的规范性文件不合法的，不作为认定行政行为合法的依据，并向制定机关提出处理建议。"之前的《行政诉讼法若干问题解释》第六十二条第二款的规定："人民法院审理行政案件，可以在裁判文书中引用合法有效的规章及其他规范性文件。"在已有的诉讼实践中，胡兰芝案［最参行第 69 号］裁判要旨指出"人民法院审理行政案件时应当对被告作出具体行政行为所依据的法律规范是否合法有效进行审查"。邵仲国案［最典行 2006-8］判决审查了作为具体行政行为依据的《上海市劳动局关于贯彻〈企业职工伤亡事故报告和处理规定〉的意见》的合法性，并予引用。洋浦大源案［最（2003）行终字第 2 号］终审判决认为，琼府办（1992）41 号《海南省木材市场管理暂行办法》系行政规范，与海南省人大通过的《海南法人登记条例》的规定不一致，不能作为具体行政行为的依据。

法院在诉讼中对行政规范的审查方法，与对行政立法的审查相同，不做赘述。需要强调的是，法院对行政规范的监控，并非对其作出判决，而是在裁判理由中对其是否合法、有效、合理或适当进行评述。法院的这种监控系利害关系人启动，具有交涉性和独立性，因而已成为最重要的监控机制。在这种监控实践中，法院对有关行政权限、行政自律、基于授权、上位法缺位和专业技术方面的行政规范，给予了充分尊重；对有关相对人义务的行政规范，给予了严格审查，实践了法治。

第十五章

行政决定

方世荣　北京大学法学博士，现任中南财经政法大学教授，博士生导师。兼任中国行政法学研究会副会长，湖北省法学会副会长，湖北省行政法学研究会会长。曾赴美国乔治城大学、加州大学洛杉矶分校和德国歌德大学做高级访问学者。主要研究方向为行政法。发表论文近200篇，出版专著数十部，主要有《论具体行政行为》《论行政相对人》《行政法律关系研究》《权力制约机制及其法制化研究》《行政法与行政诉讼法学》《行政诉讼法学》《"参与式行政"下的政府与公众关系研究》等。

第一节　行政决定概述

一、行政决定的界定及其特征

（一）"行政决定"概念的由来及其界定

在行政学上，作出行政决定（Decision-making）被认为是行政过程中的一个环节。我国著名行政学家张金鉴先生曾指出：行政决定"就是一个机关为达成其任务时，在实际的活动中，就若干可能的行动与方法作最佳的抉择。这是一个相当复杂的程序，涉及事实的搜集与了解和价值的分析与判断，并要顾及将来可能发展的形势与后果"。但这与行政法学上的行政决定并不完全相同。[①] 据陈新民教授的考证，行政法学意义上的"行政决定"源于法文"acte administratif"，本义是指行政机关的一切法律行为，包括公法行为及私法行为在内。德国行政法学的创始人奥托·迈耶将"行政决定"这个术语引入德国后，形成德国行政法学体系中的一个重要制度。德国行政法学的发展，在警察国家的阶段已经普遍承认行政权可以进行完全的私法行为，[②] 奥托·迈耶将法国的"acte adminis-tratif"的用语移至德文"Verwaltungsakt"后，将行政机关的私法行为排除而只限于行政机关的公法行为。奥托·迈耶将行政决定解释为："行政机关关于个别事件中，规律何者为法，而对人民所为具有公权力之宣示"[③]。根据奥托·迈耶对行政决定内涵的解释，它相当于当代德国行政法学中的"行政行为"一词，也与我国具体行政行为的含义相近。

[①]　参见张金鉴：《行政学典范》，三民书局 1979 年版，第 349 页。

[②]　参见［德］奥托·迈耶：《德国行政法》，刘飞译，商务印书馆 2002 年版，第 57 页。

[③]　原文为"…ist der Verwaltungsakt, ein der Verwaltung zugehoeriger obrigkeitlicher Aus-spruch, der dem Untertanen im Einzelfall bestimmt, was fur ihn Rechtens sein soll"。（转引自翁岳生：《行政法与现代法治国家》，祥新印刷公司 1979 年版，第 3 页）

　　大陆法系其他国家或地区的学者在对行政行为的研究中也相继认为，有一种行政行为以由行政主体单方作出、对具体事件作具体处理并直接强制地影响相对人的权利和义务为特征，如禁止、命令、许可等。只是他们未用行政决定这个概念来定义。在法国，这种特殊的行政行为被以"行政处理"来表述①，日本和我国台湾地区则使用了"行政处分"的称谓②，在瑞士 1968 年制定的《联邦行政程序法》中也有"行政处分"这个概念。③ 普通法系国家没有专门使用"行政决定"一词，但有相近似的概念。如 1946 年制定的美国《联邦行政程序法》（经 1978 年修订）规定的"机关行为"，包括机关的规章制定、裁决、许可、制裁、救济及其他相似行为，或者上述形式的否定行为和不作为的全部或一部。④ 美国行政法学者认为行政机关有两种正式的行政行为，一种是"制定规章"（Rulemaking），另一种是"裁决"（Adjudication）；前者"以普遍的适用性和将来的适用效力为特征"，后者则是对具体事件的具体处理，旨在"阻制以往事件法律后果的发生"。⑤ 美国学者所称的"裁决"与"行政决定"一词意思相近。

　　行政决定在我国的法律用语上并不统一，概念的使用有不同语义。如《行政强制法》第二条第三款中使用了"行政决定"一词，该法第二条第三款规定："行政强制执行，是指行政机关或者行政机关申请人民法

---

① 参见王名扬：《法国行政法》，中国政法大学出版社 1988 年版，第 152 页。

② 参见《日本行政程序法》（1993 年）第二条第二款："'处分'谓行政机关之处分及其他相当于行使公权力之行为。"载应松年主编：《外国行政程序法汇编》，中国法制出版社 1999 年版；张载宇：《行政法要论》，汉林出版社 1977 年版，第 327 页；吴庚《行政法之理论与实用》，三民书局 1998 年版，第 273—274 页。

③ 参见《瑞士行政程序法》（1968 年）第 5 条之规定，载应松年主编：《外国行政程序法汇编》，中国法制出版社 1999 年版。

④ 参见《美国联邦行政程序法》（1976 年）第 551 条第 13 项之规定，载应松年主编：《外国行政程序法汇编》，中国法制出版社 1999 年版。

⑤ 参见 [美] Q.巴里·R.惠克贝：《公共行政的法律基础》（*The Legal Foundations of Public Adminis-tration*），1981 年原版，转引自张焕光、胡建淼：《行政法学原理》，劳动人事出版社 1989 年版，第 223 页。

院，对不履行行政决定的公民、法人或者其他组织，依法强制履行义务的行为。"① 这里所称的"行政决定"，相当于行政法学界经常使用的"具体行政行为"。而行政决定在国务院出台的文件中却表现出不同的内涵。如国务院以第412号令颁布的《国务院对确需保留的行政审批项目设定行政许可的决定》实际上是一项行政法规；国务院国发［2006］4号《关于加强地质工作的决定》则是一个规范性文件，两者都应归为抽象行政行为；而国务院国发［2006］2号《关于2005年度国家科学技术奖励的决定》则应属于具体行政行为。国务院使用相同的"决定"名称而作出了三个行政行为，性质、内涵和效力却不完全相同。可见，行政决定在我国法律、法规以及文件中已大量出现，但并没有明确的法律界定，因而经常是在不同意义上使用。在学理上，"行政决定"一词在学界也未得到统一运用。如许崇德、皮纯协在其主编的《新中国行政法学研究综述（1949—1990）》中、张焕光、胡建淼在其著的《行政法学原理》中、熊文钊在其著的《行政法通论》中、叶必丰在其著的《行政法学》中以及台湾学者陈新民在其新作《中国行政法学原理》中均直接使用过"行政决定"一词，而其他一些学者使用的却是"行政处理"②

① 2011年6月30日十一届全国人大常委会第二十一次会议通过，自2012年1月1日起施行。

② "行政处理是行政机关依相对人申请或依职权对特定的公民、法人和其他组织就某些特定事项的具体权利义务所作的处理，它是行政机关适用法律的具体意思的表达。"（杨海坤：《中国行政法基本理论》，南京大学出版社1992年版，第266页）"行政处理是行政主体为实现相应法律、法规、规章所确定的行政管理目标和任务，而依行政相对人申请或者依职权依法处理涉及特定相对人某种权利义务事项的具体行政行为。"（姜明安主编：《行政法与行政诉讼法》，北京大学出版社、高等教育出版社2007年版，第251页）"行政处理是指由行政主体依法针对特定的相对人所作的具体的、单方的、能对相对人实体权利义务产生直接影响的具体行政行为。"（张树义：《行政法与行政诉讼法》，高等教育出版社2003年版，第91页）

"具体行政行为"①"行政措施"②"行政执法"③ 等概念。

归纳起来，目前对于"行政决定"，主要有以下几种理解与表述。

1. 行政决定是"行政机关，就公法上具体事件所为之决定或其他公权力措施，而对外直接发生法律效果之单方行政行为。"④"行政决定是

---

① "具体行政行为，是指行政主体在行政管理过程中，针对特定的个人或组织采取具体措施的行为，其行为的内容和结果将直接影响某一个人或组织的权利义务。"（莫于川主编：《行政法与行政诉讼法》，中国人民大学出版社 2012 年版，第 109 页）"具体行政行为应该表述为：行政主体在国家行政管理活动中基于其行政职权或行政职责所实施的，能实际性影响相对一方权利、义务的作为或不作为行为。"（方世荣：《论具体行政行为》，武汉大学出版社 1996 年版，第 13 页）"具体行政行为即行政决定是指具有行政权能的组织运用行政权，针对特定相对人直接设定、变更或消灭权利义务所作的单方行政行为。"（叶必丰：《行政行为原理》，商务印书馆2014 年版，第 130 页）"具体行政行为是指行政机关针对特定行政相对人作出的行政行为，具体行政行为主要有两种：一种是单方具体行政行为，如行政许可；一种是双方具体行政行为，如行政合同。"（朱维究、王成栋主编：《一般行政法原理》，高等教育出版社 2005 年版，第 312 页）"具体行政行为是指具有行政权能的组织针对特定行政相对人适用行政法规范所作的、只对该特定行政相对人具有约束力的行政行为。"（方世荣主编：《行政法与行政诉讼法》，北京大学出版社 2011 年版，第119 页）"所谓具体行政行为，是行政主体在行使行政权过程中，针对特定人或特定事件作出影响相对方权益的具体决定和措施的行为。"（杨建顺：《行政规制与权利保障》，中国人民大学出版社 2007 年版，第 291 页）

② "作为行政法学研究对象的行政措施，是指行政机关在进行行政管理活动时，对于具体事件所作的单方面的处理，是具体的行政行为。"（王珉灿主编：《行政法概要》，法律出版社 1983 年版，第 112 页）

③ "行政执法行为，即行政机关为了执行法律、法规、规章和其他具有普遍约束力的决定、命令，直接对特定的相对人和行政事务采取措施，影响相对人的权利义务，实现行政管理职能的活动。"（应松年主编：《行政行为法》，人民出版社1993 年版，第 319 页）"本章所说的行政执法是指具体行政行为，即指主管行政机关依法采取的具体的直接影响相对一方权利义务的行为；或者对个人、组织的权利义务的行使和履行情况进行监督检查的行为。"（罗豪才主编：《行政法学》，中国政法大学出版社 1996 年版，第 183 页。另见应松年主编：《行政法学新论》，中国方正出版社 1999 年版，第 223 页）

④ 陈新民：《中国行政法学原理》，中国政法大学出版社 2002 年版，第 134—135 页。

行政机关依照法定职权对可确定的行政相对人作出的，旨在形成个别性的权利和义务关系的单方行为。"① 此种观点基本上是将行政决定等同于具体行政行为。

2. 行政决定"是行政处理中一种比较正规的行为。它指行政主体经过一定的法律程序依法对相对人的权利或义务作单方处分的处理行为。"② 持此种观点的学者是将行政决定作为行政处理行为或称"具体行政行为"的下位概念来理解的，即行政决定属于具体行政行为的一部分，它与行政命令、行政检查、行政处置、行政强制执行等行为一起，并列作为行政处理（即具体行政行为）的内容。同时，行政决定又分为行政许可、行政处分、行政处罚、行政奖励以及行政授权等具体形式。即在具体行政行为之下，分为行政决定、行政命令、行政检查、行政处置、行政强制执行等行为，而行政决定又有行政许可决定、行政处分决定、行政处罚决定、行政奖励决定以及行政授权决定等具体形式。

3. 在日常行政实践中，行政决定是指某一行政处理中的一个程序环节，即先作出调查研究，再作出决定，后加以履行或执行。即"行政决定是国家行政机关对某些问题或者重大的行动所作出的安排。一般是由有关行政机关的组成人员集体讨论后作出"。③

本章在上述第一种意义即行政处理或具体行政行为意义上来使用"行政决定"一词，基本上采用了陈新民教授的说法。这主要基于以下理由。

（1）大陆法系其他国家或地区行政法学上的行政决定或者与其类似的概念（如行政处理）等，基本上也是在具体行政行为这个层面上使用的。如法国的行政处理就是指行政机关在制定行政条例以外的另一种行

---

① 章剑生：《现代行政法总论》，法律出版社2014年版，第146页。
② 张焕光、胡建淼：《行政法学原理》，劳动人事出版社1989年版，第271页。另见熊文钊：《行政法通论》，中国人事出版社1995年版，第217页。
③ 许崇德、皮纯协主编：《新中国行政法学研究综述（1949—1990）》，法律出版社1991年版，第301页。

使公共权力的法律手段，是行政机关对具体事件所作的单方面的行政决定。① 又如在日本，"所谓行政行为，是指行政厅为了调整具体事实，作为公权力的行使，对外部采取的产生直接法律效果的行为"。② 在我国台湾地区，"所谓行政行为，乃行政机关一方面之意思表示，不必经相对人同意，就具体之实在事件，以发生法律效果之单独行为"。③ 可见，大陆法系其他国家或者地区行政法学上的行政决定或者行政处理等概念都强调了"具体事件""公权力的行使""发生法律效果"等要素，显然这都符合具体行政行为内含的要素。

（2）前述第二种观点将行政许可、行政处分、行政处罚、行政奖励和行政授权等作为行政决定的手段或表现形式（即下位概念），而行政决定又与行政命令、行政检查、行政处置和行政强制执行等并列为行政处理行为（具体行政行为）的内容（即同位概念），显然混淆了这些概念之间的位阶关系。实际上，行政法学理论一般认为，行政许可、行政处分、行政处罚、行政奖励、行政命令、行政检查、行政强制执行等概念是同一位阶的概念，均属于具体行政行为（即行政处理）的下位概念。因此，此种观点对行政决定外延的表述是混乱的，不利于我们准确理解行政决定这一概念。

（3）前述第三种观点将行政决定理解为某一行政处理中的一个具体程序环节，即某一行政行为在程序上要先作出决定，后予以履行或执行。这从行政行为的形成过程上讲并无错误，但此种意义的行政决定并不是一个独立的种类，它只是一个完整行政行为中的一个程序环节，要与执行等其他环节一起共同构成一个行政行为。因此，这是对行政决定的极狭义的一种理解，不是行政行为理论中的行政决定，行政法学上一般不在这个意义上使用行政决定。

我们采用第一种意义的行政决定，即将行政决定作为与具体行政行

---

① 参见王名扬：《法国行政法》，中国政法大学出版社1988年版，第152页。
② ［日］南博方：《日本行政法》，中国人民大学出版社1988年版，第33页。
③ 管欧：《行政法总论》，台湾蓝星打字排版有限公司1981年版，第450页。

为基本相同的概念。但与陈新民教授的观点也不完全相同。因为，行政决定的方式不能仅限于是行政主体的"单方行为"，否则会将行政法学界长期研究并确认的"双方行为"——即行政主体参与作出的"行政契约"（也称行政合同，在国外又被称为公法契约）排除在行政决定的范围之外了。行政契约被行政法学者们表达为"行政机关以实施行政管理为目的，与行政相对人就有关行政事项经协商一致而成立的一种行政行为"①，属于行政行为分类中相对于单方行为而言的双方行为。行政契约法律制度自从法国产生后，得到了日本、德国等大陆法系国家行政法的认同，在英美法系行政法中也有反映。包括我国行政法学者在内的各国行政法学者基本上都认为行政契约不同于民事合同，属于行政行为（行政决定）的一种，是行政主体为实现行政目的有弹性和柔性的行政管理手段。行政契约在我国的现实生活中已有大量运用，并且为行政司法实践所吸收②；在我国实行市场经济的条件下，行政契约还将有更广泛的用途。如果将行政契约从理论上排除在行政决定的范围之外，一则不符合我国的实际情况，二则不利于认识行政决定方式的多样性。

据此，我们认为行政决定应当是指行政主体在国家行政管理活动中基于其行政职权或职责，就特定人具体事项所作的对当事人权利义务产生实际影响的行政行为，但不具有行政权能的组织所作的行为，虽具有

---

① 参见章剑生：《现代行政法总论》，法律出版社 2014 年版，第 209 页。

② 如佛山市顺德区伦教街常教社区北海股份合作社与佛山市顺德区伦教土地发展公司、佛山市顺德区伦教街道办事处土地使用权转让纠纷上诉案 [（2006）佛中法民五终字第 392 号] 裁判认为："行政合同，也叫行政契约，指行政机关为了实施行政管理目标，与相对人之间经过协商一致所达成的协议。"见法律图书馆：http://www.law-lib.com/cpws/cpws_view.asp? id = 200401091929，2014 年 12 月 20 日访问；类似的判例还有重庆市涪陵区国土资源局与徐小平房屋征收行政补偿安置合同纠纷上诉案。该案的 [（2011）渝三中法行终字第 30 号] 裁判认为："行政合同是指行政主体为了行使行政职能，实现某一行政管理目的，依据法律和政策与公民、法人或其他组织通过协商的方式，在意思表示一致的基础上所达成的协议。"见北大法宝：http://www.pkulaw.cn/fulltext_form.aspx? Db = pfnl&Gid = 117827565&EncodingName = ,2014 年 12 月 20 日访问。

行政权能的组织但并非运用行政权所作的行为或对当事人权利义务不产生实际影响的行为，以及不具有法律意义的事实行为，不属于行政决定。行政决定既包括对外部行政相对人的决定，也包括行政主体对内部机构或人员的决定。

（二）行政决定的特征①

行政决定的特征是行政决定内在质的规定性的反映，通过这些特征可以揭示它与行政机关的其他行为、其他法律行为乃至除行政决定之外的其他行政行为的区别。行政决定主要具有以下法律特征。②

1. 行政决定的主体是行政主体。从法律意义上说，任何行政决定都是由行政主体作出，行政决定是行政主体的行为，而不是任何个人的行为。这符合任何国家权力只能归属于组织，而不能归属于个人的法治要求。鉴于行政主体是一种组织，而不是个人，而组织作为一种抽象体是无法直接作出行政决定的，所以行政决定又需要通过行政机关公务人员或者其他依法执行行政职权的人员③代表行政主体来作出。没有公务人员和其他依法执行行政职权的人员，行政主体与行政相对人之间便缺少一架桥梁。但是，任何行政决定的后果，无论是积极的还是消极的，都归属于行政主体而不是公务人员或者其他依法执行行政职权的人员。行政决定体现了行政主体与行为主体的高度统一。

---

① 有学者认为，行政行为的特征包括行政行为的时代特征和行政行为的法律特征。（参见姜明安主编：《行政法与行政诉讼法》，北京大学出版社、高等教育出版社1999年版，第142—144页）但行政法学上一般都认为，行政行为的特征应是指其法律特征。

② 参见熊文钊：《行政法通论》，中国人事出版社1995年版，第215—218页；魏赛娟编：《行政法与行政诉讼法》，中山大学出版社1996年版，第131—132页；方世荣：《论具体行政行为》，武汉大学出版社1996年版，第3—11页；姜明安主编：《行政法与行政诉讼法》，北京大学出版社、高等教育出版社1999年版，第175—177页。

③ 有学者也主张将公务员和公务员以外的依法执行行政职权的人员统称为行政人。（参见胡建淼：《行政法学》，法律出版社1998年版，第178页）

2. 行政决定的作用对象是行政主体的对方当事人，也称行政相对人。这里的行政相对人并不仅仅指行政决定所直接针对的当事人，而是指权利义务受到行政决定直接影响的人。认识行政相对人的角度主要有两种：第一，从行政主体行政行为针对的对象的角度理解行政相对人。即行政行为所明确指向的人就是行政相对人，也有行政法学者称之为"行政行为的受领人"。[①] 第二，从行政法律关系的角度理解行政相对人。

即在行政法律关系主体双方中，行政主体是一方，与其互有权利义务关系的对应一方就是行政相对人。[②] 我们在第二种意义上使用行政相对人概念，即行政相对人是指参与行政法律关系，对行政主体享有权利或承担义务的公民、法人或其他组织。[③] 这种意义的行政相对人既包括行政主体行政决定所针对的公民、法人或者其他组织，也包括因行政决定而在权利义务上受到直接影响的公民、法人或者其他组织，还包括内部行政相对人，即行政主体的内部行政决定所针对的另一方行政主体或者内部的行政公务人员。

3. 行政决定是国家行政执法权和行政裁决权（准司法）的具体运用。行政决定的内核是国家行政权，这是该行为内在权力属性的第一层次，它使行政决定与非国家权力行为（包括公民、法人或者其他组织间的各种法律行为和非法律行为等）、其他国家权力行为（包括专门立法机关运用国家立法权的立法行为和专门司法机关运用国家司法权的司法行为等）都区别开来。但行政决定也不是全部国家行政权的具体运用，而是部分行政权的具体运用。具体讲，它不是行政立法权和规范性文件制定权的运用，而只是国家行政权中行政执法权和行政裁决权的具体运用，而这是行政决定内在权力属性的第二层次，它使行政决定与运用国家行

---

① 参见［德］平特纳：《德国普通行政法》，朱林译，中国政法大学出版社1999年版，第122页。

② 关于行政相对人的内涵和外延，参见方世荣：《论行政相对人》，中国政法大学出版社2000年版，第1页。

③ 参见方世荣：《论行政相对人》，中国政法大学出版社2000年版，第1—5页。

政立法权和规范性文件制定权的抽象行政行为区别开来。

4. 行政决定的内容直接影响行政相对人的权利义务。行政决定能产生、变更和消灭行政法律关系。从法学理论上讲，行政立法和制定规范性文件等抽象行政行为是设置行政法律关系模式的行为，行政决定则是实现行政法律关系模式的行为，这是行政决定有别于抽象行政行为的一个重要区别。① 行政决定既能科以行政相对人以义务（如行政征收、行政处罚），又能赋予行政相对人以权利（如行政许可、行政奖励）。行政决定影响行政相对人的权利义务的方式是多种多样的，但其内容必然是形成、变更或者消灭特定行政法律关系，即权利、义务关系，这就会直接影响行政相对人的权利义务。

5. 行政决定有严格的法律程序。根据法治行政的原则，一般情况下行政主体作出行政决定，要经过严格的法定程序才是合法有效的。如行政处罚必须遵循《行政处罚法》以及有关法律、法规所规定的处罚程序，行政许可则必须遵循《行政许可法》规定的许可程序。在现代法治国家，不允许存在不遵守法定程序而由行政主体随意作出的行政决定。

6. 行政决定具有强制性。② 行政决定是执行法律的活动，法律的强制性必然体现为行政决定的强制性。就行政主体而言，这种强制性表现为行政主体作出意思表示的法定性，而不以意思自治为原则。就行政相对人而言，这种强制性表现为19世纪行政法学上说的服从与遵守、20世

---

① 方世荣：《论具体行政行为》，武汉大学出版社1996年版，第14—21页。

② 有学者认为，20世纪以来的现代行政法必须重视最大多数人的根本利益。它在公共利益与个人利益关系上的价值判断是互相一致，在道德观念上的价值取向是互相信任，因而在行为关系上的理念就是服务与合作。也就是说，政府与公民之间的行为关系是一种服务与合作的关系，行政行为是行政机关在公民的参与下所作的一种服务行为。（参见叶必丰：《行政行为原理》，商务印书馆2014年版，第16—17页）而且，随着社会生活的发展，大量"弱效行为"方式（如行政契约、行政指导）不断涌现，不少学者主张不宜将强制性作为行政决定的法律特征之一。我们认为，行政决定作为行政主体执行法律的手段和方式之一，法律的强制性必然体现为行政决定的强制性，而且这种强制性不仅针对行政相对人，还针对作出行政决定的行政主体。

纪行政法学上所说的配合。如果相对人不予以配合，就会导致被强制执行的法律后果。这意味着行政主体只能根据法律的规定作出意思表示，不具有完全的意志自由，行政相对人对行政行为必须服从和配合。如果行政相对人不予服从和配合，就会导致强制执行。尽管现代行政法学不再一味强调行政行为实施的强制性，而强调行政行为的可接受性和行政相对人的自愿接受，但这并不否定行政行为以强调性为后盾。这与民事法律行为的自愿性是不相同的。

（三）界定行政决定的意义

行政决定概念的确定，在行政法学中不仅具有重要的理论意义，而且具有深远的实践意义，其主要表现在以下几个方面。

第一，对行政决定进行界定是完善行政行为理论体系的需要。行政决定是行政行为的重要组成部分。对于什么是行政行为，行政法学界有"最广义""广义""狭义""最狭义"等繁多学说。[①] 其实，学者们对行政行为的争议主要是集中在对"行政决定"概念的内涵及外延的理解上，因此，厘清行政决定的概念最直接的意义，就是通过科学界定行政决定达到完善行政行为理论体系的目的。

第二，准确界定行政决定，对行政主体的行为具有规范和引导作用，因而，也是督促和保障行政主体依法行政的需要。对于行政主体来说，行政决定是其从事管理和服务社会等活动的重要手段，因而行政决定必须符合相应的法律制度。准确界定行政决定是使行政主体的行政决定受法律制约，不超越法律对其设定的界限的需要。因为，行政决定有其特有的法律规则，判定行政主体的行为属于何种行为、是否属于行政决定，直接关系到该行为应当遵循何种规则、应否遵循法律为行政决定所设定的特殊规则等问题，同时还关系到行政主体行为的效力问题。在此意义上，准确界定行政决定对行政主体的行为具有规范和引导作用。从更大的范围讲，准确界定行政决定也是督促和保障行政主体依法行政的需要。

---

① 参见张尚鷟主编：《走出低谷的中国行政法学——中国行政法学综述与评价》，中国政法大学出版社1991年版，第133—135页。

行政主体依法行政的主要表现就是严格按照法定要求作出行政决定。如果对行政决定没有一个准确的认识，其具体的内涵与外延模糊不清，依法行政是无从谈起的。

第三，准确界定行政决定是准确地确定行政复议范围和行政诉讼受案范围的需要。我国《行政诉讼法》① 第二条第一款规定："公民、法人或者其他组织认为行政机关和行政机关工作人员的行政行为侵犯其合法权益，有权依照本法向人民法院提起诉讼。"第十二条和第十三条则分别规定了人民法院的受案范围和不受理的事项。从《行政诉讼法》规定可以看出，行政诉讼的受案范围主要针对的是行政决定。同样，依据《行政复议法》② 第一、二、三、六、七条，以及《行政复议法实施条例》③第二十七、二十八条的规定，行政复议所针对的行政主体行为也主要是行政决定。因而，准确界定行政决定也是准确地掌握行政复议和行政诉讼受案范围的需要。

第四，准确界定行政决定，对于行政相对人权利的救济和保护意义重大。对于行政相对人来说，行政决定具有能决定其权利义务的行政法律效果，行政相对人必须遵守甚至被迫服从。如果行政主体的行政决定违法，造成了行政相对人合法权益的损害，他们依法有权向有关行政机关提出复议申请或向人民法院提起行政诉讼，请求有权机关对行政决定的合法性、合理性予以审查。因此，准确界定行政决定对于行政相对人权利的救济和保护意义重大。

二、行政决定与抽象行政行为的区分

行政决定与行政立法、制定规范性文件等抽象行政行为是两类不同

---

① 2014 年 11 月 1 日第十二届全国人民代表大会常务委员会第十一次会议通过的新《行政诉讼法》，该法于 2015 年 5 月 1 日起施行。

② 1999 年 4 月 29 日第九届全国人民代表大会常务委员会第九次会议通过，1999 年10 月 1 起施行。

③ 2007 年 5 月 23 日国务院第一百七十七次常务会议通过，自 2007 年 8 月 1 日起施行。

的行为，无论在理论上和实践上都有必要明确它们的基本区别点。关于行政决定与抽象行政行为的区别是行政法学中一个较复杂的问题，在理论和实践中一直未得到很好的解决，学者们对两者的区别曾经提出了许多见解，提出了一些有意义的标准。① 为了能较明确地区分两者，这里先对抽象行政行为本身的有关问题作一些说明。关于抽象行政行为本身曾有两种说法，一种表述抽象行政行为是"活动"，这是指动态的抽象行政行为，即行政主体制定行政法规、规章的行政立法活动和制定行政规范的活动过程；还有一种将抽象行政行为表述为就是行政法规、规章和规范性文件本身，这是静态的抽象行政行为。我们认为，抽象行政行为既然是"行为"，从语义上应当理解并定位为是活动过程，而行政法规、规章和规范性文件则是这种活动的结果。为此，对于行政决定与抽象行政行为的区别，既要从活动的角度去比较，也要从结果的角度去比较。

从活动的角度比较，行政决定与抽象行政行为有以下三点区别。

第一，抽象行政行为在功能上应是设定行政法规范即行政法律关系模式的活动，行政决定在功能上则是适用行政法规范去具体实现行政法律关系模式的活动。抽象行政行为只为行政法律关系的产生、变更和消灭提供法律前提和可能性，而行政决定要使行政法律关系的产生、变更和消灭成为现实。

第二，抽象行政行为是创制行政决定依据的立法性活动，它先于行政决定而形成，行政决定是执行性活动，它是晚于抽象行政行为的活动。

----

① 　如有学者认为，行政决定与抽象行政行为的区分标准有三个：一是行政行为是否针对特定的人；二是行政行为是否针对特定的事项；三是是否可以反复适用。（参见张尚鷟主编：《走出低谷的中国行政法学——中国行政法学综述与评价》，中国政法大学出版社1991年版，第143页）又如，有学者指出，寻求对行政决定与抽象行政行为二者科学合理的划分标准，首先应改变分析问题的角度：从局限于行为的结果转换为行为过程。从行为的过程分析，两者的区分标准应为：职权、程序、结果三个标准。（参见张树义：《论抽象行政行为与具体行政行为的划分标准》，《中国法学》1993年第1期）还有学者主张：划分抽象行政行为与行政决定主要应依三个标准：1. 行政行为的对象是否有特定性；2. 行政行为的适用是否有溯及性；3. 行政行为的效力是否有直接性。（参见胡建淼：《行政法学》，法律出版社1998年版，第313—314页）

第三，两种活动的程序是不同的，抽象行政行为要按规定的行政立法或规范性文件的制定程序进行，行政决定则按行政执法程序或对纠纷的行政裁决程序进行。

从结果的角度比较有以下四点区别。

第一，作为抽象行政行为结果的行政法规、规章和规范性文件是行政决定的依据，行政决定是贯彻落实行政法规、规章和规范性文件的具体方法和手段。

第二，行政法规、规章和规范性文件通常针对的是广泛而不特定的对象，行政决定通常针对特定对象。

第三，行政法规、规章和规范性文件一般都要反复适用，长期有效，而行政决定通常只一次性适用，一次性有效。

第四，行政法规、规章以及规范性文件对其制定之后发生的事项具有拘束力，行政决定则通常对其作出之前的事具有拘束力。

三、行政决定的内容①

行政决定的内容即行政决定所包含的意思及其要达到的目的。行政决定作为一种法律行为，其法律意义上的作用就是产生、变更或消灭一

① 参见方世荣主编：《行政法与行政诉讼法》，北京大学出版社 2011 年版，第 121—122 页。一般来讲，行政行为的内容是指行政主体通过一定的形式所表示的内在意思。其实质为行政相对人设定、变更或者消灭权利义务关系，也可以是对行政相对人权利义务的确认和证明。其内容包括：设定权利义务、变更权利义务、消灭权利义务、确认和证明权利义务。有学者认为，行政行为的内容应该包括设定权利义务的意思表示、消灭权利义务的意思表示、变更权利义务的意思表示以及确认和证明权利义务的意思表示等方面。（参见叶必丰：《行政法学》，武汉大学出版社 1996 年版，第 110—114 页）也有学者认为，行政决定的内容包括赋予权利、剥夺权利、科以义务和免除义务等方面。（参见许崇德、皮纯协主编：《新中国行政法学研究综述（1949—1990）》，法律出版社 1991 年版，第 302 页。又见张焕光、胡建淼：《行政法学原理》，劳动人事出版社 1989 年版，第 272—273 页）还有学者认为，赋予或剥夺权利、科以或免除义务以及证明或确认关系等是行政行为的法律功能。（参见胡建淼：《行政法学》，法律出版社 1998 年版，第 267—268 页）

定的行政法律关系，因此，行政决定的内容都直接涉及行政相对人的权利义务或与其权利义务。就行政法学界学者们现有的概括来看，行政决定的内容主要包括以下几个方面。

（一）确定并实现权利和义务

实现权利和义务是指通过行政决定明确并具体落实行政主体与相对一方各自的法定权利义务。法律、法规规定的权利义务需要一定的行为来得以实现，许多行政决定自然以实现权利义务为内容，其中行政主体的各种职权、职责均落实在其行政决定之中。如行政主体的行政处罚权就是通过行政主体的行政处罚行为来得以实现的，行政主体服务的义务则是通过其行政救助等行为来实现的。同时，在许多情况下，行政相对人一方的法定权利义务也往往需要行政决定才能实现。这是因为，在行政管理中，行政相对人有些法定的权利需要一定的程序才能实际享有，有些法定的义务需要一定的行政督促才能实际履行，这就需要行政决定发挥作用，行政主体的行政行为相当一部分也就是以实现相对一方权利义务为内容的。如行政许可行为就以实现申请人法定的、应当准予获得的权利为内容；催缴和征税行为就以落实纳税人法定的应当履行的义务为内容。

（二）剥夺、限制权利和减、免义务

剥夺、限制权利是以行政决定取消、制约相对一方已经取得的某种权利。通常是相对一方有违法行为而对其予以惩处，或是未及时履行应有的义务而予以的强制，也有的是因相对一方不再具备享有某种权利的前提条件而被取消权利。如没收财产、限制人身自由的行政处罚，查封、扣押财产的行政强制措施，停发政府救济金的决定等等都是以此为内容的行政决定。

减、免义务是以行政决定减、免相对一方原有的义务。通常是指相对一方在承担原有法定义务之后，因外部情况发生变化，或因自身取得法定应受减、免的条件，由行政主体依法予以义务上的减免。以减免义务为内容的行政决定如行政许可、行政优待等等。

(三) 确认和恢复权利、义务

确认和恢复权利、义务是当权利义务出现争议、纠纷时，以行政决定认定已被模糊和歪曲了的原有权利、义务并使之恢复原状。以此为内容的行政决定主要有行政确认、行政裁决等等。

(四) 确认法律事实

确认法律事实是以行政决定认定与某种权利义务有重要关系的法律事实。法律事实并不是权利义务，但它往往是得到某种权利义务的必要条件，通过行政决定确认之后，将必然地导致应有的权利义务关系。如行政主体对一公民作出属于未成年人的确认，就必然会使该公民享有未成年人应有的各种特定权利。行政主体以此为内容的行政决定有确认行为、鉴定行为等等。

四、行政决定的形式①

行政决定的形式，是指行政主体表示其意志的形式或行政主体所表示意思的外在载体。不同的行政决定会有不同的表现形式。一般来说，行政决定以书面形式作出为原则，除非法律有特别规定或因行政决定的

---

① 有学者认为，行政决定的形式，主要是行政许可、行政奖励、行政命令和行政处罚四种。也有学者认为，行政决定的形式有要式和不要式两种。（参见许崇德、皮纯协主编：《新中国行政法学研究综述（1949—1990）》，法律出版社1991年版，第302—303页）我们认为，在后一种意义上来理解行政决定的形式似乎更合理一些，而且很多国家在行政程序法的行政行为形式部分也是将行政行为的形式分为书面形式（要式）、口头形式或其他形式（不要式）的。（参见《联邦德国行政程序法》（1998年）第37条、《葡萄牙行政程序法典》（1996年）第122条之规定，载《外国行政程序法汇编》，应松年主编，中国法制出版社1999年版）此外，还有学者认为，行政行为的形式有条例、规定、办法、细则、规则（行政立法行为的形式）和命令（令）、决定、指示、公告（通告）、通知、通报、报告、请示、批复、函、会议纪要（制定规范性文件行为和具体行政行为的形式）。（参见叶必丰：《行政法学》，武汉大学出版社1996年版，第114—118页）

特殊性质，只能以口头或其他方式作出，行政决定才能采用口头或其他方式作出。国外很多国家的行政程序法也对行政行为的形式作出了明确规定。①

归纳起来，行政决定的形式主要有书面形式、口头形式、动作形式、默示形式以及其他借助互联网或自动化设备等高科技手段表现出来的形式。

（一）书面形式

书面形式是行政主体借助于文字来实现其行为意思的一种方式。如各种书面文件。这是行政决定最大量、最普遍、最常见的形式。按照法律要求，一般比较重大的行政决定都应采取书面形式。行政决定依法必须是书面形式，而未采取书面形式的，在许多情况下，应视为无效行政决定。从实践看，书面形式各种各样，尚没有统一的法律形式规定。

（二）口头形式

口头形式是行政主体借助于语言来实现其行为意思的方式。如口头宣布命令，或者电话发布通知。这种形式的优点是简便、易行、直接、迅速；缺点是缺乏文字依据，发生争议时不易处理。所以，它仅适用于比较简单的行政决定，内容复杂、后果重大的行政决定则不宜采用。

---

① 如《联邦德国行政程序法》（1998年）第37条第2款规定："行政行为可以书面、口头或其他方式作出。口头行政行为须以书面方式予以证实，如果相对人对此有正当利益，且未迟延提出该请求。"又如《葡萄牙行政程序法典》（1996年）第122条第1款规定："行政行为应以书面作出，只要法律并未规定或基于行为的性质及有关情节不要求其他方式。"（载《外国行政程序法汇编》，应松年主编，中国法制出版社1999年版，第135、504页）

（三）动作形式①

动作形式是行政主体借助于公务员或者其他依法执行行政职权人员的动作来进行意思表示的方式。最常见的是交通警察指挥交通的各种手势。②

（四）默示形式

默示形式是相对于上述三种明示形式而言的另一种方式。它是一种不作为的形式。例如，相对人申请许可证，行政主体在一定期限内不予答复，即可推定其拒绝颁发。又如公民申请集会游行示威，公安机关在申请举行日期的 3 日前不通知其是否许可的，根据《中华人民共和国集会游行示威法》的规定，视为许可。作为意思表示的一种形式，默示的采用须受到严格的限制，只有在法律、法规或规章规定的范围内，或者在习惯上已为人们所公认的情况下，才能采用。

（五）其他形式

随着科学技术的高速发展，行政决定甚至还可能借助自动化设备（如通过电子显示屏发布决定）或者互联网（如通过电子文件或电子邮件的形式发布决定）等高科技手段作出。如《联邦德国行政程序法》（1998年）第 37 条第 4 款规定："借助自动设备作出的书面行政行为，可不遵守第 3 款规定，省略签名或复制签名。内容可采取摘要形式表示，只要行政行为所针对的人或涉及的人，通过列出的说明能够清楚认识行政行为的内容。"

---

① 有学者认为，因为行政相对人的范围很大，人员很多也很复杂。这种复杂性决定了国家行政机关在紧急情况下实施行政行为形式的多样性，不但包括书面形式、口头形式，还应该包括动作姿势形式。在紧急情况下，不能用语言表达时，可以用动作姿势要求相对方为一定的行为或不为一定的行为。由于这种形式不如前两种形式的意思表达明确，因此，对于它的效力问题应具体问题具体分析。（参见许崇德、皮纯协主编：《新中国行政法学研究综述（1949—1990）》，法律出版社1991年版，第 188 页）

② 参见胡建淼：《行政法学》，法律出版社 1998 年版，第 268 页。

第二节　行政决定的种类①

对行政决定进行相应的分类不仅是理论研究的需要，而且也是认识各类行政决定的具体特征，分析行政决定是否合法、有效，确定行政救济机制的现实需要。因此，对行政决定的科学分类，历来为行政法学所重视。

---

① 有学者认为，根据不同的作用和方式，具体行政行为最基本的类型包括以下几种：（一）赋予权利、能力和减免义务性的具体行政行为；（二）确认或恢复权利、能力和义务的具体行政行为；（三）取消、限制权利和科以义务的具体行政行为；（四）与相对人合意建立权利义务关系的具体行政行为；（五）以调动相对人行为来实现法定权利义务的具体行政行为。（参见方世荣：《论具体行政行为》，武汉大学出版社1996年版，第35—44页）也有学者认为，根据具体行政行为的直接法律功能不同，具体行政行为可以被划分为五类：第一，行政赋权行为；第二，行政限权行为；第三，行政确认行为；第四，行政裁决行为；第五，行政救济行为。（参见胡建淼：《行政法学》，法律出版社1998年版，第311—312页）还有学者认为，行政决定首先可以根据行政管理领域的不同划分为公安决定、民政决定、财政决定、税务决定、金融决定、审计决定、海关决定、环境保护决定、工商管理决定、劳动人事决定等等。其次，根据行政决定所涉及的内容，可以分为权利性决定、义务性决定和混合决定。再则，根据对相对人发生的影响，行政决定还可以分为不利决定、制裁决定和受益决定。（参见张焕光、胡建淼：《行政法学原理》，劳动人事出版社1989年版，第272页；另见熊文钊：《行政法通论》，中国人事出版社1995年版，第218—219页）还有学者认为，行政决定应包括如下种类：（一）职权行为及申请行为；（二）命令式、形成式及确认式行为；（三）授益式及负担式行为；（四）拘束及裁量行为；（五）单纯行为及有附款行为。（参见陈新民：《中国行政法学原理》，中国政法大学出版社2002年版，第141—156页）此外，还有学者认为依照内容为标准，可以将行政决定划分为命令性行政决定、形成性行政决定和确认性行政决定；依照是否影响行政相对人利益为标准，可以将行政决定划分为有利行政决定、不利行政决定和混合行政决定。（参见章剑生：《现代行政法总论》，法律出版社2014年版，第152—154页）

一、行政决定的基本分类

（一）内部行政决定与外部行政决定

这是基于行政决定的效力范围对行政决定所作的一种划分。内部行政决定是行政主体代表国家对隶属于自身的组织、人员和财物的一种管理。例如：上级公务员对下级公务员发布命令、指示；上级行政机关对下级行政机关报告的审批等。外部行政决定是行政主体对社会行政事务的一种法律管理。如果说内部行政决定体现为国家的自我管理，那么，外部行政决定则体现为国家对社会的管理。公安机关所作的治安处罚决定、工商机关所作的工商管理决定，都属于外部行政决定。

划分内部行政决定与外部行政决定是近几十年的事。在近代行政法刚出现的时候，行政法律规范还没有注意到内部行政领域，内部行政也没有引起行政法学者们的兴趣。到了 20 世纪，由于政府职能的扩大，人们才发现对内部行政不作控制同样会损害相对人的权益。法国行政法学把行政措施划分为"内部行政措施"和"外部行政措施"。前者主要是指行政长官对工作的指挥以及对机关内部的组织和管理包括对下级公务员和机关所发布的命令和指示。① 美国现行的行政法教科书往往花很大的笔墨来讨论"内部行政程序"。② 我国行政立法虽然侧重点在于调整外部行政决定，但从没有忽视过对内部行政决定的调整。例如：我国于 2012 年制定的《党政机关公文处理工作条例》，显然是对包括行政机关在内的内部行政程序的一种法律调整。

---

① 参见王名扬：《法国行政法》，中国政法大学出版社 1988 年版，第 178 页。
② 如［美］Q.巴里、R.惠克贝：《公共行政的法律基础》（The Legal Foundations of Public Administra-tion），1981 年英文版。

（二）依职权行政决定与依申请行政决定①

这是基于行政决定的主动性程度对行政决定所作的一种划分。依职权行政决定是指行政主体依据自己的职权，不需经过相对人的意思表示，如申请、声明、要求等，便能作出并发生效力的行为。大量的行政决定属于这一类。例如，行政主体对行政相对人实施行政处罚，行政主体依职权进行的行政规划、计划等。

依申请行政决定是指行政主体只有在相对人声明或者申请的条件下方能作出的行为。没有相对人的主动申请，行政主体不能主动作出行为。例如，我国的某些奖励须以当事人申请为前提，否则，当事人即便符合奖励条件，行政机关也不作奖励；公民申请专利、单位申请注册商标等亦属此类。

区别这两种行政决定有两方面的法律意义。对行政主体来说，这关系到其行政决定的效力：在没有行政相对人申请的条件下，行政主体作出依申请行为便不发生法律效力。对行政相对人来说，这直接关系到其权利的取得和义务的免除。如果相对人的权利是通过行政主体的依职权行政决定取得的，那么，其权利的取得时间可追溯到其符合取得该权利的条件之时；如果相对人的权利是通过行政主体的依申请行政决定取得的，那么其权利的取得时间以相对人提出申请时间而不是以其符合取得该权利的时间为准。

（三）羁束行政决定与自由裁量行政决定

这是基于行政主体主观意志参与的程度对行政决定所作的一种划分。羁束行政决定是指在法律对行为适用条件有明确而详细规定的条件下，行政主体严格依照法律作出的行政决定。这种行为的特点在于，行政主

---

① 有人称为"依申请行政行为"。（参见胡建淼：《行政法学》，法律出版社1998年版，第272页）我们认为，这种提法并不可取。因为，"申请"本身理应包括声明、要求等，而不应作狭义的理解。所以，按通常的汉语习惯，理解为"应申请行政行为"或"依申请行政行为"为宜。

体无法参与主观意志，没有自由裁量的余地。例如，《居民身份证法》①
第五条第一款规定："十六周岁以上公民的居民身份证的有效期为十年、
二十年、长期。十六周岁至二十五周岁的，发给有效期十年的居民身份
证；二十六周岁至四十五周岁的，发给有效期二十年的居民身份证；四
十六周岁以上的，发给长期有效的居民身份证。"在这种条件下，公安机
关在决定某公民该发哪种居民身份证时，没有自由裁量的余地。所以，
发放居民身份证的行政决定属于羁束行政决定。

但是，法律不可能对所有的行政决定都作出详细规定，故有时只规
定一种行为原则，或规定一种行为的幅度。在这种条件下，行政主体作
出行为时有一定的自由裁量余地，故称自由裁量行为。例如，根据我国
《治安管理处罚法》② 第二十三条第一款的规定，对于扰乱公共秩序的相
关治安违法行为，"处警告或者200元以下罚款；情节较重的，处5日以
上10日以下拘留，可以并处500元以下罚款"。这里，公安机关对行为
人处拘留、罚款还是警告，以及处以多少天的拘留、多少元罚款等，便
由公安机关视情况而定，因而这属于自由裁量的行政决定。

区别羁束行政决定和自由裁量行政决定的法律意义主要在于：

1. 羁束行政决定只发生违法与否的问题，不发生适当与否的问题；
而自由裁量行政决定一般只发生是否合理的问题（在裁量权限范围内），
不发生是否合法的问题。

2. 羁束行政决定只受行政合法性原则的约束，而自由裁量行政决定
主要受行政合理性原则的约束。

3. 从法律救济上说，羁束行政决定接受行政审查和司法审查，在范
围上基本不受限制，而自由裁量行政决定接受行政审查和司法审查，在

---

① 2003年6月28日第十届全国人大常委会第三次会议通过，2011年10月29日第
十一届全国人大常务委员会第二十三次会议修订通过，自2012年1月1日起
施行。

② 2005年8月28日第十届全国人大常委会第十七次会议通过，自2006年3月1日
起施行。第十一届全国人大常务委员会第二十九次会议于2012年10月26日修订
通过，自2013年1月1日起施行。

范围上有很大的限制。

羁束行为和自由裁量行为的划分有个历史演变过程。在工业革命以前，政府行政职能狭窄，"无法律便无行政"的原则尚能奏效。但到19世纪末，尤其是进入20世纪，社会政治经济的发展，政府职能日益扩大，行政机关无法以羁束行为来应付错综复杂的社会事务了。于是，政府的自由裁量行为得到了承认。尽管不少法官和学者担心它会越出"法治"的轨道，但同时也意识到，目前"还没有找到一条没有自由裁量权而能担负起政府职能的路"。虽然自由裁量行为原则上不受司法审查，但它仍必须从属于法治原则，同样受行政法的调整。当今，人们普遍要求自由裁量行为遵守两个规则：一是不得超越自由裁量权的范围（这是对自由裁量行为的外部界定）；二是在权限范围内必须处置适当、合理（这是对自由裁量行为的内部界定）。1960年的《联邦德国行政法院法》和1976年的《联邦德国行政程序法》均反映了这种精神；英国的法官和美国的学者们也表明了同样的态度。①

（四）要式行政决定与不要式行政决定

这是基于法律对行政决定形式的要求对行政决定所作的一种分类。行政决定是通过一定的形式而存在的，而行政决定赖以存在的形式不外乎五种：口头形式、书面形式、动作形式、默示形式和其他形式。法律、法规对某些行政决定采用特定的形式有专门要求，如根据《行政处罚法》②的规定，行政处罚裁决必须采用书面形式，而法律、法规对某些行政决定采用什么形式则不作特别要求。当法律、法规对行政决定采用什么形式有特别要求时，这类行为属于要式行政决定；当法律、法规对行政决定采用什么形式没有特别规定时，这类行为便是不要式行政决定。换句话说，要式行政决定是指具有法律、法规形式要求的行政决定。

———————————

① 参见［美］Bernard Schwartz：Administrative Law，Little，Brown and Company Boston Toronto 1976。

② 1996年3月17日第八届全国人民代表大会第四次会议通过，自1996年10月1日起施行。

寻找要式行政决定与不要式行政决定之间的界限，会比寻找抽象行政行为与行政决定、内部行政决定与外部行政决定之间的界限容易得多。因为它只要看法律、法规对该行政决定是否有形式上的特别要求便行。

要式行政决定必须遵守法律、法规对其形式上的要求，否则便构成形式违法，而不要式行政决定则不会发生形式违法的问题。可见，要式行政决定的有效条件会比不要式行政决定的条件严格得多。

划分要式行政决定与不要式行政决定与当今世界人们对行政决定形式的要求日益重视相联系。不少行政法学者认为：在行政决定内容合法的条件下，形式违法同样能直接损害相对人的合法权益。在法国，行政行为"形式上的瑕疵"可以构成法院审查的范围和撤销的理由。行政行为"违反基本程式或以无效力为制裁的程式"构成比利时最高行政法院撤销的根据。《英国行政法》把形式违法纳入"越权"范围，同受司法审查。

既然不要式行为不发生形式违法问题，那么不要式行为是否可以不受任何形式原则约束呢？今天的行政法不再对此袖手旁观了。1976 年的《联邦德国行政程序法》明确规定："对行为形式无特别法律规定的，行政行为不受一定的形式约束。行政程序的进行以简单而符合目的为宗旨。"（第 10 条）这里反映了德国人对不要式行政行为的形式要求：（1）必须简单方便；（2）有助于行政目标的实现。英美的部分学者要求不要式行为采用形式时考虑公益的效率。

（五）授益性行政决定与损益性行政决定①

这是基于行政决定的效果与相对人利益之间的关系对行政决定所作

---

① 有学者认为，根据行政决定对行政相对人是否有利为标准，可以将行政决定分为：授益性行政决定、损益性行政决定和复效性行政决定。（参见方世荣主编：《行政法与行政诉讼法学》，人民法院出版社 2003 年版，第 151 页）这种分类有一定的合理性，但传统的行政法理论根据行政决定对相对人是否有利为标准，一般还是仅将行政决定分为授益性行政决定和损益性行政决定两类。对于复效性行政决定，本书将在行政决定的其他分类中说明。

的一种分类。有的行政决定的直接结果，对行政相对人是有利的；而有的行政决定的直接效果，对行政相对人则是不利的。前类行政决定属于授益性行政决定，如行政许可和行政奖励等；后类行政决定则属于损益性行政决定，如行政处罚等。必须强调的是，一种行政决定对相对人是否有利，应该视这种行政决定的直接效果，而不是间接效果而定。所以，一种行政处罚哪怕最终使相对人因祸得福，也不能因此把行政处罚归类于授益性行政决定。

当我们探讨诸如行政决定超越时限是否依然有效、哪些行政决定的作出需要有直接的法律依据等问题时，授益性行政决定与损益性行政决定的分类就显得特别重要。有的国家的行政法规定：授益性行政决定超越时限依然有效，而损益性行政决定超越时限则无效。有的学者主张：行政主体作出授益性行政决定无须有直接的法律依据，而作出损益性行政决定时便需有直接的法律依据。

二、行政决定的其他分类

行政决定除了上述学者们一般都认可的基本分类外，还可以从其他的角度进行分类，我们主要归纳了以下一些分类。

（一）本源性行政决定、保障性行政决定与补救性行政决定

以行政决定的发生顺序过程及其用途，可以分为本源性行政决定、保障性行政决定和补救性行政决定。

本源性行政决定是行政机关直接落实法律规定的应有权利、义务的行为，如行政机关令相对人履行法律规定的应有纳税义务的决定等；保障性行政决定是保障本源性行为具有执行效力的行为，或者是对抗拒本源性行为的行政相对人予以的惩罚行为，如行政机关在相对人不履行法定纳税义务的情况下，或者抗拒行政机关决定的时候所作的行政强制执行、行政处罚；补救性行政决定是为补救前两类行为可能发生的错误而作出的行为，当本源性行为、保障性行为违法侵害了行政相对人合法权益时，便通过补救性行为来进行弥补，这种补救性行为有行政复议裁决、行政申诉裁决和行政机关的自我纠正决定等等。

（二）职权性行政决定、授权性行政决定与委托性行政决定

以行为主体作出行政决定的权力来源，可将行政决定分为职权主体的行政决定、授权主体的行政决定和委托主体的行政决定这三类。

职权性行政决定，是指国家行政机关直接按自己法定的固有职权而实施的行政决定；授权性行政决定，按我国行政诉讼法的规定，是指某些非行政机关的组织，按法律、法规以及规章的专门授权而实施的行政决定；委托性行政决定，则是某些非行政机关的组织经行政机关委托后，在委托范围内代委托人即行政机关实施的行政决定。显然，这三类行政决定在实施时，其权力来源是各不相同的。其中前一类由行政机关依自己固有的职权实施，因而这类行政行为在实施上自由性相对而言要大一些，而且由行政机关直接对该行政决定负责；第二类由某些非行政机关的组织依法律、法规的专门授权行使，因而这类行政决定在实施上要受到法定的限制，即只能在授权范围内严格实施，对该行政决定行政机关也不予承担责任，而应由实施这一行为的组织承担责任；第三类由某些非行政机关的组织依行政机关的委托代行政机关实施，因而这类行政决定在实施上则受行政机关意思表示的限制，即只能在行政机关委托的范围内严格实施，对该行政决定，作为委托主体的行政机关要承担责任。

了解这种行政决定的分类，从实体上是明确行政权力的来源，在行政诉讼中则有益于确定谁是被告。依照我国《行政诉讼法》的规定，公民、法人和其他组织对依职权的行政行为不服而提起诉讼，要以作出该行政决定的行政机关为被告；如对依授权的行政决定不服而提起诉讼，要以作出该行政行为的组织为被告；如对依委托的行政决定不服而提起诉讼，则要以委托的行政机关为被告，而不能以受委托的组织为被告，换言之，依委托的行政决定要由委托的行政机关承担被诉的责任。

（三）职责性行政决定与职权性行政决定

根据行政决定是基于主体的职权或是基于主体的职责，可以将行政决定分为职责性行政决定和职权性行政决定行为。

职责性行政决定是行政主体履行法定义务的行为，而职权性行政决定是行政主体行使法定权利的行为，虽然两者在一定条件下可以转化，但它们各自也有相对的稳定性。职责性行政决定例如行政确认、行政救助、行政保护、行政服务等。职权性行政决定则有行政命令、行政处罚、行政强制等等。职责性行政决定强调的是行政主体有责任必须这样做，不做即为不作为，也就是失职；职权性行政决定强调的是行政主体有权能够这样做，或者有权能够不这样做。职责性行政决定并不像传统看法那样以行政机关向相对方行使权力为标志，它是行政机关为相对人提供服务的一类行政决定，因此，这是识别行政决定的新型标准。

（四）单一的行政决定与共同的行政决定

以行政决定是由一个行政机关作出的或两个以上行政机关共同作出的，可将行政决定分为单一的行政决定和共同的行政决定。

单一的行政决定由一个行政机关作出，如某公安机关对一公民予以治安拘留；共同的行政决定则由两个以上行政机关共同作出，如某公安机关与某工商机关共同对一个体户销售的违禁物品予以没收并就地销毁。这种分类在实体上，表明了行政职权的运用方式是一个机关职权的单独运用，还是两个以上机关职权的配合运用，以及是否导致共同的法律责任；在行政诉讼上，则要决定一个具体诉讼中被告的数量，即是否形成共同诉讼。当公民、法人和其他组织对单一的行政决定不服提起诉讼时，以作出该行政行为的那个行政机关为被告；当公民、法人和其他组织对共同的行政决定不服提起诉讼时，则要以作出共同行政决定的两个以上的行政机关为共同被告，如果公民等一方只诉了其中一个行政机关，其他行政机关还将被追加为共同被告，这就是说无论如何该诉讼都要形成有两个以上被告的共同诉讼。

（五）积极的行政决定与消极的行政决定

行政决定的行为方式可以有作为和不作为①两类不同的方式。行政主体履行职责所作的行为和未履行职责的不作为都是行政决定的行为，前者如行政主体在实施公共事业及其他活动之前所作的行政计划、规划，后者如行政主体对公民、法人或者其他组织要求颁发许可证或执照等证照的申请未予理睬的不作为行为等。为此，以行政决定是行政机关积极的作为还是消极的不作为，可将行政决定分为积极的行政决定和消极的行政决定。

所谓积极的行政决定是指行政机关积极主动实施的行为，包括行政机关行使职权和履行职责的行为，如作出行政命令、实施行政处罚和行政强制措施等等。

所谓消极的行政决定是指行政机关消极不为的行为，在大多情况下它表现为行政机关不履行或拒绝履行法定职责（义务）。如行政机关不理

---

① 对于行政机关的不作为行为，学者们主要有三种解释：第一种认为，不作为是指行政主体对一定行政行为的抑制，即拒绝作出一定的行为。（参见皮纯协、胡建淼主编：《中外行政诉讼词典》，东方出版社1989年版，第172页）第二种认为，不作为是指行政机关不作出其依法应作出的行为。（参见姜明安：《行政法与行政诉讼》，中国卓越出版公司1990年版，第444页）不作为是指行政主体负有某种作为的法定义务，并且具有作为的可能性而在程序上逾期有所不为。（参见周佑勇：《行政不作为判解》，武汉大学出版社2000年版，第18页）第三种认为，不作为是指行政主体依行政相对人的合法申请，应当履行也有可能履行相应的法定职责，但却不履行或者拖延履行的行为形式。（参见罗豪才主编：《中国司法审查制度》，北京大学出版社1993年版，第168页）我们认为，法律意义上的不作为从一方面是行为方式问题，不作为表现为"不作出一定的动作或动作系列"。（见张文显：《法学基本范畴研究》，中国政法大学出版社1992年版，第152页）另一方面它也反映为内容问题。我们在判断"作出一定的动作"和"不作出一定的动作"时既要看动作方式，又要看其所反映的内容，当一行为在方式上就是不为时，它肯定是不作为；当一行为在方式上是"为"时，它可能是作为，也有可能是不作为，这就要看其"为"这个动作反映的实质内容是什么，这个行为在外部形态上有动作，实质内容却是要表达"不做"，那么它仍是不作为。同时，作为与不作为本身也不存在合法与不合法的评价问题。

眯公民、法人或其他组织提出的有关颁发执照和许可证的要求、有关发给抚恤金的请求以及有关申请保护他们人身权、财产权的要求。但也可能是行政机关履行法定不作为义务的情况，如在市场经济条件下行政机关不干预企业经营自主权的不作为行为。

行政机关积极的作为可以是合法的作为，也可以是不合法的作为，因为主动行使职权有可能是合法的，也有可能是违法行使职权；而行政机关消极的不作为往往被人们认为只能是不合法的：因为它属于有义务而不履行。我们认为，这只是从一个方面在看待行政机关的不作为行为。事实上行政机关的不作为行为也有合法的，这要看该不作为行为是针对何种法定义务，若是有法定应为的义务但没有为，则是违法的；若是有法定不应为的义务而没有为，则应属合法的。了解积极的行政决定与消极的行政决定这种分类，对我们认识行政决定的行为方式及其合法性质是有帮助的。

（六）单效行政决定与复效行政决定

以行政决定发生效果的状况，可以将其分为单效行政决定与复效行政决定。单效行政决定是指行政主体作出的只能产生一重法律效果的行政决定，其要么是赋予或确认特定的相对人某种权利、能力和减免义务，要么是剥夺、取消、限制行政相对人的某种权利、能力和科以义务，法律效果只具有单一性。

复效行政决定是指行政主体依法作出的能对特定的行政相对人同时产生两重及以上法律效果的行政决定。行政主体的复效行政决定既能赋予或确认一方相对人某种权利、能力和减免义务，又能剥夺、取消、限制另一方相对人的某种权利、能力和科以义务。如土地管理部门对甲乙之间的土地使用权纠纷进行审查后作出裁决，认定该土地使用权归属甲。该裁决行为就包含复数的法律效果，对甲而言确认了其拥有该土地使用权，恢复了他的权利，带来了有利的法律后果。对乙而言则丧失了该土地使用权，产生了不利的法律效果。

(七) 无条件行政决定与附条件行政决定①

这是基于行政决定的生效条件对行政决定所作的一种分类。一般情况下，行政决定一经作出即为生效，便具有法律效力。有的行政决定虽已作出，但附有条件，须等条件达到时，该行政决定才发生法律效力。在行政决定作出时不附加任何条件的行政决定，是无条件的行政决定，如作出行政处罚的决定；在行政决定作出时附有一定的条件，须等该条件达到时才能发生效力的行政决定，便是附条件的行政决定，如附条件的行政许可。

无条件行政决定与附条件行政决定这对范畴的确立，有助于我们探讨各种行政决定的生效规则。一般说来，无条件行政决定一经作出即发生法律效力，而附条件行政决定作出以后未必马上发生效力，它是否生效取决于所附条件是否达到。

(八) 须受领的行政决定和不须受领的行政决定

这是以行政决定是否必须行政相对人受领才能生效为标准所作的分类。受领是指相对一方能确实得知行政机关将采取某一影响其权利义务的行政决定。

受领不等于通知，也不等于取得相对一方同意。须受领的行政决定，

---

① 有学者认为，以是否有附款为标准，行政行为可以分为附款行政行为和无附款行政行为。附款行政行为，是指除行政法规明确规定外，行政主体根据实际需要附加生效条件的行政行为，又称附条件行政行为。无附款行政行为是指行政行为的生效没有附加条件的行政行为，又称单纯行政行为。这里的附款就是条件，指行政主体规定的，其成就与否决定法律行为效力的，某种将来的不确定事实或行为。(参见姜明安主编：《行政法与行政诉讼法》，北京大学出版社、高等教育出版社1999年版，第145—146页) 但有学者认为，行政行为的附款主要包括以下几种：(一) 期限；(二) 条件；(三) 负担；(四) 撤回权的保留。(参见 [日] 室井力主编：《日本现代行政法》，吴微译，中国政法大学出版社1995年版，第115—116页。又见陈新民：《中国行政法学原理》，中国政法大学出版社2002年版，第155—157页) 这里指的"条件"是从广义上来说的，即相当于"附款"，包括期限、条件、负担、撤回权的保留等内容，因为行政行为的附款在实定法上一般也被称为条件。

是指行政主体所采取的必须相对人受领，才生效的行政决定。如果是口头受领的，行政主体或行政机关委托的组织和个人向相对人口头说明行政主体的意思表示，就是已受领，如交通警察向设置路障的人口头说明限期拆除，就是受领。如果是书面受领的，只要书面决定或裁决送达时，就是已受领。

不须受领的行政决定，是指行政主体对多数不特定，或无特定相对人所采取的不须受领就生效的行政决定。行政机关常以公告、通告的方式使人们明了。如公安局关于某路段三天内不准通行的通告。

对于须受领的行政决定，行政机关未按法定程序使相对人一方受领，将是无效的行为。

（九）刚性行政决定和柔性行政决定①

这是以行政决定受法律、法规拘束程度为标准所作的分类。刚性行政决定是由法律、法规明确授权而实施，严格受法律、法规拘束，并具有明显强制力的行政决定，如行政处罚、行政强制执行等行为。柔性行政决定是受法律、法规拘束比较弱，不具有明显法律、法规授权，只具有某种影响力的行政决定。如行政指导是行政机关的一种主动管理的行为方式，虽无强制力，但有影响力，其作用在于影响相对人以采取自愿行动而达到符合社会公共利益的行政目的。行政指导行为作为现代行政的新现象，同样有合法性、合理性和法律责任归属问题。

（十）单方行政决定和双方行政决定

这是以参与行政决定意思表示的主体是单方还是双方为标准，对行

---

① 参见杨海坤：《中国行政法基本理论》，南京大学出版社1992年版，第258页。也有学者以行政决定对相对人法律效力的强弱为标准，将行政决定分为强效行政决定和弱效行政决定。强效行政决定是对相对人有绝对约束力的行为，无论对方是否同意都必须首先服从行政机关的意志，如行政处罚、行政强制、行政命令等等；弱效行政决定对相对人没有绝对约束力，行政机关只是通过劝导、协商的方式表述自己的意志，相对人可以不接受，这种行政决定如行政指导、行政合同等等。（参见方世荣：《论具体行政行为》，武汉大学出版社1996年版，第55—56页）我们认为，这两种分类所指代的内容是相同的，只是分析角度略有不同而已。

政决定作的分类。

单方行政决定，是指行政主体单方面的意思表示就能有效成立的行政决定。例如，行政许可、行政处罚和行政执法等行为，只要有行政主体的意思表示就能依法成立，相对人的意思表示如何并不影响它们的成立，属于单方行政决定。双方行政决定，是指只有行政主体和相对人双方意思表示一致才能有效成立的行政决定。例如，行政委托行为，需有行政主体和受委托人双方的一致意思表示才能有效成立，属双方行政决定。

（十一）独立行政决定和需补充行政决定

这是以行政决定是否需要其他条件作为补充为标准，对行政决定所作的分类。独立行政决定，是指不需要其他行政决定的补充就能有效成立的行政决定。例如，公安机关对公民的治安管理处罚行为，就是独立行政决定。需补充行政决定，是指必须有另一个行政决定作为补充条件才能有效成立的行政决定。例如，公安机关对违反治安管理的外国人的拘留处罚行为，只有在报地、市公安局（处）审批，并报省、自治区、直辖市公安厅（局）向公安部备案后才能有效成立。独立行政决定的法律效果由实施该行政决定的行政主体承受。需补充行政决定的法律效果由实施该行政决定的行政主体和实施补充行政决定的行政主体共同承受。它们相互间具有连带责任关系。

（十二）平常行政决定和紧急行政决定

这是以行政决定实施时的条件、环境不同为标准所作的分类。在正常情况下，行政机关实施的行政决定为平常行政决定。在特殊情况下，包括战争条件或其他紧急情况下实施的行政决定是紧急行政决定，例如行政机关对正在危害国家利益或社会利益，对正在严重妨碍国家行政秩序的人或有关物所作的行政强制行为。这种分类的法律意义在于：法律对这两种行为的程序要求、法律责任要求有所不同。紧急行政决定具有不同于平常行政决定的紧迫性、即时性，因此对其程序上的要求不是与平常行政决定一样严格，其法律责任要求也有所不同。例如紧急行政决定造成相对方损失，一般不适用行政赔偿而采取行政补偿方式。

第三节　行政决定的效力

一、行政决定效力的概念及其特征

（一）行政决定效力的概念

对行政决定效力这一基本概念进行科学的界定，是深入研究行政决定效力理论的逻辑前提。我国学者早期大多回避了这一问题而直接探讨行政决定效力的具体内容，直到近年来才有所改观。但从目前学者们的表述来看，尚有些失之简单。其具体表现有二：一是将行政决定的效力与法律效果等同，如一种代表性的观点即认为，行政处理的效力指"行政处理在法律上所发生的效果"。[①] 诚然，行政决定的效力与法律效果之间有着密切的关系：前者是后者实际产生的保障，后者则是前者的直接目的。但是，二者的区别也是较为明显的：法律效果指权利义务关系的设定、变更或消灭，其本质是一种状态；而效力则是促成一定效果产生的力量，其本质是一种作用力。此外，法律效果在行政决定作出之后即表现出来，一般都具有直观性，因而能为人所感知；而效力由于始终蕴含在行政决定过程之中，因而是无形的，难以为人所视。可见，行政决定效力与法律效果并不能简单画等号。二是以偏概全，即将行政决定效力的部分内容代表整体。如有的学者指出，行政行为效力指"行政行为合法成立后所具有的法律上的约束力"。[②] 撇开"合法成立"的表述是否妥当不论，其所谓的效力实际上指的是行政决定在符合法定要件的情况下具有的法律效力。显然，它忽视了行政决定一经作出即具有的形式上的效力。

我们认为，对行政决定效力的界定必须恪守两条基本准则：一是能

[①] 王名扬：《法国行政法》，中国政法大学出版社 1988 年版，第 164 页。

[②] 熊文钊：《现代行政法原理》，法律出版社 2000 年版，第 266 页。

够揭示出行政决定效力的本质属性，以使之区别于其他相邻近的概念；二是确保定义自身的涵盖性和周延性，防止以部分代替整体。基于此，行政决定的效力可定义为：已存在的行政决定依其外形和内容所具有的产生一定法律效果的特殊作用力。这一定义包含了四个基本要素，即行政决定效力的载体——已存在的行政决定、行政决定效力的依据——行政决定的外形与内容、行政决定效力的表现形式——特殊作用力、行政决定效力的目的——促成一定法律效果的产生，它们共同揭示了行政决定效力的本质。以下将分别加以分析。

第一，行政决定效力的载体。"载体"一语原本是科技领域中的名词，专指某些能传递能量或运载其他物质的物质。在此处，载体特指传递、承载行政决定效力的事物。显然，行政决定效力的载体只能是已存在的行政决定。之所以将其限定为"已存在"的行政决定，主要原因在于，通常说的行政决定既可以指称行为的一系列过程，也可以指称行为的最终结果。倘若某一行政决定尚处于形成过程之中而未最终成立时，外界对其就无法识别，因而也无从谈及效力问题。只有当行政决定已经作出、成为客观存在的事物之后，效力才相伴而生。可见，行政决定的存在是讨论任何行政决定效力问题的逻辑起点。换言之，行政决定的效力只能由已存在的行政决定所承载。

第二，行政决定效力的依据。行政决定效力的发生总是要以一定的事物作为依托，这便是效力的依据。需要指出的是，行政决定效力的依据与行政决定效力的本源是不同的，前者强调的只是效力得以发生的直接的、一般性的基础；而后者则是对效力得以发生的终极性的基础的追问。对于一个已存在的行政决定来说，其外形与内容均可以作为效力发生的依据。在行政决定效力的具体组成部分中，公定力及不可改变力就是凭借行政决定的外形而产生的，即只要行政决定一旦作出而客观存在，不论其内容如何，都产生推定为有效、行政主体一方不得随意变更的约束力；执行力则是典型的依据行政决定的内容而产生的效力，离开了行政决定所确定的权利、义务，执行力便成了无本之木、无源之水。可见，行政决定的外形与内容都是其效力发生的直接基础。

　　第三，行政决定效力的表现形式。在汉语中，效力一词意为"效劳、出力"或"事物所产生的有利的作用"。① 延伸到法学上，便形成了法律效力的概念。"法律效力首先是一种作用力，这种作用力本身就是法律效力的表现形式。"② 就行政决定的效力而言，其表现形式则是一种特殊作用力。这一结论的基本理由是：其一，法律效力表现形式学说的广泛影响；其二，学界提出的"约束力""拘束力""强制力"等称谓仅仅表达了行政决定的局部特征或内容，难以涵盖行政决定效力的全部特性；其三，"作用力"一词是中性词，形象地表达了物理学中"力"的原初含义，能够反映出行政决定效力的基本特性；其四，与法律效力相比，行政决定的效力更加复杂，不仅虚实结合，而且形态殊异，因而是一种特殊的作用力。更进一步的研究则表明，这种作用力的特殊性源于行政决定双方当事人之间关系的复杂性。在大多数情况下，行政决定目的的实现都有赖于相对人的理解和配合。事实上，当一个行政决定已经得到相对人的自觉履行及其他机关、组织或者个人的主动承认时，建立在法律推定基础之上的公定力就并无多少现实意义。但是，在另外一些情况之下，当相对人对行政决定存有异议甚至拒不履行时，为了维系行政权威和法律安定，这种推定又显得十分必要。特别是相对人在启动救济程序之后，行政决定的效力问题就更趋复杂。可见，行政决定效力的表现形式宜定位于特殊作用力。

　　第四，行政决定效力的目的。行政决定既服务于行政效率，又服务于公民利益，其特殊功能就在于"使国家和公民之间的关系得以明确化、稳定化"。③ 因此，行政决定所预期的法律效果必须得到实现。否则，不但行政相对人的社会交往和日常生活将失去应有的安全感和稳定感，而且整个社会对行政的心理预期都将逐步落空，进而导致行政权威丧失、

① 《现代汉语词典》，商务印书馆 1998 年版，第 1390 页。
② 张根大：《法律效力论》，法律出版社 1999 年版，第 25 页注（3）。
③ ［德］哈特穆特·毛雷尔：《行政法学总论》，高家伟译，法律出版社 2000 年版，第 205 页。

社会秩序紊乱。行政决定法律效果的发生只能依赖于行政决定的效力。作为一种特殊的作用力，行政决定效力不仅蕴含于行政决定的整个过程之中，而且还直接服务于行政决定法律效果的实际发生。如同效力是法律的生命一样，行政决定的生命也在于其效力。行政决定效力的直接使命和目的就在于促成一定法律效果的发生。

（二）行政决定效力的特征

行政决定效力具有如下四个基本的特征。

第一，阶段性。行政决定效力的阶段性源于行政决定的过程性。行政行为的过程性表明行政行为不是静止的事物，而是一个不断发展的动态过程。提出行政行为过程性，既是以哲学上的过程论和发展观透视行政行为的结果，更重要的是出于对行政行为实际运行状态的考察。具体地说，任何一个特定的行政行为都是一个动态发展的过程。每一个实际存在的行政行为，都是表现为一种时间上的持续过程，都有一定的程序环节，都具有过程性。[①] 作为行政行为重要表现形式之一的行政决定，同样也具有鲜明的过程性特点。随着行政决定过程的不断推进，行政决定的效力也逐步显现出来。在行政决定作出之前的准备阶段，效力尚无从谈起；当行政决定成立之时，公定力、不可改变力产生；行政决定为相对人所知悉以后，执行力逐渐发生作用；而行政决定法定救济期限超过时，不可争力随之产生。即使相对人在法定时效之内启动了有关救济程序，行政决定的效力仍然存在；当救济程序最后完结时，行政决定效力或最终确定或归于消灭。可见，在行政决定发展过程中的不同阶段，效力的具体表现也各不相同。只有在"阶段"意义上讨论行政决定的效力，才能够准确地把握其内在的发展规律。阶段性是行政决定效力的首要特征。

第二，有限性。行政决定效力的有限性表明行政决定的效力并不是无所不在、不容置疑、不可否定的。行政决定效力之所以是有限的，其原因在于行政法领域利益关系的复杂性和行政决定自身内容的多样性。

---

① 参见朱维究等：《行政行为过程性论纲》，《中国法学》1998 年第 4 期。

法律调整的社会关系实质上是利益关系。行政法领域中的利益关系具有主体多元性、内容重叠性及冲突经常性等特点，因而其调整机制也显得异常复杂。作为公共利益的代表者和维护者，行政主体尽管拥有一定的优越性，但个人利益也是不容漠视的。"公共利益的优先应当是在充分地尊重和保护个人利益的前提基础上的优先"，相反的，那种完全否认个人利益基础性的所谓的公共利益，往往只是"少数权力阶层谋求个人利益借口和掩饰其滥用权力的挡箭牌"。① 例如，对于某些具有重大且明显瑕疵的行政决定，在其作出之后就不能假借维护公共利益而推定其有效。相反的，从切实保护个人利益的角度出发，应当否定其效力，且允许行政相对人对其直接行使抵抗权。又如，在行政救济过程中，当行政决定的执行会给行政相对人造成难以弥补的损失时，该决定就可能被停止执行，这也是行政决定效力有限性的表现形式之一。其实，作为对行政决定效力进行异体评判的司法审查制度的存在，也折射出行政决定的效力并不都是无限的、永恒的。有限性是行政决定效力的又一重要特征。

第三，灵活性。一般来说，对行政决定可以同时进行合法与否及有效与否的双重评价。"行为合法与否是客观法对法律事实的一种简单而极端的评价，它只能给人以非此即彼的判断；而行为有效与否则是客观法对法律事实的另一种更为复杂的评价，它可以包含多种法律后果判断。"② 进一步而言，对行政决定的法律评价无非两种结论：合法行政决定与违法行政决定。但是，对行政决定的效力评价则显得异常灵活：违法的决定原则上应当无效或失效，但在一定条件下（如经追认、补正或转换等）也可以承认其有效；合法的决定一般都是有效的，但有时也可以基于其他考虑（如形势变化等）而对其予以废止，从而致其失效。行政决定效力的灵活性不仅体现在上述效力的不同状态之中，而且在效力的具体内容上也有显示。例如，当行政决定的法定救济期间经过之后，不可争力也随即形成。然而，在法定特殊情况下，相对人或利害关系人仍然可以

① 杨小君主编：《行政法基础理论研究》，西安交通大学出版社2000年版，第63页。
② 董安生：《民事法律行为》，中国人民大学出版社1994年版，第126页。

向行政主体提出相应的改变请求，行政主体亦可满足其要求。可见，灵活性是贯穿于行政决定效力制度始终的重要特征。

第四，程序性。行政决定效力的程序性是就其在实定法中的位置而言的。作为行政决定基本原理的重要组成部分，效力问题"不是说行政行为具有理应被承认的超实定法的效力，而是说它不外乎是从行政行为效力的观点来把握实定法就行政行为采用的特定的法律制度情形的概念"。① 尽管行政决定效力属于实体范畴，理应在行政法典中规定，但由于行政法典化存在诸多困难，因而以德国为代表的大陆法系国家和地区纷纷在其行政程序法典中辟专节对行政决定效力问题作出统一规定。此外，这些国家和地区还在其行政诉讼程序中对行政决定效力的部分问题作了相应规定。我国目前虽然尚未制定统一行政程序法典，但在地方层面，湖南省已经于2008年率先通过了《湖南省行政程序规定》，该《规定》在第一百五十八条至第一百六十六条对行政决定的效力作出了明确规定。② 2011年颁布的《山东省行政程序规定》则在第一百二十九条至第一百三十三条详细规定了行政决定的效力。③ 此外，一些学者试拟的《行政程序法》（专家建议稿）也力图将有关行政决定效力的理论研究成果写入未来的法律规定之中。④ 可见，行政决定效力并非仅仅停留于学说、判例之中，随着各国行政法制的不断健全，它正日益走进成文法的视野，并逐渐成为各个国家和地区行政程序及行政诉讼程序立法的重要内容。

---

① ［日］室井力主编：《日本现代行政法》，吴微译，中国政法大学出版社1995年版，第93页。

② 《湖南省行政程序规定》于2008年4月9日经湖南省人民政府第四次常务会议通过，2008年4月17日由湖南省省长周强签发公布，自2008年10月1日起施行。

③ 《山东省行政程序规定》于2011年5月25日经山东省人民政府第一○一次常务会议通过，自2012年1月1日起施行。

④ 例如，由中国政法大学应松年教授主持起草的《中华人民共和国行政程序法（试拟稿）》（2004年11月）在第三章第十节"行政决定的效力"部分，从第106条至第115条对行政决定的效力进行了详细规定。此外，由北京大学公法研究中心主任姜明安教授领衔起草的《中华人民共和国行政程序法（试拟稿）》（2002年9月）第三章第二节也对行政处理的效力问题作出了周密设计。

二、行政决定效力的内容

(一) 有关观点之述评

关于行政决定效力的内容，国内外学者已多有论述，且观点纷呈、认识不一。在日本现代行政法学上，学者们通常认为，行政行为效力的内容包括拘束力、公定力、执行力、不可争力（形式确定力）和不可变更力（实质确定力）五种①，只是在具体的效力表述上存在差异。如盐野宏教授就将公定力、不可争力、执行力、不可变更力与实质确定力列为行政决定的效力内容②；芝池义一教授则认为"对行政行为，除拘束力外，承认其有公定力、执行力、不可争力和被称为不可变更力的特殊效力。"③ 在当代德国，行政法学者普遍将行政行为效力归结为存续力、构成要件效力、确认效力及执行力四种。④ 在法国，行政处理的效力包括两方面的内容，即效力先定特权和强制执行特权。⑤

在我国台湾地区，学者早期大多承袭日本，将行政处分效力的内容归纳为公定力、确定力、拘束力和执行力。⑥ 林纪东教授在这个问题上则做了排列次序上的调整，但内容仍然是拘束力、公定力、确定力和执行力。⑦ 但后来在未作任何解释的情况下，林纪东教授在其后出版的《行政法新论》中则去掉了公定力，仅将拘束力、确定力和执行力作为行政处

---

① 参见［日］南博方：《日本行政法》，杨建顺等译，中国人民大学出版社 1988 年版，第 41—43 页。与此相似的观点，还可参见［日］和田英夫：《现代行政法》，倪建民等译，中国广播电视出版社 1993 年版，第 197—198 页。

② 参见［日］盐野宏：《行政法》，杨建顺译，法律出版社 1999 年版，第 101—112 页。

③ 参见［日］室井力主编：《日本现代行政法》，吴微译，中国政法大学出版社 1995 年版，第 93 页。

④ 参见［德］哈特穆特·毛雷尔：《行政法学总论》，高家伟译，法律出版社 2000 年版，第 266—269 页。

⑤ 参见王名扬：《法国行政法》，中国政法大学出版社 1988 年版，第 165 页。

⑥ 参见管欧：《行政法概要》，三民书局 1964 年版，第 193—194 页。

⑦ 参见林纪东：《行政法》，三民书局 1984 年版，第 324 页。

分效力的内容。① 近十年来，受德奥等国现时通说的影响，以吴庚为代表的部分行政法学者对公定力用语提出了强烈质疑，主张不再继续援用公定力，而将行政处分效力的内容概括为存续力、构成要件效力、确认效力、拘束力及执行力，同时认为拘束力概念与存续力以及构成要件效力或确认效力相混淆，因而对其不单独加以讨论。② 不过在李震山教授看来，行政处分效力的内容仅包括存续力、拘束力和执行力。③ 而陈新民教授则认为，行政处分的效力只有拘束力，因为在德国行政法上，拘束力即为存续力。④ 洪家殷教授遵循了行政处分的效力内容仅包括拘束力的观点，并在其著作中重新界定了行政处分效力的内涵："系指行政处分内容之拘束效力；换言之，即行政处分本身规制内容对原处分机关、相对人、第三关系人、其他机关及法院之实质拘束力。"⑤ 由翁岳生教授主编的《行政法》对行政处分效力内容作了全新的表述。该书以"行政处分的拘束效力"为题，先就行政处分对人民、对处分机关及其他国家机关的拘束效力分别作了研究，然后又论及了行政处分的执行力。从具体名称来看，该书已经将行政处分效力的内容归纳为七项，即拘束力、不可争力、存续力、跨程序拘束效力、构成要件效力、确认效力和执行力。⑥ 总体而言，台湾学界目前对行政处分效力的内容到底包括哪些仍处于相互争鸣的局面。

---

① 参见林纪东：《行政法新论》，五南图书出版有限公司1985年版，第236页。

② 参见吴庚：《行政法之理论与实用》，三民书局1992年版，第286—299页。与此相似的观点，还可参见李震山：《行政法导论》，三民书局1998年版，第279—286页；林腾鹞：《行政法总论》，三民书局1999年版，第460—466页。

③ 参见李震山：《行政法导论》，三民书局2003年版，第354—363页。

④ 参见陈新民：《行政法总论》，第2005年自印版，第344页。该版为陈新民教授的修订八版，在之前的修订六版与修订七版中，陈新民教授一直坚持行政处分的效力仅包括存续力。

⑤ 参见洪家殷：《行政处分效力内涵之探讨》，《1998年海峡两岸行政法学术研讨会实录》，台湾政治大学法学院编，第43页。

⑥ 参见翁岳生编：《行政法》，台湾翰芦图书出版有限公司2000年版，第578—591页。

在我国大陆，自第一部行政法学统编教材《行政法概要》将行政措施的效力内容概括为拘束力、确定力和执行力以来，学界一直将其沿用至1996年。[1] 此后，学者们对行政行为效力的内容纷纷进行了重新概括，先后形成了"五效力说""四效力说""新四效力说""两效力说"等数种不同的观点。[2] 就"四效力说"而言，又分成两种观点，章剑生教授认为，行政行为效力内容应概括为存续力、执行力、构成要件效力和确认效力。[3] 罗豪才、叶必丰等学者则认为，行政行为的效力内容包括公定力、确定力、拘束力和执行力。后一种"四效力说"目前已成为主流观点，[4] 并为最高人民法院参考案例第45号《湖南泰和集团股份有限公司诉湖南省岳阳市人民政府、岳阳市国土资源局国有建设用地使用权拍卖出让公告案》的裁判所运用。[5]

综观行政行为效力内容理论的发展史，虽学说纷呈，但亦不乏规律可循。事实上，国内外学者的诸多观点大致都可以归入两大派别之中，即传统四效力说和现代四效力说：前者是以公定力概念为核心而构筑起来的理论体系，发端于日本，对我国台湾及大陆学界均产生过广泛影响，至今依旧在日本及我国大陆占据主流地位；后者则是以存续力概念为核心而构筑起来的理论体系，盛行于德、奥诸国，近年来又波及我国台湾地区，并对其主流的传统学说形成巨大冲击，呈现二元鼎立之势。因此，对行政决定效力内容既有理论的评价便涉及两个基本问题：一是以公定

---

[1] 参见王珉灿主编：《行政法概要》，法律出版社1983年版，第121—122页。与此相类似的观点，可参见罗豪才主编：《行政法论》，光明日报出版社1988年版，第154—155页；张尚鷟主编：《走出低谷的中国行政法学》，中国政法大学出版社1991年版，第153—154页。

[2] 参见章志远：《行政行为效力论》，中国人事出版社2003年版，第46—48页。

[3] 参见章剑生：《现代行政法基本理论》，法律出版社2008年版，第146—151页。

[4] 参见罗豪才主编：《行政法学》（新编本），北京大学出版社1996年版，第112—114页。与此一样的观点，还可参见叶必丰：《行政行为原理》，商务印书馆2014年版，第278—291页。

[5] 参见最高人民法院行政审判庭：《中国行政审判案例》（第2卷，第40—80号案例），中国法制出版社2011年版，第60页。

力为核心的传统学说是否已经过时？二是以存续力为核心的现代学说能否取而代之？

1. 传统四效力说之评价

根据台湾学者程明修先生的考证，在日本，行政行为传统四效力说最早形成于 1957 年，是由田中二郎在《行政法总论》一书中率先提出的。至于公定力用语的初次使用，则可以上溯至 1909 年。① 传统四效力说在日本及我国台湾地区已历经四十余年之久，足以表明其生命力之强。笔者认为，传统学说的优点集中体现在两个方面：一是公定力概念准确表达了公权力行为的基本特征。尽管公定力理论随着社会的变迁已历经修正，但其核心精神——国家行为受有效之推定、不容随意挑战却一直延续下来。事实表明，公定力理论对维护行政权威和法律安定起到了重要作用。二是其他几项效力都有特定的内涵和适用对象，且概念及称谓都保持了长期的稳定性，因而它们能够互相配合，共同支撑和实践着行政行为的公定力。

当然，传统的四效力说也存在某些局限。例如，行政行为确定力是借助于诉讼法上判决既判力理论而形成的，但这一概念的缺陷至少体现在三方面：其一，行政行为与司法判决在性质、结构、目的、作出机关、程序等方面均存在明显差异，且前者的稳定性远不及后者，因而确定力难以准确表达行政行为效力的特性。其二，就判决的效力而言，既判力（即实质性确定力）、执行力及形成力都是以形式确定力为前提而发生的，且既判力的适用对象包括当事人及法院；而行政行为实质确定力的发生往往都先于形式确定力，且其适用对象也仅限于行政主体自身。可见，行政行为确定力概念易与诉讼法理论发生混淆。其三，由于行政行为效力分为形式效力与实质效力两类，因而行政行为形式确定力与实质确定力的区分将进一步加剧称谓的混乱。又如，学者在解释行政行为拘束力时，往往有意或无意地扩大其适用的对象和范围，造成了拘束力与其他

① 参见程明修：《论行政处分之公定力——日本法上公定力理论之演进》，《军法专刊》第 41 卷第 1 期。

效力在内容上的相互重叠，从而大大削弱了拘束力的独立价值。

2. 现代四效力说之评价

鉴于公定力隐含着强迫行政相对人或利害关系人承认行政行为效力的意思为不合时宜，有过分偏重行政权利益之嫌，因而一些台湾学者对其不再继续引用，转而吸纳德、奥现时通说，将行政行为效力分为存续力、构成要件效力、确认效力及执行力等加以说明。① 不难看出，行政行为存续力概念的提出意在淡化行政权的"特权"色彩，强调行政相对方与行政主体之间地位的平等性。同时，新学说中的各个具体效力的适用对象更加确定，因而从形式上看，其排列似乎更具合理性。特别是构成要件效力概念的提出，贯彻了宪法权力分立原则，突出了行政行为对其他行政机关和法院的约束力量，更能起到保障行政权威的作用。

然而，现代四效力说也同样存在很多弊病。这首先体现在概念名称及内涵界定的模糊、混乱上，以下试以存续力为例说明之。其一，就名称使用而言，除存续力外，学理上还有持续力、继续力等称谓。② 立法上亦是如此，如台湾"行政程序法"第110条第3款规定："行政处分……而失效者，其效力继续存在"；第120条第2款则规定："前项补偿额度不得超过受益人因该处分存续可得之利益"；而第128条第1款第1项又规定："具有持续效力之行政处分……"。同一部法律的用语前后竟如此不一，存续力称谓的混乱由此可见一斑。其二，就存续力的内涵来说，不仅在其母国——德国学理上是多义的和有争议的，《联邦德国行政程序法》对其澄清也没有任何贡献，③ 而且在台湾学界同样是解释不一，如翁岳生教授以此概念取代公定力，吴庚博士则以其代替先前的确定力概念，④ 而李

---

① 林腾鹞：《行政法总论》，三民书局1999年版，第457页。

② 参见吴庚：《行政法之理论与实用》，三民书局1999年增订第5版，第341页。

③ ［德］哈特穆特·毛雷尔：《行政法学总论》，高家伟译，法律出版社2000年版，第266页。

④ 程明修：《论行政处分之公定力——日本法上公定力理论之演进》，《军事法专刊》第41卷。

震山教授则又认为存续力是对公定力与确定力的折中。① 显然，这种状况反映了存续力概念的不成熟性。此外，详细考究学者对存续力、确认效力与构成要件效力内容的论述，不难发现，它们与传统学说并无多大差异。例如，即便是积极倡导新四效力说的吴庚博士也承认："存续力与确定力之差异不在本质而在程度"。② 而论者关于构成要件效力与确认效力即指"行政行为的规制内容及作为其基础的事实与法律认定对其他国家机关的拘束"③ 的一致表述，实际上就是先前公定力的内在要求之一。因此，这种状况就不能不令人对新四效力说能否承载起改造甚至取代传统四效力说的重任而产生疑问。诚如台湾学者程明修先生所言："……另外引入其他概念取代，概念是否相容？若不深究其义，恐亦将难免另一场混乱之论争。"④ 基于前面的分析，我们认为这种担忧是不无道理的。

（二）本书的基本看法

以上分析表明，以公定力为核心的传统四效力说在总体上并未过时，因而对其不应随意废弃；以存续力为核心的现代四效力说目前尚未被普遍接受，但其发展值得关注。从法律传统、现实国情、语言习惯及社会效果等角度观之，我国学界关于行政行为效力内容的通说基本上值得肯定，但需要加以适当改造。一般来说，行政行为效力组成部分的安排主要取决于两方面的考虑：一是每一项具体效力都应具有特定的法律意义，且彼此相互独立，不存在内涵的交叉或重叠现象；二是各项效力应当互相支持、互相依存，以保持整个行政行为效力体系内在的和谐统一。有鉴于此，笔者将行政决定效力的内容概括为公定力、不可变更力、执行力和不可争力四种。在这当中，废止确定力名称的理由已如前述，此处从略；而执行力名称在学理上始终未出现过任何分歧，故亦无需赘言。

---

① 李震山：《行政法导论》，三民书局 2003 年版，第 280 页。

② 吴庚：《行政法之理论与实用》，三民书局 1992 年版，第 340 页。

③ 翁岳生编：《行政法》，台湾翰芦图书出版有限公司 2000 年版，第 90 页。

④ 程明修：《论行政处分之公定力——日本法上公定力理论之演进》，《军事法专刊》第 41 卷第 1 期。

以下将就富有争议性的公定力、拘束力的存废问题再作简略分析。

第一，公定力名称宜继续使用。自二战结束以来，随着人权、法治理念的张扬，行政行为公定力理论不断受到学者们的质疑与批判。在我国大陆，也有学者从公定力的存在根据等五个方面首次对这一理论作了全面检讨，并宣称要"打破'公定力'这一传统行政法学上虚构的神话"。① 我们认为，这一论断尚待商榷，并主张公定力名称值得继续沿用，理由有四：其一，从行政法学术史上看，公定力概念的使用几近百年，其理论经数度变迁后至今依旧流行于日本诸国。显然，对于这样一个具有特定内涵的范畴不宜简单地予以否定。其二，从语义上看，公定力这一用语表达了公权力行为的特质——推定有效。公定力只是法律上的一种假定与预设，并非"强权即公理"。其三，从法律地位上看，公定力不仅仅是行政行为的一种效力，而且其自身就是一个基本的行政法原理，很多行政法的制度安排都需要借助于公定力理论获得合理解释。从某种意义上说，公定力也是行政法与民商法的标志性区别之一。其四，从整个行政决定效力体系来看，即便公定力理论存在某种特殊的价值偏好，其他的相关理论如无效理论、程序重开理论等也能发挥纠偏作用，从而在总体上维系行政权与行政相对人权利之间的平衡。因此，公定力理论的某些缺陷并不足以构成从根本上否定其自身存在的理由。与其寻找另外的理论取而代之，不如对公定力理论自身加以适当改造，使其重新焕发出勃勃生机。

第二，拘束力不宜单列为行政决定的一种效力。尽管传统学说一直将拘束力视为行政行为效力的组成部分之一，但学理上历来就对其缺乏深入研究，许多论著在阐发拘束力时均以寥寥数语简述之。究其原因，主要在于拘束力概念的先天不足：其一，从字面上理解，拘束与约束大致同义。由于行政决定效力在某种意义上就是一种约束力量，因而拘束力概念可视为对行政决定各项效力的统称。无怪乎日本学者宣称："通

---

① 刘东亮：《行政行为公定力理论之检讨》，《行政法学研究》2001 年第 2 期。

常所说的行政行为的效力即指这种拘束力。"① 其二，从学者对拘束力的具体界定来看，无论是"承认义务说"还是"约束限制说"，强调的都是行政主体及行政相对人对行政行为的尊重、承认和不违反。其实，这些内容正是行政决定公定力的部分表现形式。可见，拘束力的具体内容易与公定力发生重叠、混淆。正是由于上述根本缺陷的存在，才导致了拘束力理论在学术实践中始终难以获得正常的发展空间，不得不在广义说与狭义说之间摇摆，从而丧失了其独立存在的价值。因此，为保持概念的明确和内容的独立，拘束力不宜再单列为行政决定的一种具体效力。

综上所述，我们认为，行政决定由公定力、不可改变力、执行力及不可争力四项内容组成。从逻辑关系上看，公定力在行政决定效力体系中居于基础性地位，是其他效力发生的基础和前提；不可改变力、执行力及不可争力则是公定力的延伸、表现及保障。它们相互依存，共同支持着行政决定法律效果的发生。

（三）行政决定的公定力

1. 公定力的基本内涵

关于行政决定公定力的概念，日本及我国大陆、台湾学者已多有论述。行政法上有关公定力的经典表述来自日本学者美浓部达吉。他认为："在公法关系上，国家的意思行为有决定该关系的权力；而这种行为，至被有正当权限的机关取消或确认其无效时止，是受'合法的'推定的，对方的人民不得否定其效力。这种权力不但属于国家，在公法关系上亦为公共团体所有。当然，国家或公共团体对于人民，并非可以行使无限制的权力的；只能根据法律的规定而作某项要求。不过那行为合法与否，行为者的国家或公共团体本身操有认定的权力，那认定在法律上具有拘束对方人民的力量。人民只有在法律许可其申禀异议、诉愿或提起行政诉讼的场合，才能用此等手段去抗争；若此等行政上的争论手段不为法

---

① 室井力主编：《日本现代行政法》，吴微译，中国政法大学出版社1995年版，第93页。

律所许可，则无论人民怎样对国家为违法，舍服从外别无他法。"① 其他日本学者如田中二郎也指出："行政行为最重要的特色就在于，尽管是有瑕疵的行为，但这种行为也具有公定力，对方仍有服从的义务。"②

在南博方教授看来，"行政行为一旦付诸实施，除无效的情况外，在被有关机关撤销之前，不仅对方，而且国家机关、一般第三者也必须承认其为有效，并服从之。这种效力便称为公定力。"③ 台湾学者陈秀美将公定力定义为："行政机关本于职权所作之行政处分，在原则上，均应受适法之推定，于未经依法变更或经有权机关加以撤销或宣告无效前，任何人均不得否定其效力，即系有强制他人承认其效力之谓。"④ 大陆学者姜明安教授则认为："公定力是指行政行为一经成立，不论是否合法，即具有被推定为合法而要求所有机关、组织或个人予以尊重的一种法律效力。"⑤ 从表面上看，上述三个代表性的定义似乎并无多大差别，但细察之后却能发现不同：其一，日本及我国台湾地区学者均以"无效除外"或"在原则上"对公定力理论加以限定，表明公定力并非是无所不在的；大陆学者则未加任何限定，个中隐含着对公定力绝对化的认可。其二，在对公定力主旨的理解上，尚存在"有效推定""适法推定"和"合法推定"等三种不尽相同的认识，反映出公定力的核心理念尚未获得社会的广泛认同。

针对上述各定义的分歧，我们认为，一方面，无效行政决定与公定力是须臾不可分割的两个基本范畴，这不仅已是绝大多数学者的共识，

① 参见［日］美浓部达吉：《公法与私法》，黄冯明译，中国政法大学出版社 2003 年版，第 112 页。

② 参见［日］田中二郎：《新版行政法》，中国政法大学《行政法研究资料》1985 年，第 552 页。

③ 南博方：《日本行政法》，中国人民大学出版社 1988 年版，第 41 页。

④ 陈秀美：《行政诉讼上有关行政处分之研究》，司法周刊社印行 1994 年再版，第 131 页。

⑤ 姜明安主编：《行政法与行政诉讼法》，北京大学出版社、高等教育出版社 1999 年版，第 155 页。

而且也为大陆法系国家和地区实定法及司法判例所认许。否认无效行政决定对公定力的节制作用，其结果必然导致公定力理论自绝于现代法治社会。另一方面，由于公定力本来就与实体法上的合法、违法毫无关系，因而以合法性推定来诠释公定力极易引起误解。退一步而言，即便行政决定事实上是违法的，在法律上既不能也不应"推定"其合法；而行政决定本身若是合法的，更无需"假定"其合法。因此，"将公定力理解为违法行政行为有合法性推定的观点，是不符合法治主义原理的。"① 其实，作为行政决定效力组成部分之一的公定力只是一种临时性的推定而已。具体言之，不论行政决定合法与否，都具有程序法所赋予的暂时拘束力量。基于此，我们将公定力表述为：行政决定一经作出，除自始无效外，即获得有效性推定，在未经有权机关依法撤销之前，要求任何国家机关、社会组织或公民个人对其给予承认、尊重和服从并不得根据自己的判断对其无视、否定或抵抗的效力。公定力是法律安定性的必然要求，是对权利义务关系的法律保护。这一定义由以下四个基本要素所构成。

第一，公定力的发生前提。公定力的发生必须同时满足两个基本条件：一为积极条件，即行政决定为已经作出而成为客观存在的事物。换言之，行政决定若尚未最终形成，就无法为外界识别，更无公定力可言。二为消极条件，即行政决定作出之后并非自始无效。无效的行政决定虽已成立，但自始至终都不具备法律效力，任何人在任何时候对其都无需服从，且行政相对人对其还拥有直接抵抗权。因此，无效的行政决定断然没有公定力。

第二，公定力的本质。公定力传递着这样一种理念：不管行政决定是否合法，都能被推定为有效而对外界产生拘束力量。作为一种预设的效力，公定力并没有被法律所明确规定，但它却始终隐含于实定法条文之后，在观念上支持着诸多现实的制度安排。只要行政瑕疵、行政争议一日尚存，公定力即有继续存在的必要。公定力所蕴含的有效性推定绝

① ［日］原田尚彦：《行政法要论》，学阳书房1986年版，第120页，转引自杨建顺：《日本行政法通论》，中国法制出版社1998年版，第382页。

不意味着该行政决定已经当然地具备了实质效力，而只是表明其在形式上暂时被假定为有效。至于该行为能否最终取得实质效力，还应当视其是否具备一切法定要件而定。可见，公定力只具有临时效用，反映了行政决定效力在程序上的不间断性。无怪乎日本学者称其为"有关行政行为效力的程序上的概念"①。

第三，公定力的适用对象。借用民法学上民事权利对世权和对人权划分的原理，行政决定公定力是一种"对世"的效力，即公定力可以适用于所有国家机关、社会组织或公民个人。具体言之，既包括行政决定所针对的行政相对人及其他利害关系人，也包括与该行为无利害关系的其他社会组织及公民个人；既包括作出行政决定的原行政机关，也包括其他同级或上、下级行政机关及法院。可见，公定力的适用对象是极其广泛的。它充分反映了全社会对国家公权力行为的承认和尊重。

第四，公定力的基本要求。简言之，公定力要求受其拘束的对象承担以下基本义务：一是尊重义务。公定力所要求的尊重是指行政决定的结论应作为其他法律行为的前提，而不能任意加以否定或作实质性审查。公定力并不以行政决定的合法为前提，即使行政决定存在瑕疵，在被依法撤销或确认无效之前也同样应得到尊重。二是先行服从义务。这主要是针对行政决定的相对人而言的。它要求相对人将对行政决定的异议诉诸事后的救济渠道加以解决，而在此之前只能对其表示服从。否则，有关机关可直接动用强制手段迫使其履行相应的义务。三是不容否定义务。这主要是针对国家机关及其他社会组织或公民个人而言的。基于对国家机关之间权力配置、分立秩序尊重的考虑，当行政机关执行法律作出行政决定时，其他行政机关及法院就必须保持克制和容忍，不得无视甚至否定该行政决定的事实存在。其他的社会组织和公民个人也应对其予以正视，不得以自己的行为破坏该行政决定所确定的社会关系。

---

① ［日］杉村敏正：《论行政行为之公定力》，载城仲模：《行政法之基础理论》，三民书局1988年版，第178页。

2. 公定力存在的社会基础

公定力的存在并不取决于人们的主观喜好，相反，它有广泛的社会基础。具体而言，公定力是以行政瑕疵的不可避免性、行政纠纷的客观必然性以及纠纷解决的非合意性等三个客观事实的存在为其基础的。

第一，行政瑕疵的不可避免性。在现代法治社会，依法行政已被公认为政府活动的基本准则。相应的，行政决定的合法与适当也成了全体社会成员对行政权力行使者的强烈期盼。然而，现实却远非人们想象的那么简单。行政违法、行政不当的层出不穷便是明证。原因在于，行政活动的多样性、社会关系的复杂性与人的认识能力的有限性之间始终存在着无法消弭的矛盾。受环境、体制、智识、技能等诸多条件的限制，行政主体及其公务人员对事实的认定和法律的选择本来就难以尽善尽美，更遑论其自身尚存在滥用职权的不良意图。因此，行政瑕疵注定是不可避免的。而行政瑕疵的轻重程度又恰是影响行政决定效力的直接因素，二者之间始终存在着明显的正比关系。易言之，无行政瑕疵的存在，行政决定的实质效力就不会受到任何影响，作为形式效力的公定力亦无存在的必要。反之，只要行政瑕疵存在，在行政决定是否获得实质效力之前，就会出现暂时被视为无效还是有效的问题。可见，公定力的设定首先是由行政瑕疵的广泛存在所决定的。

第二，行政纠纷的客观必然性。法社会学的研究表明，有社会就有纠纷，纠纷是在特定的社会条件下，在特定的主体之间发生的。具体到行政法关系领域而言，行政相对人与行政主体之间的争议是最为典型的行政纠纷。行政纠纷起因于行政主体的行政决定，且纠纷关系人的行动始终都围绕该行为展开。个中原因是，作为连接行政主体与行政相对人之间关系纽带的行政决定是行政权的外化形式，而行政权尤其是行政自由裁量权又极像一把"双面刃"：既有可能保障公民私益，促进社会公益，同时又存在侵犯私益、危及公益的负面效应。对于行政法律关系主体双方而言，其各自的利益往往处于对立的状态，这在负担行政决定中表现尤为明显。按照经济分析法学的观点，行政主体如同个人一样，都是理性的"经济人"，出于追求自身利益最大化的潜在考虑，他们都会对行政决定作出利己的解释与判断。而行政瑕疵的客观存在，又进一步加剧了行政纠纷存在的几率。在现代法治社会，希冀行政相对人对行政主体所作的任何行政决定一味地容忍和继受，既不合乎道德要求亦不可能成为现实。为权利而斗争就是为正义而斗争，权利历来就是因积极争取才得以实现的。诚如学者所言："拥有近代的人格主体性的人，不仅意识到为了对抗侵害权利而主张自己的权利是问心无愧的正当行为，甚至会感到只有主张权利和为权利而斗争才是肩负维护这种秩序的权利人为维护法律秩序所应尽的社会义务。所以对他们来说，默认侵害权利的行为，或对此置若罔闻是难以忍受的痛苦，而且甚至被当作不履行社会义务来意识。"① 此外，现代健全的行政诉讼机制又为行政纠纷的最终化解提供了足够的制度空间。因此，行政决定作出以后，行政相对人往往会通过某种积极的或消极的手段来表达其对该行为的异议，从而引发现实的行政纠纷。既然双方当事人对行政决定的效力发生了争执，随之而来的问题便是该行为在纷争最终求得解决之前是否继续保持有效，亦即所争行政决定是否具备公定力。由是观之，公定力的存在与行政纠纷的客观必然性也是紧密相连的。

第三，纠纷解决的非合意性。既有社会纠纷，就需要化解纠纷的场所、机构及相关的规则。大体来说，纠纷的处理方式主要有两种，一种是由当事人合意解决，另一种是由第三人居于纠纷当事人中间处理纠纷。按照日本学者棚濑孝雄的说法，就是根据"合意"及根据"决定"的纠纷解决，前者指的是"由于双方当事人就以何种方式和内容来解决纠纷等主要之点达成了合意而使纠纷得到解决的情况"，和解、调解、妥协即属这种情形；后者指的是"第三者就纠纷应当如何解决作出一定指示并据此终结纠纷的场面"，审判即是最为典型的情形。② 纠纷处理的具体方

---

① ［日］川岛武宜：《现代化与法》，王志安等译，中国政法大学出版社 1994 年版，第 56—57 页。

② ［日］棚濑孝雄：《纠纷的解决与审判制度》，王亚新译，中国政法大学出版社 1994 年版，第 10—18 页。

式的选择往往取决于纠纷的性质、纠纷当事人之间的力量对比关系以及"成本—收益"的考量等多方因素。就行政纠纷而言，由于行政权的不可处分性以及纠纷当事人之间实际地位的悬殊，纠纷双方不可能通过自由的讨价还价和私下公平的交易达致妥协，因而行政纠纷的解决具有典型的非合意性特征。各国的实践已表明，行政复议及行政诉讼才是解决行政纠纷的正途。而且，即便在这些纠纷解决方式的运行过程中，体现合意精神的调解与和解一般也是被排斥的。基于此，在纠纷解决机关作出最终"决定"之前，行政纠纷双方当事人就不可能对纠纷对象——行政决定的效力作出某种协定，而行政相对人更不可能对其随意加以否定。同时，行政活动的不间断性又无法容忍行政决定在获得最终"正名"之前长期保持效力的不确定状态。因此，行政决定效力推定问题便取得了其应有的生存空间。可见，纠纷解决的非合意性也是决定公定力存在的重要因素之一。

3. 公定力存在的理论基础

公定力存在的理论基础旨在论证公定力理论存在的正当性。对于这一问题，行政法学理上先后出现过"自己确认说""国家权威说""法安说""既得权说""社会信任说""实定法承认说""法律推定说"等九种观点。① 综观诸家学说，"自己确认说"及"国家权威说"均过分推崇行政权威而易导致专制，显然与现代法治的基本精神背道而驰，因而遭到了学者的一致批判；"法安说"和"既得权说"则都存在着相类似的缺陷，即以公定力的某种功能目标作为其存在的理论基础；而"实定法承认说"及"法律推定说"表达的都只是公定力的形式依据，对法律为什么予以承认或推定等深层次问题则尚未触及；"社会信任说"固然有一定的解释力，然而，当行政决定完全违背公益并因此而丧失其存在的伦理基础时，如仍然强调其效力源于全社会的信任，则无疑有"粉饰"之嫌，且极易为政府随意行使权力大开方便之门。因此，行政法学理尚需对公定力的正当性依据进行新的解释。我们认为，以"秩序需求说"解释公

---

① 章志远：《行政行为效力论》，中国人事出版社 2003 年版，第 60—62 页。

定力存在的理论基础似更妥当。"秩序概念意指在自然进程和社会进程中都存在着某种程度的一致性、连续性和确定性。另一方面，无序概念则表明存在着断裂（或非连续性）和无规则性的现象，亦即缺乏智识所及的模式——这表现为从一个事态到另一个事态的不可预测性的突变情形。"① 无论在自然界还是在人类社会，秩序都是普遍存在着的。一个个人、一个群体乃至一个社会的生存和发展，都离不开良好的社会秩序的维系和保障。历史的经验业已证明，有序的生活方式和状态远胜于杂乱的生活方式和状态。对社会秩序的信赖和期待不仅是外在的客观环境使然，而且还有着深层的心理根源。"许多人都是习惯的奴隶，他们愿意无怨言地或毫无质疑地承受现状，尽管改变现存事态完全有可能对他们有益"，而人们对连续性的要求则基于这样的认识，"即如果不依靠过去的经验，他们就无法使自己适应这个世界上的情势，甚至有可能无法生存下去"。② 由于人是社会的动物，单个的个体不可能脱离社会而独立存在。稳定的社会秩序则为人们的相互交往带来了极大的安全感，也为个人自主地选择行为模式和生活方式提供了可能。因此，在这种前提之下，每个社会成员都能预测并确信其他人如同自己一样，在既定的规则下作出近乎一致的行为。反之，如果人人都"率性而为"，则人人都会被反复无常和混乱不堪折磨得不知所措，社会生活的有序和安定也必将为无序和动荡所替代，最终的受害者还是社会成员个人。可见对秩序的需求是贯穿于人类社会发展始终的永恒现象。

在法哲学上，秩序通常被视为"与法律永相伴随的基本价值"。③ 甚至可以这样说，稳定的社会秩序既是法治赖以实现的前提，也是检验法治达致与否的标尺。具体到行政法领域而言，当作为社会公共利益的代

---

① ［美］博登海默：《法理学——法哲学及其方法》，邓正来译，中国政法大学出版社 1999 年版，第 219—220 页。

② ［美］博登海默：《法理学——法哲学及其方法》，邓正来译，中国政法大学出版社 1999 年版，第 227 页。

③ ［英］彼得·斯坦等：《西方社会的法律价值》，王献平译，中国人民公安大学出版社 1990 年版，第 38 页。

表者——行政主体作出行政决定之后，在行政相对人存在异议且其未获最终确定之前，行政决定的效力应作何种推定最终也是离不开秩序考量的。作为执行法律的具体活动——行政决定一旦作出，或者旧的社会关系发生变更、消灭，或者新的社会关系因之产生，其实质都是对社会秩序的恢复与构架。因此，对行政决定的遵循与服从，也将为社会生活提供很大程度的有序性和稳定性。倘若每个个体都能代替国家权威机构对行政决定的效力任意施加否定，不仅纠纷解决机制会受破坏，行政秩序亦将荡然无存。相应的，作为社会成员的行政相对人也将随之失去最起码的安全感，其生存和发展都会遭到巨大的现实威胁。可见，从维持社会秩序的角度观之，行政决定一旦作出即应被推定为有效，对全体社会成员都具有约束力量，除非"公权力失序即追求自己的独特利益而必然引起整个社会的秩序紊乱"① 时，才可对其效力予以先行否定。正是基于对行政法治的强烈期盼和对行政秩序的不懈追求，行政决定公定力理论才得以应运而生。易言之，行政决定公定力的理论基础宜定位于社会成员的秩序需求。

4. 公定力的具体要求

作为一种对世的法律效力，公定力对不同的对象分别具有不同的要求。首先，当行政相对人及其他利害关系人在知晓行政决定之后，就应当自觉接受其拘束作用。这是公定力理论题中首要之义。具体而言，公定力要求相对人对行政决定先行服从、不得公然无视其存在。

其次，行政决定作出之后，原行政机关自身也应对其表示尊重并自觉接受其约束。一般来说，公定力原则上要求原行政机关对于同一事项不能反复作出处理决定，尤其禁止作出比原行为更为不利于相对人的新行政决定。

再次，除了原行政机关及行政相对人要受行政决定的直接约束作用以外，其他社会组织及公民个人也必须承认并尊重行政决定的客观存在。在这里，公定力的基本要求是，其他组织及个人不能无视行政决定的存

① 周永坤：《法理学——全球视野》，法律出版社 2000 年版，第 221 页。

在而自行作出与其相悖的行为。

复次，当行政机关作出行政决定之后，其他的行政机关也应受到不同程度的约束。具体来说，与原行政机关平级的其他行政机关有义务将前者所作出的行政决定当作一个既定的事实而予以承认、接受，并依法将其作为自身处理某项事务的基础和依据；原行政机关的下级行政机关对前者所作的行政决定应予以绝对承认，且根本无权加以否定；原行政机关的上级行政机关非经法定程序、法定事由也不得任意否定前者所作的行政决定。公定力的这两项要求源于在国家行政权的纵向分配格局中，下级对上级的服从以及上级对下级的监控。

最后，行政决定的公定力在某些诉讼中对法院也有一定的特殊要求，具体为两个方面：一是在一般的行政诉讼中，当另一个未被起诉的行政决定构成解决本案行政争议的先决问题时，法院必须对其给予应有的尊重，而不能主动地对其实施审查。二是在民事诉讼中，当行政决定构成解决民事争议的先决问题时，基于行政权与司法权相互分立、制约的考虑，除非行政决定自始无效，否则，法院也必须自觉承认该行为的客观存在而给予必要的尊重，并将其作为判决的基础性条件之一。换言之，具有公定力的行政决定在未经有权机关依照法定程序撤销之前，人民法院的民事审判活动也不得无视其效力而径自作出否定其公定力的判决。从具体的操作程序来看，法院在审理民事案件中遇有当事人的民事活动以某行政决定为前提时，如其认定该行为合法，就应以此为根据作出相应的判决；反之，如认为该行为违法而不应当具有法律效力时，则需要裁定中止审理，待相应的行政诉讼程序终结、被诉行政决定的效力明了之后再据此继续审理民事案件直至最终作出相应的判决。

5. 公定力支持的行政法制度　作为一个重要的行政法学范畴，公定力支撑下列几项具体的法律制度

第一，公定力是行政决定不可改变力、执行力及不可争力的逻辑前提。当行政决定成立之后，基于各个主体的不同利益需求，客观上都要对该行为作出是否有效的临时性推定，以便国家机关、社会组织及公民个人正确选择自己的行为方式。可见，在整个行政决定效力体系中，公

定力处于首要地位。行政决定如不具备公定力，则其他的效力也无从谈起。事实上，行政决定的不可改变力、执行力及不可争力都是公定力原理的自然延伸和深化，是公定力对行政法律关系主体双方的进一步要求。同时，行政决定的其他三种效力也是对公定力原则的维护与匹配。当行政决定获得公定力之后，随着行政决定过程的进一步展开，不可改变力、执行力、不可争力相继发生；在行政决定因过程完结或历经争讼而最终确定之时，其形式效力或被否定或转化为实质效力。当然，这些变化都是以公定力的客观存在为逻辑基础的。易言之，公定力始终支持着行政决定的不可改变力、执行力及不可争力。

第二，公定力是行政救济制度设定的潜在缘由。从表面上看，行政救济制度因保障行政相对人的合法权益而设。其实，进一步地探究则表明，行政相对人的合法权益之所以容易遭到实际侵害，其理论根源就在于行政决定具有公定力。尽管公定力只是行政决定形式上的假定效力，并不意味着行政决定必然具有实质上的真实效力，但相对人仍然需要对其给予尊重并先行服从。否则，行政主体可以动用强制力量迫使其履行行政决定所赋予的义务。反之，如果行政决定不具有公定力，则相对人就没有先行服从的义务，甚至有权事先抵抗行政主体的任意强制。因此，行政决定的公定力是行政救济制度设定的潜在动因。行政复议、行政诉讼等救济机制的设立，目的就在于为行政相对人理性地质疑、挑战行政决定的公定力提供一条行之有效的渠道。在救济过程中，行政决定的公定力是被彻底否定还是被整体转化为实质效力都取决于复议机关或司法机关的审查判定。从这个意义上说，行政救济实际上是法定机关对以公定力为代表的行政决定形式效力实施再评判的过程。通过这种事后评判，行政决定的形式效力或被肯定或遭否定，行政相对人的诉讼请求也随之得到满足或遭到废弃。

第三，公定力是"一事不再罚"和"争讼期间不停止执行"等具体法律制度的理论依据。"一事不再罚"是行政处罚领域中的一项具体原则，意指行政主体对行政相对人的同一违法行为不得给予两次以上的行政处罚。我国《行政处罚法》第二十四条即是该原则的部分体现。从公定力的视角来看，当行政主体对行政相对人的违法行为作出罚款处罚决定之后，这一行为即暂被推定为有效，在有权机关依照法定程序作出撤销之前，原行政机关及其他行政机关对其都应给予尊重，不得对行政相对人先前的违法行为再次作出罚款处罚。由此可见，"一事不再罚"原则不仅是保障行政相对人合法权益的客观需要，而且也是行政处罚决定公定力的内在要求之一。"争讼期间不停止执行"是行政救济法领域中的一项重要原则，意指除非存在法定的特殊情况，引起争议的行政决定在行政救济的过程中并不停止执行。我国《行政复议法》第二十一条以及《行政诉讼法》第五十六条即是这一原则的具体体现。行政决定在争讼期间不停止执行也源于公定力理论，即行政决定一旦作出并取得公定力之后，对任何人都产生约束力量，行政相对人也必须先行服从并积极履行相关义务。基于社会秩序的客观需要，相对人即便启动了行政救济程序，该行政决定的公定力在争讼终结之前仍然存在，因而相对人的争讼行为原则上并不能任意阻止原行政决定内容的实现。可见，"一事不再罚"和"争讼期间不停止执行"原则都是公定力理论的生动体现。

6. 公定力在我国行政审判实践中的具体运用

行政决定的公定力除了运用于立法上制定"一事不再罚"和"争讼期间不停止执行"等制度外，也在我国司法审判中得到了具体运用。如前述《湖南泰和集团股份有限公司诉湖南省岳阳市人民政府、岳阳市国土资源局国有建设用地使用权拍卖出让公告案》的裁判认定："土地管理部门的拍卖出让公告一经作出，即具有被推定为合法而要求所有机关、组织和个人予以尊重的法律效力"①，这体现出行政决定的公定力是一种推定效力，对作出机关和行政相对人以外的所有国家机关、社会组织和个人的推定法律效力。行政决定公定力还表现在对行政相对人的信赖保护上。《行政许可法》第八条第一款规定："公民、法人或者其他组织依法取得的行政许可受法律保护，行政机关不得擅自改变已经生效的行政

① 参见最高人民法院行政审判庭：《中国行政审判案例》第2卷，第40—80号案例，中国法制出版社2011年版，第60页。

许可。"这在我国的行政审判实践中已得到了落实，如《洋浦大源实业有限公司诉海南省林业局行政侵权并请求行政赔偿上诉案》（最高人民法院2003 年终审案例，案号最（2003）行终字第 2 号）的终审判决就指出："上诉人洋浦大源实业有限公司具有洋浦经济开发区工商局颁发的《企业法人营业执照》，获准经营范围包括了'木材切片加工'；被上诉人海南省林业局对上诉人符合经营范围的经营行为进行处罚，违反了信赖利益保护原则。"① 这就是行政审判运用行政决定的公定力原理来保护行政相对人信赖利益的具体实例。

（四）行政决定其他的效力

1. 不可改变力

行政决定的不可改变力是比照诉讼法上判决羁束力概念引申出来的，意指已成立的行政决定所具有的限制行政主体一方依职权随意对其予以改变的作用力。这一概念由以下四个基本要素所构成。

第一，不可改变力的发生时间。从时间上看，不可改变力发生于行政决定成立之时，即只要行政决定一经正式作出，行政主体一方就不能随意加以改变。"对行政机关本身来说，行政处理效力的开始时期和行政处理的成立时期一致。行政处理一旦作出立即生效。行政机关从作出处理时就有遵守的义务。"② 不可改变力的内涵与这一论断的基本精神是相吻合的，我们对此亦持肯定态度。其实，将不可改变力的发生时间定位于行政决定的成立，在客观上还能有效地限制行政权的恣意行使并有助于行政主体认真地对待行政程序。

第二，不可改变力的适用对象。学者一致认为，不可改变力的约束对象是行政主体。而且，从表述上看，大多认为仅针对作出原行政决定的行政主体自身。在这里，我们将不可改变力的适用对象表述为行政主

---

① 参见北大法律信息网：《洋浦大源实业有限公司与 B 单位行政侵权并请求行政赔偿上诉案》，http://vip.chinalawinfo.com/newlaw2002/SLC/slc.asp? gid = 117560519，2014 年 12 月 20 日访问。

② 王名扬：《法国行政法》，中国政法大学出版社 1988 年版，第 165 页。

体一方。它既包括原行政主体，也包括其上级行政机关。当然，主要是针对前者而言的。其理由是：作为行政决定的实际作出者，原行政主体最有可能也最容易根据自己的判断对先前的行为直接进行改变，因而其自身也最需要受到约束；上级行政机关也可以根据其所拥有的监督权对下级行政机关所作的行政决定予以改变，同样需要受到一定的限制。此外，各国行政程序法不仅普遍承认了原行政机关的撤销、废止及变更权，而且还明确了上级行政机关的撤销权，有的甚至还赋予其废止权。这些立法例也从侧面印证了不可改变力应然的适用对象。

第三，不可改变力的行为范围。根据前文的界定，一切行政决定都应当具有不可改变力。不论该行政决定是否已经超过法定救济时效，也不论其是否按照准司法程序作出或已经行政法院判决而确定（在有的国家，行政法院隶属于行政系统，其判决仍属行政决定），更不论其是授益性决定还是负担性决定，只要某个行政决定已经正式作出且非自始无效，即具有不可改变力。至于该行政决定所处的时空阶段或其自身性质，只可能影响到不可改变力的强弱程度，对不可改变力本身的存在与否则不起任何作用。可见，作为行政决定基本属性之一的不可改变力，其发生的唯一条件就是行政决定已经成立。

第四，不可改变力的基本要求。简言之，不可改变力的实质就是限制随意改变，即要求行政主体一方非有法定事由且经过严格的程序不得对原行政决定作出改变。因此，不可改变力又可称为自缚力，体现了行政决定对其作出者的自我限制。在这里，"改变"主要是指行政主体一方采取某种直接而积极的方式促使原先的行政决定发生变化，一般指撤销、废止及变更等。至于改变的具体事项，可参照《最高人民法院关于执行〈中华人民共和国行政诉讼法〉若干问题的解释》第七条对"复议机关改变原具体行政决定"的阐释，即包括改变原行政决定所认定的事实、适用的规范依据以及处理结果。其实，行政决定都是按照一定的程序作出的，而"程序表现为规范认定和事实认定的过程"，① 因此，对行政决定

---

① 季卫东：《法治秩序的建构》，中国政法大学出版社 2000 年版，第 15 页。

的事实依据、法律依据及其处理结果的改变都是不可改变力所要限制的具体事项。当然，不可改变力并不意味着行政决定就绝对不能改变，同时，它也并不排除行政主体对原行政决定进行某种补正或更正。一般来说，当行政决定仅具有某种轻微的程序瑕疵不至于影响其实体内容时，原行政主体可以对其进行补正，从而继续维持其效力；而更正则是行政主体对其所作行政决定中存在的技术、文字等错误进行的纠正。

从行政决定的过程及结果上看，不可改变力具有以下三个特征。

第一，递增性。行政决定从开始准备到正式作出，直到其使命最终完成而归于消灭，期间都要经历一个很长的过程。作为限制行政主体随意改变的不可改变力，在这一过程中呈现出由弱到强的发展态势，亦即具有递增性特点。当行政决定已经成立时，不可改变力也随之实际发生。"具体行政行为的成立表明行政主体作出具体行政行为的行政程序终结，针对该行政决定的复议程序和诉讼程序可以或者能够开始。换言之，具体行政行为的成立是行政权作用或司法权（含行政司法权）作用的分界线。"① 因此，按照相对人是否实际行使救济权为标准，已成立的行政决定可分为未诉及被诉两种情形。在前一种情形之下，随着法定救济期间的日益临近，行政决定不可改变力的强度逐渐加大；待这一期间届满时，如相对人仍未履行该行政决定所确定的义务，则应当及时转入强制执行阶段。对于行政主体而言，强制执行既是其拥有的行政职权，更是其应尽的行政职责。因此，当法定救济时效已经超过时，不可改变力也会因之而趋于最大值。如果说在此之前行政主体尚可依法对原行政决定进行改变的话，相比之下，此时的改变则会受到更多的限制，其几率也大为减少。在后一种情形之下，随着救济程序的启动尤其是行政诉讼程序的展开，被诉行政决定事实上已经作为审理对象而被"冻结"。原因在于，"一个事物或案件在被置之程序的那一刻开始，就与社会发展的因果链隔离了。所谓'受理之中'意味着排斥其他处置方式，除非按照程序规定

---

① 傅士成：《行政强制研究》，法律出版社2000年版，第130页。

撤回立案申请。"① 可见，在救济过程中，作为行政程序主人的行政主体业已"反主为客"，其行为也越来越受到不可改变力的约束。当被诉行政决定已经救济机关审查予以维持而最终确定时，不可改变力也至巅峰，行政主体再不可能对其进行任何形式的改变。如日本行政法学理即认为，当行政决定是经过不服申诉及其他行政审判程序等争讼裁判而作出时，该行为即具有不可改变力；纵有瑕疵存在，行政厅自身也无法撤销。② 因此，从"过程"的角度观之，已作出的行政决定无论被诉与否，其不可改变力都呈递增之势。

第二，有限性。有限性意指行政决定的不可改变力并非毫无限制，其存在仅具有相对意义，也就是必须在法律安定性原则与行政合法性原则之间保持平衡。其实，从不可改变力自身的蕴涵及其递增性即可看出，已作出的行政决定在特定条件下并不是不可以由行政主体一方改变的，只是在不同的阶段对这种改变的限制乃至排斥程度不同罢了。再者，在现代社会，守本分、求公益、讲信用都是行政机关活动的基本准则。从节约社会成本、提高行政效率的角度观之，行政机关也有充分理由去主动纠偏。事实上，在行政决定作出之后的多个阶段，行政主体仍可以因法定事由并依据严格的程序对瑕疵行政决定进行撤销、变更或者废止。例如，根据1976年的《联邦德国行政程序法》第48、49条的规定，即便法定救济期间已经超过，行政主体仍然可以违法或情事变更为由对原行政决定作出改变。当行政决定确实存在应予撤销的违法情形，并且撤销该行为并不影响公共利益和他人合法权益的，可以在法定期限之后予以撤销。我国《行政诉讼法》第六十二条规定了"人民法院对行政案件宣告判决或者裁定前，原告申请撤诉的，或者被告改变其所作的行政行为，原告同意并申请撤诉的，是否准许，由人民法院裁定"。《最高人民法院关于执行〈中华人民共和国行政诉讼法〉若干问题的解释》（后简称《若干问题的解释》）第五十条第三款规定"被告改变原具体行政行为，

① 季卫东：《法治秩序的建构》，中国政法大学出版社2000年版，第19页。
② 参见杨建顺：《日本行政法通论》，中国法制出版社1998年版，第406页。

原告不撤诉，人民法院经审查认为原具体行政行为违法的，应当作出确认其违法的判决；认为原具体行政行为合法的，应当判决驳回原告的诉讼请求"，即允许行政主体改变违法行政决定。同时《若干问题的解释》第五十七条第二款第二项和第五十八条则规定了不适用撤销判决而应适用确认违法判决的情形，即"被诉具体行政行为违法，但不具有可撤销内容的"，"被诉具体行政行为违法，但撤销该具体行政行为将会给国家利益或者公共利益造成重大损失的"。当然，这种改变不能侵犯相对人的信赖利益且只能在法定期限内进行。可见，行政决定的不可改变力也是有限的。诚如有的学者所言，不可改变力有限性的意义就在于"使个人利益免受一次性行政武断的持续危害和反复性行政专横或行政随意性的再三加害"①。

第三，层次性。层次性意指不同种类、不同性质的行政决定具有强度不同的不可改变力。前已论及，任何行政决定都具有不可改变力。但是，不可改变力的强弱程度却因行政决定种类、形态的不同而互有差异，且表现出明显的层次感。一般来说，授益性的行政决定以及经过严格程序（如听证程序）作出的行政决定的不可改变力较强；相比之下，负担性的行政决定以及经过普通程序作出的行政决定的不可改变力稍弱。换言之，不可改变力的强度大体上是与行政决定对相对人权益的影响程度以及其所依据程序的严格程度成正比的。各国行政程序法纷纷对授益行政决定的撤废给予诸多限制即是明证。此外，从理论上来说，行政决定自身的违法程度越低，就越需要借助比较缓和的手段去补救；同时，行政决定作出之后时间越长，社会关系的稳定性就越强，对其改变也就越应受到限制。理解了不可改变力的层次性特征，有助于限制行政主体对行政决定的改变进而切实维护行政相对人的信赖利益。

2. 执行力

执行力是一个颇具争议性的概念，在行政法学理上曾先后出现过"行政强制执行说""相对人履行义务说""强制当事人履行义务说"三

---

① 叶必丰：《行政行为确定力研究》，《中国法学》1996 年第 3 期。

种不同的观点。① 这些观点的分歧主要体现在三个方面：第一，执行力的作用对象是行政主体及相对人双方还是仅限于相对人一方？第二，执行力的适用范围是一切具有权利义务内容的行政决定还是仅限于相对人权利义务的行政决定？第三，执行力的表现形式是仅指强制执行力还是包括自行履行力在内？

我们认为，对上述争议性问题的回答乃至执行力概念的界定，都离不开对行政决定及其效力本身的理解。诚如德国行政法学者毛雷尔所言，行政决定具有特殊的功能，它一方面服务于行政效率，是一种方便的、合理的管理手段，特别适合现代行政规模过程的控制，在某种程度上是必不可少的；另一方面又服务于公民利益，即明确地确立和划定公民的权利、义务，成为稳定地进行其他处理的根据。② 任何行政决定的作出，目的都在于为相对人设定、变更或消灭一定的权利和义务。而且，行政机关追求的这种预期效果也必须能够得到及时实现。否则，行政决定将丧失其存在的意义。行政决定的效力正是促成这一效果实际发生的作用力量。当然，从节约社会成本的角度来看，行政决定所确定的义务首先有赖于相对人的自行履行。行政机关的强制执行主要体现为一种威慑力量，只有当相对人拒绝自行履行时才可能被实际采用。例如，我国《行政处罚法》在第六章"行政处罚的执行"中就规定，行政处罚决定依法作出后，当事人应当在行政处罚决定的期限内予以履行；当事人逾期不履行的，作出行政处罚决定的行政机关才可以自行强制执行或申请人民法院强制执行。③ 可见，保障行政决定所确定的义务得以实现的效力就不应仅仅体现为强制执行力，它还应当包括自行履行力在内。

至于有的学者提出，权利的行使同义务的履行一样，都体现了行政

---

① 参见叶必丰：《行政行为效力研究》，中国人民大学出版社 2002 年版，第 125—128 页。

② ［德］哈特穆特·毛雷尔：《行政法学总论》，高家伟译，法律出版社 2000 年版，第 205 页。

③ 参见《中华人民共和国行政处罚法》第四十四、五十一条的规定。

决定的执行力;同时,当行政决定为相对人设定权利时也就意味着为行政主体设定了义务,行政主体如不履行其所负义务,相对人可通过行政复议或行政诉讼来对行政主体强制履行。① 我们认为,这种将执行力作扩大解释的做法固然有助于强化行政主体的责任意识并增强对相对人合法权益的保护,因而有其可取之处。但也应看到,这种扩大化解释的消极后果便是造成了执行力概念的相对模糊性。一方面,行政决定权利义务所指向的直接对象都是相对人。对于授益行政决定,如行政机关依法实施了行政许可,相对人既可以据此从事某种活动,也可以不从事即放弃,对此并无执行的必要。法国行政法通常也认为不是全部行政处理都有执行问题,只有行政处理的内容是规定作为或不作为义务时才需要执行。② 另一方面,行政决定作为行政职权的具体表现形式,并不设定行政主体自身所负的义务。行政主体的义务实际上是由法律法规所明确规定或与行政相对人订立行政合同而约定的。当然,在实施行政决定的过程中,行政主体也要履行相应的职责,但它与行政决定设定的义务却并不相关。再者,即使行政主体未履行职责,行政相对人也不得申请法院予以强制执行,而只能通过提起行政复议或行政诉讼的方式寻求解决。可见,执行力主要是就设立相对人义务的行政决定而言的,其适用的对象也仅指行政相对人。③ 意大利《行政程序法草案》第 41 条关于执行力的规定即是例证。该条第 1 款规定:"基于行政决定应履行之义务及应遵守之限制,无须依司法程序确定受处分人即受其拘束。"我国台湾地区也有行政法学者持这种观点,将执行力限于行政机关强制行政相对人履行行政决定所设定的法定义务。如翁岳生教授提出:"执行力指行政处分所课予之

① 叶必丰:《论行政行为的执行力》,《行政法学研究》1997 年第 3 期。
② 王名扬:《法国行政法》,中国政法大学出版社 1988 年版,第 173 页。
③ 值得一提的是,最高人民法院《若干解释》第八十六条第一款关于行政机关申请人民法院执行其具体行政行为的条件之一就是该具体行政行为"已经生效并具有可执行内容"。此处以"可执行内容"(改为"可以强制执行的内容"似更妥当)限制具体行政行为即隐含了这样一种观念:并非所有的具体行政行为都需要或者可能进行强制执行。换言之,执行力也仅仅是一部分行政行为所具有的效力。

义务，义务人不履行时，行政机关不必经由法院之协助，得以行政处分为执行名义，自行对义务人强制执行"①；许宗力教授也认为，"行政处分的执行力，指于行政处分的相对人不履行行政处分所课予的作为或不作为义务时，行政机关不待法院之确定判决，即有权直接以行政处分为执行名义，自行对义务人为强制执行。"② 在我国民事诉讼法学界，主流观点也认为，学理中宜坚持判决执行力的固有含义，而摒弃所谓的"广义的执行力"概念，以便廓清判决的执行力与判决的其他效力之间的分野，凸显给付判决才具有执行力这一特征。③

基于以上分析，我们将执行力的概念表述为：已生效的行政决定具有的要求相对人自行履行或者强制相对人履行其所设定义务的作用力。易言之，执行力既表现为自行履行力，也表现为强制执行力。自行履行力是行政决定本身的当然要求，强制执行力则是自行履行力的进一步延伸和补充。只强调自行履行力而不提强制执行力，行政决定的公定力将失去有效保障，行政决定所设定的义务也将因之而无法得到切实的履行；同样的，仅提强制执行力而不提自行履行力，不仅与行政活动的连续性原理相悖，而且也不符合现行立法的规定和行政法制运行的实际状况。因此，自行履行力与强制执行力都是行政决定执行力不可或缺的重要组成部分。

从行政决定的过程性来看，执行力具有以下三个基本特征。

第一，阶段性。从时间上看，执行力发生于行政决定生效之时。原

---

① 参见翁岳生：《法治国家之行政法与司法》，台湾月旦出版股份有限公司 1997 年版，第 10 页。

② 参见许宗力：《行政处分》，载翁岳生主编：《行政法》（上），台湾元照出版股份有限公司 2006 年版，第 522 页。

③ 参见江伟主编：《中国民事诉讼法专论》，中国政法大学出版社 1998 年版，第 145 页。我国学理对判决执行力的一致性表述是：具有给付内容的判决确定后，义务人应当自动履行义务，拒不履行义务的，人民法院可以根据执行债权人的申请或依职权强制执行。（见该书第 143 页）诉讼法学上的这一界定对理解行政决定的执行力无疑具有重要的启示意义。

因在于，"对当事人来说，行政处理只在行政机关使当事人知悉时起才能实施，即行政处理只在公布以后才能对当事人主张有效。"① 而且，在行政决定失效之前，执行力始终都是实际存在着的。在这一特定期间内，执行力大致可以划分为两个不同的阶段，即自行履行力阶段和强制执行力阶段。一般来说，从行政决定开始生效到其所确定义务的履行期限届满之前为自行履行力阶段。在这一阶段，行政决定只具有形式上的效力，因而执行力也仅仅是要求行政相对人自觉地履行行政决定所设定的义务。对于相对人来说，他面临的选择无非有三种：一是积极地履行行政决定所设定的义务，从而使其效力自然地归于消灭；二是依法提起行政复议或者行政诉讼，并试图延缓行政决定的执行；三是逾期不履行义务的则转至强制执行阶段。可见，在自行履行力阶段，行政决定所设定的义务完全依赖行政相对人的自觉履行。换言之，行政目的的实现只能取决于行政相对人的容忍、理解、配合和支持。但是，如果相对人在行政决定所决定的期限届满时仍未履行义务的，强制执行力则随即产生。这是因为，相对人的拒绝履行不论出于何种心态，也不论其是否采取了某种表示异议的举措（如申请行政复议、提起行政诉讼等），行政决定的执行力都仍然是客观存在的。这既是行政权的完整性使然，同时也是行政决定公定力原则的内在要求。在强制执行阶段，行政决定所设定的义务只有通过外在力量强制、迫使相对人去履行。由此可见，自行履行力阶段与强制执行力阶段的划分是有明确时间界限的。对行政决定执行力的认识也只有在"过程"之中或"阶段"上才具有实际意义。理解了执行力的这一特征，对于行政主体及行政相对人双方实施相应的活动都有重要的指导作用。

第二，有限性。行政决定的执行力并不是绝对的，尤其是对于相对人权益影响较大的强制执行力来说，所受的限制更多。例如，葡萄牙《行政程序法》在规定行政决定具有执行力的同时，还就其例外情形作了列举。根据该法第 150 条的规定，下列行为不具有执行力：效力被中止的

---

① 王名扬：《法国行政法》，中国政法大学出版社 1988 年版，第 165 页。

行为；被已提起且具有中止效力的上诉所针对的行为；须经核准的行为；对具有执行力的行为加以确认的行为。在法国，根据行政法院的判例，强制执行只在下列情况下才能适用：行政处理符合法律规定；法律有明文规定；在紧急情况下，不论法律是否作出规定，当公共利益需要立即采取行动时，行政机关可以采取强制措施达到执行目的；在没有法律规定和没有紧急情况下，行政机关采取强制执行手段，只在法律没有规定其他方法的时候；当事人表示反抗或有明显的恶意时，才有必要采取强制执行。① 此外，执行力还有可能受到正在进行的争讼程序的影响，如日本、我国大陆及台湾地区的行政救济法就规定，在争讼过程中，当行政决定的执行会造成难以弥补的损害、情况急迫且不影响公共利益时，争讼机关可以根据相对人的申请决定停止对行政决定的强制执行。由此可见，行政决定的执行力特别是强制执行力是受到诸多外在因素限制的。

第三，灵活性。虽然执行力是设定相对人义务的行政决定所特有的，但它并不意味着执行力的具体表现形式、实现方式都是一成不变的。相反的，执行力因行政决定所设义务的不同而互有差异。在有的情况下，行政决定所设定的义务只能依赖于相对人的自觉履行，行为本身并不能够强制执行。例如，行政机关吊销证照行为所设定的义务就是相对人停止使用原先的证照进行生产、经营活动，倘若相对人继续使用，行政机关可以采取处罚等相应措施，但却无法对吊销证照行为进行强制执行。而在另外一些情况下，行政决定的作出即意味着执行的完结，既不需要相对人的自觉履行，也不需要其他机关强制相对人履行。例如，警告处罚、盘问等行为就是执行。此外，执行力的灵活性还体现在不同阶段的转化上。例如，当行政决定所决定的履行期限届满时，行政决定即由自行履行力阶段转向强制执行力阶段。但在行政机关动用强制执行措施之前或在其申请司法机关执行的过程之中，行政相对人仍然可以自行履行行政决定所设定的义务。又如，《中华人民共和国治安管理处罚法》第一百零七条规定"被处罚人不服行政拘留处罚决定，申请行政复议、提起

① 王名扬：《法国行政法》，中国政法大学出版社1988年版，第176—177页。

行政诉讼的，可以向公安机关提出暂缓执行行政拘留的申请。公安机关认为暂缓执行行政拘留不致发生社会危险的，由被处罚人或者其近亲属提出符合本法第一百零八条规定条件的担保人，或者按每日行政拘留200元的标准交纳保证金，行政拘留的处罚决定暂缓执行"。这意味着某些限制人身自由的处罚或强制措施虽然也具有执行力，但在相对人提供一定方式的担保之后，却能够暂缓履行相应的义务。可见，灵活性也是执行力在实践中所表现出来的重要特征。

3. 不可争力

不可争力是指行政决定所具有的排除相对人在法定期限届满之后对其提起争讼的作用力。它是与诉讼法上判决形式确定力相对应的概念，表达的基本思想是：当法定时效超过时，行政决定即告确定；相对人也将随之失去以正常的救济手段对其效力进行攻击的权利。行政复议机关或法院，对逾期的复议申请或起诉不应受理。即使被错误受理，也应维持已具完全不可争力的行政决定。不可争力概念包含了以下三个基本要素。

第一，不可争力的适用对象。不可争力是针对行政相对人行使法律上的救济权利而言的。当行政决定一经作出且被相对人知悉后，相对人就必须承认行政决定的客观存在。如果对其存有异议，也必须在法律所规定的期限之内向法定机关提出相应的救济请求。否则，相对人将丧失这项基本权利。可见，不可争力只能适用于行政相对人一方。

第二，不可争力的发生时间。不可争力发生于法定救济期限届满之时，具体包括三种情形：一是当行政相对人在法定复议期限（一般为知悉行政决定作出之日起60日）内没有依法提出复议请求的，该期限的超过为不可争力产生的时间点；二是当行政相对人在法定诉讼期限（一般为知悉行政决定作出之日起6个月①）内没有依法起诉的，该期限的经过亦为不可争力的发生时间；三是当行政相对人先行申请复议，但在知悉

---

① 见《中华人民共和国行政诉讼法》第四十六条，第十二届全国人民代表大会常务委员会第十一次会议于2014年11月1日修订通过，自2015年5月1日起施行。

复议决定作出之日（或自复议期满之日）起的法定期限（一般为收到复议决定书或复议期满之日起 15 日）内未及时提起诉讼的，该期限的超过同样也是不可争力的发生时间。当然，如果行政主体未能在行政决定中告知相对人享有救济权及其行使期限甚至当事人连该行政决定的内容都不知道的，法定救济时效的起算点也将随之向后推移。[①] 相比之下，不可争力的实际发生时间也比正常情况下推后。

第三，不可争力的基本要求。由于不可争力是行政相对人在法定期间内不行使救济权所导致的直接后果，因而也可视其为对相对人行使救济权的一种限制。一般来说，行政决定作出之后，为了维护行政相对人的合法权益免受不法侵犯，法律都赋予其相应的救济手段。然而，行政相对人救济权的行使同样要受到诸多限制，法定的救济申请期限即是其中之一。倘若相对人在此期限内自动放弃或未实际行使救济权，则其就丧失了对行政决定的争讼权。从这个意义上说，"不可争力并不是行政行为所固有的效力，换言之，它不外是依据法律对不服申诉期限和起诉期限加以限制这种行政行为的效力"。[②]

三、行政决定效力的形态

以发生的先后为序，行政决定效力的形态主要表现为无效、生效、有效和失效。其中，无效是行政决定效力的非正常状态；生效、有效和失效则是其常态。

（一）无效

无效指的是行政决定作出之时因欠缺法定实质要件而自始全然不发生法律效力的状态，它具有四个基本特征：一是自始无效，即从行政决定正式作出时即无法律上的约束力。二是当然无效，不论行政相对人是否提出主张，是否知道无效的情况，也不论是否经过法院或行政机关的

---

① 参见最高人民法院：《若干解释》第四十一、四十二条的规定。

② 室井力主编：《日本现代行政法》，吴微译，中国政法大学出版社 1995 年版，第 98 页。

确认，该行政决定都是无效的，确认只是对一个已经存在的事实加以确认而已。三是确定无效，行政决定不仅成立时不发生法律效力，而且此后的任何事实也都不可能使之有效。四是绝对无效，即行政决定所蕴含的意思表示内容绝对不被法律所承认，"一旦法院宣布某一行政行为在法律上无效，那就如同什么事也没有发生一样"①。行政决定一旦被判定为无效，那么就应当对判定之前已经发生的法律效果依法作出处理：相对人已经取得的利益应该被收回，所负有的负担应该予以解除；如果无效的原因在于相对人的欺诈、贿赂等恶意，那么，即使该行为的实施造成了某种损失，也不予赔偿。

1. 无效的原因

总体来看，就大陆法系国家和地区的行政法学理及立法分析可以发现，无效大多是因行政决定存在重大且明显的瑕疵而引起的。此处的"重大"是就行政决定的内部要素而言的，即行政决定的瑕疵已经达到了连信赖保护原则都无法为其进行解释的境地；"明显"则是就行政决定的外观要素而言的，即行政决定的瑕疵一目了然，一般人都能很容易地分辨出来。例如《联邦德国行政程序法》第 44 条第 1 款就规定："行政决定具有严重瑕疵，该瑕疵按所考虑的一切情况明智判断属明显者，行政决定无效。"这有两种主要的理论。

第一，重大明显理论。该学说由德国学者哈契克提出，指称"行政处分倘罹患特别重大、明显的瑕疵，一般理智、谨慎的市民依其一切足以斟酌的情况，在合理判断上均可辨别出瑕疵的存在，或诚如哈契克自己所说，罹患'在某种程度上犹如刻在额头上般'明显的瑕疵，则归于无效；反之，罹患者倘系未达到重大、明显境地的瑕疵，则依然有效只得撤销。"② 该学说以行政决定瑕疵是否属于"重大""明显"为标准，

① 参见 [英] 韦德：《行政法》，徐炳等译，中国大百科全书出版社 1997 年版，第 45 页。

② 参见许宗力：《行政处分》，载翁岳生主编：《行政法》，台湾元照出版股份有限公司 2006 年版，第 534—535 页。

在行政决定无效与行政决定撤销之间作出了区分；同时，以"一般理智、谨慎的市民"的认知水平作为界定"重大""明显"的内涵，显示出该学说所具有的可操作性，彰显出保障公民基本权利的公法理念。因而重大明显理论一直是大陆法系国家行政法上认定行政决定无效的通说。

第二，不可能理论。德国学者沃尔夫提出的不可能理论认为，"行政处分所规制内容倘属事实不能，或无待观察其所规范的事实，其本身即抵触法律，也就是法律不能，规制一个法律所不可能规定的法律效果，即归于无效；反之，倘行政处分所罹患者，是一个法律之适用于个案事实，方能判断出的违法瑕疵，也就是因解释错误或涵摄错误所造成的违法瑕疵，由于这类瑕疵的认定较有争议，交由官署或法院终结其效力较合乎目的性要求，因而还是让其保有效力，但仍具有被撤销的可能。"[1]该学说列出了行政决定无效的两种情形：其一是行政决定内容不能实现；其二就是行政决定所规范的事实抵触法律，且这种抵触法律无需观察。

2. 无效原因的具体判断标准

然而，就行政实务而言，仅凭上述学说所创立的抽象标准去认定行政决定的无效显然是远远不够的。因此，各国的行政程序法和法院判例还将这些抽象的学说进行具体化，确立了若干可操作的标准，即只要具备法律明确规定的情形，该行政决定就当然的无效。这些明确宣示的原因主要有以下几个方面。

第一，主体瑕疵。因主体瑕疵而致行政决定无效的，大致有四种情形：一是根本不具有行政主体资格者所实施的行为，如立法机关代替行政机关作出决定；二是虽有行政主体资格，但对特定事项不拥有行政权能而实施的行为，即实质无权限的行为，如工商机关对某人作出拘留决定；三是不具有正当组织的行政机关所实施的行为，如合议制机关在未经讨论的基础之上所作的行为；四是行政主体完全无意识的行为，如行政主体在高度胁迫而丧失意识能力的状态下作出的行为。在大陆法系国

---

[1]　参见许宗力：《行政处分》，载翁岳生主编：《行政法》，台湾元照出版股份有限公司 2006 年版，第 534 页。

家中，葡萄牙《行政程序法》对因主体瑕疵而致行为无效的规定比较细致，如该法第 133 条第 2 款规定："受胁迫作出的行为，在秩序混乱中作出合议机关决议，或未具法定人数或未达法律要求的多数而作出的合议机关决议均无效"。此外，意大利《行政程序法草案》第 42 条也规定："无公行政机关之资格者所为之机关行为或对完全不属于自己行政管辖之事项所干预之机关行为、绝对强暴之行为无效。"

第二，权限瑕疵。此处的权限瑕疵是指行政主体超越职权所实施的行为，大致包括超越地域、事务界限以及行政权能法定幅度等行为。在日本，只要行政决定超出行政机关的权限，无论是对标的物无权限，还是对地域管辖无权限，同样都是无效的。① 法国的情形也大抵如此。有的国家和地区还对越权无效作出了明确的法律规定，如西班牙《行政程序法》第 62 条第 1 款第 2 项规定："从业务或地区范围上明显无管辖权的部门所作的行为，完全无效。"我国台湾地区"行政程序法"第 111 条第 6 款也规定："未经授权而违背法规有关专属管辖之规定或缺乏事务权限者，无效。"

第三，内容瑕疵。因内容方面的瑕疵而导致行政决定无效的，主要有四种情况：一是行政决定的内容直接违法或构成犯罪的，如行政机关许可一般公民任意购买枪支；二是行政决定的内容在事实上不可能实现的，如行政机关对死者颁发驾驶执照的；三是行政决定的内容在法律上不可能实现的，如行政机关对法律禁止扣押的财产实施扣押行为的；四是行政决定的内容不能确定的，如征收对象、范围不明确的土地征收行为。《联邦德国行政程序法》对此有详细规定。该法第 44 条第 2 款规定："基于事实理由不能实施的行政决定；行政决定的完成以违法行为为要件，该违法行为构成犯罪或罚款事实要件；违反善良风俗的行政决定，无效"。我国台湾地区"行政程序法"第 111 条第 3、4、5 款也相继规定："内容对任何人均属不能实现者、所要求或者许可之行为构成犯罪者以及违背公共秩序、善良风俗者"无效。此外，葡萄牙《行政程序法》

① 参见杨建顺：《日本行政法通论》，中国法制出版社 1998 年版，第 397 页。

第 133 条第 2 款第 4、8、9 项还规定了三类特殊的因内容瑕疵而致无效的行政决定：一是侵犯基本权利的根本内容的行为；二是与既判案件相悖的行为；三是随已被撤销或废止的行政决定而发生的行为，只要就维护该随后发生的行为并不存在有正当利益的利害关系人。

第四，形式瑕疵。因形式瑕疵而致行政决定无效的，主要有两种情形：一是缺少法定书面形式要求的，如必须依交付许可证形式而仅口头许可的行为；二是虽有书面形式，但欠缺关键要素的行为，如缺乏行政主体署名或附带理由的行为。《联邦德国行政程序法》对形式瑕疵的规定最为典型，该法第 44 条第 2 款规定："虽已书面作出，但作出的行政机关却未表明该行为由谁作出；根据法规，行政决定仅可以交付一定的文书方式作出，而未交付文书的，无效"。我国台湾地区亦承袭了这一做法，其"行政程序法"第 111 条第 1、2 款即规定，"不能由书面处分中得知处分机关者、应以证书方式作成而未给予证书者"无效。此外，葡萄牙《行政程序法》第 133 条第 2 款第 6 项也规定："根本违反法定方式做出的行为，无效。"

第五，程序瑕疵。关于程序瑕疵是否导致行政决定的无效，各国行政法学理上一直都存在争议。在日本，通说认为，首先要分析该程序是以谋求行政的公正、保护公共利益为目的而设置的，还是为保护有利害关系者的权利和利益而设置的，只有未履行后种程序而做出的行政处分才是无效的。[1] 学理上甚至还归纳出程序瑕疵导致无效的若干具体情形，如缺少相对人申请的要式行为、未告知行为等。[2] 在法国，根据行政法院的判例，只有当行政决定"严重地"违反法定程序时，才会导致无效。[3]根据《联邦德国行政程序法》第 45 条第 1 款的规定可以推知，违反程序达到重大且明显的程度亦可导致无效。在我国台湾地区，学界的认识也

---

[1]　参见杨建顺：《日本行政法通论》，中国法制出版社 1998 年版，第 398 页。

[2]　参见室井力主编：《日本现代行政法》，吴微译，中国政法大学出版社 1995 年版，第 105 页。

[3]　参见王名扬：《法国行政法》，中国政法大学出版社 1988 年版，第 172 页。

不统一，但从其"行政程序法"第114条第1款的规定来看，当程序违法达到重大且明显程度时也能够导致行政决定无效。值得关注的是，西班牙现行《行政程序法》第62条第1款明确规定"完全偏离依法建立的程序"的行为完全无效。这是迄今为止对程序违法无效规定最为彻底、明确的立法例。

3. 无效的法律后果

无效的法律后果主要体现在以下四个方面。

第一，从时间上看，无效的行政决定在任何阶段都不具有效力，且其并不因事后的追认、转换或争讼时效的经过而自然取得效力。例如，葡萄牙《行政程序法》第137条第1款即规定："不允许追认、纠正及转换无效或不存在的行为"。

第二，从内容上看，一方面，无效的行政决定根本不具有公定力，任何人、任何机关都可以无视其存在。对于无效的负担性行政决定，行政相对人没有必须接受和服从的义务，如因此而发生刑事法上的争议，则刑事法院无需尊重该行政决定，可以独立的意思表示直接认定其无效；对于无效的授益性行政决定，其他利害关系人也没有必须尊重直接授益人权利的义务，如因此而发生民事法上的争议，则民事法院也无需尊重该行政决定，可以独立的意思表示直接认定其无效。另一方面，无效的行政决定也不具有不可改变力、执行力和不可争力。因此，行政相对人及其他关系人对其可以不服从、不理睬；行政机关也不得为此而实施强制执行，否则，相对人有权抵制；如果行政机关硬性强制执行，则该项执行亦属无效，行政机关应当对相对人一方的实际损害予以赔偿。

第三，在某些特殊情况下，无效的行政决定所衍生出来的事实在法律上仍然被视为有效。葡萄牙《行政程序法》第134条第3款即规定，行政决定无效"不妨碍因时间经过及按法律一般原则，而对从无效行为中衍生的事实情况赋予某些法律效果的可能性。"例如，某煤矿的采矿许可证被宣布无效之后，矿主就不能以此为由要求煤矿主管部门及税务部门退还其经营期间缴纳的管理费用及税款。

第四，当行政决定部分无效时，除非无效部分是该行为不可分割的组成部分，否则行政决定的其他部分仍然有效。例如，我国台湾地区"行政程序法"第112条即规定："行政处分一部分无效者，其他部分仍为有效。但除去该无效部分，行政处分不能成立者，全部无效。"这就如同一棵树一样，当它生出一两棵病枝时，人们剪掉它并不会影响树的继续存活；但是，当树的毛病出在根部或基本树干上时，去掉这部分也就意味着整棵树的生命的终结。①

4. 判定方式

对于行政决定的无效，主要有以下三种判定的方式。

一是由行政相对人及其他利害关系人自我判定，即他们无需等待有权机关的正式宣告，就可以直接根据法律的规定或自己的理解作出行政决定无效的认定。不过，当事人的这种认定具有很大的风险性，因为他"无法保证以后所有的行政机关和行政法院也会这样认为"。② 而且，一旦该行为不是无效行政决定，"公民的不作为的消极抵抗就没有合法的正当理由，并为此要承担相应的法律责任。"③ 可见，自我判定的方式虽然在逻辑上、理念上是成立的、正当的，但基于权利、义务及责任的一致性，在实践中却是需要行政相对人审慎行使的。

二是由行政机关进行判定。此处的行政机关既可以是作出原行政决定的机关，也可以是其上级机关。一般来说，行政机关可以在任何时候主动地依职权进行判定，也可以应行政相对人及其他利害关系人的随时申请而确认，还可以因他们的拒绝履行而"被迫"进行认定。例如，我国台湾地区"行政程序法"第113条就规定："行政处分之无效，行政机关得依职权确认之。行政处分之相对人或利害关系人有正当理由请求确认行政处分无效时，处分机关应确认其为有效或无效。"

三是由行政法院在特殊类型的行政诉讼中予以确认。在一些大陆法

<hr>

① 姜明安主编：《外国行政法教程》，法律出版社1993年版，第181页。

② ［德］平特纳：《德国普通行政法》，朱林译，中国政法大学出版社1999年版，第137页。

③ 于安编：《德国行政法》，清华大学出版社1999年版，第128页。

系国家，法院大多是在独立的无效确认之诉中对行政决定的效力作出最终判定。"自始无效行政行为是没有效力的，所以本来就不可能通过某一形成之诉予以撤销，因为根本就不存在有待形成的东西"①，无效确认之诉的最大优点是不受诉讼时效的束缚，即当事人可以在任何时候向法院提出无效确认的请求。例如，葡萄牙《行政程序法》第 134 条第 2 款即规定："任何利害关系人可随时主张行政决定无效；任何行政机关及法院也可随时宣告行政决定无效。"我国行政诉讼中的确认判决就是可以适用于确认无效行政决定的一种判决形式。

（二）生效

1. 生效的理论内涵

从行政决定过程性角度来看，生效是行政决定自身运行进程中的一个重要环节，意指行政决定在符合特定条件时开始产生形式效力。需要指出的是，从理论上说，对于行政主体而言，行政决定的成立与生效是完全一致的，即行政决定一旦作出就对行政主体一方产生形式上的效力，这是警示行政主体慎重行使行政职权的内在要求；但对行政相对人来说，行政决定只有在通知之后才可能对其产生形式效力。正是由于行政决定的成立与行政相对人的实际知悉之间客观上存在着一定的时间差，因而才使得生效成为一种独立的形态。否则，行政决定的成立就完全可以取代或包容生效概念。对于相对人来说，生效既意味着对该行为争讼时效的开始，也意味着其享有权利、履行义务的开始。

生效与行政决定的成立、有效等概念既有联系又有区别。首先，就行政决定的成立而言，其意指行政决定在什么情况下就算已经客观存在了，它是讨论行政决定效力问题的前提。一个尚未成立的行政决定根本就谈不上生效或者有效。因此，就成立与生效之间的联系而言，成立无疑是生效的基础，而生效则是成立的延续。再者，对于行政主体一方而言，行政决定的成立与生效在时间上是完全重合的。但成立与生效并不

---

① ［德］弗里德赫尔穆·胡芬：《行政诉讼法》，莫光华译，法律出版社 2003 年版，第 323 页。

是完全等同的，一个已经成立的行政决定只有在符合特定的生效条件（如通知、所附期限届满等）时才能产生形式效力。其次，就一个已经生效的行政决定来说，要想取得真正的、实质意义上的效力，还必须满足法定的有效条件。这是因为，生效仅指行政决定形式效力的发生，它只是法律上的一种推定而已，并不意味着其本身是神圣而不可侵犯的。相反的，如果已生效的行政决定不符合法定要求，则有权机关可以依照法定程序进行撤销而使其形式效力一同归于消灭。可见，生效与有效也是两个相互独立的范畴。就它们之间的联系而言，生效是有效的前提，有效则是生效的拓展；符合生效条件的行政决定具有形式效力，而符合有效条件的行政决定则具有实质效力，它们都是对行政决定效力相应的评价方式。当然，二者的区别也是明显的：一是存在顺序不同，行政决定的生效在前而有效在后；二是条件不同，行政决定的生效条件仅表现为简单的程序要求，而行政决定的有效条件则包括实体、程序等诸多方面的要求；三是评价层次不同，生效是对行政决定效力的初级评价，而有效则是对行政决定效力的终极评价。

2. 生效的具体规则

在行政法学理上，一般认为生效大致有四种具体情形，即受领生效、告知生效、即时生效、附款成就生效。① 不过，从一些大陆法系国家和地区的行政程序立法来看，对行政决定生效的规定则主要采取了以下两种模式。

一是规定自通知或公告之日起生效，德国、意大利及我国台湾地区即属此种类型。例如，台湾地区"行政程序法"第110条规定："书面之行政处分自送达相对人及已知之利害关系人起；书面以外之行政处分自以其他适当方法通知或使其知悉时起，依送达、通知或使知悉之内容对其发生效力。一般处分自公告或刊登政府公报、新闻报纸最后登载日起发生效力，但处分另订不同日期者，从其规定。"《联邦德国行政程序法》

---

① 参见杨海坤主编：《跨入21世纪的中国行政法学》，中国人事出版社2000年版，第282页。

第 43 条第 1 款也规定："行政决定以对相对人或因该行为而涉及的人通知的时刻开始生效。"此外,意大利《行政程序法草案》第 39、40 条对行政决定的通知及公告还有更加详尽的规定。这种区别行政处分与一般处分、书面行政处分与书面以外其他行政处分,进而对其生效规则分别加以规定的做法,既体现了立法的周密与严谨,又表达了对行政主体不同层次的程序要求,无疑是值得称道的。

二是规定行政决定原则上自作出之日起生效,特殊情况下自通知之日起生效,以葡萄牙、西班牙最为典型。例如,西班牙《行政程序法》第 57 条第 1 款规定:"受行政法约束的公共行政机关的行为自作出之日起即为有效并产生效力,除非另有规定。"同条第 2 款又规定:"如行为内容有此要求或效力取决于通知、公布或上级批准,则该效力予以推迟。"而根据该法第 58 条的规定,影响利害关系人权益的裁决及行政决定就必须"通知"利害关系人。在葡萄牙,根据其《行政程序法》第 127 条的规定,行政决定一般也是自作出之日起产生效果。但是,该法第 132 条又明确规定:"向私人设定义务或负担而无需公布的行为,自将该行为通知相对人时起,或自以其他方式使相对人正式知悉该行为时起开始产生效果。"我国澳门地区《行政程序法》第 109、113 条即沿袭了这一规定。可见,将行政决定区分为授益性行政决定与负担性行政决定并分别对其生效规则做出相应规定是这一模式的最大特点,它既照应了行政决定本身的具体内容,又体现了对相对人利益的切实维护,似比前一模式更胜一筹。

(三) 有效

有效是指已生效的行政决定因符合法定要件而具备或视为具备实质效力的状态,是行政主体积极追求的一种状态。长期以来,我国行政法学理普遍将有效等同于合法。例如,一种代表性的观点即认为,只有合法的行政决定,才是有效的行政决定,才会产生合法的法律效果。① 还

---

① 参见王连昌主编:《行政法学》,中国政法大学出版社 1994 年版,第 294—301 页。

有的著作干脆只提行政决定的合法要件，而不提有效要件。[①] 严格来说，这些认识都是不太科学的。行政决定的合法与有效之间固然存在着紧密的联系，如合法的行政决定都是有效的，而有效的行政决定大多也是合法的。但是，二者的区别也是不容忽视的：合法是对行政决定的肯定性法律评价，其条件一般比较严格；而有效则是对行政决定的肯定性效力评价，其条件相对而言比较灵活，在有的情况下，行政决定虽然不合法却也可能是有效的。可见，行政决定的合法研究并不能完全取代有效研究。令人可喜的是，有的论著已经关注到了二者的这一差别。[②] 我们认为，行政决定的合法要件可以看作行政决定有效的一般要件，而其他并不合法但可视为行政决定有效的则可以归结为有效的特殊情形。

1. 有效的一般要件

关于行政决定有效的一般要件即合法要件，我国行政法学理基本上已就此达成了共识。不过，在主体合法是否作为判断行政决定合法的要件上还存在一定分歧。例如，有学者提出，主体是否合法是衡量行政决定与非行政决定的标准，而非区别合法与违法、有效与无效行政决定的界限，换言之，主体合法是行政决定成立的首要条件，而非行政决定合法有效的首要条件。[③] 我们认为，这种观点是值得商榷的。一个行政决定的作出，只需要实施者是具有行政权能的组织或者个人即可，至于该组织或个人是否合乎法律规定的资格和条件并不影响到该行政决定的存在。因此，主体合法应当是判定行政决定合法、有效的首要条件。易言之，作出行政决定的行为主体不具备法定的资格和条件时，该行为就不能算作合法、有效的行政决定。就具体的要求而言，主体合法大致包括行政机关合法、公职人员合法、委托合法及授权合法四个方面。除此之外，行政决定有效的一般要件还包括权限合法、内容合法和程序合法三

[①]　参见罗豪才主编：《行政法学》，北京大学出版社1996年版，第128页。

[②]　参见姜明安主编：《行政法与行政诉讼法》，北京大学出版社、高等教育出版社1999年版，第154页。

[③]　周佑勇：《行政法原论》，中国方正出版社2000年版，第116页。

项要求。鉴于学界对这些具体要件已多有论述，此处将不再赘述。

2. 有效的特殊情形

行政决定除了因合法而有效之外，在以下三种特殊情形下也应当视为有效。

一是行政相对人在法定时效届满时未提出救济请求的，除了无效行政决定之外，不管该行政决定是否合法，一般都视为有效。原因在于，法律的安定性要求相对人在特定期限内及时行使救济权，否则时间的经过会使违法行为"合法化"，进而在法律上认可其效力。换言之，已生效的行政决定将不经审查、判断阶段而直接进入有效状态。

二是对于某些程序上存在轻微瑕疵的行政决定，经过补正之后同样承认其为有效。虽然程序合法是行政决定有效的一般要件之一，但当今世界各国大多对程序违法尤其是程序的轻微违法持比较宽容的态度，即这一瑕疵经补正并不影响行政决定取得实质效力。德国《联邦行政程序法》第45条及我国台湾地区"行政程序法"第114条都是关于行政决定经补正而有效的典型立法例。其中，后者在这一规定的立法理由中宣称："行政处分违反程序或方式之规定者，固为有瑕疵之行政处分，唯程序及方式之规定旨在促使行政机关能做成内容正确之决定，其本身尚非目的，故如其违反之情节未达于无效之程度，且事后补正仍无害其规定之目的者，自非不许行政机关为事后补正，以维持行政处分之存续，并促进行政效率。"① 这一阐释对于正确把握行政决定有效的一般要件与特殊情形之间的辩证关系、树立科学而合理的行政程序观都有重要的启迪意义。

三是对于某些一般性违法行政决定，有权主体可以根据利益衡量原则或通过追认、转换等手段维持其效力从而使其达到有效的状态。这是一些国家和地区的行政诉讼及行政程序立法所认可的一项特殊制度。例如，日本《行政诉讼法》第三十一条第一款规定："关于取消诉讼，虽然处分或裁决是违法的，但由于对之取消会对公共利益产生明显妨害时，裁判所在考虑了原告所受损害的程度、其损害赔偿或防止的程度以及方

---

① 应松年主编：《外国行政程序法汇编》，中国法制出版社1999年版，第833页。

法及其他一切情况之后，在认为取消其处分裁决不符合公共福利时，可以驳回请求。在这种情况下，在判决正文中必须宣布该处分或裁决是违法的。"在学理上，这一规定被称为"事情判决"或"基于特别情况的驳回判决"。① 我国台湾地区"行政诉讼法"第198条亦有关于"情况判决"的规定，其具体内容几乎与日本完全一致。此外，一些国家和地区的行政程序法还对违法行政决定的追认和转换作了明确规定。其中，追认是有权限机关对无权限机关作出的行政决定的事后确认。如葡萄牙《行政程序法》第137条第3款即规定："如属无权限的情况，则有权限作出该行为的机关有追认该行为的权力。"德国《联邦行政程序法》则从反面对追认作了肯定。该法第46条规定："对不属于第44条的行政决定，不得仅以其成立违反程序、形式或地域管辖的规定而主张将之撤销，除非另一决定也会导致同样的结果。"转换则是行政机关利用违法行政决定中的合法内容将其置换为具有与其相同目的及实质、形式要件的另一行政决定。《联邦德国行政程序法》第47条及我国台湾地区"行政程序法"第116条都是关于转换的典型立法例。违法行政决定无论是经过追认还是转换，都被视为自始有效。

（四）失效

1. 失效的理论内涵

失效是行政决定又一重要的效力形态。在行政法学理上，失效亦称作行政决定效力的"消灭"或"终止"。如今，失效已经不再仅仅是一个纯粹的学理概念，它正逐渐成为一个专门的立法用语。例如，台湾地区"行政程序法"第110条第3款即规定："行政处分未经撤销、废止，或未因其他事由而失效者，其效力继续存在。"我们认为，行政决定失效的概念可作以下表述：已生效的行政决定因某些主、客观原因而不产生实质效力或产生后归于消灭。对于这一概念的理解，应当着重把握以下三点。

第一，失效的前提。行政决定的失效应当具备两个基本的前提条件：

---

① 参见杨建顺：《日本行政法通论》，中国法制出版社1998年版，第754页。

一是该行政决定已经生效，即已经发生了形式效力。相反的，如果一个行政决定尚未生效或根本就不可能生效（如自始无效），那么也就谈不上该行政决定的失效。二是已生效的行政决定必须具备某些特定的失效原因，如行为本身违法、不当或行为所指向的相对人死亡等。否则，已生效的行政决定将进入有效状态。

第二，失效的形式。行政决定的失效主要表现为客观失效和主观失效两种不同的情形。这是由于引起失效的具体原因不同所导致的。其中，客观失效是由某些客观事实的出现而引起的，如行政决定因履行完毕而导致其效力的自然消灭；主观失效则是因法定机关的撤销、废止或变更而引起行政决定效力的消灭，如原行政主体依职权撤销其所作的违法行政决定而致其效力丧失。

第三，失效的本质。从语义上分析，行政决定失效之"效"是行政决定生效之"效"和有效之"效"之和。申言之，行政决定的失效既包括行政决定形式效力的丧失，也包括行政决定实质效力的消灭。在有的情况下，失效是指行政决定不产生实质效力，同时先前已发生的形式效力也随之丧失，如行政决定因争讼撤销而失效即属此种情形；在另外一些情况下，失效是指行政决定实质效力产生之后归于消灭，如原行政主体以情势变更为由废止其所作的合法行政决定而致其失效即属此种情形。当然，就本质而言，无论行政决定的失效属于何种情形，最终都是由行政决定的过程性决定的。如同世间万物一样，行政决定始终是一个不断发展的动态过程。从其成立之时开始，行政决定就一直处于运动状态。伴随着行政决定自身各种要素的演变，行政决定的效力也随之发生相应的变化并直至最终消失。从这一角度来看，失效恰是一切行政决定运动的必然归宿。

2. 失效的表现形式

第一，客观失效。客观失效亦可称为自然失效、自动失效，主要是因行政决定自身某种要素的完结而发生的。一般来说，自行为要素完结之日起行政决定即失去法律效力。客观失效包括三种具体情形：一是因内容的实现而失效。任何行政决定的作出都为了达到一定的预期目标。

当这一目标最终得以实现时，行政决定也将因之而失去法律效力。例如，当行政相对人已经履行行政决定所设定的义务时，行政决定即自然失效。二是因对象的不存在而失效。任何行政决定都是针对特定的对象而作的。当行政决定的对象不再存在时，除了法律另有规定之外，行政决定的效力也将随之消灭。例如，公安机关对某人作出治安拘留处罚，但相对人旋即突然死亡的，则该处罚行为的效力自然终止。三是因所附条件的满足而失效。对于附款行政决定来说，当其所附解除条件成就、终期到来或期限届满时，该行政决定也将自动地丧失法律效力。例如，行政机关在颁发许可证或执照时，附加了"一定期限内未加利用则自动作废"的解除条件，当该条件具备时，行政许可行为的效力即自然消失。

第二，主观失效。主观失效亦可称为废弃失效，是因行政决定自身存在违法、不当等瑕疵或因其不适应情势的变迁由法定机关废弃而引起的。与客观失效不同的是，主观失效只有依赖有权机关的废弃才能得以实际发生。换言之，即使行政决定的瑕疵或不适应情形是客观存在的，但未经废弃则其效力就不能自动丧失。具体来说，行政决定的主观失效也包括三种情况：一是因撤销而失效。撤销是指已生效的行政决定因其存在违法事由而被有权机关按照法定程序消灭其效力。从各国行政程序法的规定来看，行政决定除了因重大且明显的瑕疵而自始无效或因轻微程序瑕疵经补正而有效外，对于绝大多数普通的违法情形，有权机关都是依职权或根据申请、通过撤销的方式使其失效的。由于引起撤销的瑕疵是行政决定成立时即具有的，因而在德、日诸国学理上，撤销原则上具有溯及既往的效力。二是因废止而失效。废止是指有权机关以不适应事后形势的变迁（如行为所依据的法律、政策已经修改等）为由而消灭已经生效且合法的行政决定的效力。由于废止是因新情况的发生而非行为本身违法所致，因而它原则上只能使行政决定向后失去效力，此前已经实际发生的效果则"既往不咎"。例如，德国《联邦行政程序法》第49条第4款规定："拟废止的行政决定在废止生效时丧失其效力，除非行政机关定出另一较迟的时刻。"三是因变更而失效。变更是指有权机关以不当或者不适应情况变化为由对已生效的行政决定的内容所作的部分改变。行政决定的部分内容被变更之后，其效力就随之消灭。当然，失效的具体时间会因引发原因的不同而互有差异。一般来说，如果行政决定因明显不当或显失公正而被法定机关变更之后，被改变的内容将视为自始不具有效力，即如同撤销一样原则上具有溯及既往的效力；但行政决定若因不再适应已经变化了的新情况而被变更时，则这一部分内容自变更之日起失效，即类似于废止一样只向后发生作用。

第十六章

行政许可

张步洪   法学博士，现任最高人民检察院副厅级检察员、青海省人民检察院副检察长（援派），兼任中国行政法学研究会常务理事，东南大学法学院教授。主要作品有：《行政检察制度论》《新民事诉讼法讲义》《国家赔偿法判解与应用》《行政诉讼程序规范与判例创新》，《中国行政法学前沿问题报告（1997—1999年）》，《中国行政法学前沿问题报告（2000—2002年）》；在《国家检察官学院学报》《行政法学研究》《人民检察》等杂志发表论文近百篇。

第一节　行政许可概述

　　行政许可制度作为一种社会控制手段，具有悠久的历史。在我国先秦时期，就有"春三月，山林不登斧，以成草木之长；夏三月，川泽不入网罟，以成鱼鳖之长"的规定。这是关于官方限制、禁止社会经济活动的最早的规定之一。西周时期，官府就对一定物品（宗庙之器）和不合格产品（用器不中度）禁止交易，违者依法制裁。秦汉以来至中华民国时期，历朝历代政府都将物品禁榷（政府专卖）作为国家控制经济和社会的重要手段①。经济与社会的发展在一定程度上解决了资源短缺的问题，随之而来的变化是，行政许可制度从物品禁榷为主，转向控制人的行为自由为主。一般认为，作为行政管理的重要手段，现代行政许可制度源于西方国家商品经济社会的发展。与现代意义上的行政许可的含义相近的许可，具有较为悠久的历史。在西方，较早在法典中正式规定行政许可制度的是南意大利的诺曼王朝的国王罗杰二世于 1140 年颁布实施的西方历史上第一部近代的王室法典——《阿里亚诺法令》。其中第 36 条规定，医生无国王签发的执照不得行医。这一法律规定表明，当时的诺曼王国在事实上曾采用了对医生的考试制度。这是欧洲此种制度的第一个例证②。近代以来，行政许可作为行政机关依法对社会和经济事务实行事前控制的一种重要手段，为世界各国所普遍采用。新中国初期，国家就对社会治安、特种行业以及个体经济等领域实行行政许可制度，但范围较窄，制度也不完善。改革开放以来，随着经济体制改革、政府职能转变，国家的行政管理机制和管理方式发生重大变化，从单纯依靠计

---

① 张正钊、韩大元：《中外许可证制度的理论与实务》，中国人民大学出版社 1994 年版，第 5—8 页。

② ［美］伯尔曼：《法律与革命——西方法律传统的形成》，中国大百科全书出版社 1993 年版，第 508 页。

划和行政命令发展到运用多种手段对社会、经济事务进行管理，行政许可随之得到广泛应用。为了规范行政许可的设定和实施，保护公民、法人和其他组织的合法权益，维护公共利益和社会秩序，保障和监督行政机关有效实施行政管理，2003 年 8 月 27 日，第十届全国人民代表大会常务委员会第四次会议审议通过了《中华人民共和国行政许可法》，自 2004 年 7 月 1 日起施行。十多年来，伴随着行政许可实践与改革，我国的行政许可理论又有新的发展。

一、行政许可的概念

（一）行政许可的定义

给行政许可下定义，是一个比较复杂的问题。有的学者从行政行为的角度来界定行政许可，认为行政许可是"行政机关根据相对人的申请，依法准许其从事某种活动，或者赋予其某种权利或资格能力的行为"[1]。有的认为行政许可是"行政机关根据行政相对方的申请经审查并通过颁发许可证、执照等方式，依法赋予相对方从事某种活动的法律资格或实施某种行为的法律权利的行政行为"[2]。也有学者从行政许可涉及的相对人权益的角度来阐明行政许可，认为行政许可是"行政机关根据相对人的申请，作出恢复相对人行使某种权利，对其解除法律禁止的行政行为"[3]。有的学者则强调了行政许可行为的权力属性，提出行政许可"是行政权的一种表现形式"[4]。也有学者从制度的角度界定行政许可，认为行政许可是指"行政主体针对行政相对方的申请，依法决定是否赋予行政相对方从事某种活动或实施某种行为的权利和资格的一种法律制度，

[1] 应松年主编：《行政法教程》，中国人事出版社 2000 年版，第 126 页。
[2] 张子祥、高树德、李小山：《论对行政许可的量化控制》，中国法学会行政法学研究会 1997 年会论文。
[3] 郑永强：《论行政许可的法律特征》，中国法学会行政法学研究会 1997 年会论文。
[4] 张秉银：《论行政许可的设定》，中国法学会行政法学研究会 1997 年会论文。

包括有准许和不准许两种具体的行为方式"①。

事实上，行政许可既是一种法律制度，又是一种行政行为。它是"由法律、法规设定一般性禁止的制度，由行政机关依据公民、法人或者其他组织的申请准予其从事法律、法规作一般性禁止的事项或活动的行政行为，是行政机关依法对公民、法人或者其他组织的行为进行法律控制的行政法律手段。行政许可作为一种法律制度，旨在对行政管理相对人的行为进行法律控制"②，而不仅局限于是否准许相对人的申请。正因为如此，有的学者认为，"行政许可是指行政主体针对行政相对方的申请，依法决定是否赋予行政相对方从事某种活动或实施某种行为的权利和资格的一种法律制度，包括有准许或者不予准许两种具体的行为方式。"③ 作为一种制度，行政许可属于经济学、社会学、政治学和法学等众多学科共同的研究对象。

行政法和行政法学更多地关注作为行政行为的行政许可，以规范行政许可的设定与实施④。而规范行政许可行为的一系列规范，又构成了行政许可法律制度。全国人大常委会于 2003 年通过的《行政许可法》第二条规定："本法所称行政许可，是指行政机关根据公民、法人或者其他组织的申请，经依法审查，准予其从事特定活动的行为。" 行政许可作为一种行政行为，可以从以下五个方面来理解：第一，行政许可的主体是行政机关，而不是其他国家机关或社会组织⑤。行政许可权是国家行政权的

----

① 方世荣：《行政许可的含义、性质及公正性问题探讨》，《法律科学》1998 年第 2 期。

② 张步洪：《行政许可的范围与功能》，中国政法大学 1996 年硕士论文。

③ 冯伟、黄晓星：《浅议行政许可范围》，《当代法学》2003 年第 9 期。

④ 《行政许可法》第一条规定："为了规范行政许可的设定和实施，……制定本法。" 当然，该法不仅对行政许可行为具有规范作用，而且对行政许可制度的创建乃至发展走向都将产生重要的影响。

⑤ 一般认为，行业组织行使审批权的行为不属于行政审批和行政许可的范围。但是，行业组织行使的权力仍然是一种公权力。在当今行业组织行使审批权现象日益普遍的背景下，如何规范行业组织的审批行为，仍然是一个不容回避的问题。

具体表现形式之一。第二，行政许可是一种具体行政行为，是针对特定的人和特定的事作出的。行政许可通常与法律普遍禁止相联系，大多数情况下，法律的一般性禁止是行政许可存在的前提；行政许可有时与管理秩序有关，如颁发营业许可证，法律并不禁止人们从事工商业活动，但是为了维持社会秩序和市场秩序，控制经营规模、防止产能过剩，相对人必须得到行政机关的许可，方能从事相关活动。第三，行政许可是赋予相对人权利或某种资格的行为，或者说是一种授益性行政行为。有些许可使相对人获得了从事相应活动的权利，如开业、生产、经营许可。有些许可使相对人获得了从事相应职业的资格，如律师资格、会计师资格。第四，行政许可是依申请的行为，不同于行政机关依职权主动为相对人设定权利义务的行为。没有相对人的申请，行政机关不能主动予以许可。第五，行政许可是一种要式行政行为，行政许可决定应当采用专门格式证书的形式来表达，如营业执照、卫生许可证等。许可证书作为行政许可行为的凭证，具有特定的法律效力。实践中，行政机关通常对某类许可证书的格式作统一规定，并作统一编号。在这种情况下，凡不是以固定格式出具的证明，或者没有统一编号的证书，均不具有行政许可的法律效力①。

（二）行政许可的界定

长期以来，行政许可只是行政法学中的一个术语，而不是法律用语。也正因为如此，界定行政许可显得很困难。法律、法规规定的具体行政许可制度可能使用的是登记、确认、审批等名称。在行政法学中，行政许可与登记、确认具有不同的含义。在规范层面，国务院提出了"非行政许可审批"的概念，使得审批与行政许可既相互交叉又存在差异。

1. 许可与登记。有的学者将登记分为"确认式登记、许可式登记、备案式登记"等，认为在实定法意义上，登记可以且有必要被包括在许

---

① 某私人开采企业持有的采矿许可证被行政机关予以撤销，诉至法院。河南省高级人民法院以原告持有的采矿许可证没有编号为由，作出了维持具体行政行为的判决。

可之中，即在具体的法律规定中将登记作为许可的种类之一，两者在学理上最明显的区别在于：许可是原则禁止，例外同意；行政登记是原则同意，例外禁止①。我们认为，与行政许可一样，登记也是行政机关以发放证书或其他证明文书的形式进行管理的一种手段。其特点在于：行政机关在登记程序中没有裁量权，只要有符合法定条件的事实，行政机关必须予以登记。行政许可与登记共同作为行政法上的控制手段，分别作用于不同的对象和领域。行政许可的目的在于对公民、组织的行为加以控制，它作用的对象是法律作一般性禁止的行为。登记指向的对象是法律、法规规定应当由行政机关予以书面记载的事实（包括已经发生的事实和即将发生的事实），如户籍登记、税务登记、民事权利登记。登记的目的在于建立一种秩序，是国家进行法律控制的辅助手段。行政许可的结果是被许可人获得从事某种行为的资格或权利，登记不一定产生这种后果。与申请人申请许可的目的在于取得某种权利或资格不同，登记在多数情况下属于履行义务。登记总是以一定的事实作为调整对象。例如，"行政机关为确认民事财产权利和民事关系的登记，如产权登记、抵押登记、身份登记等"，与行政许可法所称行政许可是有明显区别的②。当然，有些法律、法规规定的"登记"在行政法理论上属于许可，例如企业登记。

2. 行政许可与行政确认。行政确认是指行政机关依法对行政相对人的法律地位和权利义务进行甄别，作出肯定或否定的认定并予以宣告的具体行政行为，其直接表现形式是宣告某项法律事实或法律关系是否存在。行政许可与行政确认既有联系又有区别。两者的联系表现在：确认与许可常常是同一行政行为的两个步骤，确认在前，许可在后，确认是

---

① 崔卓兰、吕艳辉：《行政许可的学理分析》，《吉林大学社会科学学报》2004 年第 1 期。

② 全国人大法律委员会副主任委员乔晓阳 2003 年 8 月 22 日在第十届全国人民代表大会常务委员会第四次会议上所作的《全国人大法律委员会关于〈中华人民共和国行政许可法（草案）〉审议结果的报告》。

许可的前提，许可是确认的后续行为；有时，确认与许可是一个行为的两个方面，如，发放建筑企业营业执照，既是对该企业具有相应等级建筑资质的确认，又是对申请人可以从事建筑经营活动的许可。其区别在于：许可的前提是一般禁止，确认不以一般禁止为前提却意味着肯定。应许可的事项非经许可而为构成违法，应确认的事项，非经确认，法律关系或者主体身份处于不确定状态，不一定违法；许可是使相对方获得从事某种行为的权利能力，行政确认是对相对方法律地位、权利义务关系和法律事实的确定与认可；许可是允许被许可人今后可以从事某种行为，具有后及性；行政确认是对既有的身份、能力、权利、事实的确定和认可，具有前溯性①。区别行政确认与行政许可的标准是：如果相对人的权利产生于行政机关作决定之前，则是行政确认；如果相对人的权利产生于行政机关作决定之时，就是行政许可；在行政诉讼中，行政确认通常不因申请行为无效而无效或被撤销，行政许可会因为申请行为无效而导致无效或被撤销。

3. 行政许可与行政审批。在我国，行政许可、行政审批的含义以及二者的关系复杂且富有争议。第一种观点认为，行政审批与行政许可是同一概念；第二种观点认为，行政许可与审批有交叉，重要部分是重合的；第三种观点认为，许可是对经营活动能力的持续性授予，审批是对特殊活动能力的一次性授予②。我们认为，行政许可与行政审批是两个相互交叉的概念，都有准许、批准的意思。二者的区别主要表现在：一是涉及的事项不尽相同。行政许可是行政机关在法定职权范围内，根据公民、组织申请作出的具体行政行为，不包括行政机关之间或者行政机关与具有隶属关系的组织之间发生的内部审批行为。行政审批主要用于处理行政系统的内部事务，较少适用于对外行政管理。二是行为内容不尽

---

① 崔卓兰、吕艳辉：《行政许可的学理分析》，《吉林大学社会科学学报》2004 年第 1 期。

② 转引自张兴祥：《强力推进行政审批改革——行政审批研讨会杭州会议综述》，《行政与法制》2001 年第 4 期。

相同。行政审批既能排除不作为义务，也可免除作为义务，如批准减免税费。行政许可主要是排除不作为义务。三是法律意义不尽相同。行政许可是行政申请的最终结果，而一个行政许可的取得，有时须先经过若干部门的若干道行政审批手续、程序。四是行为的表现形式不尽相同。行政许可行为的载体通常是行政机关向许可申请人颁发固定格式的许可证书；行政审批行为的载体通常是以行政机关制作的公文或信函的形式出现的，即"批文"。

《行政许可法》将行政许可与行政审批概念统一起来，认为行政审批就是行政许可①。然而，在《行政许可法》实施中，由于行政机关存在摆脱《行政许可法》规制的冲动，行政实践又把行政审批从行政许可概念中分离出来，甚至出现了"非许可行政审批"②。对此，有学者建议，规范统一对《行政许可法》的解释，明确《行政许可法》调整范围；建立一个综合性的法律实施保障机构，保障《行政许可法》有效实施；对非行政许可的其他审批行为进行明确界定，通过完善程序立法加强对审批行为的规范；规范行政审批行为的设定，从立法上明确审批行为的性质③。

二、行政许可的性质

关于行政许可的性质，学术界历来存在认识分歧。起初，关于行政许可性质的争论，基本上是围绕行政许可行为与公民、组织权利的关系

---

① 杨景宇 2002 年 8 月 23 日在第九届全国人民代表大会常务委员会第二十九次会议上所作的《关于〈中华人民共和国行政许可法〉（草案）的说明》。

② 2004 年 8 月 6 日国务院办公厅《关于保留部分非行政许可审批项目的通知》（国办发〔2004〕62 号），保留了 211 项非行政许可审批项目。甚至一些地方规章也划定非行政许可审批的范围。例如，2004 年武汉市政府《关于明确部分审批事项不作为行政许可事项的通知》（武政发〔2004〕98 号）规定了四类不属于行政许可的行政审批事项。

③ 王克稳：《我国行政审批与行政许可关系的重新梳理与规范》，《中国法学》2007年第 4 期。

来展开的。此后，学者们开始关注两个问题：行政许可是否具有财产属性；行政许可是微观规制还是宏观调控。

（一）赋权、解禁或其他

世界各国学者对行政许可性质的理解不尽一致。日本的行政法学者倾向于认为，行政许可是对禁止的解除，使被禁止的行为恢复到原始的自由状态①。美国许可证按其申请或撤销是否适用正当程序分为权利性许可证和特许权性许可证。权利性许可证申请人和持有人的权利受美国联邦行政程序法规定的正当程序保护，非经法定且正当的程序，行政机关不能任意拒绝许可证申请人的申请或剥夺许可证持有人的许可证；特许权性许可证申请人和持有人的权利是一种由行政机关赋予的特许权，行政机关无需经过正当程序就可以核发或者收回，许可证申请人和持有人不能因为申请被拒绝或许可证被收回而要求法律保护。特许权在本质上不是许可证申请人和持有人享有的权利，而是政府决定是否给予的一种"特殊恩惠"②。德国的行政许可在学理分类中没有将其作为一种独立的行政行为，而是把其作为行政行为范畴，所以没有关于行政许可的定义。在德国，行政行为按其内容来划分，可分为命令性行政行为、形成性行政行为、确认性行政行为。而把行政许可分为控制性许可和特别许可，均属于形成性行政行为。这两种行为都是法律禁止的解除，批准特定的行为或特定的计划。认为控制性许可的禁止一开始就以发放许可的保留为前提，只要许可程序中可以出现拒绝的理由。称为"有许可保留的禁止"③。

在我国，关于行政许可的性质，主要有以下几种观点。

———————————

① 张正钊、韩大元主编：《中外许可证制度的理论与实务》，中国人民大学出版社1994年版，第305页。

② 张正钊、韩大元主编：《中外许可证制度的理论与实务》，中国人民大学出版社1994年版，第358页。

③ ［德］哈特穆特·毛雷尔：《行政法学总论》，高家伟译，法律出版社2000年版，第207—210页；转引自张娟：《关于行政许可制度若干问题的法律思考》，《安徽大学学报》（哲学社会科学版）2003年第4期。

1. "特权说"

将行政许可视为一种特权，是比较陈旧的观点。但是，由于我国公民、组织依法获得许可的权利得不到有效保障，行政许可事实上具有特许的某些痕迹。由此，有学者认为，"并非符合条件的申请人都能够得到许可。在申请行政许可的众多主体中，尽管具备许可条件的主体很多，但不是所有的申请者都能获得许可，而只是其中的一部分获得许可。因此，许可对于获得许可的申请者，其所获得的是一种特权。"①

2. "赋权说"

认为行政许可是"行政主体根据特定的行政相对方的申请，依法赋予其从事法律一般禁止事项的权利和资格的行政行为"②。"赋权说"认为，行政许可是赋权行为，是赋予行政相对人权利或资格，相对人本没有此项权利，只是因为行政机关的允诺和赋予，才使其获得该项一般人不能享有的特权。

"赋权说"的批评者认为，权利分为三种形态，即应有权利、法律权利和实在权利。享有权利并不等于行使权利，权利的循环渠道通常有四个环节：权利形成、权利赋予、权利行使、权利救济。其中权利形成来源于"天赋人权""主权在民"的理念，是自然形成的；权利赋予属于立法范畴，是立法机关的特定职权。行政许可的实施与执行并不会给行政相对人赋予新的权利，只是为行政相对人恢复行使其本身可自由行使的权利打开了大门，而立法机关之所以在一些权利上加上一道锁，完全是出于某些特别行政管理的需要③。行政许可中所"许可"行使的，都是早已由法律、法规明定的权利，行政主管机关核发许可证的具体行政行为只是依法审查申请人是否具有法定的资格与条件，决定是否许可，而

---

① 陈军：《从特许权看立法设置行政许可的几个问题》，《人大研究》2002年第6期。

② 罗豪才：《行政法学》，北京大学出版社1996年版，第175页。

③ 李韬：《行政许可制度的性质定位与设定评析》，《行政论坛》2003年5月总第57期。

不是赋予本来不享有此项权利或不具备行使权利的条件的相对人以权利，也不是由行政主管人员自行规定行使权利的条件。行政许可与其说是一种行政权力，不如说它是一种行政职责；把行政许可行为视为一种义务，一种服务，有助于克服行政主管机关及其工作人员的恩赐观念和弄权行为[1]。"赋权说"重公民义务而轻视公民权利，尽管符合表象，但有将行政权视为行政相对方权利来源故而使源流倒置之嫌[2]。事实上，经行政许可后行使的权利系由宪法或法律直接规定，或可以从法律的精神原则能推定出来的。

3. "解禁说""权利恢复说"

"解禁说"认为，行政许可是"行政机关根据当事人的申请，在一定条件下解除禁止，准许个人或组织从事某种活动的一种行政行为"[3]，是对申请人不作为义务的解除。支持者认为，一方面，"解禁说"有利于厘清被解禁之权利的行使界限、实现行政许可制度设立的目的。一般禁止基于公益需要而设定，因此解除该禁止的许可行为并不产生权利，被许可人即使因许可获得利益，但不因此拥有排除第三者利益的效力，即不拥有为了维护自身利益而请求不得向第三者发放或撤销已发放的同样许可的权利。只要具备法定要件，即不构成具体法律、法规所规定的对社会公共秩序的障碍时，私人即有获得许可的请求权，行政机关对此不得拒绝许可。另一方面，"解禁说"有利于行政机关的工作人员明确其职责，转变"官本位"思想，确立服务意识。行政许可不是一种"赋权"行为，而是应当界定为对符合条件者的"还权"行为。行政机关面对的申请人大多是权利人，作为执法者，它有义务为公民实现其应有的权利

---

[1] 海鲲：《'97中国行政法研究会会议述要》，《社科信息》1997年第11期。

[2] 崔卓兰、吕艳辉：《行政许可的学理分析》，《吉林大学社会科学学报》2004年第1期。

[3] 张正钊、韩大元：《中外许可证制度的理论与实务》，中国人民大学出版社1994年版，第1页。

提供服务，受理、审核、颁发许可证是其应尽的职责①。对"解禁说"的批评主要基于两点：一是"解禁说"有违法律平等原则，因为无论是权利的享有还是行使，对公民而言都应当是平等的。根据平等原则的要求，行政机关不应该为少数人解禁②；二是"解禁说"立足于"在许可之前，公民及其他社会主体负有不作出其申请要作出的行为的义务"的理论前提，与公民权利"法不禁止皆自由"原则、公民义务法定原则存在冲突。

与"解禁说"类似，"权利恢复说"认为，应受许可的事项，在没有此种限制以前是任何人都可以作为的行为，因为法令规定的结果，其自由受到限制，所以许可是对自由的恢复，即不作为义务的解除，并非权利的设定。亦即许可是恢复相对人权利的行为，而非权利的授予。批评者认为，"权利恢复说"未指出经许可才能行使的权利具有哪些特质性③。

4．"折中说"

认为"赋权说"与"解禁说"并非截然对立，只是认识角度不同。从表面上看，许可的确表现为政府赋予相对人某种权利，称为"赋权"行为未尝不可；但从根本上讲，许可不仅是国家处分权力的形式，而且是对原属于公民、组织的某种权利自由的恢复，是对特定人解除普遍禁止的行为。

5．"赋权—限权说"

认为行政许可在性质上具有"赋权"与"限权"双重性质，是一个

---

① 张娟：《关于行政许可制度若干问题的法律思考》，《安徽大学学报》（哲学社会科学版）2003 年第 4 期。

② "解禁说"的主张者用来反驳的理由是："享有权利并不一定行使权利。"（李韬：《行政许可制度的性质定位与设定评析》，《行政论坛》2003 年 5 月总第 57 期）但是，从行政许可往往不能满足所有申请人的需要，甚至不能满足大多数申请人的需要的实际情况来看，这种反驳缺乏足够的实践根据。

③ 崔卓兰、吕艳辉：《行政许可的学理分析》，《吉林大学社会科学学报》2004 年第 1 期。

问题的两个方面。行政许可的实施，必然以限制公民的权利行使自由为前提。对于从许可中受益的相对人来讲，行政许可是一种赋权行为，但对于未经许可或不予许可的相对人来讲则是一种限制和排斥权利的行为。

6. "验证说"

认为行政许可"是对权利人行使权利的资格与条件加以验证，并给以合法性证明，而非权利的赋予。"[1] 批评者认为，"验证说"对行政许可的界定与行政法上行政确认概念极为雷同，太易混淆[2]。

7. "核准说"

认为行政许可在性质上应是"核准"。包括两个方面：一是对申请者是否符合行使所申请许可的权利须具备的法定条件进行审查与核实；二是行政机关在申请者提出申请后，经过对申请者是否符合法定条件进行审查判断后作出批准或不批准的决定，即准许或不准许[3]。

批评者认为，"核准说"过于宽泛，不能准确定位行政许可。大多数行政行为，如行政确认、行政裁决、行政处罚、行政争议等，甚至抽象行政行为都有一个核准的过程，用大多数行政行为的程序特性给其中一个行政行为定位极不妥当。

8. "审查说"

认为"行政许可是行政机关对许可申请人是否具备享有某种权利所必需的相应行为能力进行审查从而决定是否给予许可的行政行为"[4]。持该种观点的学者认为，行政许可作为一种事前控制手段，除了国家作为所有权人实施的许可外，其本质主要表现为对相对人是否符合法律、法规规定的权利资格和行使权利的条件进行审查核实。这表明，行政许可对行政机关来说不是一种权利，而是一种责任。行政机关有责任为许可

① 郭道晖：《对行政许可是"赋权"行为的质疑》，《法学》1997 年第 11 期。
② 崔卓兰、吕艳辉：《行政许可的学理分析》，《吉林大学社会科学学报》2004 年第 1 期。
③ 杨解君：《行政许可的概念与性质略谈》，《南京大学学报》2000 年第 3 期。
④ 林毅：《行政许可的性质探讨》，《西南交通大学学报》（社会科学版）2002 年第 2 期。

申请人实现其权利提供相关服务。相对人依法提出许可申请，行政机关必须受理并在法定时间内作出许可或者不许可的答复；对已经发给许可证的，行政机关即应承担保证被许可对象合法行使权利并对其进行监督的责任；对上述职责不作为的，就是失职①。

此外，还有学者认为，从权利相对性的角度看，行政许可是对权利的限制，目的是为了防止权利滥用侵害他人权利及公共利益。因此，行政许可的性质应当是"无害性审查"。《行政许可法》对行政许可概念的界定正是建立在这种"无害性审查"的理论基础之上的②。

我们认为，上述不同观点，其出发点和着眼点不尽相同，出现认识分歧在所难免。例如"赋权说""解禁说"等主要从行政许可对公民、组织权利义务产生影响的角度界定行政许可的性质，而"验证说""核准说""审查说"主要是从行政许可进行社会控制的程度的角度得出的结论。而"赋权说"与"解禁说""恢复权利说"的区别也仅仅在于，前者只是从行政许可实施的角度进行分析得出的结论，而后者是通过对行政许可设定与实施全过程进行分析得出的结论。正因为如此，越来越多的学者认为，行政许可的性质不是单一的，而是复合的。

判断行政许可的性质，必须对我国的行政许可包括的所有类型进行具体分析，并在此基础上进行综合判断。从我国目前行政许可所包括的类型来看，并非所有类型都具有赋权的性质，只有特许可以视为一种赋权行为；如果仅从赋权和资格的作用看，完全可以通过宪法、法律来赋予；有些权利和资格确实是经由行政机关赋予的，例如采矿权，但很难说这是每个人与生俱来的权利；并非所有行政许可都属于权利或者自由的恢复，只有在法律、法规、规章设定行政许可之前即当然拥有权利或自由的情况下才可以如此定性；既然不是所有类型的许可均具有赋权或恢复权利、自由的性质，折中说、控权与赋权双重性质说、解禁与确权

---

① 汪永清：《关于行政许可制度的几个问题》，《国家行政学院学报》2001年第6期。

② 刘东亮：《无害性审查：行政许可性质新说》，《行政法学研究》2005年第2期。

双重性质说、验证权说也都丧失了基础。但是，所有类型的行政许可均可以定性为对符合条件者的不作为义务的解除①。

（二）人身性或财产性

由于法律、法规对行政许可持有人的条件作了规定，行政许可具有人身属性。正因为如此，行政法理论通常认为，行政许可具有人身属性，许可本身不属于民法上的财产。行政许可法规定了行政许可的禁止转让原则。即许可持有人原则上不可转让、出租、出借、出卖其依法获得的行政许可。

在天津市诚通运输有限公司诉天津市客运交通管理办公室注销客运出租汽车经营许可证一案中，当事人双方曾经围绕出租车营运证是行政资源还是市场资源，如何看待出租车经营权的价值展开了争论。一种观点认为，出租车运营权没有任何价值，出租车经营权是市场发育时期，由政府无偿提供给企业的。当时，作为一种政策，还规定了不得买卖经营权。主管部门当然可以"无偿剥夺"。另一种观点认为，由于政府在总量上已经控制出租车发展，使得出租车的准运证成为市场上的稀缺资源，从而在事实上具有了市场价值②。

但是，行政许可却可以给被许可人带来利益甚至巨额利益，在现实中，许可可以用来抵押、质押甚至转让等③。例如，营业许可是公民、组织从事营利性活动的前提。而行政特许更是一种稀缺资源，由于有了数量上的控制，有些符合条件的申请人也被排除在外。以出租车经营为例，根据禁止转让原则，获得出租车营运证的企业应当直接从事出租车的营

---

① 江必新：《论行政许可的性质》，《行政法学研究》2004 年第 2 期。
② 诚通公司案的基本事实是诚通公司作为一家民营企业，自 1994 年前后开始经营出租车，到 2002 年 1 月，已拥有 333 辆运营出租车。2002 年 1 月 23 日，天津市客运交通管理办公室作出决定，注销这家公司的客运出租汽车经营许可证。理由是该公司不符合出租经营企业审核标准的基本条件和营运管理制度考核不合格。刘畅：《是市场资源还是行政资源，取消出租车运营权起争议》，载《中国青年报》2002 年 2 月 14 日。
③ 高富平：《浅议行政许可的财产属性》，《法学》2000 年第 8 期。

运工作。然而，在北京，行政机关几乎不向公民个人发放出租车营运证，出租车公司与出租车司机的关系，更像民法上的特许使用关系，而不是通常意义上的劳资关系。少数获得从事出租车个体营运的市民由于其营运成本较低，获得了丰厚的劳动收益。正是基于对出租车牌照的经济价值的认识，深圳、上海等地的出租车牌照可以拍卖、质押或者抵押。从民事权利实现的角度看，"任何民事权利离开国家的确认和保护，是没有任何意义的。因此，任何民事权利都是法律确认和保护才具有法律之力。同时，在现代社会，拥有民事权利也不意味着他可以自由地从事他想做的事情；相反，民事权利的行使处处受到政府（国家）的管制。这种管制典型地表现为只有经政府的许可才能从事许多营业性和非营业性活动，获得政府许可成了人们从事许多活动的前提条件。"① 从公民、组织的角度看，行政许可是扩大其权利范围与活动空间的重要途径。尽管行政许可不具有财产内容，也不是民法上的财产，不可能直接赋予公民、组织财产权。但是，从经济学的角度看，行政许可为被许可人创造了一种"事实上的财产权"②。它具有财产权的合理内核，具有一定价值且可以排他地享有。

正因为如此，有学者认为，"政府管制之下的'市民社会'，民法上的私权利不再是权利主体可以自由支配和行使的私权；政府的公权的行使也不完全在所有场合下都是公权力。一些政府许可便是在这里创造着大量的不属于民法上的财产权，但又具有一定的财产属性的权利"。"在一定条件下这些许可可以与其他财产一起或独立地成为交易标的。如果按照具有经济价值且可以交易的东西即为法律上的财产标准的话，那么，许可也具有法律上的财产特征。"③

---

① 高富平：《浅议行政许可的财产属性》，《法学》2000 年第 8 期。

② ［美］波斯纳：《法律经济分析》，蒋兆康译，中国大百科全书出版社 1997 年版，第 57 页。

③ 高富平：《浅议行政许可的财产属性》，《法学》2000 年第 8 期。

（三）宏观调控或微观规制

在国家建设社会主义市场经济体制的过程中，政府及学界对政府功能的共识是，政府应当加强对经济活动的宏观调控。有的学者认为，"行政许可……是世界各国多年来行之有效的宏观管理手段之一"①。多数学者认为，行政许可不属于宏观调控，而属于微观规制。对行政许可是宏观调控还是微观规制的定性，不仅涉及国家利用行政许可手段进行社会控制的广度，而且关系到行政许可制度的发展方向。

微观规制和宏观调控，既相互联系，又有所区别。二者同为政府对市场的介入，并且其目的都是为了纠正市场失灵、维护市场竞争秩序、提高市场效率、激励市场主体健康发展、增进社会福祉、促进经济持续稳定增长。然而，微观规制和宏观调控的对象、角度和手段均有所不同。微观规制是一种直接的行政性手段，往往以政府限价、经济立法等方式来干预市场活动，其作用也因此显得较为直接而具显性；而宏观调控是一种间接的经济性手段。行政许可的特征迥异于宏观调控，与微观规制相一致。过去，我国政府规制的核心内容是行政许可。因此，我们同意这样的观点，行政许可不属于宏观调控，它从属于微观规制，是微观规制的重要组成部分。如果将行政许可视为宏观调控的一部分，如果行政许可的法律、法规也能像宏观调控政策那样具有应变性，就会引起误解，还容易导致行政许可的随意性和不规范，从而影响市场公平竞争②。当然，通过考察具体的行政许可制度，可以发现，行政许可作为一种微观调控手段，同样具有宏观调控的功能。

三、行政许可的分类

（一）行政法学理论对行政许可的分类

根据不同的标准，行政法理论对行政许可作了多种分类，主要有：

1. 普通许可与特别许可、紧急许可。以许可事项的特别性为标准，

---

① 顾爱平：《论行政许可的设定》，《学海》2003 年第 5 期。

② 李珊：《加快行政审批制度改革研讨会综述》，《中国行政管理》2001 年第 7 期。

可以将许可分为普通许可与特别许可。普通许可是指行政机关准许被许可人从事非普遍禁止但须具备一定条件的活动，如营业许可、生产许可等。特别许可是指行政机关赋予公民、组织行使普遍禁止的行为的特权，适用于对国家、社会和公民的利益影响程度较大，适用普通许可有可能造成严重危害后果的事项，如持枪许可，对许可证持有人的身份通常有特殊要求。比较而言，特别许可的受特许人受惠程度高，获得了他人不享有的权利。而普通许可持有人并不因许可而获得新的权利，只不过因许可结束了程序上的附加义务，许可持有人可以开始从事相应的活动。与普通行政许可具有法定性相比，特别行政许可的特点是裁量性。

以许可的紧急程度为标准，可以将许可分为普通许可与紧急许可。所谓紧急许可，是指在紧急情况下，为实施某一活动而向许可机关申领的许可证。例如《海洋环境保护法》规定在紧急情况下向海洋倾倒有害物质的废弃物的许可。

2. 排他性许可和非排他性许可。这是以许可的享有程度为标准进行的划分。排他性许可是指某一公民、组织获得许可以后，其他任何人无权再得到的许可，如专利许可、商标许可。排他性许可以相对人对某项权利的独占为前提。行政机关在赋予公民、组织某项权利（例如商标权）以后，就不得将同一内容的权利再授予其他人。非排他性许可是指符合条件的相对人均可申请得到的许可，不受其他人是否已经取得该类许可的影响，如法人登记、律师资格等。非排他性许可有时也有数量限制，如各城市通常对出租车营业实行规模控制，当发放的出租车营运证达到一定数量后，就不再发放，不论申请人是否符合许可条件。

3. 行为许可与权利许可、资格许可。这是以行政许可的内容为标准进行的划分。行为许可是指允许符合条件的申请人从事某种活动的许可，如营业许可。权利许可是指赋予符合条件的申请人享有某项权利的许可，如专利许可。一般来说，权利许可对相对人本人没有严格的资格要求。资格许可是赋予相对人某种资格能力的许可，如律师资格、会计师资格等。资格许可一般以特定的资格考试为前提，行政机关对考试合格者核发制式的资格证书。例如，劳动职业资格制度，国家劳动和社会保障部规定，对三类职业颁布职业标准：一是技术复杂，要求高，如车工、钳工、铣工等；二是涉及公共利益，特别是消费者利益，如中药调剂员、营养配餐员、养老护理员等；三是涉及一些行业的标准，如采油工、井下作业工、化学检验工等。对于公布职业标准的职业，大部分实行国家就业准入。

4. 羁束许可与裁量许可。这是根据许可机关在发放许可的过程中是否拥有裁量权进行的分类。由行政事务的复杂性所决定，在大多数情况下，行政许可机关拥有一定的裁量权。当法律、法规为某一许可事项规定了严格具体的许可条件和标准，以致行政许可机关执行这一法律、法规没有裁量的余地时，这类行政许可就是羁束行为。

5. 资源利用许可与行为许可。这是根据许可内容所作的分类。资源利用许可，是行政机关将由国家所有的资源许可他人使用，是集中的国有资产得以分散利用的途径。这类许可在本质上属于民事许可的范畴。行为许可，是行政机关对公民、组织从事某种活动的权利的准许。

（二）行政许可法草案中的分类

现行法律、法规规定的行政许可包括审批、审核、批准、认可、同意、登记等不同形式，涉及不同部门、不同行政管理事项。不同种类的行政许可，其性质、功能、适用条件和程序具有很大差别。为了有效规范行政许可，强化对实施行政许可的监督，国务院提请审议的行政许可法草案借鉴国外通行做法，根据性质、功能、适用事项的不同，将行政许可分为以下五类。

一是普通许可。普通许可是由行政机关确认自然人、法人或者其他组织是否具备从事特定活动的条件。它是运用最广泛的一种行政许可，适用于直接关系国家安全、经济安全、公共利益、人身健康、生命财产安全的事项。其功能主要是防止危险、保障安全，一般没有数量控制。

二是特许。特许是由行政机关代表国家向被许可人授予某种权利，主要适用于有限自然资源的开发利用、有限公共资源的配置、直接关系公共利益的垄断企业的市场准入等。例如，海域使用许可、无线电频率许可。其主要功能是分配稀缺资源，一般有数量控制①。

三是认可。认可是由行政机关对申请人是否具备特定技能的认定，主要适用于为公众提供服务、直接关系公共利益并且要求具备特殊信誉、特殊条件或者特殊技能的资格、资质。其主要功能是提高从业水平或者某种技能、信誉，没有数量限制。

四是核准。核准是由行政机关对某些事项是否达到特定技术标准、经济技术规范的判断、确定，主要适用于直接关系公共安全、人身健康、生命财产安全的重要设备设施的设计、建造、安装和使用，直接关系人身健康、生命财产安全的特定产品、物品的检验、检疫。核准的功能也是为了防止危险、保障安全，没有数量控制。

五是登记。登记是由行政机关确立个人、企业或者其他组织的特定主体资格。登记的主要功能是确立申请人的市场主体资格，没有数量控制。② 草案还根据分类，相应规定了各类行政许可的设定范围以及相应的特别程序。

对于行政许可法是否应当对行政许可进行分类，存在认识分歧：一种观点认为，在行政许可法中对行政许可进行分类并相应地规定不同的特别程序，是十分必要的，对于改革行政许可制度、规范行政许可行为、减少行政审批项目，以此推动政府职能转变，具有重要作用。一是现行法律、法规中行政许可名目繁多，缺乏可以遵循的标准和规范，因而在设定行政许可时随意性很大，什么事项可以设定许可，什么事项只能设定什么样的许可，缺少客观标准。二是草案对行政许可的分类是按照不同行政许可的不同性质、功能和适用范围确定的，很重要的一个目的是相应的规定不同的特别程序，有的需要进行实质审查，有的只需进行形

---

① 这些领域所具有的高度的公共利益关联性，决定了这些营业活动不应当然地归属于私人原本拥有的自由，而应获得行政机关的特别许可，并在实施过程中受行政机关的监督。

② 国务院法制办公室主任杨景宇 2002 年 8 月 23 日《关于〈中华人民共和国行政许可法（草案）〉的说明》。

式审查，有的要经拍卖，有的要经考试，宜严则严，宜简则简。这样便于规范、监督实施行政许可的行为，防止执法扰民，以方便相对人。三是将行政许可划分为五类，既借鉴了国外的做法，又尽可能与现行法律、法规相衔接。其中，普通许可、特许的分类确实与现行法律、法规的用语和人们的习惯称谓不同，需要通过宣传、实践使各方面逐渐适应和认同。四是有些认可和核准的事项，随着经济发展、改革深化，今后势必由行业组织、中介机构办理，但这需要有一个过程。即使如此，最终也会有一些认可、核准事项只能由行政机关办理①。

　　一些部门、地方和专家比较集中的意见认为，这样分类存在较多问题：一是各类的名称和含义与现行法律和人们的通常理解不一致，执行中容易出现分歧。二是有些类别如核准、认可、登记，是否属于行政许可有不同意见，从发展来看，这些类别有些将来要转移给社会中介组织管理。现在将其定位于行政许可，限制了行政审批制度的改革空间。三是没有涵盖现行的行政许可事项，各类之间的界限也难以划清。四是从行政法理论看，普通许可与特许是审批的概念，认可、核准、登记是审批的形式，分类的标准不统一。有人建议，行政许可制度比较复杂，在立法中具体分类困难很多，建议不作分类。只要行为符合"行政机关根据申请人的申请，经依法审查，准予申请人从事特定活动的行为"特征，即适用行政许可法的规定②。

　　第九届全国人大常委会对行政许可法草案进行二审时，对行政许可是否分类以及如何分类就有不同意见。第九届全国人大常委会对草案进行三审时，法律委员会就这个问题专门作了汇报。审议中，有些常委委员仍有不同意见：一是，认为认可、核准只是行政机关决定是否准予许

① 参阅全国人大法律委员会 2003 年 6 月 18 日《关于〈中华人民共和国行政许可法（草案）〉修改情况的汇报》。
② 参阅全国人大法律委员会 2002 年 12 月 19 日《关于〈中华人民共和国行政许可法（草案）〉修改情况的汇报》；全国人大法律委员会 2003 年 6 月 18 日《关于〈中华人民共和国行政许可法（草案）〉修改情况的汇报》。

可的手段和方式，不宜单独作为两类行政许可。随着政府职能转变，有些行政许可事项将会逐步移交行业组织或者中介机构办理，现在将其列入行政许可，不利于减少审批事项，不利于政府职能转变。二是，对各类行政许可的适用范围有不同意见。比如草案规定"特许"适用于有限自然资源的开发利用、有限公共资源的配置以及直接关系公共利益的垄断性企业的市场准入，一些委员则认为"特许"应当适用于直接涉及国家安全、公共安全和人身健康、生命财产安全需要实施严格管理的事项。草案把这些事项列为普通许可，与人们的习惯称谓不一致。对于如何修改，又有两种意见：一种意见建议简化分类，有的主张分为特许和普通许可两类，有的主张分为特许、普通许可和登记三类；另一种意见认为，行政许可非常复杂，对行政许可作出科学的分类，困难很大，而且种类越多，程序就越复杂，人们就越难以把握，建议不作分类。[1]

对此，法律委员会认为"草案将行政许可分为五类，重要目的之一是相应地规定不同的程序，规范、监督不同的行政许可的实施，防止执法的随意性，方便当事人办事，出发点是好的。但是，考虑到目前行政审批制度改革尚在进行之中，对行政许可的分类和各类行政许可的适用范围还有不同意见，目前科学分类的客观条件和主观条件都还不够成熟。因此，法律委员会建议着眼于规范行政许可、解决实际问题，对行政许可可以不作分类"[2]，而是规定可以设定行政许可的事项。基于上述考虑，《行政许可法》没有规定行政许可的分类。

四、行政许可的功能

从世界范围来看，行政许可是现代行政权的一种表现形式，是行政

---

[1] 乔晓阳2003年8月22日在第十届全国人民代表大会常务委员会第四次会议上所作的《全国人大法律委员会关于〈中华人民共和国行政许可法（草案）〉审议结果的报告》。

[2] 乔晓阳2003年8月22日在第十届全国人民代表大会常务委员会第四次会议上所作的《全国人大法律委员会关于〈中华人民共和国行政许可法（草案）〉审议结果的报告》。

机关依法管理政治、经济、文化等社会事务的事前控制手段。它具有控制与灵活性相结合的特点，便于国家对社会事务进行适度干预，为世界上许多国家所普遍采用。在美、德、日等市场经济发达国家，行政许可同样作为一种有效的国家控制手段而存在[1]，甚至成为政府干预经济和社会生活的一种重要手段存在于众多领域。在这些国家，行政许可制度随着市场经济的发展得以广泛应用。市场经济是以市场机制为基础的资源配置方式。从本质上讲，市场经济具有以下基本特征：自由的企业制度、完善的市场体系、发达的市场契约关系和开放型的经济关系，其作用在于分配收入、传递信息、刺激生产、调节供求关系，以增强经济活力，调整经济结构。市场经济最初是以自由放任的形式出现的。在自由放任的市场经济中，经济运行完全由市场价格来调节，政府的作用仅限于维持法律秩序，至多承担某些公共工程和最低限度的社会保障，而不是对经济运行过程进行干预。但是，随着机器大工业的产生和社会化生产的发展，自由的市场经济的弱点日益暴露出来。1929 年至 1933 年震撼世界的资本主义经济大危机，从根本上动摇了资本主义竞争的市场经济制度。随着罗斯福"新政"和凯恩斯《就业、信息和货币通论》为标志的国家干预主义政策和理论的产生，西方国家都由完全放任的片面的市场经济体制，转向了政府干预下的现代市场经济体制。在政府干预的现代市场经济体制下，政府的作用不仅限于维护法律和秩序，而且在很大程度上介入了国民经济的生产、分配和流通过程。"由政府通过许可的方式配置有限资源，已成为世界各国的通行做法。"[2]

作为治理工具，行政许可承载了一系列不同的社会目标。尽管行政许可制度具有筛选市场主体并对他们进行识别和规制等积极作用，但同时也存在巨大的负面作用，如限制和阻碍竞争、可能导致权力滥用。因

---

[1] 汪永清主编：《中华人民共和国行政许可法教程》，中国法制出版社 2003 年版，第 29 页及其后几页。

[2] 汪永清主编：《中华人民共和国行政许可法教程》，中国法制出版社 2003 年版，第 7 页。

此，在设定行政许可时，应当权衡其他能够达到相同制度目标的替代性的工具①。作为一种资源配置方式和国家控制手段，行政审批在我国计划经济时期发挥过特殊的重要作用。国家实行改革开放以后，尤其是推行社会主义市场经济的过程中，行政许可与审批、计划等被视为计划经济的代名词②。当时，理论界对行政许可的研究还没有真正地展开。人们认为它会形成垄断，造成社会的低效率，甚至有人预言行政许可制度在社会主义市场经济体制下将会逐渐消亡。我们认为，对于行政审批在社会主义计划经济中的作用的评价，不能脱离新中国建立之初的国情和社会历史条件。从经济角度看，当时，为了在短期内在国民经济极其薄弱的基础上迅速形成独立的工业体系，建立整个国民经济发展的基础，国家不得不限制私有经济的存在和发展。因此，在 20 世纪六七十年代的中国，私人要申请一个生产许可证是绝对不可能的。尽管私人的自由受到了严格的限制甚至剥夺，但是，这一制度的选择使我国在较短的时间内迅速启动了工业化进程，形成了巨额的国有资产③。

市场机制的意义在于企业具有主体性，市场主体不仅具有独立的利益诉求，可以寻求公平的机会，而且拥有选择自身经济行为的自由，可以自由地进入市场、自由地进行交易、自由地退出。如果这类自由受到限制，市场制度就遭瓦解。计划经济体制向市场经济体制转型，就是政府职能转变、政府审批权力减弱、个人生活权利空间逐渐扩张及个人对

① Colin Scott：《作为规制与治理工具的行政许可》，《法学研究》2014 年第 2 期。

② 也有学者认为，"在改革前的三十年中，我国实行产品经济，实行供给制。因此，对资源供求、配置关系和经济活动都是采用指令性计划调节的手段进行调控。在那时，行政许可存在的领域非常有限，范围很窄，而且主要集中在某些特殊行为（如持枪、驾驶、经营）的许可。几乎没有涉及资源开发利用和有关法律资格的。这种体制所导致的结果是众所周知的。"（潘怀明：《行政许可制度基本问题探讨》，《贵州大学学报》（社会科学版）2001 年第 5 期）出现这种认识分歧的原因在于，不同学者对行政许可内涵的界定方式不同。

③ 张步洪：《论行政许可的功能》，《中国行政法学新理念》，中国方正出版社 1997年版，第 271—272 页。

政府依附性减少的过程。即便是在市场经济体制之下，行政许可也是国家管理社会与经济的不可或缺的有效手段。我国社会从计划经济向市场经济转变的同时，民主政治建设也取得了长足的进步。1999年《宪法修正案》规定："中华人民共和国实行依法治国，建设社会主义法治国家。"根据法治原则的要求，政府直接干预公民、组织的行为，应当通过行政法律手段来实现。在行政法律手段中，行政许可是一种事前的管理，对特定事项实行行政许可制度，可以从一定程度上避免因违法和制裁违法而造成的低效率和社会财富的浪费。当然，市场经济体制下的行政许可制度不同于计划经济时期的行政审批。改革开放以后，国家逐渐放宽对社会经济生活的控制，公民拥有了越来越多的职业自由。可以说，国家深化改革的过程，就是中国公民重新获得社会经济权利与自由的过程。因此，在国家从计划经济逐渐转向市场经济的过程中，减少政府审批事项是一种必然选择。当然，制度变迁往往需要一个长期的过程。计划经济时期形成的行政审批制度在功能转换过程中受到了本位主义的强烈挑战。由于行政许可权设定不明确，许多行政机关甚至一些社会团体、事业单位受利益驱动，随意自行设定行政许可。有的地方政府利用行政许可限制外地商品进入本地区，强化地方保护。行政许可的范围不清，导致行政许可事项过多。一些政府部门的审批到了事无巨细的程度，不必要的审批损害企业的经营自主权，影响了企业的活力。人类生存需求与自然界的资源供给关系——资源供求关系，是一切社会关系的根源、基础和核心，社会形态、社会秩序、社会规范，在很大程度上是受这种关系决定的。"资源供求矛盾的激化是行政许可制度产生和发展的客观必要性及原因。"[1] 有限而不能再生或者不能普遍共享的资源的利用，通过设定行政许可来予以配置，可以促进资源的合理利用。从这种意义上说，行政许可的基本功能在于分配社会利益，或者说是配置有限的资源。在这一前提下，行政许可具有实现国家计划、维护竞争秩序、提高社会服

---

① 潘怀明：《行政许可制度基本问题探讨》，《贵州大学学报》（社会科学版）2001年第5期。

务质量等功能。有的学者将行政许可的功能概括为三个方面：控制危险；配置资源；证明或者提供某种信誉、信息①。我们认为，作为一种法律制度，行政许可具有维护社会秩序、防止潜在危险，分配社会利益、配置有限资源，实行行业准入、保障个体权益等功能。

1. 维护社会秩序，消除潜在危险。人类活动具有外部性，一个人的行为能够给他人带来正面的或者负面的影响。而人类个体能力的局限性以及追求自身利益的行为动机，社会活动的复杂性等因素常常导致个体的理性行为造成合成谬误，更是加剧了人的行为的外部性。控制社会危险、保障社会安全，是国家和政府的基本职能，其他诸如促进经济发展、增进人民福祉的职能均以此为前提。相应的，控制或消除危险也就成为行政许可的设定和实施活动的内在要求。

为了创造和维持和谐的社会环境，政府必须尽可能地保障每一个体在行使权利时，能够有效地避免侵害他人的权利和自由，消除潜在危险。因此，行政管理中的事前控制必不可少。有学者甚至认为控制危险是行政许可"最主要、最基本的功能"②。同时，为了防止政府对社会生活过度干预，"许可范围的增减，要以拟规制的行为是否具有社会危险性为限，当实践证明或者经过充分论证后预测会产生危险时，该类行为就需要政府许可才能行使；相反，当实践证明原先具有危险的行为已经不再具有危险性时，政府就应当将其从管制的目录中剔除"③。在经济领域，完善的行政许可制度应当具有防止垄断、保障竞争、维护经济秩序，从而防范经济风险的功能。

2. 分配社会利益，配置有限资源。在市场经济体制下，市场的作用不是万能的，由于自然垄断、信息不对称等原因，市场的自发作用难以

---

① 汪永清主编：《中华人民共和国行政许可法教程》，中国法制出版社2003年版，第6页。

② 汪永清主编：《中华人民共和国行政许可法教程》，中国法制出版社2003年版，第6页。

③ 杨解君、汪自成：《行政许可法的原则解读》，《南京社会科学》2004年第1期。

保证社会资源的有效配置。可以说，市场的缺陷和不完善是经济领域实施政府规制与行政许可的根据。从公民、组织的角度看，获得许可即取得了从事某种行为的权利和资格，从事许可事项所确定的行为通常可以得到一定经济利益或者精神利益。例如，取得营业执照即可从事执照所载明的经营事项，赚取利润。就此而言，许可制度体现的是一种利益分配机制。这种利益分配是通过一定的许可条件和标准来实现的。从社会的角度看，以行政许可的方式决定自然资源开发、能源利用、环境保护，是一种自然资源配置方式；基于人类理性而创制的稀缺资源的使用，如市场准入许可、进出口许可，是社会资源的配置方式。近年来，已经有学者开始研究行政许可相关的利益正当分配问题[1]。有些许可证本身就是一种稀缺资源，如出租车营运证。

3. 实行行业准入，保障个体权益。利益多元化是行政许可制度产生的一个重要前提。从表面上看，行政许可与私权利之间的矛盾似乎是不可调和的。然而，"公益与私益本是相互交织而具有同源性。即公益系由私益相聚组合而成，私益为公益存在之前提。""公益不过是私益共同的长远的体现形式而已。若不以个体利益为源头，不包含个体利益之内容，所谓的公益则肯定是既空洞又无物的。"[2] "作为一般的、普遍的和具有共性特点的社会利益，寓于作为个别的、特殊的和具有个性特点的个人利益之中，而个人利益则体现着社会利益的要求，是社会利益在各个个别人身上的利益表现，并且受到社会利益的制约。社会利益是反映在个人利益之中的一般的、相对稳定的、不断重复的东西，是人的最强大的利益基础。社会利益不是简单地存在于个人利益之外，而是借助于个人利益以不同的形式和不同的强度表现出来。"[3] 公益之形成与存在，最终

---

[1]　余凌云：《城市空间利益的正当分配——从规划行政许可侵犯相邻权益案切入》，《法学研究》2015 年第 1 期。

[2]　崔卓兰、吕艳辉：《行政许可的学理分析》，《吉林大学社会科学学报》2004 年第 1 期。

[3]　公丕祥：《马克思法哲学思想论述》，河南人民出版社 1992 年版，第 283—284 页。

应当体现在为私益之发展创造更优越的条件，提供更广阔的空间。因此，行政许可制度立足于不特定个体利益（即公益）保护，对保护私权利同样具有非常重要的作用。不仅如此，行政许可制度还应当注重保护作为许可申请人的公民、组织的利益。因此，在社会主义市场经济体制下，减少行政系统内部的审批事项并不必然意味着具有社会控制功能的行政许可功能的弱化。行政机关过去在设定和实施行政许可方面忽视保护私权，在一定程度上影响了社会进步，甚至导致了腐败。其经验教训虽然非常惨痛，却也恰恰为我们通过立法完善行政许可制度提供了实践样本和问题导向。

　　行政许可关系是以公共利益为本位的社会关系。设置和实施行政许可的出发点是公共利益。但是，为了确保行政许可所保障的公共利益得以实现，行政许可实施中应当注意保障个体利益。完善的行政许可制度可以通过确定的规则适度规制行政权来确保宪法和法律所规定的公民基本权利的实现。不仅如此，社会经济的发展导致社会分工的进一步细化，增强了社会成员之间的相互依赖。现代社会，每个行业为社会提供的服务都非常重要。社会能够为人们提供的商品和服务的质量在很大程度上成为一个国家经济发展水平的标志。为了保障生命个体的权益，有必要实行行业准入和职业准入制度，要求生产者、经营者从事生产、经营活动事前必须取得有关行政机关的许可；对特定职业，应当实行资格许可。也有学者认为，我国《行政许可法》规定对一些提供社会服务的行业可以设定资格认定，目的似乎是为了保证公众享受高质量服务，但在客观上正好迎合了业内人士的利益。从实证观察的结果来看，许多情况下，集团利益和部门利益才是行政许可立法真正的推动力①。

　　为了保护消费者的利益，近二十多年来，许多国家打破自19世纪以来的传统，开始对契约条款的拟定自由进行限制，对不公平契约条款主要是标准契约实行行政干预。德国和日本对特种行业的标准契约实行强制性的使用前行政许可制度。德国纳入行政许可范围的特种行业是保险、建筑、储蓄、抵押银行、投资银行等行业；日本纳入此范围的特种行业

---

① 陈端洪：《行政许可与个人自由》，《法学研究》2004年第5期。

是保险、电器、煤气、运输、旅行、饭店、旅馆、分期付款等行业。这些行业的标准契约在使用前必须呈报行政机关审核，以得到行政许可①。

五、行政许可的原则

行政许可与公民、组织的权利和自由直接相关。行政许可制度运用得好，能促进经济发展和社会进步，运用得不好，很容易损害公民、组织的利益。因此，有必要确立行政许可的原则，以指导行政许可的设定和实施。行政许可的基本原则，是指"能够体现行政许可法的价值内核，对行政许可法律、法规的制定、实施具有普遍性、指导性或适用性的基本规则或理念。"②

理论界对行政许可原则的关注始于 20 世纪 90 年代。有学者认为，许可证制度应当遵循以下原则：一是合法性原则，要求许可证制度的建立需有法律依据；许可证制度的运行过程不得违背法律；许可纠纷的解决依照有关法律规定进行。二是公开性原则，要求有关机关公开办事程序，以促进许可证制度走向民主化、科学化。三是效率原则，要求行政机关办理有关许可申请、处理许可争议严格遵守法定期限。四是适应原则，客观情况的变化，必然带来许可证制度某些方面的调整。例如，经济生活的重大进展引起许可证制度的相应变化；政治民主化程度广泛影响许可证制度的功能。世界各国许可证制度都面临改革的课题③。

全国人大常委会法工委 1998 年 10 月起草的《行政许可法（征求意见稿）》针对行政许可的特点和实践中的问题，提出了行政许可的七项原则：法定原则；效率原则；公正原则；公开原则；合理裁量与便民原则；听证原则；救济原则。④ 此后，国务院法制办起草的《行政许可法

---

① 安心：《论对不公正标准契约条款的行政干预》，《法学》1998 年第 4 期。

② 杨解君主编：《行政许可研究》，人民出版社 2001 年版，第 111 页。

③ 张正钊、韩大元主编：《中外许可证制度的理论与实务》，中国人民大学出版社 1994 年版，第 16—18 页。

④ 全国人大常委会法工委：《关于〈行政许可法（征求意见稿）〉几个问题的说明》（1998 年 10 月 30 日）。

（征求意见稿）》"在总结实践经验、广泛听取意见并借鉴国外一些通行做法的基础上"，提出行政许可应遵循合法与合理原则，效能与便民的原则，监督与责任的原则①。

在理论上，行政许可作为一种行政行为当然应遵循行政法的基本原则。行政许可的原则首先是行政法基本原则在行政许可领域中的具体化。但行政许可作为一种行政行为方式，有其特殊性，因而也有其特殊原则。有学者注意区分了行政许可的一般原则与特殊原则，认为行政许可不仅应当遵循许可法定原则、许可公开原则、许可公正原则、许可效率原则、公众参与原则、诚实信用原则等一般原则，还应遵循预防与监管相结合原则、适度性原则、竞争性原则等特殊原则②。在全国人大常委会于2002 年 8 月举办的第二十五次法制讲座上，应松年教授提出了行政许可的信赖保护原则。

2003 年《行政许可法》规定了行政许可的七项原则：合法原则；公开、公平、公正原则；便民与效率原则；救济原则；信赖保护原则；禁止转让原则；监督原则③。该法公布后随即出版的相关作品大多为普及读物，考虑到读者的需求，这些读物对上述七项原则分别作了介绍。唯乔晓阳等主编的《中华人民共和国行政许可法实施手册》一书在总论部分

---

① 国务院法制办：《关于〈中华人民共和国行政许可法（征求意见稿）〉的说明》，载"大松行政法网"。

② 杨解君主编：《行政许可研究》，人民出版社 2001 年版，第 111—126 页。其中，关于竞争性原则，论者认为，考虑到行政许可可能导致行政性垄断以及管制者为被管制者所"俘虏"的问题，将竞争性原则作为行政许可的基本原则是完全必要的。首先，为保护第三方利益，促进社会的平等和公平，有必要在行政许可中引入竞争机制。其次，从效率的角度而论，为克服政府和市场各自的缺陷，也有必要在行政许可中确立竞争性原则。

③ 《行政许可法》第四条至第十条。这些规定在该法的一些具体条文中得到体现。例如，根据第四条关于"设定和实施行政许可，应当依照法定的权限、范围、条件和程序。"的规定，第十八条规定"设定行政许可，应当规定行政许可的实施机关、条件、程序、期限。"也有学者认为，禁止转让原则不属于贯穿行政许可权过程的原则。

着重介绍了行政许可的两个特殊原则。一是效能与便民原则。这一原则要求，行政许可制度必须在许可机关、许可条件和程序等方面为申请人提供便利。大致包括：合理设置许可主体和划分其许可职能，而不是多部门、多层级地设置许可；许可条件统一化与规范化，既便于行政主体审核与监管，也便于行政相对人申请，而不致双方无所适从；统一许可，而不是多环节、多手续，不能将内部程序转化为外部许可程序；简化程序，如可确立当场许可程序、缩短许可时间等；许可方式灵活和多样化。二是监督与责任原则。许可机关既应是许可职权的主体，同时又应是责任主体，而且还应当是监督主体，应做到职权、职责与监督的统一。主要包括：许可机关依法对被许可人及其活动实施有效监督，如对被许可人的活动情况进行检查、检验或核查；对未被许可的活动或者被许可人的违法行为，不得听之任之，而应依法采取相应的制裁措施。许可机关必须对其行为负责。如果行政机关对依法该许可而不予许可或者不该许可而予以许可，给予许可后对被许可人不实施监督或者监督不力的，应承担相应的违法责任①。

结合我国行政法学理论与行政法制度，信赖保护原则在行政法律中第一次被明确，禁止转让原则当属行政许可的特殊原则，监督原则在行政许可领域具有特殊重要性。限于篇幅要求，本节仅就行政许可的这三项特殊原则稍作分析。

（一）行政许可中的信赖保护原则

信赖保护原则，是指受益人依据行政行为而取得的利益，行政机关不得随意撤回。社会信用建设，政府守信尤其重要。为此，行政机关发布的信息应当真实、可靠，政策应当相对保持稳定、连续。信赖保护原则要求行政机关实施行政许可时诚实信用，限制对违法行政许可决定的撤销权和合法行政许可决定的变更、撤回权，以给公民、组织明确的预期，有利于政府取信于民，建立诚信政府，并进而在全社会形成守信的

---

① 乔晓阳等主编：《中华人民共和国行政许可法实施手册》，吉林人民出版社2003年版，第107—108页。

良好氛围。

《行政许可法》第八条规定："公民、法人或者其他组织依法取得的行政许可受法律保护，行政机关不得擅自改变已经生效的行政许可。""行政许可所依据的法律、法规、规章修改或者废止，或者准予行政许可所依据的客观情况发生重大变化的，为了公共利益的需要，行政机关可以依法变更或者撤回已经生效的行政许可。由此给公民、法人或者其他组织造成财产损失的，行政机关应当给予补偿。"一般认为，这就是行政许可的信赖保护原则①。在行政许可中引入信赖利益保护原则，强化对公民、组织的利益保护，有利于督促行政机关依法行政，有利于树立公务员的诚信意识，有利于公众形成对法律的信仰。信赖保护原则，主要用于授益行政行为的撤回或者废止。公民、组织因行政行为而获得的利益，一经撤回将会受到损害，因此，行政机关撤回授益行政行为时，应考虑补偿公民、组织信赖该行政行为有效存续而获得的利益。

从德国或其他国家和地区的法律规定来看，对行政许可的撤销、撤回，信赖保护至少应包括两个方面的内容：（1）因信赖值得保护的，不得吊销、废止许可证或对许可证作不利变更。吊销、废止许可证或对许可证作不利变更，就意味着剥夺受益人已获得的利益。为了保护当事人对该行政许可行为的信赖利益，必须对行政许可的撤销、撤回予以限制。这一限制的标准是："值得保护的信赖"。它包括受益人信赖行政许可决定的合法性与有效性，不存在受益人有主观恶意等排除信赖的情况，受益人的信赖利益大于公共利益。符合"值得保护的信赖"的不得撤销、撤回，反之则可以撤销、撤回。如对于不符合条件而行政机关却发放了许可证，导致第三人在不知道许可的内容有误的情况下与持证人发生某种法律关系，第三人因此而取得的利益或权利应受法律保护。（2）撤销、撤回许可应予以补偿。当事人的信赖不值得保护的，行政许可行为在被

---

① 全国人大法工委国家法行政法室编写：《中华人民共和国行政许可法释义与实施指南》，中国物价出版社 2003 年版，第 44 页。也有学者认为，《行政许可法》第八条规定的是诚实信用原则。

撤销、撤回时，自然应返还因许可行为所获得的利益（即返还不当得利）。对于经过比较，认为受益人的信赖利益小于公共利益，从而撤销、撤回行政许可行为的，应当对受益人所受的损失予以补偿，即撤销补偿制度①。

按照我国行政法学理论，结合行政许可法的规定和司法实践，行政许可中信赖利益保护原则的具体内容是：

1. 行政许可行为具有确定力。公民、组织对其依法取得的行政许可享有信赖利益，非有法定情形，行政机关不得擅自予以撤销、撤回或者变更。随意撤销、撤回、变更行政许可构成违法。

2. 行政机关违法发放的许可，或者给不符合法定条件的申请人发放的行政许可，事后即使发现违法或者对政府不利，只要行为不是由被许可人的过错造成的，并不必然撤销、撤回或者变更。撤销、撤回行政许可可能对公共利益造成重大损害的，不得撤销、撤回。

3. 行政许可行为作出以后，发现有严重违法可能给国家、社会公共利益造成重大损失，必须撤销或变更许可时，行政机关对撤销或者变更行政许可给无过错的被许可人造成的损失应当承担赔偿责任②。当事人有隐瞒、欺骗、贿赂等过错行为的，国家不承担赔偿责任，但在法律后果上应当区别于伪造许可证件。

4. 基于客观原因和公共利益的考虑，行政机关撤销、撤回、变更行政许可，应当给予当事人补偿。例如，行政许可所依据的法律规范修改或者废止，使行政许可事项不再被允许，包括修改后的法律对原来的许可事项予以绝对禁止或者提高了许可标准。再如，行政许可所依据的客观情况发生重大变化，如依法撤回在新确定的塌陷区建房的许可。

---

① 杨解君、汪自成：《行政许可法的原则解读》，《南京社会科学》2004年第1期。

② 例如，在"郝鹏学等诉乌鲁木齐县城乡建设环境保护局等部门越权批划用地致其受到损失行政赔偿案"中，法院判决被告承担因其越权审批给原告（申请人）带来的损失。在这类案件中，被许可人向无权限的行政机关提出申请也有一定的过错，但是，相比之下，行政机关比申请人更应该明白自己的职责权限。（参见张步洪：《国家赔偿法判决与应用》，中国法制出版社2000年版，第50页）

5. 诚实信用原则仅仅保护诚实信用的行政许可持有人。行政许可申请人必须对政府讲信用，不能通过欺诈、胁迫或行贿等不正当的方式和手段，骗取行政许可或获得某种利益，不然，其权益不受法律保护。根据行政许可法的规定，只要向行政机关故意隐瞒事实或者故意提供虚假材料，即使没有骗取行政许可，也应给予处罚。

6. 行政许可关系中的信赖利益保护具有相对性。在法律、法规规定的许可条件发生变化的情况下，已经获得许可的许可持有人有义务采取措施，以达到新的许可条件的要求①。

我们同意这样的观点，信赖保护原则与依法行政原则之间存在着一定的冲突。因此，信赖保护原则的适用必须具备三个条件：存在信赖基础；具备信赖行为；信赖值得保护②。

（二）行政许可禁止转让原则

从表面上看，禁止转让原则仅仅是对行政许可持有人的要求，属于许可后监管的内容。但是，禁止转让行政许可，关系到法律、法规设定的许可条件和标准的落实。根据法律规定，公民、组织依法取得行政许可，必须符合法定条件和标准。从这一角度说，行政许可是具有人身属性的。如果对行政许可转让不加严格限制，会给倒买倒卖许可证件等违

---

① 例如，2002 年 7 月 18 日天津市人大常委会通过的《大气污染防治条例》第 19 条规定"本市不得新建燃煤电厂。""已建和已批准建设的燃煤电厂、煤气厂和额定蒸发量超过十吨（额定功率 7 兆瓦）的燃煤锅炉以及大气污染物排放量与其相当的窑炉，应当对燃料燃烧过程中产生的氮氧化物采取控制措施；排放的二氧化硫和粉尘超过核定排放量的，必须配套建设脱硫、除尘装置。""禁止在本市外环线以内新建、扩建、改建使用高污染燃料的锅炉、窑炉；其他建成区内新建额定蒸发量十吨（额定功率 7 兆瓦）以下的锅炉以及大气污染物排放量与其相当的窑炉，不得使用高污染燃料。""本市建成区内已建的燃煤电厂、额定蒸发量十吨（额定功率 7 兆瓦）以下使用高污染燃料的锅炉以及大气污染物排放量与其相当的窑炉，应当逐步改用清洁能源；在热电联供管网和其他集中供热管网覆盖的地区原有使用高污染燃料的供热锅炉，按照市或者区、县人民政府的规定限期拆除。"

② 周佑勇：《行政许可法中的信赖保护原则》，《江海学刊》2005 年第 1 期。

法犯罪行为提供可乘之机，造成经济、社会秩序混乱。因此，被许可人取得的行政许可一般不得转让。为此，《行政许可法》第九条规定："依法取得的行政许可，除法律、法规规定依照法定条件和程序可以转让的外，不得转让。"这就是行政许可禁止转让原则的法律依据。禁止转让原则，主要是对被许可人的要求，是指除法律、法规规定可以转让的行政许可外，其他行政许可不得转让。对于非法转让行政许可的行为，行政机关不得承认其效力。这一原则包含两方面的内容：

1. 行政许可原则上不得转让。行政许可具有一定的人身属性。"它与申请人特定的情况和条件是紧密联系的，对行政许可申请的审查实质就是行政机关判断申请人是否符合法定条件和标准的过程"[1]。因此，多数许可的人身属性与许可内容是不可分离的，即"准予特定的人从事符合法定条件的活动，主体和对象不可分离"[2]。不仅如此，行政许可的获得将给许可持有人带来一定的利益。如果允许随意转让许可，必然助长投机行为。为此，《行政许可法》确立了禁止转让原则。凡是法律、法规没有明确规定可以转让的行政许可，被许可人均不得予以转让。被许可人擅自予以转让的，不发生转让的法律效力[3]。《行政许可法》还规定了涂改、倒卖、出租、出借行政许可证件，或者以其他形式非法转让行政许可的法律责任。

2. 禁止转让原则的例外情形。"由申请人支付一定的价款，以公开、公平竞争方式取得的行政许可，依照法律、法规规定的条件和程序，可以转让"[4]。有学者主张将部分环境资源视为一种商品，建立污染权交易

① 全国人大法工委国家法行政法室编写：《中华人民共和国行政许可法释义与实施指南》，中国物价出版社2003年版，第47页。

② 汪永清主编：《中华人民共和国行政许可法教程》，中国法制出版社2003年版，第37页。

③ 在一起债务纠纷案中，法院判令转让小卖部（营业执照及场所）的被告对受让人经营期间所欠债务承担偿还责任。

④ 乔晓阳主编：《中华人民共和国行政许可法释义》，中国物价出版社2003年版，第74页。

制度，允许在实行污染物排放总量控制制度的前提下有偿转让排污许可证①。一般而言，可转让的行政许可必须具备两个条件：一是具有资源配置功能；二是以支付一定的价款有偿方式取得的许可，如以出让方式取得的土地使用许可、采矿许可等。这类许可体现的是资源利用者必须支付的相应的金钱，而不是被许可人的特定因素。立法机关认为，允许这类许可依法转让，有利于优化自然资源和社会资源的配置。当然，即使对于依法可以转让的行政许可，也应当采取一定的方式，限制许可转让中的投机行为②。

（三）许可与监督相结合原则

通常情况下，行政许可实施机关，既是行使行政许可权的主体，也是对被许可人从事被许可事项进行监管的主体。行政机关实施行政许可、监管被许可人的活动也应当置于有关国家机关和公众的监督之下。因此，

---

① 可转让排污许可证，是指能够作为商品进入市场交易或在排污者相互之间进行有偿转让的许可证。这种许可证首先出现在美国，美国在 20 世纪 80 年代制定并实施了排污交易政策，推出了可转让排污许可证制度，以运用市场机制对污染物进行控制管理。按照这一制度，国家通过排污许可证形式有偿地将污染权分配或拍卖给排污者，并允许排污者进入市场进行许可证买卖。如果排污许可证的市场价格高于治理污染所需的费用，排污许可证所有者则会转让或出售许可证而积极治理其污染。据此，污染者最终可以得到以最少的花费保持同样环境质量的效果。同时，由于环境资源具有商品属性，排污行为受经济利益的驱动，可转让排污许可证在一定程度上能够促进排污者减少污染物的排放以获取更大的经济利益，有效地保护环境资源。（张梓太：《污染权交易立法构想》，《中国法学》1998 年第 3 期）

② 据报道，2000 年深圳出租车企业对每台车每月收取的费用平均为 1.3 万元，经营成本约 8000 元，利润约 5000 元，获取成本利润超过 60%。另外出租车企业的平均资本收益率达 41%，相当于出资人的投资，两年即可全部收回。于是，投资营运牌照逐渐演变成投机行为。在高额回报的诱惑下，营运牌照的拍卖价格已涨到 80 多万。质押贷款额也从几年前的 20 多万元涨到 50 万元。随着营运牌照持有权私下层层转让愈演愈烈，二包、三包甚至四包车主从转让环节中牟取差价。这些中间层不参与企业的管理，却成为寄生在司机身上的"食利者"。（参阅《我容易吗？深圳"的哥"有话说》，《南方周末》2002 年 7 月 4 日）

应当做到许可与监督相统一，不然就会降低行政许可的功效，影响监管效果①。

从理论上讲，行政许可不仅仅是指对行政许可申请的审批、许可证的发放和拒绝发放，还包括行政许可的延长、撤销、暂停、变更、注销以及对被许可人从事行政许可事项活动的监督检查等环节。我国过去的行政许可制度存在的一个严重问题是重审批、轻监管。为此，国务院在部署行政审批制度改革时，将监督原则作为行政审批制度改革的一个基本原则，要求"建立便于公民、法人和其他组织监督的制度。……行使行政审批权的行政机关应当建立健全有关制度，依法加强对被许可人是否按照取得行政许可时确定的条件、程序从事有关活动的监督检查。"②

监督原则要求建立相应的制度，以保障监督主体通过检查、监控，发现行政机关在实施行政许可过程中的违法，或者公民、组织违反行政许可法规定的义务的行为，及时予以纠正或调整。针对实践中长期存在重许可、轻监督问题，《行政许可法》第十条规定："县级以上人民政府应当建立健全对行政机关实施行政许可的监督制度，加强对行政机关实施行政许可的监督检查。行政机关应当对公民、法人或者其他组织从事行政许可事项的活动实施有效监督。"据此，行政许可监督包括两个方面的内容：

1. 对行政机关实施行政许可的监督。对行政机关来说，依法实施行政许可，既是权力，更是责任。行政机关应当承担保证被许可人合法行使权利并对其进行监督的责任。行政许可能否实现其功能，是与行政机关的责任和相对人的义务相联系的。如果行政机关不能很好地履行监督责任，以确保相对人履行义务，那么行政许可的功能就要大打折扣。对行政机关的监督内容主要包括：行政机关是否严格按照设定行政许可的标准和条件公平地发放许可；行政机关是否按照规定以适当的方式公布

---

① 周佑勇：《论行政许可的基本原则》，《湖北警官学院学报》2003 年第 4 期。
② 国务院批准监察部、国务院法制办、国务院体改办、中央编办：《关于行政审批制度改革工作实施意见》（国发［2001］33 号）。

行政许可的内容、对象、条件、程序、时限以及审核结果等。人民政府和上级行政机关对行政机关实施行政许可的监督制度，应当与公民、组织依法行使控告、检举权利结合起来。为保障公民、组织的有效参与，应当建立相应的投诉制度以及投诉权利告知制度。人民政府和上级行政机关对下级行政机关的监督检查，应当以有效的方式进行。为了从根本上遏制违法行政，落实行政执法责任，应当将监督检查、纠正违法行政与追究有关人员的法律责任有机结合起来。

2. 对公民、组织履行许可义务的监督。行政许可对被许可人来说，既是一种权利，也是一种义务。从权利角度而言，被许可人取得行政许可后即可以依法从事有关活动，而未经行政许可即从事有关活动是违法的，应受法律制裁。从义务角度看，与没有取得行政许可的人相比，被许可人在取得行政许可时，即负有始终保持取得行政许可时的法定条件的义务和法律、法规、行政许可决定明定的其他义务。因此，行政机关给被许可人发放许可意味着监督工作的开始。对于被许可人是否依法实施许可活动，是否仍然符合许可条件，是否非法出借、出租、倒卖许可证等情况，都需要行政机关予以监督和制裁。同时，对于公民、组织在未取得许可的情况下从事法律、法规、规章规定必须获得许可方可从事的活动的违法行为，行政机关也应当予以监督和制裁。为保障行政机关依法履行监督职责，落实监督原则的要求，《行政许可法》专章规定了相应的监督方式和监督措施。

第二节　行政许可的设定

行政许可作为一项重要的国家权力，直接涉及公民、组织的合法权益，关系政府职能转变和社会主义市场经济的形成与发展，设定行政许可应当遵循我国的立法体制和依法行政的要求，符合法定权限和法定程序。设定行政许可，就是有权机关根据国家管理的需要，通过立法为公民、组织的行动自由设置一般性禁止的活动。一般认为，我国《宪法》

第五十一条关于"中华人民共和国公民在行使自由和权利的时候，不得损害国家的、社会的、集体的利益和其他公民的合法的自由和权利"的规定，是设定行政许可的宪法依据。过去，我国关于设定行政许可的制度很不完善，为腐败行为和权力"寻租"提供了制度上的可能性。一是行政许可设定权不明确，导致行政许可范围失控，有些乡政府、县政府在设，有些行政机关内设机构也在设；二是设定行政许可的事项不规范，一讲行政管理，就要审批①；三是设定行政许可的范围太广；四是行政职能交叉重叠导致行政许可重复交叉设置；五是部分行政许可设置不当，某些部门处于设卡收费的动机设置许可。由于缺乏制度约束，在行政许可设定方面长期存在很大的随意性：有些行政机关自己定规矩设定行政许可，自己实施，自己收费；有些设定行政许可的下位法与上位法相互抵触，一些国家机关制定的规范性文件超越法定行政许可事项范围，有的规范性文件擅自增加法定行政许可条件、标准，不仅损害了法制的统一，而且增加了实行许可制度的社会成本；有些规范设定行政许可的内容不明确，只设定许可事项，不明确许可的实施机关、发放标准和申请人条件，导致行政许可实施中的混乱。

一、设定行政许可的原则

无论是行政审批制度改革，还是行政许可立法，都不可回避地要面对一个共同难题，就是评判是否应该设定审批与许可的标准。围绕行政许可权的设定原则，学者们提出了很多建议。有的提出，行政许可设定应当遵循法定原则、设定权与实施权分离原则、考虑我国立法体制和实际需要原则②。有的认为，行政许可的设置主要有两项基本原则：一是互补性原则，即在市场机制明显失效的地方，政府通过行政许可弥补市场配置资源的不足；二是福利性原则，由于行政许可大多属于前置的限

---

① 杨景宇 2002 年 8 月 23 日在第九届全国人民代表大会常务委员会第二十九次会议上《关于〈中华人民共和国行政许可法（草案）〉的说明》。

② 邱瑞红、王东凤：《论行政许可设定权》，《法制与社会发展》2000 年第 6 期。

制，因而可能影响效率，所以必须是有利于公众福利增加的①。按照国务院行政审批制度改革工作领导小组负责同志的说法，行政审批的设定应当遵循合法原则与合理原则："合法原则是指，设定行政审批应当遵循我国的立法体制和依法行政的要求，符合法定权限和法定程序。合理原则是指，设定行政审批要符合社会主义市场经济发展的要求，有利于政府实施有效管理，体现政企分开、政事分开的原则，充分发挥市场机制在资源配置和结构调整中的基础性作用，符合行政审批自身的规律和要求。"② 有的认为，设定行政许可，除了遵循合法原则与合理原则之外，还应当遵循保障公民、法人自由原则和考虑实际需要原则③。有的认为，设定行政许可，还应遵循统一规划、分工管理原则和设定权与实施权分离原则④。

上述各种观点和主张对于完善行政许可设定制度，起到了非常重要的作用。有些原则规定在《行政许可法》中，作为行政许可设定和实施的共同原则。根据规制行政许可设定的特殊需要，《行政许可法》第十一条规定："设定行政许可，应当遵循经济和社会发展规律，有利于发挥公民、法人或者其他组织的积极性、主动性，维护公共利益和社会秩序，促进经济、社会和生态环境协调发展。"这一规定确立了设定行政许可的以下原则：遵循经济和社会发展规律的原则；有利于发挥公民、组织积

---

① 孙祖培：《加入世贸组织与调整政府行为》，《常州社会科学》2001年第3期。

② 《改革行政审批制度，规范行政审批行为——监察部部长、国务院行政审批制度改革工作领导小组副组长兼办公室主任何勇答记者问》，新华网，2002年3月19日电。

③ 冯伟、黄晓星：《浅议行政许可范围》，《当代法学》2003年第9期。

④ 邱瑞红：《健全我国行政许可设定制度的构想》，《行政与法》2003年第8期。实践中，行政机关特别是基层行政部门在其制定的规范性文件中自行设定许可，这些自行设定的许可也是由他们自行实施的，从而混淆了许可实施权与许可设定权。许可实施权是一种行政性权力，而许可设定权属于立法性权力。自行设定并实施许可，是违反行政法治原则的。设定权与实施权的分离能够限制行政机关的行政许可设定权，从而对权力形成有效的制约。

极性、主动性的原则；维护公共利益和社会秩序的原则；促进经济、社会和生态环境协调发展的原则。

（一）遵循经济和社会发展规律的原则

规律是事物内在关系的本质反映。经济、社会发展各有其自身的规律。行政许可作为一种管理制度，属于上层建筑的范畴。因此，运用行政许可制度应当尊重经济与社会发展规律。唯其如此，才能确保行政许可制度促进经济和社会发展。实践证明，不尊重经济和社会发展规律，往往导致行政许可的滥用，增加经济和社会发展成本，阻碍经济和社会发展。行政审批的实质是限制竞争，以行政权力替代市场机制，以政府选择代替市场选择，必然会造成资源配置效率降低和社会成本增加。改革开放以后，理论界和实务部门在反思计划经济时期行政审批制度弊端的同时，国家出于管理经济和社会的实际需要，设置了一些新的行政许可[1]。由于缺乏统一的规范，行政许可制度在一些地区和一些行政领域被地方保护主义和部门保护主义所利用，导致许可设置过滥，程序烦琐，不仅阻碍经济发展、损害社会利益，而且成为滋生腐败的温床。"为了克服不当行政许可给经济发展带来的阻力，一些地方首先自发地开始了行政审批制度改革，减少行政审批，规范审批程序，方便当事人办事。这一改革随后被中央肯定，进而在全国范围开展行政审批改革"[2]。《行政许可法》在很大程度上就是行政审批制度改革成果法律化的产物，该法关于行政许可设定、实施、监督检查的规则本身就体现了遵循经济和社会发展规律的原则要求。

遵循经济社会发展规律的原则要求，设定行政许可必须遵循市场机制优先，合理把握政府和市场的界限，只有在市场自身不能解决的情况下才求助于政府干预。

---

① 例如，在震惊全国的山西假酒案发生以后，有关部门创设了白酒经营许可。
② 乔晓阳主编：《中华人民共和国行政许可法释义》，中国物价出版社2003年版，第78页。

（二）发挥公民、组织积极性、主动性的原则

正确处理个体自由与社会秩序的关系，是任何行政法律必须面对的一个永恒主题。马克思主义历史观认为，只有人民群众才能推动人类历史的发展。为了激发人的积极性，现代法学理论认为，对于公民而言，凡是法律没有禁止的，都是其权利和自由；对政府而言，凡是法律没有授权的，都是其行为禁区。行政许可作为一种公权力，其设定和实施直接关系到公民、组织的权利和自由。设定行政许可不仅会给相关的领域带来秩序与稳定，而且意味着对大多数社会成员活动自由的限制。传统规制方式"官本位"色彩较浓，对行政行为缺乏强有力的法律约束和监督，行政裁量权范围过大，导致行政机关服务意识淡薄，政府对经济活动的前置式审批过多，干预太具体。在市场经济体制下，政府应该"少管微观，多管宏观，少抓事前的行政审批，多抓事后的监督检查"①。按照现代法治精神构建行政许可制度，要求决策者把决定是否设定行政许可作为一个利益权衡的过程。"凡是公民、法人或者其他组织能够自主决定，不致损害国家、社会、集体的利益和他人的合法的自由和权利的，通过民事赔偿或者追究其他民事责任能够解决，并且不致造成难以挽回的重大损害的，都不应当设定行政许可，以充分发挥公民、法人或者其他组织的积极性、主动性。"②

发挥公民、组织积极性、主动性原则要求：其一，在授予行政机关管理手段时，将行政许可置于非优先考虑的位置，仅仅在不设定行政许可不足以实现公平的经济和社会秩序的领域设定行政许可。凡是通过较小程度的影响公民、组织的行动自由来实现管理秩序的，不得设定行政许可。其二，在必须适用行政许可的领域，设定行政许可应当确保行政许可制度化、法律化，合理控制行政机关实施行政许可的裁量权，以最大限度地保障公民、组织依法获得许可的权利，尽可能体现公平竞争的精神。

---

① 国务院批准监察部、国务院法制办、国务院体改办、中央编办：《关于行政审批制度改革工作实施意见》（国发［2001］33号）。

② 汪永清主编：《中华人民共和国行政许可法教程》，中国法制出版社2003年版，第43页。

（三）维护公共利益和社会秩序的原则

维护公共利益和社会秩序是设定行政许可的目的要求。行政许可只能基于公共利益和社会秩序的需要而设定，而不能基于部门保护和地方保护的目的而设定。只有当公民、法人或者其他组织行使权利可能造成公共利益、社会秩序或者他人不可挽回的重大损害时，为了维护公共利益、社会秩序和他人的合法权益，才能设定行政许可进行事先控制。行政许可的设定，应当在合理协调公益和公民自由的基础上，促进社会整体利益的有序增长。《行政许可法》第十二条关于可以设定行政许可的事项的规定，就是根据设定行政许可维护公共利益和社会秩序的要求来确定的。从理论上说，在国家设定行政许可的诸多领域，行政许可设定之前，公民拥有天然的行动自由。行政许可设定机关应当有足够的事实和理由，说明公民、组织行使这种自由权利已经威胁到公共利益的存在。当然，行政许可并不是维护公共利益的唯一方式。并不是所有涉及公共利益的事项都必须设定行政许可。

基于公共利益的需要设定行政许可，应当充分考虑公共利益的范围。在现实生活中，公共利益与个体利益并没有一个明确的分界线。设定行政许可应当基于国家利益或者全社会的共同利益，而不是某一个地区的特别利益。例如，近年来较为普遍实行的暂住证制度，虽然在一定程度上有利于城市的秩序与稳定，但是，这一制度在很大程度上限制了公民选择行为方式的自由，不适当地抑制了人口的合理流动。从长远来看，这种制度对民族团结与国家统一稳定是不利的。① 当然，设定行政许可，决不能以公共利益为借口，漠视个体利益；设定行政许可的规范，应当

---

① 暂住证制度是以收容遣送制度作为支撑而存在的。鉴于收容遣送制度缺乏其存在的正当性，以及在执行中存在严重践踏人权的情况，国务院于 2003 年 6 月 20 日公布《城市生活无着的流浪乞讨人员救助管理办法》，明令废止收容遣送制度。失去了收容遣送制度的支撑，暂住证制度限制公民行动自由的功能将会消失。如果暂住证制度继续存在下去，其意义应当局限于政府为持有暂住证的外来人口提供就学等社会福利。

公正地分配行政机关与公民、组织的权利义务；维持公民生存和自由的最低限度领域，不得设定行政许可。

（四）促进经济、社会和生态环境协调发展的原则

经济、社会与生态环境发展应当相辅相成，相互促进。正因为如此，中国共产党十六大把坚持经济、社会和生态环境协调发展作为全面建设小康社会的一个重要目标。中国共产党十六届三中全会提出，"完善市场体系，规范市场秩序"；"继续改善宏观调控，加快转变政府职能"；要"深化行政审批制度改革，切实把政府经济管理职能转到主要为市场主体服务和创造良好发展环境上来。加强国民经济和社会发展中长期规划的研究和制定，提出发展的重大战略、基本任务和产业政策，促进国民经济和社会全面发展，实现经济增长与人口资源环境相协调。"[1]

行政许可手段的运用，不仅直接作用于经济、社会，而且直接关系到资源利用和环境保护。根据促进经济、社会和生态环境协调发展的原则要求，设定行政许可，要符合社会主义市场经济发展的要求，有利于政府实施有效管理。"凡是通过市场机制能够解决的，应当由市场机制去解决；通过市场机制难以解决，但通过公正、规范的中介组织、行业自律能够解决的，应当通过中介组织和行业自律去解决。"[2] 为了确保行政许可制度真正有利于促进经济、社会与生态环境协调发展，设定行政许可之前，应当评估行政许可的设定是否有利于经济、社会和生态环境的协调发展。不利于三者协调发展的，就不应当设定行政许可；有利于促进三者协调发展的，才可以设定行政许可。

二、行政许可的设定事项

我国过去的行政许可存在的主要问题之一就是行政许可设定事项不受限制。据国务院行政审批制度改革工作领导小组办公室初步统计，国

---

① 《中共中央关于完善社会主义市场经济体制若干问题的决定》。

② 国务院批准监察部、国务院法制办、国务院体改办、中央编办：《关于行政审批制度改革工作实施意见》（国发〔2001〕33号）。

务院各部门共清理出审批项目 3948 项。有关经济管理和社会管理等事务的审批项目各约占一半①。为了从制度上防止行政许可设置过乱，规范行政许可行为，首先必须明确哪些事项可以设定许可。对这一问题的回答，既是政府管理方式的选择，也涉及政府与社会的关系，公权与私权的界分。而且，界定可以设定行政许可的事项，将在很大程度上决定行政许可的范围。有学者认为，"可以设定行政许可的事项又称为行政许可的范围，是指由法律确定的国家可以设定行政许可的具体行政管理领域及事项，其实质是国家可以干预的法定的范围"②。当然，与可以设定行政许可的事项具有同等意义的"范围"只是一种可能性范围，既不是实然范围，也不是应然范围。所谓"相对人未经许可不得从事的特定活动的范围"，才是行政许可的实然范围。

（一）西方国家的行政许可事项

减少和规制行政许可，政府放松对经济的管制，是一个世界性的课题。作为完善行政许可制度的一种立法政策，我们在确定行政许可的设定事项时不得不考虑世界其他国家尤其是市场经济发达国家实行行政许可制度的范围。

20 世纪 80 年代以来，为了解决长期困扰人们的经济增长缓慢问题，西方主要发达国家出现了改革和放松政府管制的趋势。英国从撒切尔政府开始就抛弃了过去一贯奉行的国家干预政策，采用私有化、分权、放松管制、竞争机制、企业精神等所谓新的"自由市场经济"和非官僚化制度来促进经济发展。90 年代以后，日本的泡沫经济开始崩溃，为应对严峻的局面，日本政府也开始了大规模的改革，其中最重要的措施之一

---

① 《国务院各部门行政审批项目基本情况（行政许可法起草参考资料之三）》，载汪永清主编：《中华人民共和国行政许可法教程》，中国法制出版社 2003 年版，第297 页。

② 姜明安主编：《行政许可法条文精释与案例解析》，人民法院出版社 2003 年版，第 36 页。

就是放弃规制、保护模式的体制，构筑充满创造性和活力的健全的竞争社会①。在德国，法律往往对从事影响公共利益或者可能造成重大危害的社会经济活动设置行政许可②。从世界主要国家设定行政许可的事项来看，设定行政许可的主要是少数容易产生外部不良影响且损害后果难以有效补救的自然垄断、外部不经济、公共物品、非价格性物品、信息偏在行业或者活动等事项，而对可能发生的随机性、偶然性问题，则往往采取事后监督管理方式解决，不设定行政许可③。

美国现行的行政许可制度经历了一个从扩张到规制的发展过程。"美国对经济的管制大约自19世纪末开始，先是在铁路领域，后来逐渐建立了各种各样的联邦特别行政机构，这些机构依照国会制定的法律建立起对各方面的经济活动，尤其是州际经济事务和国际贸易进行各种各样的审批和监督。在此期间，美国政府也曾经作过努力，精简拥有行政审批权的机构，但总的趋势是机构越来越多，行政审批权的范围也越来越大。……在放松管制理论和政策思想的影响下，自20世纪70年代末开始，美国政府开始了大规模的放松管制的改革。行政审批项目大幅度减少，行政审批程序进一步简化，在许多管制领域进入了市场机制。90年代美国经济持续高速增长，这有许多原因，但放松管制、改革行政审批制度，可以说是其中非常重要的因素。"④ 在起草行政许可法的过程中，有关部门考察了美国的行政许可事项。美国行政许可涉及的事项可以分为两类：一类是经济事务方面的许可事项，为了保护消费者利益和市场竞争秩序而对市场机制无法解决的自然垄断（如基础公用事业）、过度竞争（如交通行业）、供给不足的产品与服务设立许可；一类是社会管理方

---

① 童卫东：《我国行政许可制度创新的里程碑——〈行政许可法〉的立法背景及主要内容》，《中国工商管理研究》2003年第12期。

② 《德国行政许可的概念和分类（行政许可法起草参考资料之八）》，载汪永清主编：《中华人民共和国行政许可法教程》，中国法制出版社2003年版，第309页。

③ 汪永清主编：《中华人民共和国行政许可法教程》，中国法制出版社2003年版，第48页。

④ 王丽娅：《关于行政审批制度改革的若干问题》，《财政与税务》2001年第8期。

面的许可，为了防止市场机制的消极影响而对有不良外部性影响的产品和行为（如不安全的产品、环境污染）以及公共物品的配置进行管制而实施许可。具体包括：企业管理方面的登记与许可；市场准入许可；进出口管理许可；资源、能源和环境保护许可；移民和出入境管理许可①。

（二）设定行政许可的标准

行政许可制度作为一种重要的行政控制手段，关系到政府职能的实现与行政关系的内容。确定行政许可的设定标准不仅关系到行政机关如何协调、分配社会资源，使其得到最大限度的有效利用，而且关系到公民、组织的权利自由保障。科学、合理地设定行政许可，可以防止腐败，提高效率。然而，长期以来，行政许可的设定并没有比较明确的标准，由此导致行政审批项目过多，限制了个体自由。针对行政许可实践中存在的问题，从1998年开始，按照党中央、国务院的部署，各省、自治区、直辖市对行政审批制度改革进行了积极探索，取消了一批行政审批项目，积累了一定的经验。2001年，国务院成立了行政审批制度改革工作领导小组，对推行行政审批制度改革工作作了统一部署。改革行政审批制度，是在中国建立和完善社会主义市场经济体制，在深化行政管理体制改革过程中促进政府职能转变、从源头上预防和解决腐败问题的必然要求，同时也是中国加入世贸组织之后，中国政府为适应入世要求所采取的重大举措。此次行政审批制度改革的主要目标是建立与社会主义市场经济体制相适应的行政审批制度。为此，要从维护国家的整体利益和推进改革发展的大局出发，通过改革，着力减少行政审批事项，从而实现行政审批的法制化、合理化与科学化。

中国加入世贸组织以来，政府加大了行政审批制度改革力度，对国家65个行政审批部门的4000多个审批项目作了全面清理。国务院于2002年10月和2003年2月分两批取消了1195项行政审批事项，对82项行政审批事项改变了管理方式。"据统计，各地的审批项目削减幅度大致

---

① 《美国的行政许可事项（行政许可法起草参考资料之七）》，载汪永清主编：《中华人民共和国行政许可法教程》，中国法制出版社2003年版，第305—309页。

在 40%—60%，平均幅度在 50% 左右。被撤销的项目属于：无法定依据的；原规定已过时的；失效的；各部门自行规定的；不应当由政府直接管理的；属于企业、社会团体和个人的自主权范围的；与 WTO 规则不相符的；国家未明确规定实行行政管制的。"①

此次行政审批制度改革中提出的清理审批项目的一个基本要求是："不符合政企分开和政事分开原则、妨碍市场开放和公平竞争以及实际上难以发挥有效作用的行政审批，坚决予以取消；可以用市场机制代替的行政审批，通过市场机制运作。对于确需保留的行政审批，要建立健全监督制约机制，做到审批程序严密、审批环节减少、审批效率明显提高，行政审批责任追究制得到严格执行"②。这个标准反映了国家对行政审批与行政许可规律的认识，也为行政法合理地界分行政许可的设定标准提供了一个思路。

与此同时，学者们也对行政许可的设定标准作了探讨。有学者认为，设定行政许可主要适用于三种情形：一是"当某一领域资源有限，或者说资源具有可耗竭性或不可再生性时，政府实施管制是必要的，……如果没有必要的政府管制或者说不经行政许可自由进入该领域，必将导致资源的破坏性或灭绝性使用而终止经济与社会的可持续发展"；二是"当某一领域的资源具有紧张性，或者说某种生产或服务所使用的资源具有拥挤性，进入该领域应当经过政府许可，比如无线电信、城市出租车行业等，……如果不做管制或者许可证、营运证无限制颁发，资源使用过分紧张将会导致无线电信相互干扰、城市交通拥挤不堪等市场紊乱现象甚至出现社会紧张"；三是"当某一领域的生产或经营行为对经济或社会具有负面效应，即所谓的负外部性时"③，行政许可制度必不可少。

学者们认为，设定行政许可，应当遵循公益标准，实行行政许可的

---

① 李珊：《加快行政审批制度改革研讨会综述》，《中国行政管理》2001 年第 7 期。

② 国务院批准监察部、国务院法制办、国务院体改办、中央编办：《关于行政审批制度改革工作的实施意见》（国发〔2001〕33 号）。

③ 肖金明：《行政许可制度的反思和改革》，《中国行政管理》2001 年第 6 期。

事项，必须是与大多数人的生命、财产、自由和精神利益有直接联系的事项，即具有公益性内容。当个人、组织的行为可能严重影响国家、社会公共利益时，才有必要基于公益的需要设定行政许可。有的学者认为，设定行政许可，除遵循公益标准之外，还应当遵循适度标准和成本效益标准。（1）适度标准，即行政许可制度不能仅仅局限于弥补"社会不能"和"市场失灵"的功能定位上①，而更应该注重以最小的代价去获取最大效益的手段适当性。适度设定行政许可，既能促进公共利益的增长，又能兼顾社会个体利益。适度标准要求：一是许可管制对公民权利和自由的限制程度必须与许可管制所要达到的目的之间成比例；放松管制足以达到目的的，应当放松许可管制的强度。二是行政许可的范围应当在合理权衡各方面利益后加以确定，既要保证国家对特殊行业、行为的控制，又不能过度干预，以充分保障公民自由和社会活力。（2）成本效益标准。行政许可是一种成本很高的行政管理手段。设定行政许可，应当进行成本效益分析。设定行政许可的成本，应当低于解决未设定行政许可事项所耗费的社会成本，设定行政许可应当能够将有限的资源配置给生产条件最好、技术最先进的企业或者个人，让他们创造出最多的社会财富②。

当然，公益、适度和成本效益等标准只是行政许可设定的必要标准，符合了这个标准并不必然设定行政许可，还应排除特别标准，即：市场调节优先；社会自律优先；民事规范调节优先等标准。

（三）可以设定行政许可的事项

我国制定行政许可法的主要目的之一，就是要减少行政许可，放松行政管制，给公民、组织更多的自由。因此，行政许可法应当给立法者提供一个标准，明确哪些事项可以设定行政许可，哪些事项不能设定行

---

① 当然，从政府和市场关系的角度，市场失灵是划分政府和市场关系的边界。席涛：《市场失灵与〈行政许可法〉——〈行政许可法〉的法律经济学分析》，《比较法研究》2014 年第 3 期。

② 顾爱平：《论行政许可的设定》，《学海》2003 年第 5 期。

政许可。从我国的实际情况来看，对以下事项宜设定行政许可：第一，涉及国家安全、社会稳定的管理事项宜采用许可制度，如武器弹药的制造、运输、携带，外国人出入境，等等。第二，涉及国家经济秩序的管理事项宜采用许可制度，如开业登记、生产、经营许可等。在经济领域实行许可制度，便于控制经营规模，便于对相对人进行监督检查，以维持良好的经济秩序。但市场经济是一种权利经济，市场主体应有高度的经济自治权。因此，凡不会对市场秩序造成冲击的行为，都不应附加许可程序。第三，涉及自然资源和公共资源有效利用的管理事项宜采用许可制度，如森林采伐、出租车管理，等等。第四，涉及较强的专业技术知识要求的一些特殊行业，如律师、会计、审计等，应当采用资格授予制度。

为了明确设定行政许可的事项，规范行政许可立法，提高设定行政许可的立法的质量，《行政许可法》在沿用《行政处罚法》规范行政处罚设定权成功经验的基础上，增加了规制行政许可功能的内容，该法第十二条明确了可以设定行政许可的事项范围。

从目的、功能上看，行政许可法定事项可以分为三类。

1. 控制危险。政府对危险的控制可以在事前，也可以在事后。为了保障个体的权利与自由，政府控制危险通常遵循事后控制优先原则。只有对通过事后控制将造成无法弥补的损失或者需要付出更大代价的事项，才宜采取事前监管，而对可能发生随机性、偶然性危险的事项，宜采取事后监管。作为事前控制手段，行政许可控制的风险应当是系统性风险，包括两类：一是与安全有关的对活动的行政许可，即直接涉及国家安全、公共安全、经济宏观调控、生态环境保护以及直接关系人身健康、生命财产安全等特定活动，需要按照法定条件予以批准的事项；二是与安全有关的对物的行政许可，即直接关系公共安全、人身健康、生命财产安全的重要设备设施、产品、物品，需要按照技术标准、技术规范，通过检验、检测、检疫等方式进行审定的事项。行为人不符合规定的条件从事有关活动，产品物品、设备设施不具备规定的技术标准、技术规范投入使用，必然会出现危害个人人身健康、生命财产安全的无法补偿、无法恢复的损害后果，因而有必要设定行政许可。

2. 配置资源。有限自然资源开发利用、公共资源配置以及直接关系公共利益的特定行业的市场准入，是有关配置资源的行政许可，其特点是有数量限制。在市场经济条件下，市场在资源配置方面发挥基础作用。但是，在特定情况下，市场配置资源会失灵，如自然垄断行业和产品，精神产品，限量资源的开发利用等。实践表明，对有数量限制的资源，完全靠市场自发调节来配置，不仅可能导致资源配置低效率，而且还会导致资源配置严重不公。因此，由政府通过行政许可方式公开、公平、公正地配置有限资源，是一项补充、矫正市场机制作用的比较可行的替代方案。

3. 提供社会公信力证明。在有些情况下，即使人们愿意付出必要的对价，也难以实现市场信息的自愿交换；甚至在有些情况下，因为信息流通的成本过高、人们不愿支付获取信息的费用而无法取得有效的信息。行政许可向社会公众提供信息的功能[1]，可以为社会提供公信力证明。具体包括两项内容：一是提供公众服务并且直接关系公共利益的职业、行业，需要确定具备特殊信誉、特殊条件或者特殊技能等资料、资质的事项；二是企业或者其他组织的设立等需要确定主体资格的事项。这类许可实际上是由政府向社会提供一种证明，证明被许可对象具备一定的资格。解决这类问题，由政府出具证明，以政府的权威提供证明被许可人取得某种资格的信息，有助于提高市场交易速度、矫正市场交易失真状态，因而有设定行政许可的必要。

可以说，规制行政许可的一个重要使命就是根据行政许可的经济合理性，严格界定行政许可的事项范围。《行政许可法》关于设定行政许可事项的规定，为今后一个时期科学地缩减行政许可项目提供了法律依据，可以在一定程度上遏制政府盲目干预经济和社会生活，促进政府职能的进一步转变。根据行政许可法，现行法律、行政法规规定的其他行政许可事项继续有效；以后的法律、行政法规还可以根据实际情况在《行政

---

[1]　张兴祥：《制度创新：〈行政许可法〉的立法要义》，《法学》2003 年第 10 期。

许可法》第十二条明确规定的行政许可事项之外设定行政许可事项；国务院的决定、地方性法规、地方政府规章均不得在行政许可法规定的行政许可事项之外设定其他行政许可，已经设定的，应当予以清理。

（四）不宜和不应设定行政许可的事项

行政许可的设定标准，应当体现行政审批制度改革的方向。总的原则是，"市场优先""自律优先""事后机制优先"。行政许可是行政机关行使的一项公共权力。它只是在公民或法人某项权利的行使涉及公共利益时，行政机关进行行政干预的一种方式。设定行政许可，应以市场经济为背景，充分发挥市场机制的作用。只有市场经济不能发挥作用时，才产生设立行政许可审批、加入许可控制的必要性。对于《行政许可法》第十二条规定的设定行政许可的事项，有关法律规范并不必然设定行政许可。凡是通过下列方式能够予以规范的，可以不设行政许可：（1）公民、组织能够自主决定的；（2）市场竞争机制能够有效调节的；（3）行业组织或者中介机构能够自律管理的；（4）行政机关采用事后监督等其他行政管理方式能够解决的①；（5）通过民事责任可解决的事项。

下列事项不应当设定行政许可：（1）属于最低限度维持公民生存和人格尊严的权利和自由的事项，如公民的生命权、健康权、姓名权、肖像权、名誉权等，属于绝对权，公民行使这些权利不能附加法定条件。（2）属于宪法规定的公民基本权利和自由事项，如财产权、选举权、诉讼权、平等权、自由权等。（3）属于村民自治、居民自治等非行政领域的事项②。（4）法律规定的公民的基本权利中不会对社会造成重大影响的行为事项，如公民自愿参加宗教活动、游览观光，等等。

行政许可只是行政管理的一种手段，不是唯一的手段。随着经济与社会发展，行政许可事项的设立不是固定不变的，要根据社会经济发展情况不断进行调整，有些需要取消，有些需要增加。行政许可制度的完善，不仅要看减少了多少许可事项，更重要的是看是否实现了制度创新。

---

① 见《行政许可法》第十三条。
② 顾爱平：《论行政许可的设定》，《学海》2003 年第 5 期。

无论是增设新的许可事项，还是取消旧的许可事项，都必须制定严格的批准和决策程序，依法进行调整。对于需要调整的许可事项，要制定严格的决策程序，形成制度规范。改革行政审批制度，减少审批项目，并不是要弱化政府的宏观管理和行业管理，更不是一减了之，放任不管。为此，要把取消许可事项与建立规范的管理制度结合起来。对应当由政府管理同时又不宜实施行政许可的事项，应当认真研究取消行政许可后加强后续监管的措施、方法，寻求管理体制、管理机制和管理方式创新，集中精力搞好宏观调控和创造良好的市场环境，探索用市场机制代替行政许可管理的新途径，积极运用规划、协调、指导、监督、检查、组织、备案等管理手段，建立后续监管制度，不能因取消行政许可出现行政管理上的"真空"。

三、行政许可设定主体及其限制

行政许可设定权，是实现行政许可制度规范化的基础。一般说来，有权设定行政许可的主体越多、层次越低，行政许可的实然范围就会越大。过去，我国法律对行政许可设定主体没有限制，是导致行政审批过多过滥的一个重要因素。科学地确定设定行政许可的主体范围，是保证行政许可范围合理性的前提条件。为了保障设定行政许可的公正性与正当性，不仅应当明确哪些事项可以设定许可，而且有必要将设定行政许可的主体限定在一个相对较小的范围。

通说认为，有权设定行政许可的国家机关越具有广泛的民意代表性，行政许可的设定就越具有公正性。但是，民意机关也是分层次的。从立法机关的实际负担能力和管理国家的实际需要出发，赋予行政机关和地方权力机关一定的行政许可设定权是必要的。同时，设定行政许可意味着将一定的行政职权赋予行政机关，因此，行政许可设定权应当属于立法权，行政许可设定在性质上属于立法行为，行政许可设定权的授予应当符合《立法法》确定的立法体制和依法行政的要求，符合法定权限和程序。确定行政许可的设定主体，实际上是在各类立法主体之间分配行政许可设定权。国务院在行政审批制度改革中，即明确否定了规章以下规范性文件的行政许可设定权。为了确保行政许可设定的公正性，行政许可设定主体的确定应当严守"任何行政机关不得为自己创设权力"这一底线，遵循行政许可设定权与实施权相分离的原则，将行政许可实施机关排除在行政许可设定主体之外。

在起草行政许可法的过程中，较为一致的意见是：其一，所有行政许可必须依法设定。其二，行政许可制度应当由国家统一设定，以国家立法为主，即主要由法律、行政法规来规范。其三，我国的法制是统一的又是分层次的，在行政许可设定上，地方性法规也应有一定的权限，规范属于地方性的行政许可事项。对于行政规章能否设定行政许可，存在认识分歧。综合各方面的意见，行政许可法规定，法律、行政法规、国务院的决定、地方性法规、省级人民政府规章可以设定行政许可，其他规范性文件不得设定行政许可。据此，行政许可的具体设定主体包括：全国人大及其常委会；国务院；省级和较大市级权力机关；省级政府。其中，对于法律、行政法规设定行政许可，并不存在认识分歧①，对于行政许可法规定的其他创设形式，有必要予以特别说明。

（一）国务院的决定设定行政许可

国务院的决定是指国务院制定的管理经济、文化、社会事务的行政法规以外的规范性文件，其权力来源是《宪法》第八十九条第（一）项关于国务院"根据宪法和法律，规定行政措施，制定行政法规，发布决定和命令"的规定。国务院的决定一般针对某一方面的具体事项，决定程序与行政法规制定程序也不相同。在起草行政许可法的过程中，对于国务院的决定能否设定行政许可，存在两种不同意见。

一种意见认为，设定行政许可是一种立法行为，《宪法》和《立法法》对立法的形式作了明确规定，国务院的决定不属于法的渊源，其性质、地位、效力、制定程序都与法律规范不同，由国务院的决定设定行政许可与行政许可法定原则不符，也与现行法律体系不协调。而且，行

---

① 为了避免行政法规设定的行政许可与法律设定的行政许可相互冲突，《行政许可法》规定："尚未制定法律的，行政法规可以设定行政许可"。

政许可涉及公民、组织的权利，只能由法律、法规予以设定。鉴于行政法规制定程序已经简化，国务院认为有必要设定行政许可时，可以通过依法制定行政法规予以设定。

另一种意见认为，赋予国务院决定以一定的行政许可设定权是必要的。主要理由是：其一，一些临时性、紧急的和尚未制定法律、行政法规的事项，国务院需要以行政许可方式进行管理。其二，我国加入世贸组织以后，如果有的国家对我国出口的产品作出限制，根据世贸组织规则，我国政府可以通过规定配额或者发放许可证等方式作出对等限制。国务院的部门不能设定行政许可，就需要国务院作出决定。而且，有些限制措施一般属于临时性的，不可能制定行政法规。其三，对于一些敏感问题，在制定法律、行政法规的条件不成熟的情况下，需要由国务院设定行政许可进行管理。其四，国务院决定已经设定了不少行政许可，其中有不少在国务院行政审批制度改革中也认为需要保留。其五，在改革开放过程中，在国有企业改革、促进就业与再就业、社会保险等方面，有些试点、试验的事项，先是用政策作指导，在局部地区、特定领域实施，积累经验，在制定法律、行政法规前，也需要采取行政许可的方式实施管理，防止出现混乱。其六，行政许可法取消了国务院部门规章设定行政许可的权力，而过去部门规章设定的行政许可量比较大，经过清理，有一些还需要保留，但又不可能立刻都上升为行政法规，可以考虑通过国务院发布决定的方式，对需要保留的部门规章设定的行政许可做一揽子规定。有些行政领域还没有制定法律和行政法规，实践中主要靠"红头文件"管理，在今后一段时间，制定法律、行政法规的时机还不成熟，也需要由国务院的决定来管。[①]

全国人大法律委员会认为，"行政许可涉及公民、法人和其他组织的权利，一般应由法律、法规作出规定。但是，从实际情况和实际需要考

---

① 参见汪永清主编：《中华人民共和国行政许可法教程》，中国法制出版社 2003 年版，第 55—56 页；乔晓阳主编：《中华人民共和国行政许可法释义》，中国物价出版社 2003 年版，第 90—91 页。

虑，在特殊情况下，需要由国务院规定采取紧急的或者临时的行政许可措施加以应对，来不及或者不需要立法，比如：我国加入世贸组织后，当某个国家在贸易方面对我国采取禁止、限制或其他歧视性措施时，我国有权按照对等原则采取相应措施，实施进口许可和配额管理等临时性行政许可；在改革开放过程中，在国有企业改革、促进就业与再就业、社会保障等方面有一些试点、试验的事项，立法条件尚不成熟，先是用政策作指导，积累经验，在制定法律、行政法规前，也需要采取行政许可的方式实施管理，防止出现混乱。……赋予国务院采用发布决定的方式设定行政许可的一定的权力，是必要的。"① 此外，《行政许可法（草案）》没有赋予国务院部门规章行政许可设定权，法律应当为国务院部门申请国务院及时设定应急性的许可留有余地。

综合上述考虑，《行政许可法》授权国务院以发布决定的形式设定行政许可。同时，由于国务院发布的行政决定在制定程序上不够规范和完善，也缺乏有效的事后监督审查机制，《行政许可法》对国务院以决定的方式设定行政许可作了限制。该法第十四条第二款规定："必要时，国务院可以采用发布决定的方式设定行政许可。实施后，除临时性行政许可事项外，国务院应当及时提请全国人民代表大会及其常务委员会制定法律，或者自行制定行政法规。"法律对国务院以决定的方式设定行政许可从两方面作了限制：一是国务院发布决定设定行政许可只有在"必要时"，即确有需要的情况下，才采用这种方式；二是实施后，除临时性行政许可事项外，应当及时提请全国人大及其常委会制定法律，或者自行制定行政法规。根据许可法定原则的要求，将来还应制定国务院发布行政决定的程序规则。国务院在通常情况下应当以行政法规定的形式设定行政许可，以决定的方式设定行政许可只是应对现实迫切需要许可、但又难以及时制定法律、行政法规的紧急情况的权宜之计。国务院在实施

---

① 乔晓阳 2003 年 8 月 22 日在第十届全国人民代表大会常务委员会第四次会议上所作的《全国人大法律委员会关于〈中华人民共和国行政许可法（草案）〉审议结果的报告》。

以决定的方式设定的行政许可后，除临时性的行政许可事项外，应当及时提请全国人大及其常委会制定法律，或者自行制定行政法规。

《行政许可法》施行前夕，国务院于 2004 年 6 月 29 日发布《国务院对确需保留的行政审批项目设定行政许可的决定》，对法律、行政法规以外的规范性文件设定的 500 项行政许可予以保留并设定行政许可。《国务院办公厅关于保留部分非行政许可审批项目的通知》（国办发［2004］62号）保留的非行政许可审批项目目录，在学者们看来，其中有些项目就是典型的行政许可。此后的十多年间，国务院在保留、新设行政许可的同时，也在不断取消和调整行政许可项目、下放行政许可权，省级人民政府也相应地开展了行政审批制度改革，现在仍然存在行政审批项目过多和设定不规范，规避适用行政许可法等问题[1]。

根据《行政许可法》第十二条，国务院只能以行政法规和决定两种形式设定行政许可。但实际上，国务院还以其他规范性文件设定行政许可。立法者认为，设定行政许可在性质上属于立法行为。考虑到我国现阶段的实际情况，社会管理、市场监管的某些领域，立法条件和时机不成熟，但又需要实施必要的行政许可控制，国务院以决定的形式设定许可是必要的[2]。实践中，国务院办公厅借助清理、调整行政许可项目也成为事实上的行政许可设定主体[3]。在学者看来，国务院设定行政许可具有一定的随意性，有必要将原本属于行政许可的审批、核准、备案等纳入《行政许可法》规制范围[4]。

（二）地方性法规设定行政许可

《行政许可法》规定的可以设定行政许可的事项，有些与区域的经济和社会发展密切相关，因此，赋予地方国家权力机关以地方性法规的形

---

[1]　徐继敏：《国务院设定行政许可实践研究》，《行政法学研究》2015 年第 1 期。

[2]　张世诚：《哪些行政主体可以设定行政许可行为？——〈行政许可法〉解读之四》，《中国行政管理》2004 年第 4 期。

[3]　例如《国务院办公厅关于进一步清理取消和调整行政审批项目的通知》。

[4]　徐继敏：《国务院设定行政许可实践研究》，《行政法学研究》2015 年第 1 期。

式设定行政许可的权力是必要的。在起草行政许可法的过程中，多数意见认为，地方性法规应当拥有一定的行政许可设定权。为此，《行政许可法》规定，"尚未制定法律、行政法规的，地方性法规可以设定行政许可"。

根据 2000 年《立法法》，地方性法规既包括省、自治区、直辖市人大及其常委会制定的法律规范，也包括较大市、省会市的人大及其常委会制定的法律规范。2015 年《立法法》第七十二条第二款规定："设区的市的人民代表大会及其常务委员会根据本市的具体情况和实际需要，在不同宪法、法律、行政法规和本省、自治区的地方性法规相抵触的前提下，可以对城乡建设与管理、环境保护、历史文化保护等方面的事项制定地方性法规，法律对设区的市制定地方性法规的事项另有规定的，从其规定。设区的市的地方性法规须报省、自治区的人民代表大会常务委员会批准后施行。省、自治区的人民代表大会常务委员会对报请批准的地方性法规，应当对其合法性进行审查，同宪法、法律、行政法规和本省、自治区的地方性法规不抵触的，应当在四个月内予以批准。"按照法律规定，地方性法规均可以设定行政许可。同时，为了促进全国统一市场的形成，基于一些地方利用行政许可实施地方封锁和地方保护的经验教训，法律对地方性法规和地方政府规章的行政许可设定权作了一些限制：地方性法规和省、自治区、直辖市人民政府规章，不得设定应当由国家统一确定的公民、组织的资格、资质的行政许可；不得设定企业或者其他组织的设立登记及其前置性行政许可；其设定的行政许可，不得限制其他地区的个人或者企业到本地区从事生产经营和提供服务，不得限制其他地区的商品进入本地区市场。

有学者认为，《行政许可法》关于行政许可设定权的规定主要集中于中央，这种相对集中的立法配置存在一定的缺陷，不仅会导致政府公共管理职能的缺失，无法满足服务型政府的需求，而且还有碍市场经济中地方政府间的良性竞争。同时，支撑这一制度的理论与现实基础也不充分，有必要适当扩大地方立法以及行政机关设定行政许可的权力①。实际

---

① 曹缪辉、王太高：《行政许可设定权的反思与重构》，《学海》2012 年第 4 期。

上，当初国家之所以要制定行政许可法，从严控制地方设定许可，禁止政府部门设定行政许可，正是基于当时一些地方和部门滥设行政许可的现状所作的有针对性的规定。在单一制的国家的统一市场中，地方设定行政许可的权力没有必要过分扩大。地方对于需要由中央一级立法设定行政许可的事项，可以建议推动中央一级立法设定行政许可。

（三）行政规章设定行政许可

根据我国立法体制，行政规章是一种法律规范，分为国务院部门规章和地方人民政府规章。对于行政规章是否应拥有行政许可设定权，均存在认识分歧。一种观点认为，现在行政许可过多过滥，主要原因之一是对规章的设定权缺乏约束。因此，应当限制行政规章的许可设定权，行政规章不宜设定行政许可。另一种观点认为，行政规章设定行政许可与行政许可设定权的立法性质，以及我国立法体制是一致的。我国立法体制赋予国务院部、委和省级政府以及省会市、较大市政府制定规章的权力，可以允许规章有一定的行政许可设定权，现阶段取消规章对行政许可的设定权不太现实。但是，对规章设定行政许可的权限应从严掌握，作出限制。第三种观点认为，行政规章应当拥有一定的行政许可设定权，对部门规章和地方政府规章区别对待：赋予地方政府规章一定的行政许可设定权；国务院部门规章不可以设定行政许可①。

1. 省级政府可以规章的形式设定行政许可对于地方政府规章的许可设定权，两种不同观点分别是：一是认为，"地方行政管理如果需要设定行政许可，可以通过地方性法规设定"②。如果部门规章不能设定行政许可，地方政府规章也不得设定行政许可。二是认为，省级人民政府规章和省会市、较大市人民政府规章有所不同，地方性法规制定周期较长，设定权集中于地方性法规，不利于保障行政管理的效率。因此，应当保

---

① 参阅国务院法制办公室主任杨景宇 2002 年 8 月 23 日《关于〈中华人民共和国行政许可法（草案）〉的说明》。

② 全国人大法律委员会 2002 年 12 月 19 日《关于〈中华人民共和国行政许可法（草案）〉修改情况的汇报》。

留地方政府规章的行政许可设定权。全国人大法律委员会研究认为："由于我国的省级行政区划比较大，各省、自治区、直辖市的经济、社会发展很不平衡，省级政府在全面负责本行政区域内经济、社会管理工作中，当出现地方性的特殊问题时，需要立即采取行政许可措施进行管理，而法律、行政法规未作规定，又来不及或者不需要制定地方性法规，在这种情况下，法律赋予省级政府规章一定的行政许可设定权是必要的。省级政府规章设定的行政许可，又都是授权政府的有关部门实施的，不存在自我授权问题，这一点同国务院部门规章有所不同。"同时，有些常委员提出，"对省级政府设定行政许可应有必要的限制，其设定的行政许可应当是临时性的"①。

《行政许可法》只赋予省级政府以规章的形式设定行政许可的权力，省会市、较大市的政府规章无权设定行政许可。同时，该法对省级人民政府的行政许可设定权作了一定的限制：省级政府规章只能设定临时许可。《行政许可法》规定可以设定行政许可的事项，尚未制定法律、行政法规和地方性法规的，因行政管理的需要，确需立即实施行政许可的，省、自治区、直辖市政府规章可以设定临时性的行政许可。临时性的行政许可实施满一年需要继续实施的，应当提请本级人民代表大会及其常务委员会制定地方性法规。同时，法律对省级政府规章设定临时许可的事项作了与地方性法规设定行政许可相同的限制。

2. 国务院部委规章无权设定行政许可考虑到国务院"各部门不宜自我授权，为本部门或者本系统设定和扩大权力"②；各部门对于紧急事项可以启动国务院发布决定设定许可的方式，《行政许可法》没有授予部门规章行政许可设定权。国务院各部门在《行政许可法》颁行之前已经发

---

① 乔晓阳 2003 年 8 月 22 日在第十届全国人民代表大会常务委员会第四次会议上所作的《全国人大法律委员会关于〈中华人民共和国行政许可法（草案）〉审议结果的报告》。

② 乔晓阳 2003 年 8 月 22 日在第十届全国人民代表大会常务委员会第四次会议上所作的《全国人大法律委员会关于〈中华人民共和国行政许可法（草案）〉审议结果的报告》。

布的确需继续实施的行政许可，在《行政许可法》施行后，可以由国务院制定行政法规予以确认。

《行政许可法》没有赋予国务院部门规章行政许可制定权，主要基于以下考虑：第一，在规章的行政许可设定权问题上，要区别政府规章与部门规章，不能简单地认为授予地方政府规章行政许可设定权，就要赋予部门规章相应的行政许可设定权。第二，从我国行政权的分配看，《宪法》是将行政权分配到各级政府，而不是直接分配到各级政府部门的，地方管理本地方的行政事务，有必要通过立法运用行政许可手段。第三，政府制定规章一般是为政府部门立规矩，而部门制定规章则是为本部门或者本系统立规矩，从立法公正的原则出发，行政许可的设定权与实施权应适当分离，以防止行政机关从自身利益出发通过设定行政许可设租，因此，这两种行政规章的权限宜有所区别。第四，在当前经济体制改革进程中，地方政府考核指标的重要内容是地方经济发展和社会稳定情况，因此，它们会主动要求打破现行不合理的行政管理体制，取消一些不合理的行政许可；而部门往往从自身利益或者本系统出发考虑行政许可的设定问题，更多地维护甚至通过立法强化计划经济体制下形成的既有权力格局。所以，对部门规章，即使法律、行政法规没有规定行政许可权，对其行政许可设定权，也应当加以限制①。

值得一提的是，在制定行政许可法过程中，有人主张赋予国务院部门规章一定的行政许可设定权，主要理由是：其一，在我国法律体系中，部门规章与地方政府规章在效力上处于同一位阶，在设定行政许可方面应当处于平等的地位。部门规章作为我国法律体系的重要组成部分，其内容是公开、透明和规范的，并已成为各部门依法行使行政管理权的重要依据。其二，随着社会经济的不断发展，需要政府管理的事务越来越多，有些事项必须实行行政许可，但制定法律、行政法规需要一个较长的过程，应当允许各部门不断探索和调整自己的管理形式和方式，不必事事都要经过国务院讨论、决定。其三，有些行政管理领域，

---

① 张兴祥：《制度创新〈行政许可法〉的立法要义》，《法学》2003 年第 10 期。

法制还不健全，大量的执法依据是中央和国务院的文件。如果这些文件设定的行政许可都不能作为执法依据，一时间国家法律又不能出台，管理上就会出现空当，行政管理就会出现无法可依的局面。其四，我国已加入世贸组织，为了保护人民健康，维护国家利益，需要利用部门规章的形式及时采取一些有针对性的技术贸易措施，设定必要的行政许可，如果一律禁止部门规章设定行政许可，在管理中有可能陷于被动。其五，赋予部门规章行政许可设定权，只要按照合法、合理、效率、责任、监督的原则，通过严格行政许可的设定条件，建立规范的行政许可程序和监督机制，就能保障和监督行政机关有效实施行政管理，实行政府职能的转变。

行政许可法没有采纳上述意见。但是，为了保障行政许可法规范得以实施，这部法律在严格限定行政许可设定权的同时，赋予法规和规章对上位法设定的行政许可事项的具体规定权，即对上位法已经设定的行政许可事项，下位法就上位法中不够明确的行政许可的条件、标准、程序等作出具体的解释。行政法规可以在法律设定的行政许可事项范围内，对实施该行政许可作出具体规定。地方性法规可以在法律、行政法规设定的行政许可事项范围内，实施该行政许可作出具体规定。规章可以在上位法设定的行政许可事项范围内，对实施该行政许可作出具体规定。法规、规章对实施上位法设定的行政许可作出的具体规定，不得增设行政许可；对行政许可条件作出的具体规定，不得增设违反上位法的其他条件。

一个值得注意的现象是，《行政许可法》取消了国务院部门设定行政许可的权力，但国务院部门借用设定核准、备案等名义还在变相设定行政许可①。既然《行政许可法》取消了国务院部门的行政许可设定权，

---

① 《国务院关于清理国务院部门非行政许可审批项目的通知》（国发［2014］16号）指出，一些部门通过各种形式又先后设定了一批非行政许可审批事项，其中既有属于政府内部管理事务的事项，还有以非行政许可审批名义变相设定的面向公民、法人或其他组织的行政许可事项。

国务院部门设定行政许可就属于越权。但这些措施在名称上不属于"行政许可"，又可以不受行政许可法规制。

四、设定行政许可的规范内容及其限制

法律规范在设定行政许可时明确规定实施行政许可的相关内容，是依法实施行政许可的前提，也是法治行政原则对行政许可设定的基本要求。不仅如此，我国加入世贸组织的有关法律文件对此也作了承诺。《中国加入工作组报告书》规定："许可程序、条件以及有关政府主管机关对许可申请进行审查与作出决定的期限应当在实施前公布。"《行政许可法》第四条规定："设定和实施行政许可，应当依照法定的权限、范围、条件和程序。"为了保证行政机关依照法定的权限、范围、条件和程序实施行政许可，设定行政许可的规范应当就行政许可的条件和程序等相关内容作出具体规定。

过去的规范在这方面存在的主要问题是：设定许可的规范中，有的没有明确行政许可的实施机关、条件、程序和期限；有些规范关于行政许可条件、程序和期限的规定过于原则；有些规范只规定对某一事项实行行政许可，授权行政许可实施机关自行规定许可的条件和标准。行政许可设定内容的不规范，直接导致了行政许可实施中的随意性。实践中，实施机关为自己定规矩的现象比较普遍，其规定往往从自身管理需要出发，既不公开也不公正，既影响申请人及时取得行政许可，也不利于对行政许可的实施机关进行监督。有的行政机关为争夺管辖而随意作出许可决定，有的行政机关对于公民、组织的许可申请长期拖延，有的行政机关随意确定许可条件和标准。在这种情况下，公民、组织依法获得行政许可的权利毫无保障。

为了监督和保障行政许可实施机关依法行政，有效规范行政许可实施行为，《行政许可法》第十八条规定："设定行政许可，应当规定行政许可的实施机关、条件、程序、期限。"据此，设定行政许可的法律规范在规定行政许可事项的同时，还应当：其一，明确行政许可的实施机关，以避免职能交叉和重复许可；其二，明确行政许可的具体条件，以防止

行政许可实施机关随意增减许可条件；其三，明确实施行政许可的程序规范，以避免不必要的层层审批。尤其要明确行政许可实施机关审查申请的期限，以防止对公民、组织的申请久拖不决。其中，关于许可实施程序、条件和标准的规定应当尽可能地明确、具体。《行政许可法》要求设定行政许可的有关规定具体、明确、清楚，可以有效地防止"执法者造法"，提高行政许可制度的稳定性、可预见性。尤其重要的是，出于保护公民、组织依法申请行政许可的权利的需要，法律规范在设定行政许可的同时，必须明确获得该项行政许可的条件和行政机关发放许可的标准。当事人提出许可申请，只是行政许可的启动程序，其最终能否获得行政机关的许可，还取决于是否符合一定的条件和标准。行政许可的条件和标准应当是法律、法规预先设定的，而非行政机关可以左右的。行政许可类型众多，法律不可能统一确定所有许可的条件和标准。单行法规定的许可条件和标准，是行政机关在审查判断申请人能否获取准许的法定要求。因此，行政许可法要求，行政许可设定机关将许可条件和标准规定为设定行政许可的必备内容，在设定许可的单行法律、法规中结合许可事项予以明确。

五、设定行政许可的程序制度

限制和规范行政许可的设定主体，可以在一定程度上保障行政许可设定的公正性。同时，为了从制度上防止行政许可设定的随意性，具有行政许可设定权的机关设定行政许可应当遵循一定的程序规范。为此，《行政许可法》规定了行政许可设定程序。

（一）设定行政许可的形式

《行政许可法》颁行之前，由于缺乏法律的严格约束，设定行政许可的形式极度混乱。按照国务院法制办 2001 年向国务院报送的《关于清理行政审批有关情况的报告》的分析，设定行政审批的依据不仅有法律、行政法规、部门规章，还有中共中央和国务院的文件（包括中办和国办文件）、国务院部门文件，有国务院部门内设司局的文件，甚至有 45 项行政审批没有任何文件依据①。

根据许可法定原则的要求，有权设定行政许可的机关，必须以法定形式设定行政许可。《行政许可法》规定，只有法律、法规和国务院的决定可以设定行政许可，省级人民政府的规章依据法定条件可以设定临时性行政许可。任何机关不得以其他规范性文件的形式设定行政许可，以杜绝设定行政许可的主体以内部文件设定行政许可的现象，确保行政许可设定的公开透明。

行政许可设定程序在行政上属于立法程序，应当遵循立法程序的有关规定，设定行政许可的决定，应当以法律规范的形式向社会公布。例如，法律设定行政许可，应当遵循法律制定程序；行政法规设定行政许可，应遵循行政法规制定程序；省级政府规章设定行政许可，也应当遵循相应的规章制定程序。

（二）听取意见和说明理由制度

我国法律应当是人民意志的体现。法律的人民性不仅在实体法上应当得到体现，相关的立法程序也应当体现人民性的要求，设置有利于人民群众充分表达意见的立法程序。但是，当前行政立法中部门化倾向比较严重。表现在设定行政许可环节，存在的主要问题是，行政机关受利益驱动，热衷于实行行政许可，而承担起草工作的部门往往就是将来的行政许可实施机关。为了方便将来利用许可谋取部门利益，起草机关有时甚至把利害关系人当作自己的对立面，不注意听取他们的意见，限制相关利益群体参与起草过程。《立法法》规定了立法中的听取意见制度、草案说明制度。《行政许可法》在《立法法》的基础上，对设定行政许可提出的两项新的程序义务——听取意见和说明理由。《行政许可法》第十九条规定："起草法律草案、法规草案和省、自治区、直辖市人民政府规章草案，拟设定行政许可的，起草单位应当采取听证会、论证会等形式听取意见，并向制定机关说明设定该行政许可的必要性、对经济和社会

---

① 引自杨解君、汪自成：《行政许可法的原则解读》，《南京社会科学》2004 年 第 1 期。

可能产生的影响以及听取和采纳意见的情况。"

1. 设定行政许可前的听取意见制度。鉴于行政许可事项直接关系到公众的利益，必须建立相应的程序，为各方利害关系人表达意见创造条件，以确保利益各方有效参与。为了切实保障行政许可设定机关在听取各方意见的基础上设定行政许可，《行政许可法》对设定行政许可前的听取意见作了三点要求：一是负责规范起草工作的单位应当听取意见；二是在规范起草阶段即应当听取意见；三是听取意见可以采用听证会、论证会、座谈会等形式。

2. 设定行政许可的说明理由制度。行政许可设定中的说明理由制度，是指起草机关向制定机关就设定有关行政许可的必要性、对经济和社会可能产生的影响以及听取和采纳意见的情况向制定机关加以说明，以取得社会共识，求得行政许可设定正当化。设定行政许可的说明理由制度，旨在避免部门主导立法而产生的部门保护主义，确保行政许可制度成为"天下公器"，反映大多数人的意见；同时，还能够预防滥设许可现象的发生。起草机关不仅要说明其设定行政许可的正当性，进行成本效益分析，而且要说明行政许可设定的必要性，对社会中存在的问题，现有的市场机制、中介机构的力量已经无法解决，必须政府予以干预，并且其他行政管理手段已经用尽仍不能解决问题。

（三）行政许可事项评价制度

行政许可评价制度可以确保立法机关根据社会、经济的发展情况及时调整行政许可事项。行政许可的前提是对公民自由权利的限制，其负面作用是显而易见的，如抑制竞争、降低效率、增加管理成本、滋生腐败，等等。减少行政许可，放松行政管制，目前已成为一个世界性的课题。从20世纪后期，西方工业化国家开始重新认识行政许可制度，认为要尽可能有效地利用市场机制，撤销、抑制妨碍自由市场机制作用的限制竞争的行政干预，尊重竞争原理。设定行政许可的必要性、范围大小、方式选择应当随着经济、社会环境的变化而变更。这就要求我们不能静态地认识具体行政许可事项存在的必要性，而是随着经济、社会环境的变迁而不断有所调整。许多国家的立法都规定了立法后的评估制度。一方面，对于已经设定行政许可事项，其社会、经济效果如何，应当存在多长时间，有哪些问题需要解决，往往需要在实践中加以检验。另一方面，我国正处于向市场经济过渡的时期，许多行政许可事项的设定呈现阶段合理性的特点。一旦继续设定行政许可的条件发生变化，继续保留不再必要，就应该对已经设定的行政许可做相应的修改、废止，以使法律制度紧跟社会现实。因此，对已经设定的行政许可事项应当定期清理，在此基础上对行政许可事项作出评价，再决定是否予以保留、取消或者修改，很有必要。为此，《行政许可法》首次在立法中引入了立法事项的定期评价制度。

行政许可的定期评价制度是使法律规定跟上社会现实，实现立改废相统一的重要制度。它不是某一个机关的主观判断，而是专门机关评价与社会评价相结合的综合评价体系，包括三方面的评价：其一，行政许可设定机关的评价。行政许可设定机关应当定期对其设定的行政许可进行评价；对已设定的行政许可，认为通过《行政许可法》第十三条所列方式能够解决的，应当对设定该行政许可的规定及时予以修改或者废止。其二，行政许可实施机关的评价。行政许可实施机关可以对已设定的行政许可的实施情况及存在的必要性适时进行评价，并将意见报告该行政许可的设定机关。其三，行政许可事项的社会评价。公民、组织可以向行政许可的设定机关和实施机关就行政许可的设定和实施提出意见和建议。

（四）授权停止实施行政许可制度

过去的实践表明，有些许可即使继续存在的条件虽然已经消失，也难以得到及时废止。大多数许可一旦设定就会长期存在。造成这种局面，主要原因固然是我国没有建立一套废止行政许可的制度。为此，《行政许可法》第二十一条规定："省、自治区、直辖市人民政府对行政法规设定的有关经济事务的行政许可，根据本行政区域经济和社会发展情况，认为通过本法第十三条所列方式能够解决的，报国务院批准后，可以在本行政区域内停止实施该行政许可。"授权停止实施行政许可制度的建立，是维护国家法制尊严的需要，对于完善行政许可制度的积极意义是显而易见的。这一制度的落实，通常以行政许可事项评价制度为前提。《行政许可法》规定的行政许可事项评价制度对于行政许可设定机关及时废止不必要的行政许可，具有一定的积极意义。但是，我们对授权停止实施行政许可制度的可行性仍然表示担心。过去的实践表明，无论是行政许可设定机关还是行政许可实施机关，他们对停止实施行政许可不可能像设定行政许可那样热心。《行政许可法》在这方面设计了一个封闭式的程序，没有明确赋予公民、组织提请有权机关停止实施行政许可的权利。从实践情况看，这样一个纯粹由国家机关发动的停止实施行政许可制度，难以实现及时停止实施不必要的行政许可的目的。

第三节　行政许可的实施

一、行政许可的实施主体

行政许可的实施，是指国家行政机关和有关组织依法为公民、法人或者其他组织具体办理行政许可的行为。行政许可的实施主体，是指基于法律、法规授权，依法审查公民、组织的行政许可申请并决定是否予以行政许可的行政机关或者法律、法规授权的具有管理公共事务职能的组织。过去在行政许可实施主体方面存在的主要问题：一是行政机关权限横向分工过细、部门职责交叉严重，多头审批现象突出；二是行政机关纵向无事项分权，行政许可权只有大小之分，没有性质上的区别，多层审批问题严重；三是受委托组织行使行政许可权的行为不规范，既不便民，又易导致腐败；四是行政机关实施行政许可"内部程序外部化"倾向比较严重①。实践中，一些行政机关在没有法律授权的情况下，随意自行实施行政许可，设卡、收费；有些行政机关的内设机构以自己的名义实施行政许可；有的行政机关随意委托行政许可实施权，甚至把行政

---

① 张兴祥：《制度创新：〈行政许可法〉的立法要义》，《法学》2003 年第 10 期。

许可实施权委托给经营者。

世贸组织有关协定明确要求，行政许可程序应当公开、透明和简化，行政许可的实施也应当以公平、公正、透明和可预测的方式实施，不能对贸易构成不必要的限制。在行政审批改革中，国务院提出，"要合理划分和调整部门之间的行政审批职能，……涉及几个部门的行政审批，应当由国务院规定的主要负责部门牵头，会同其他有关部门共同研究决定后办理"①。为了保障行政许可的依法实施，《行政许可法》规定：行政许可由具有行政许可权的行政机关在其法定职权范围内实施。法律、法规授权的具有管理公共事务职能的组织，在法定授权范围内，以自己的名义实施行政许可。关于行政许可机关的设置，《行政许可法》还规定行政许可权委托制度和行政许可权相对集中等制度。

（一）行政许可权委托制度

行政许可实施权原则上由法律、法规、规章授权的行政机关或者组织实施。考虑到行政管理的复杂性，有必要按照行政权委托理论规定行政许可实施权委托行使制度。过去的理论和法律都不排斥行政机关将行政许可实施权委托给行政机关之外的组织行使。但是，实践表明，受委托实施行政许可的事业组织行使委托的行政许可实施权，既不受行政机关权责一致原则的约束，又利用其获得的行政许可权"设租"，收费不受约束，权力很大、监督不够、责任较少、弊端很多，社会各界反映强烈。为了确保行政许可实施权正当行使，应当对委托实施行政许可权作一定的限制，以促成实施行政许可的行政机关相对集中。为此，《行政许可法》规定，行政机关在其法定职权范围内，依照法律、法规、规章的规定，可以委托其他行政机关实施行政许可。据此，行政机关只能委托其他行政机关行使行政许可权，不能将行政许可实施权委托给行政机关之外的组织。

委托其他行政机关实施行政许可，应当符合以下条件：委托的行政

---

① 国务院批准监察部、国务院法制办、国务院体改办、中央编办：《关于行政审批制度改革工作实施意见》（国发［2001］33号）。

机关依据法律、法规规定拥有行政许可实施权；法律、法规或者规章明确规定可以将行政许可实施权委托行使；接受委托行使行政许可实施权的只能是行政机关。委托行政机关应当将受委托行政机关和受委托实施行政许可的内容予以公告。委托行政机关对受委托行政机关实施行政许可的行为应当负责监督，并对该行为的后果承担法律责任。受委托行政机关在委托范围内，以委托行政机关名义实施行政许可；不得再委托其他组织或者个人实施行政许可。

（二）相对集中行政许可权制度

按照依法行政原则的要求，行政许可应当由法律、法规、规章授予其行政许可实施权的机关行使。目前我国的行政许可实施主体制度存在一些问题，一是政府部门职能划分不尽科学、合理，有的部门职能交叉，权责不清，容易导致多头管理。反映在管理上就是多头执法，重复许可，严重影响行政效率，也不利于保护当事人的合法权益。二是有些规范设定行政许可时，将行政许可权授予相应的主管部门，将政府权力部门化，政府难以根据实际需要调整部门之间的行政许可权。三是行政许可设定太多、太乱，有时一个申请事项需要多重许可，涉及多个部门，申请许可费时费力①。为此，《行政许可法》第二十五条规定："经国务院批准，省、自治区、直辖市人民政府根据精简、统一、效能的原则，可以决定一个行政机关行使有关行政机关的行政许可权。"该法第二十六条规定："行政许可需要行政机关内设的多个机构办理的，该行政机关应当确定一个机构统一受理行政许可申请，统一送达行政许可决定。"行政许可依法由地方人民政府两个以上部门分别实施的，本级人民政府可以确定一个

---

① 童卫东：《我国行政许可制度创新的里程碑——〈行政许可法〉的立法背景及主要内容》，《中国工商管理研究》2003 年第 12 期。该文认为，为了提高行政效率，降低许可成本，促进经济发展，最根本的办法是对政府机构和行政许可制度进行彻底的改革，放松行政管制，减少行政许可，精简政府机构，科学、合理地划分行政管理职权。但在目前改革不可能一步到位，相对集中行使行政许可权，只是解决目前行政许可实施中存在的种种问题的一种过渡措施。

部门受理行政许可申请并转告有关部门分别提出意见后统一办理，或者组织有关部门联合办理、集中办理。过去十多年来，经国务院批准，全国所有省级地方都不同程度地开展了相对集中的行政许可改革。

尽管集中行使行政许可权具有多重积极意义，但是，如果片面强调集中，也可能会加大行政成本，助长行政权力滥用。因此，有学者提出，集中行使行政许可权，应当与权力分立、权力制衡的原则结合起来，明确集中行使行政许可权的基本规则：集中的权力之间应当具有关联性；权限集中不应当影响权限制衡；兼顾权限集中和权力分层；特定的专属管辖不宜集中①。

二、行政许可的条件

行政许可的条件，是指法律、法规或者规章规定的，申请人取得许可必须达到的最低要求。它是行政许可制度发生作用的关键因素。行政许可作为一种法律控制手段的性质，决定了行政机关不可能给所有申请人发放许可。法律规范在设定行政许可制度的同时，应当明确规定或者授权下位法规定申请人取得许可必须具备的条件，这就是行政许可的条件。通常情况下，如果设定行政许可的规范规定了明确具体的许可条件，只要申请人符合法定条件，行政机关就应当发给许可，除非法律、法规规定对某类许可实行总量控制，且已经发放的许可的数量已达到许可总量。

现实生活中，取得从事某种行为的许可往往是获取利益的机会。因此，许可的实施应当尽可能体现公平原则。法律实施中公平原则的实现有赖于法律设定上的公平。对于应当设定许可的事项，明确、具体的许可条件是保障许可实施中的公平的重要保证。为此，行政许可的条件应尽可能由法律、法规规定，并尽可能详细，授权行政机关制定的许可条件也应当是向公众公开的，以便于公众了解。对于任何人的申请，行政

---

① 王敬波：《相对集中行政许可权——行政权力横向配置的试验场》，《政法论坛》2013 年第 1 期。

机关应依据同样的条件、标准判断是否发给许可，确保同等条件的申请人得到同等对待。WTO 的"国民待遇原则"与"非歧视原则"要求，缔约国的国有企业应当同非国有企业、外来企业在同一条件下展开竞争，其各级政府作为公共行政机构，不应使用其公共权力偏袒任何一类企业，制造不公平的竞争环境而应创造和维护公开、公平、公正的市场环境。在行政许可方面，政府不能利用许可证等手段限制外国企业进入本国市场，也不得以吸引外资为理由放宽对外国企业进入的审查。

过去的实践中，设定行政许可的规范对申请人取得许可的条件规定得不够具体，通常"只确定一般原则，很少涉及具体标准、条件，立法机关往往把具体标准的制定权及判断适用权赋予行政机关，让它自己决定许可的范围、具体条件"①，从而导致行政机关自由裁量权过大但缺乏有效控制。从保障行政机关依法行政的实际需要出发，有必要对行政许可实施中的裁量权加以限制。基本的限制措施就是在设定行政许可的规范中明确规定行政许可的条件和标准。申请人是否符合许可条件，是行政许可实施机关审查行政许可申请的一项重要内容。根据行政许可的功能，结合有关单行法的规定，法律规范对行政许可申请人的条件限制应当主要体现在三个方面：（1）行为人的专业能力、资格；企业的技术力量。（2）从事营利行业或重大经济行为的经济能力。（3）行为人的品行，法律、法规有时规定有劣迹的人不得从事某种职业。在有些情况下，法律、法规可能对发放行政许可设置一定的禁止性条件。例如，天津市第十三届人大常委会于 2002 年 7 月 18 日通过的《大气污染防治条例》第三十一条第二款规定："禁止在居民住宅楼的底层新建、扩建、改建产生油烟污染的饮食服务业经营场所；不得将居民住宅楼中的住宅用作产生油烟污染的饮食服务业经营场所。"

行政许可条件是申请人获得行政许可的"最高限制性要求"，其设定不仅要做到形式合法，而且还必须兼顾公益和私益的平衡，以必要为

---

① 马怀德：《行政许可权初探》，《中国法学》1991 年第 3 期。

限①。同时，社会处于经常的变动之中，行政许可的条件也不可能是一成不变的。设定行政许可的规范或者有关规章应当适时地调整行政许可条件。行政许可条件的调整并不必然影响先前取得许可的许可持有人的权利。但是，先前取得行政许可的许可持有人有义务在合理的期限内达到新的许可条件要求。在有些情况下，法律关于行政许可条件的规定不够明确，有关机关应当根据实际情况的发展变化及时予以明确。例如，我国《婚姻法》规定"患有医学上认为不应当结婚的疾病"的人，禁止结婚。2002年，贵州"艾滋女"申请结婚登记，获得民政部门批准。而江苏等地的民政部门表示，不给"艾滋人"结婚开绿灯。为了保证《婚姻法》的统一实施，全国人大常委会有必要就艾滋病人是否属于《婚姻法》规定的禁止条件作立法解释。

三、行政许可的发放标准

行政许可根源于人们追求自身利益的动机和行为以及这种行为的外部性。凡是设定了行政许可的事项，都能够使被许可人得到某种形式上的或者实质上的利益。人们为了达到行政许可条件而努力，符合条件的人就会越来越多。在这种情况下，设定行政许可的规范应当适时提高行政许可的条件。但事实上，法律规范不仅具有较强的稳定性，而且是按照严格的程序制定出来的，及时修改法律规范几乎是不可能的。于是，就会出现众多的符合条件的申请有限的许可的情况。不仅如此，依法对行政许可事项总量控制也会将某些符合条件的申请人排除在外。在众多申请人申请有限的许可时，行政机关应当根据事先确定的标准来确定把行政许可给予哪个或者哪些申请人，这就是行政许可的标准。有学者认为，行政许可标准，是对行政许可的法定条件、程序的解释和细化，在学理上属于许可的裁量基准，在功能上构成了行政许可获得的限制性条件，在形式上表现为自上而下的"阶梯式"规范体系。在相对集中行政许可视角下，市场准入过程往往是多个单一许可组成的复合许可过程，

---

① 王太高：《行政许可条件研究》，《行政法学研究》2007年第2期。

由此产生了不同部门间实体和程序标准的冲突现象。其内在机理是行政权与许可背后的部门利益与家长主义规制,外在形式表现为多个机关参与的异位规范之间的冲突,性质上多属于经验冲突而不是逻辑冲突。解决路径主要是:不断修正行政协调模式;提炼具有共性效力的协调技术;制定基准;公布义务①。

我们着重分析行政机关发放行政许可的标准。明确行政许可的发放标准,有利于限制行政机关及其工作人员滥用裁量权,有利于提高行政许可决定的公正性。过去,设定许可的规范对行政许可的发放标准缺乏科学、合理的规定,致使行政机关在发放行政许可过程中裁量权过大,导致行政许可权异化。许可蜕变为行政机关工作人员的恩赐,甚至成了权钱交易、腐败滋生的温床。有的行政机关将是否发放许可,与申请人居住地、所有制、教育程度等挂钩,对身份不同的申请人搞歧视性待遇、设定不同的条件。为了确保公民、组织依法取得行政许可的权利得以实现,行政许可法明确了行政机关作出行政许可决定的标准。

(一) 条件优越标准

也叫择优原则。这是行政许可的首要标准。适用于众多申请人同时申请有数量限制的行政许可,如国有土地使用权的出让、水资源的分配等。对于涉及资源配置的行政许可,行政机关原则上应当通过招标、拍卖进行,择优选定中标人、买受人授予行政许可;对于资格许可,行政机关通过组织考试、考核的方式选定被许可人。

1. 招标、拍卖

根据《行政许可法》的规定,实施"有限自然资源开发利用、公共资源配置以及直接关系公共利益的特定行业的市场准入等,需要赋予特定权利的事项",除法律、行政法规另有规定外,行政机关应当通过招标、拍卖等公平竞争的方式作出决定。其他行政许可事项,除非法律明确要求通过招标、拍卖等方式作出决定,不应采取招标、投标的方式。

招标分为公开招标与邀请招标两种方式:公开招标是指招标人以招

---

① 骆梅英:《行政许可标准的冲突及解决》,《法学研究》2014 年第 2 期。

标公告的方式邀请不特定的法人或者其他组织投标所进行的招标，公开招标应当通过国家指定的报刊、信息网或者其他媒介发布招标公告；邀请招标是指招标人以投标邀请书的方式邀请特定的法人或者其他组织投标所进行的招标。邀请招标应当向 3 个以上具备承担招标项目的能力、资信良好的特定的法人或者其他组织发出投标邀请书。为了规范招标投标活动，保护国家利益、社会公共利益和招标投标活动当事人的合法权益，提高经济效益，保证项目质量，全国人大常委会于 1999 年通过了《招标投标法》，对招标投标程序作了详细规定。

拍卖是指以公开竞价的形式，将特定物品或者权利转让给最高应价者的买卖方式。拍卖活动应当遵守有关法律、行政法规，遵循公开、公平、公正、诚实信用的原则。为了规范拍卖行为，维护拍卖秩序，保护拍卖活动各方当事人的合法权益，八届全国人大常委会于 1996 年通过了《拍卖法》，对拍卖标的、拍卖当事人拍卖程序等作了规定。

《招标投标法》和《拍卖法》并不当然适用于行政机关以招标、拍卖方式发放行政许可的行为。但是，这两部法律规定的招标、拍卖的基本程序，可以作为行政机关通过招标、拍卖方式发放行政许可的依据。至于行政机关以招标、拍卖方式发放行政许可是否需要遵循一定的特殊规则，尚需进一步研究。

以招标、拍卖方式发放行政许可不仅可以体现公平竞争的精神，打破社会资源和自然资源被一些人垄断的局面，而且有利于在国家管理者与公民、组织之间形成一种相对平等的权利义务关系。即使以招标、拍卖方式发放行政许可，投标人和竞拍人仍然应当具备一定的条件。公民、组织通过招标、拍卖方式取得的行政许可，可以视为是许可持有人的一种财产权。行政机关按照招标、拍卖程序确定中标人、买受人后，应当作出准予行政许可的决定，并依法向中标人、买受人颁发行政许可证件。行政机关违反法律规定，应当采用招标、拍卖方式，而不采用招标、拍卖方式，或者违反招标、拍卖程序，损害申请人合法权益的，申请人可以依法申请行政复议或者提起行政诉讼。

2. 考试、考核

根据《行政许可法》的规定，实施"提供公众服务并且直接关系公共利益的职业、行业，需要确定具备特殊信誉、特殊条件或者特殊技能等资格、资质的事项"的行政许可，除法律、行政法规另有规定外，赋予公民特定资格，依法应当举行国家考试的，行政机关根据考试成绩和其他法定条件作出行政许可决定；赋予法人或者其他组织特定的资格、资质的，行政机关根据申请人的专业人员构成、技术条件、经营业绩和管理水平等的考核结果作出行政许可决定。资格考试实行统一大纲、统一命题、统一组织的考试制度，通常应当由国务院有关部门统一组织实施。公民特定资格的考试依法由行政机关或者行业组织实施，公开举行。行政机关或者行业组织应当事先公布资格考试的报名条件、报考办法、考试科目以及考试大纲。但是，不得组织强制性的资格考试的考前培训，不得指定教材或者其他助考材料。根据我国政府对世贸组织的承诺，"如果专业人员需要通过考试才能获得某种许可，那么此种考试的举行应当有合理的时间间隔。"

（二）申请在先标准

《行政许可法》第五十七条规定："有数量限制的行政许可，两个或者两个以上申请人的申请均符合法定条件、标准的，行政机关应当根据受理行政许可申请的先后顺序作出准予行政许可的决定。但是，法律、行政法规另有规定的，依照其规定。"我们认为，这一规定不够明确。根据行政法理论，申请在先标准主要在申请人之间没有形成事实上竞争的情况下适用，即无总量控制的许可以及符合条件的申请人总数尚未达到总量限制的许可。申请在先只是确定发放行政许可的顺序的标准，其实质标准仍然是法定的。在申请人之间形成事实上竞争的情况下，不应当根据申请的先后顺序，而应当根据申请人是否达到法定条件，以及各申请人的条件优劣决定是否发给行政许可。

根据申请在先标准，行政机关应当将行政许可发放给先向行政机关提出申请的许可申请人。至于行政机关先受理了哪个申请人的申请，并不是决定许可发放的必然因素。适用申请在先标准，申请人通常要承担证明自已提出许可申请的时间的证明责任。为了确保申请在先标准能够得到落实，行政机关应当给提交许可申请的公民、组织出具收到许可申请的凭证。

（三）合法标准

这是最为宽松的一种标准。根据该标准，对于没有数量限制的行政许可，只要申请人符合法定条件，就有权取得行政许可，行政机关就应当依法作出准予行政许可的决定。按照合法标准发放行政许可，取得行政许可不再是行政机关的恩赐，而是公民、组织的权利；授予行政许可不再是行政许可的特权，而是行政机关应当依法履行的义务。

条件优越标准和申请在先标准都不是绝对的。行政机关对法律、法规、规章规定的许可标准，应当遵守。在同类许可事项中，许可机关对所有申请人应采取相同的标准。在特定情况下，行政许可的标准是一种上升为法律的技术规范。对于"直接关系公共安全、人身健康、生命财产安全的重要设备、设施、产品、物品，需要按照技术标准、技术规范，通过检验、检测、检疫等方式进行审定的"① 行政许可申请，行政机关应当按照技术标准、技术规范依法进行检验、检测、检疫，根据检验、检测、检疫的结果作出行政许可决定或者不许可的决定。行政机关根据检验、检测、检疫结果，作出不予行政许可决定的，应当书面说明不予行政许可所依据的技术标准、技术规范②。

四、行政许可费用

长期以来，利用行政许可"搭车收费"，是乱收费的一种主要形式。行政许可领域，收费名目繁多、收费过高，收费远远超过行政许可程序所花费的成本，致使行政许可变成了地地道道的有偿行为。有的行政机关明明是履行正常的行政管理职能也要收费，有的行政机关利用手中的权力进行"搭车收费"，还有的行政机关越权设定收费项目。在有些情况下，缴费甚至成了行政机关实施行政许可的主要条件或者唯一条件。行

---

① 《行政许可法》第十二条第（四）项。
② 张步洪：《论行政许可的范围》，《行政法学研究》1997年第2期。

政机关在许可审批过程中获得的行政性收费，多数没有列入本级财政收入，而是更多地被私设成小金库，财政部门每年向审批机构划拨的经费并没有因此而有明显的减少。相反，烦琐的行政审批程序使政府机构设置臃肿、人员和财政投入增加，直接导致了政府行政效率低下、行政的社会效益降低。由于行政许可收费过高，一些人干脆不申请行政许可即从事需要行政许可的活动，而有些行政机关只许可不监督，导致守法的人依法办事成本过高，违法的人经营成本相对较低反而能够在市场竞争中占据主动，严重制约了经济的发展。

对于行政许可费用的承担，理论界主要有三种观点：一是认为行政许可应当收取一定的费用，但许可收费应限于核发许可所产生的物质消耗成本费用；二是认为行政许可是行政行政管理行为的一种，其成本已经纳入国家财政支出，不应当再对许可申请人收费；三是认为应当规定以无偿为原则，以收费为例外①。有的学者认为，获得许可的行政许可申请人应当支付必要的费用。包括三方面：一是支付有限资源使用费；二是向受危害人支付损失补偿费；三是支付有关行政费用，包括证照工本费、公示费用、论证或评估费用等②。

与公民、组织申请行政许可的行为不同，行政机关审查行政许可申请以决定是否予以行政许可的行为，在性质上属于行使国家行政权的行政行为，由此发生的费用原则上应当由国家承担。同时，考虑到行政许可将直接为特定的公民、组织带来利益，由许可申请人承担合理的许可费用，同样符合公平原则。由于不同种类的行政许可给被许可人带来的利益不同，其费用承担不可能也没有必要做到整齐划一。但是，从中国的实际情况考虑，对行政许可收费加以规范是必要的。我国《加入 WTO 工作组报告书》规定："行政许可中的有关收费应当与处理行政许可申请所需的行政费用相当，除非该费用是通过拍卖或者招投标等竞争性方面

---

① 谢军、吴雷：《中国法学会行政法学研究会 '98 年会综述》，《中国法学》1998 年第 5 期。

② 陈军：《从特许权看立法设置行政许可的几个问题》，《人大研究》2002 年第 6 期。

确定的。"为了遏制行政许可实施过程中存在的乱收费现象，《行政许可法》规定了实施行政许可不收费原则，对收取行政许可费用作了严格限制：一是行政机关实施行政许可和对行政许可事项进行监督检查，除法律、行政法规另有规定外，不得收取任何费用。二是申请人提出申请无需缴费，行政机关提供行政许可申请书格式文本，不得收费。三是行政机关实施行政许可，依照法律、行政法规收取费用的，应当按照公布的法定项目和标准收费；所收取的费用必须全部上缴国库，任何机关或者个人不得以任何形式截留、挪用、私分或者变相私分。四是行政机关实施行政许可所需经费应当列入本行政机关的预算，由本级财政予以保障，按照批准的预算予以核拨。但是，财政部门不得以任何形式向行政机关返还或者变相返还实施行政许可所收取的费用。五是行政机关实施行政许可，不得向申请人提出购买指定商品、接受有偿服务等不正当要求；行政机关工作人员办理行政许可，不得索取或者收受申请人的财物，不得谋取其他利益。这些规则，对于遏制行政许可实施过程中的乱收费现象无疑具有十分重要的积极作用。

有学者提出，《行政许可法》未能准确地界定行政收费的含义，将公民、组织开发利用自然资源、有偿使用公共资源的费用视为实施行政许可的费用。由此带来两个问题：一是对行政许可收费理由的曲解，如果这一前提存在，实施行政许可收费的正当性尚需进一步证明；二是在行政许可程序的设计上，忽视了自然资源和公共资源的民法属性，以及这类行政许可行为所独具的裁决功能，从而将实施行政许可与处置自然资源、公共资源这样两个存在冲突的角色赋予同一行政机关行使。

我们认为，对于实施行政许可收费的界定，以及行政许可收费的制度合理性，尚需进一步研究论证。受《行政许可法》规范的有关自然资源开发利用、公共资源配置的行政许可事项，具有一定的特殊性，适用民法中的特许规则更具有制度合理性。但是，按照我国法律，自然资源开发利用、公共资源配置权利不是由国有资产管理部门根据民法规范来行使，而是由法律、法规规定的行政执法机关来行使的。在这类行政许可中，行政许可实施机关实际上担负着双重角色。它不仅要行使法律、法规赋予的行政许可实施权，而且行使了自然资源、公共资源所有权人的权利。行政机关因审批这类行政许可或者对这类行政许可进行监督检查所发生的费用，仍然应当由国家负担。这类行政许可的持有人承担的费用，应当是利用自然资源和公共资源的使用费。不然，就不可能存在招标、拍卖等许可发放标准了。也正因为如此，行政机关实施这类行政许可所带来的利益不属于任何一个行政机关，而属于国家。

第四节　行政许可实施程序

行政许可实施程序，是指行政机关从受理行政许可申请到作出准予、拒绝、中止、收回、撤销行政许可等决定的步骤、方式和时限的总称。行政许可实施程序是行政许可制度的重要内容，它具有保障行政许可决定正确、合理，保障公民、组织权利，促进公众参与等功能。世界上不少国家通过行政程序立法来规范行政许可。行政程序法规定的行政程序的基本原则及有关具体行政决定的程序要求一般都适用于行政许可。而美国、德国、日本、韩国的行政程序法还专门规定了行政许可程序。如美国行政程序法专门规定什么是行政许可，日本、韩国行政程序法对依申请的行政行为的办理程序规定了公开审查标准和审查期限的义务，德国行政程序法专有一节规定加速行政许可办理程序①。过去，我国对行政许可程序缺乏统一规范，散见于法律、法规、规章以及其他规范中的相关内容。这些规范不够透明，对公民、组织的申请程序规定得较为烦琐、义务设定得较严格，对行政机关的办事期限、手续、责任等规定较少，一些行政内部程序外化为行政许可申请人的程序义务。

许可程序的设计，不仅要考虑到行政决策的成本，而且应当考虑经营者的成本。为了规范行政机关实施行政许可的行为，防止行政许可实

---

① 陆维福：《关于我国行政许可制度改革的思考》，《安徽农业大学学报》（社会科学版）2002年第6期。

施权的滥用，保障公民、组织在行政许可实施中的正当权利，缩减当事人的程序义务，提高行政效率，行政许可法规范并简化了行政许可程序，并通过一系列制度创新，如听取利害关系人意见制度、听证制度、作出准予行政许可决定的标准制度、作出不予行政许可决定的说明理由制度等，保证行政许可决定的正确性、公正性。同时，鉴于不同种类的行政许可事项，其性质、功能和适用条件不同，相应的实施程序要求宜有所区别，行政许可法分别规定了实施行政许可的招标拍卖程序、考试程序、核准程序、登记程序等。这些程序，将有力地制约行政机关在实施行政许可中的随意性过大、裁量权缺少约束等问题。本节介绍实施行政许可的重要程序制度。

一、行政许可申请及其受理

行政许可申请，即申请人要求行政机关准许其从事需经许可的活动或赋予其某种资格的行为①。严格地说，行政许可申请并不是行政许可实施程序的一个步骤。但是，根据行政法学理论，作为行政行为的行政许可是一种依申请的具体行政行为。申请人不经单独邀请即可提出行政许可申请。行政许可申请既是行政机关启动行政许可实施程序的必要的法律事实，也是行政许可实施程序中行政机关审查决定是否发放行政许可的重要依据。

（一）行政许可申请制度

《行政许可法》规定："公民、法人或者其他组织从事特定活动，依法需要取得行政许可的，应当向行政机关提出申请。"行政许可申请制度主要包括以下内容：

其一，保障公民、组织依法提出行政许可申请的规则。随着社会的发展，法律的专业性、技术性越来越强，行政许可申请事项的要求越来

---

① 有的学者认为，行政许可申请是指公民、法人或者其他组织向行政机关提出拟从事依法需要取得行政许可的活动的意思表示；（参阅汪永清主编：《中华人民共和国行政许可法教程》，中国法制出版社2003年版，第112页）事实上，意思表示仅仅是法律行为的一个构成要素；而行政许可申请应当是一个独立的法律行为。

越细，申请人对行政许可的申请条件、申请程序以及申请行政许可要提交的材料往往不知道或知之甚少。为保障公民、组织依法提出许可申请的权利，《行政许可法》关于行政许可申请方式和委托提出行政许可申请的规定，体现了方便公民、组织提出行政许可申请的原则要求。一是行政许可申请可以通过信函、电报、电传、传真、电子数据交换和电子邮件等方式提出。二是除依法应当由申请人到行政机关办公场所提出行政许可申请的情况外，申请人可以委托代理人提出行政许可申请。三是行政机关不得要求申请人提交与其申请的行政许可事项无关的技术资料和其他材料。这些具体制度，不仅可以有效帮助申请人及时提出符合法定形式的行政许可申请，而且有利于防止行政机关随意限制公民、组织依法行使行政许可申请权。

其二，行政机关为保障公民、组织行使行政许可申请权应尽的义务。一是信息披露义务。行政机关应当将法律、法规、规章规定的有关行政许可的事项、依据、条件、数量、程序、期限以及需要提交的全部材料的目录和申请书示范文本等在办公场所公示。申请人要求行政机关对公示内容予以说明、解释的，行政机关应当说明、解释，提供准确、可靠的信息。二是行政机关申请书需要采用格式文本的，行政机关应当向申请人提供行政许可申请书格式文本。申请书格式文本中不得包含与申请行政许可事项没有直接关系的内容。三是行政机关应当建立和完善有关制度，推行电子政务，在行政机关的网站上公布行政许可事项，方便申请人采取数据电文等方式提出行政许可申请；应当与其他行政机关共享有关行政许可信息，以提高办事效率。

其三，行政许可申请人的法律义务。行政许可属于依申请的行政行为。申请人提交的材料、提供的情况是行政机关作出决定的重要事实基础。为此，行政许可申请人负有诚实的义务。《行政许可法》规定，申请人申请行政许可，应当如实向行政机关提交有关材料和反映真实情况，并对其申请材料实质内容的真实性负责。过去，由于缺乏法律的统一规范，实践中，行政许可申请人经常被要求提交一些并非必要的材料，以致耗费过多的时间和精力，甚至把一些本来应该获得许可的申请人排斥在外。为了保障公民、组织依法获得行政许可的权利，保障行政效率，法律在设定行政许可的时候，应当同时规定申请人申请行政许可需要提交的必要的材料范围。同时，行政许可申请应当以书面形式提出。《行政许可法》第二十九条规定的多种申请方式，既体现了便民原则的精神，也体现了书面申请主义的要求。

（二）行政许可申请的受理

公民、组织向行政机关提出许可申请，旨在启动许可审查程序的行为是一种法律行为，可能引起一些直接关系到公民、组织利益的法律关系的发生、变更或者消灭。根据法律行为理论，行政许可申请只有符合法律行为的有效条件，才有可能发生启动行政许可审查程序的法律后果。关于公民、组织的行为应当符合哪些条件才能引起相应的法律后果，行政法学理论很少论及。一般认为，公民、组织旨在启动行政程序的行为准用民法中关于民事行为的有效条件的规定。我国《民法通则》第五十五条规定："民事法律行为应当具备下列条件：（1）行为人具有相应的民事行为能力；（2）意思表示真实；（3）不违反法律或者社会公共利益。"从理论上讲，一个符合条件的许可申请必然引起行政许可审查程序的启动，但实际上，任何行政许可申请都不是当然引起行政许可审查程序的开始。行政许可申请是否开始审查程序，由行政机关决定。为了保障公民、组织依法提出行政许可申请的权利，必须规范行政机关受理行政许可申请的行为。《行政许可法》从以下两个方面规定了行政机关受理行政许可申请的义务：

1. 行政许可申请答复与一次性告知制度

为了保障行政许可申请人的利益，对于申请人提出的许可申请，行政机关无论是许可还是拒绝都应当作出相应的答复。过去的实践中，有的行政机关收到申请人的行政许可申请后，既不告诉申请人行政许可申请是否符合法定形式、格式，也不告诉申请人有没有收到行政许可申请材料；有的故意刁难申请人，申请材料存在错误、不齐全、不符合法定形式的，不是一次告知申请人哪些申请材料需要补充、修改以及如何补充、修改，而是每次只告诉申请人申请材料中需要修改、补充的部分内容，以致申请人需要多次修改、补充材料。为此，《行政许可法》规定了许可申请答复制度和一次告知制度。

根据《行政许可法》的规定，行政机关对申请人提出的行政许可申请，应当根据下列情况分别作出处理：申请事项依法不需要取得行政许可的，应当即时告知申请人不受理；申请事项依法不属于本行政机关职权范围的，应当即时作出不予受理的决定，并告知申请人向有关行政机关申请；申请材料存在可以当场更正的错误的，应当允许申请人当场更正；申请材料不齐全或者不符合法定形式的，应当当场或者在五日内一次告知申请人需要补正的全部内容，逾期不告知的，自收到申请材料之日起即为受理；申请事项属于本行政机关职权范围，申请材料齐全、符合法定形式，或者申请人按照本行政机关的要求提交全部补正申请材料的，应当受理行政许可申请。行政机关受理或者不予受理行政许可申请，应当出具加盖本行政机关专用印章和注明日期的书面凭证。

2. "一个窗口对外"制度

法律在确定行政许可实施机关的时候，通常将这种权力授予行政机关，而不是行政机关的内设机构。行政机关内部各机构之间的业务流程、岗位职责，完全是行政机关的内部事务，个人、组织不宜介入。过去的实践中，有些行政机关将行政机关内部程序外部化，对公民、组织的行政许可申请推诿、拖延，导致行政许可环节增多，公民、组织获得一个许可必须先后提出多次申请，行政许可申请人长时间得不到答复。为防止行政机关将内部程序转化为外部程序，将实施行政许可的内部多道环节发展为多道行政许可，《行政许可法》在规定了行政机关审查行政许可的期限的同时，还规定了两项制度。一是行政机关内部由一个机构统一受理行政许可的制度：行政许可需要行政机关内设的多个机构办理的，该行政机关应当确定一个机构统一受理行政许可申请，统一送达行政许可决定。二是行政机关联合或者集中办理行政许可的制度：行政许可依法由地方人民政府两个以上部门分别实施的，本级人民政府可以确定一个部门受理行政许可申请并转告有关部门分别提出意见后统一办理，或者组织有关部门联合办理、集中办理。

二、行政许可申请的审查程序

行政机关受理行政许可申请以后，应当对申请人提交的申请材料的真实性进行审查，以准确地判断申请人是否符合许可条件，进而决定是否给申请人发放行政许可。根据中国政府对世贸组织的承诺，"政府主管机关收到行政许可申请后，应当告知当事人其申请材料是否完备，如申请材料不完备，应当明确告知当事人需要补正的内容，并给予其补正的机会。"行政机关审查行政许可申请的规范依据是有关许可的法律、法规及其他规范；审查的对象主要是申请人提交的材料；审查的方式既包括对申请材料的书面审查，也包括依法调查核实。行政许可申请审查程序是行政机关作出行政许可决定的必经环节，是行政机关对已经受理的行政许可申请材料的实质内容进行审查的步骤、顺序、方式和时限。法律规范设定的行政许可条件能否得以执行，在很大程度上取决于行政机关的审查质量。审查质量如何，又在很大程度上取决于审查程序的设计。为此，行政许可法较为详细地规定了行政许可申请审查程序规则。

（一）审查方式

过去的规范对行政机关审查行政许可申请的方式不够明确统一，实践中存在审查方式单一等问题。从保证行政机关及时、客观地作出决定的实际需要考虑，行政机关审查行政许可申请，可以同时采用书面审查、实地核查、听取意见等方式。为了提高行政效率，行政机关还可以采用集中办理、统一办理、联合办理制度。

1. 书面审查。行政许可申请人证明自己符合许可条件的基本方式是向行政机关提交能够证明自己符合许可条件的申请材料。行政机关对这些申请材料有义务作出客观的判断[1]。在行政机关可以采取的各种审查方

---

[1] 例如，在耿某诉哈尔滨市某区拆迁办一案中，2000年7月，省轩辕房地产开发公司欲对道外区太古街等处进行开发，并向拆迁办提交了相关文件。7月15日，拆迁办向开发公司颁发了《房屋拆迁许可证》。之后，开发公司补交了资金证明和相关手续。耿某因拆迁补偿问题与开发公司发生纠纷，将拆迁办告上法庭。法院认为，拆迁办在为开发公司颁发许可证时，开发公司提交的两份文件违反了《城市房屋拆迁管理条例》中的有关规定，且未提供拆迁补偿资金证明，未对包括耿某房屋在内的部分房屋进行评估，因此拆迁办向开发公司颁发许可证的行为在程序上缺少必要的证据，违反法律规定，属违法行政行为。（吴启龙：《拆迁办错颁许可证属违法行政行为》，2002年12月13日发布于中国法院网）

式中，书面审查具有三大优点：一是能够有效地减少行政机关工作人员与申请人不正当接触的机会，有利于保障行政机关审查行政许可申请的公正性。二是能够有效降低审查成本，有利于减少行政开支、减轻申请人的负担。三是书面审查简便、快捷，有利于保障行政机关审查行政许可申请的效率。正因为如此，在长期的实践中，书面审查一直是行政机关审查行政许可的最基本、最主要的方式。行政许可法也将书面审查规定为行政机关审查行政许可申请的基本方式。行政机关应当对申请人提交的申请材料进行审查。申请人提交的申请材料齐全、符合法定形式，行政机关能够当场作出决定的，应当当场作出书面的行政许可决定。

2. 实地核查。任何一种审查方式都不是完美无缺的，书面审查方式同样有其局限性。行政机关书面审查的对象主要由申请人提供，行政机关审查的程度受到一定的局限。如果申请材料本身是虚假的，行政机关仅仅凭借书面审查难以作出客观的判断。实地核查可以在一定程度上弥补书面审查之不足。根据法定条件和程序，需要对申请材料的实质内容进行核实，行政机关应当指派两名以上工作人员进行实地核查。

3. 听取意见。在行政许可法颁行之前，由于缺乏专门的听取意见的程序，行政机关作出行政许可决定基本上不告知利害关系人，不给利害关系人提供表达意见的机会，利害关系人只能在行政机关作出许可决定以后主张撤销该行政许可①。为了充分保障行政许可涉及的公民、组织的合法权益，行政机关审查行政许可申请，发现行政许可事项直接关系他人重大利益的，应当告知该利害关系人。申请人、利害关系人有权进行陈述和申辩。行政机关应当听取申请人、利害关系人的意见。

---

① 例如，北京市望京新城 A5 区 308 名业主集体状告北京市规划委员会行政违法案，北京市规划委以（2000）规建字 1285 号建设工程规划许可证批准北京华松房地产开发有限公司在望京新城 A5 区兴建商业、住宅性质的 429 楼而引起争议。308 名原告认为，北京市规划委颁发上述规划许可证的行为是重复规划行为，有违相应的规范文件，属滥用职权，侵害了原告的有关民事权利及原告所在 A5 区公共物业的共有权利，诉请法院予以撤销。法院审理期间，被告撤销了引发争议的许可证，此案以法院驳回原告的诉讼请求而结案。

4. 实行集中办理、统一办理、联合办理制度。将办理与某一事件有关的行政许可实施机关集中到一起办公，是解决多头审批问题的另一可行措施。在多头审批的情况下，即使各行政部门的行政许可是规范的、高效的，但由于每个环节之间不能有机地结合，整个审批过程也是累赘的、低效率的。在行政审批制度改革中，一些地方探索将行使行政许可权的有关部门集中到一个办事大厅，实行一站式办公，将"串联式审批"改为行政机关之间的"并联式审批"，从而大大提高了工作效率，方便了老百姓。《行政许可法》在借鉴实践经验的基础上，于第二十六条第二款规定，行政许可依法由地方人民政府两个以上部门分别实施的，本级人民政府可以确定一个部门受理行政许可申请并转告有关部门分别提出意见后统一办理，或者组织有关部门联合办理、集中办理，以方便申请人。

（二）听证程序

听证制度是现代行政程序规则的核心内容。听证程序是指行政机关作出行政行为前给予当事人就重要事实表达意见的机会，通过公正、公开、民主的方式达到行政目的的程序。行政许可制度引入听证程序，目的是让申请人和利害关系人参与行政机关实施行政许可的过程，以促使行政机关充分听取各方意见，为作出正确的决定奠定基础。从世界范围来看，行政许可中的听证是一种比较普遍的制度，凡行政许可可能涉及第三人利益，行政机关在作出决定前，都应当告知第三人。第三人要求听证的，行政机关应当举行听证。不然，就是程序不合法，可以成为撤销行政决定的理由。

新中国成立以后相当长的时间里，并没有严格的听证制度。《行政处罚法》《价格法》相继引入行政听证会制度以后，在《行政许可法》中引入行政听证会制度，很快就成为理论界和立法机关的共识。为此，《行政许可法》规定了听证程序。与《行政处罚法》只规定行政机关依申请举行听证的义务不同，《行政许可法》不仅规定了行政机关依申请举行听证的义务，还规定了行政机关主动举行听证的义务。根据《行政许可法》的规定，法律、法规、规章规定实施行政许可应当听证的事项，或者行政机关认为需要听证的其他涉及公共利益的重大行政许可事项，行政机关应当向社会公告，并举行听证。主动听证，主要适用于行政许可涉及不特定人的利益，如涉及环境污染、大型建设项目、城市建设等的行政许可，利害关系人众多，许可机关不便向利害关系人——告知，也没有必要等到利害关系人提出听证要求后再——举行听证。主动听证，是基于提高行政效率和保障许可公正的双重考虑而设置的一种制度。主动听证，作为行政机关的法定义务规定下来，对于促进行政机关决定的公正性具有重大意义。

在行政许可程序中，行政许可申请人和其他利害关系人均有权申请听证①。听证的范围既包括拟作出许可的决定和拟作出不许可的决定。根据《行政许可法》的规定，行政许可直接涉及申请人与他人之间重大利益关系的，行政机关在作出行政许可决定前，应当告知申请人、利害关系人享有要求听证的权利；申请人、利害关系人在被告知听证权利之日起五日内提出听证申请的，行政机关应当在二十日内组织听证。

行政许可听证会按照下列程序进行：（1）行政机关应当于举行听证

---

① 听证程序仅仅适用于行政机关作出对当事人不利的行为。对于行政机关拒绝申请（许可）的行为是否为不利行政行为，是否适用听证程序，曾经引起争论。一种观点认为，拒绝当事人申请的情形，由于当事人尚未存有具体的法律地位，所以即使拒绝，也不致对其权利产生干涉的效果，所以当事人无权要求听证。具体而言，如果当事人本来就没有请求的权利，且行政机关拒绝也合法的，当然就不会损害他的权利。如果当事人具有请求权而受到行政机关违法拒绝时，由于当事人的法律地位，尚须经由许可处分才能加以确认，在未确认前，他仍未获得法律地位，所以行政机关的拒绝也无干涉可言。正如当事人法律上抽象的利益须经具体行为体现才能成为个人权利一样，对申请的拒绝行为不可能侵犯其实有权利，故行政机关作出此类行为时并没有听证的义务。例如，《日本行政程序法》规定的"不利益处分"就不包括"拒绝申请"行为，该法关于申请，并未设有听证等程序上的权力。另一种观点认为，行政机关拒绝申请的行为与其他干涉行为并无区别。虽然申请人在未获得许可前并无特定权益和法律地位，但他根据法律规定提出申请本身就证明他与行政机关之间存有不同于普通人的法律关系，行政机关作出的行为必然直接影响到它可能享有的权益，因而，行政机关作出不利于申请人的拒绝行政行为时，应当给予申请人一个陈述其观点，说明事实情况的机会。例如，《荷兰行政程序法》第4章第7条就明确规定："行政机关作出否定一个申请的全部或一部分的决定之前，该行政机关应当给予申请人让他陈述其观点的机会，即听证。"（马怀德：《论听证程序的适用范围》，《中外法学》1998年第2期）

的七日前将举行听证的时间、地点通知申请人、利害关系人，必要时予以公告；（2）听证应当公开举行；（3）行政机关应当指定审查该行政许可申请的工作人员以外的人员为听证主持人，申请人、利害关系人认为主持人与该行政许可事项有直接利害关系的，有权申请回避；（4）举行听证时，审查该行政许可申请的工作人员应当提供审查意见的证据、理由，申请人、利害关系人可以提出证据，并进行申辩和质证；（5）听证应当制作笔录，听证笔录应当交听证参加人确认无误后签字或者盖章。

为了充分保障公民、组织获得听证的权利得以实现，《行政许可法》确立了听证笔录的排他性证据效力。与《行政处罚法》只规定听证的规则、不规定听证笔录的效力不同，《行政许可法》明确规定，实施听证的，行政机关应当根据听证笔录，作出行政许可决定。听证笔录成为听证后行政机关作出决定的唯一证据。在行政许可实施程序中，强化听证笔录的效力，有利于进一步增强行政机关及其工作人员的程序观念，有利于提高行政决定的公正性与合理性。按照学者的解释，行政听证笔录，并不是记载于听证笔录文本中的所有文字，而是在听证中，经双方当事人或者第三人质证、辩论，并经过听证主持人核实认定为证据的那部分听证笔录。所以，听证笔录必须具备证据的一般特征，须经过质证、辩论，并经过听证主持人核实认定①。

从实践情况来看，由于听证程序缺乏具体规定，听证范围不明，行政机关的程序法治观念淡薄，依法应当听证而未举行听证的现象时有发生，有些行政许可虽然举办了听证会，但听证制度的功能并没有得到充分发挥，对于听证会特别是涉及利益广泛的公听会，参加代表的产生办法、比例缺乏具体规定，实践中往往由行政机关指定，利害关系人的知情权、参与权和话语权得不到全面保障。而且，听证参与人的意见在办理行政许可中的作用体现得不够充分②。

---

① 叶必丰、贾秀彦：《从行政许可法看行政听证笔录的法律效力》，《法学评论》2005年第3期。

② 杨寅、韩磊：《行政许可法实施中的困境》，《法学杂志》2006年第2期。

（三）审查期限

行政许可申请的审查期限是法律对行政机关实施行政许可的行政行为各个环节提出的时间上的限制，旨在提高行政机关实施行政许可的效率。过去的实践中，由于法律对行政机关审查行政许可申请的期限没有统一、具体的规定，行政机关对行政许可申请久拖不决的现象比较普遍。加入世贸组织时，我国政府承诺，"许可程序、条件以及有关政府主管机关对许可申请进行审查与作出决定的期限应当在实施前公布。""政府主管机关应当对所有行政许可申请及时作出审查决定。"明确行政许可申请的审查期限，是我国政府履行入世承诺的需要，是提高行政效率的需要，也是保障公民、组织的行政许可申请权的需要。为此，《行政许可法》规定了行政机关审查行政许可申请的期限。

根据《行政许可法》，行政机关对行政许可申请进行审查后，除当场作出行政许可决定外，应当在法定期限内按照规定程序作出行政许可决定。在法律、法规对审查期限无特别规定的情况下，行政机关应当自受理行政许可申请之日起二十日内作出行政许可决定。二十日内不能作出决定的，经本行政机关负责人批准，可以延长十日，并应当将延长期限的理由告知申请人。行政机关依照《行政许可法》第二十六条的规定采取统一办理或者联合办理、集中办理的，办理的时间不得超过四十五日；四十五日内不能办结的，经本级人民政府负责人批准，可以延长十五日，并应当将延长期限的理由告知申请人。依法应当先经下级行政机关审查后报上级行政机关决定的行政许可，下级行政机关应当自受理行政许可申请之日起二十日内审查完毕。

法律、法规要求行政机关当场作出行政许可决定的，行政机关不得以一般法和特别法规定的审查期限为由拒绝当场作出决定。主要有两种情况：一是行政机关实施检验、检测、检疫，不需要对检验、检测、检疫结果作进一步技术分析即可认定设备、设施、产品、物品是否符合技术标准、技术规范的，行政机关应当当场作出行政许可决定①。二是"企

---

① 《行政许可法》第五十五条。

业或者其他组织的设立等，需要确定主体资格的事项"，申请人提交的申请材料齐全、符合法定形式的，行政机关应当当场予以登记①。

三、行政许可决定程序

行政许可决定程序，是指行政机关经过对申请人的申请进行审查，决定是否发给行政许可的程序。完善行政许可制度，应当完善行政许可决定的决策程序。"过去搞的那种'一支笔'不行，'一言堂'不行，自己立规矩、自己执行、自己监督的'一体化'也不行"②。对关系国家安全和国计民生或按照法律、法规和规章应该审批的重大事项，要采取权力分解的办法，对审批权进行适当分解。如稀有矿产开发利用、教育卫生文化事业建设、城市规划设计、环境保护、国有资产管理及公共财政支出等，应由集体讨论决定，并建立项目审批岗位干部轮岗交流制度，避免"暗箱"操作和少数人或个人说了算。③"对情况复杂的或者重大的行政许可，行政机关的负责人应当集体讨论决定。"④

（一）决定给予行政许可

行政机关在审查核实许可申请的基础上，应当作出是否许可的决定。凡许可申请书所列内容属实，符合法定条件，且根据许可标准应当发给许可的，行政机关应作出许可的决定。根据中国政府对世贸组织的承诺，"准予行政许可后，政府主管机关应当立即书面通知当事人。"为此，《行政许可法》规定，行政机关作出准予行政许可决定，应当自作出行政许可决定之日起十日内向申请人颁发、送达行政许可证件；或者加贴、加盖检验、检测、检疫印章。

行政机关作出准予行政许可的决定，需要颁发行政许可证件的，应当向申请人颁发加盖本行政机关印章的行政许可证件：（1）许可证、执

---

① 《行政许可法》第十二条第（五）项、第五十六条。
② 李岚清：《加快推进行政审批制度改革》，《学习与研究》2002年第4期。
③ 王丽娅：《关于行政审批制度改革的若干问题》，《财政与税务》2001年第8期。
④ 行政许可法草案四次审议稿第三十七条。

照或者其他许可证书；（2）资格证、资质证或者其他合格证书；（3）行政机关的批准文件或者证明文件；（4）法律、法规规定的其他行政许可证件。行政机关实施检验、检测、检疫的，可以在检验、检测、检疫合格的设备、设施、产品、物品上加贴标签或者加盖检验、检测、检疫印章。

行政许可决定应当通过适当的方式向社会公开，供公众查阅。其中，法律、行政法规设定的行政许可，其适用范围没有地域限制的，申请人取得的行政许可在全国范围内有效。行政许可决定作出以后，许可持有人依据该许可享有的权利受法律保护，不得以行政命令等形式予以剥夺或者限制①。

---

① 尹建庭诉株洲市教育局一案以及法院就此案所作的判决，很好地说明了这个问题。原告尹建庭原为株洲市第二中学在聘语文高级教师，在他撰写的《入学教育课》论文以及《人世老枪》一书中，曾提出"读书为挣大钱娶美女"的观点和言论，并向学生推销其作品。株洲市教育局发现尹建庭上述问题后，即组织专人对有关情况进行查处，并于 2000 年 8 月 31 日下发了株教通字［2001］60 号《关于查处向学生推销〈人世老枪〉问题的情况通报》。该文件作出了"株洲市（含五县市区）内所有学校不聘用尹建庭当教师"的处理意见。尹建庭不服，诉至法院。湖南省株洲市中级人民法院一审认为，被告株洲市教育局作为该市人民政府的教育行政部门，行使一个地区的教育行政管理职能，其有权对尹建庭不符合国家教育主流方向的言行进行规范和约束，有权对尹建庭违规向学生推销书籍的行为进行查处，株洲市教育局株教通字［2001］60 号文件所查明的基本事实存在，其"株洲市（含五县市区）内所有学校不聘用尹建庭当教师"的处理意见，是一种具体行政行为。根据《中华人民共和国教师法》的有关规定，尹建庭是已经取得教师资格证的教师，在其教师资格证未被撤销之前，应当享有受聘权。聘用教师属学校的自主权，被告株洲市教育局以行政命令的方式，对原告尹建庭的受聘权进行限制，超越了行政职权，该具体行政行为违法，判决撤销株洲市教育局 60 号文件中"株洲市（含五县市区）内所有学校不聘用尹建庭当教师"的决定。（罗晟海：《株洲中院判决市教育局"限制聘用一案"撤销违法决定》，2002 年 8 月 25 日发布于中国法院网）

（二）不许可决定

行政机关认为许可申请人不符合许可条件，或者依据许可标准不应发给行政许可，或者申请人在申请许可过程中有弄虚作假行为的，应当作出不许可决定。根据中国政府对世贸组织的承诺："如行政许可申请未获批准，政府主管机关应当立即书面告知申请人未予批准的原因，申请人有权自行决定是否重新提出申请。"

《行政许可法》引入了作出不许可决定说明理由制度。说明理由制度是各国行政程序法的一项基本制度，它是保护公民权利的一种有效措施，主要适用于行政机关作出对公民、组织不利的行政决定的情形。行政机关依法作出不予行政许可的书面决定的，应当说明理由，并告知申请人享有依法申请行政复议或者提起行政诉讼的权利。行政机关对于行政许可申请在法定期限内未作答复，应当视为不许可。

（三）许可的变更与延续

有学者认为，行政许可变更是行政许可决定的一种具体形式，因此行政机关只能"依申请"而不能"依职权"启动变更程序①。《行政许可法》规定了两种行政许可变更事由。第八条第二款规定："行政许可所依据的法律、法规、规章修改或者废止，或者准予行政许可所依据的客观情况发生重大变化的，为了公共利益的需要，行政机关可以依法变更或者撤回已经生效的行政许可。由此给公民、法人或者其他组织造成财产损失的，行政机关应当依法给予补偿。"第四十九条规定："被许可人要求变更行政许可事项的，应当向作出行政许可决定的行政机关提出申请；符合法定条件、标准的，行政机关应当依法办理变更手续。"其中，第八条第二款属于行政机关依职权变更事由②，第四十九条属于依申请变更事

---

① 王太高：《论行政许可变更》，《南京大学学报》（哲学·人文科学·社会科学）2013 年第 5 期。

② 也有学者认为，《行政许可法》第八条第二款的准确意思应该是"部分撤回"，而不是变更。（王太高：《论行政许可变更》，《南京大学学报》（哲学·人文科学·社会科学）2013 年第 5 期）

由，二者的法理基础、变更事由迥然不同。行政机关对变更行政许可申请的审查不仅要依据"现时"的条件进行，而且还应当立足于申请人的"在位者"身份，将其先前实施该行政许可的表现作为判断其是否符合"法定条件、标准"的一个重要因素。因为，行政许可制度要求被许可人在行政许可有效期内持续性地符合"法定条件"①。

行政许可变更主要是指被许可事项变更。如果要变更被许可人，实际上属于行政许可转让。《行政许可法》第九条规定："依法取得的行政许可，除法律、法规规定依照法定条件和程序可以转让的外，不得转让。"即使法律、法规规定可以转让的行政许可，被许可人要将自己依法获得的行政许可转让给另一主体，受让人必须符合法定条件和标准。转让、受让行政许可事实上形成了一个新的行政许可法律关系。

行政许可法规定，被许可人需要延续依法取得的行政许可的有效期的，应当在该行政许可有效期届满三十日前或者法律、法规、规章规定的期限内向作出行政许可决定的行政机关提出申请。行政机关应当根据被许可人的申请，在该行政许可有效期届满前作出是否准予延续的决定；逾期未作决定的，视为准予延续。有学者建议明确，经依法视为准予延续的，行政机关应当及时办理准予延续的手续。除视为准予延续后可能会给公共利益造成重大损害且被许可人不具备延续条件的情形外，视为准予延续的法律后果依法不得被确认为无效。对于涉及重大公共利益的视为准予延续情形，行政机关可以依据职权或者根据利害关系人请求进行审查，经审查被许可人不具备延续条件的，应当及时纠正。给被许可人合法权益造成损失的，行政机关应当依法给予补偿②。理论上还需要探讨的问题是，行政机关可以什么理由拒绝作出延续行政许可的决定。

---

① 王太高：《论行政许可变更》，《南京大学学报》（哲学·人文科学·社会科学）2013年第5期。

② 徐晓明：《行政许可超期推定延续法律效力问题研究》，《浙江学刊》2015年第3期。

第五节　行政许可的监管

行政许可监管，指行政机关通过检查、监控手段，发现行政机关与公民、组织有关行政许可的行为违法或者不当，及时予以纠正或调整的行为。

根据监管对象的不同，行政许可监管包括四个方面：一是对行政机关实施行政许可的监督，重点是通过加强行政审批过程的监督。《行政许可法》第六十条规定：上级行政机关应当加强对下级行政机关实施行政许可的监督检查，及时纠正行政许可实施中的违法行为。为此，要通过监督检查，将行政机关的权力与责任、权力与义务统一起来，以防止公共利益受到损害。在我国，对行政机关实行监督，重点是强化对"一把手"行使行政许可审批权的监督，对权力作适当分解，实行监审分离。重大审批事项必须按照决策程序、议事规则集体研究决定，不能由个人说了算。二是行政机关对普通许可被许可人的审批后监管，通过对被许可人从事许可事项活动情况进行全程监督，确保其履行被许可人的特定义务，始终在符合法定许可条件的状态下从事取得许可的活动，合法行使权利。《行政许可法》第六十一条第一款规定："行政机关应当建立健全监督制度，通过核查反映被许可人从事行政许可事项活动情况的有关材料，履行监督责任。"被许可人因为其自身情况变化不再符合许可条件，不能继续持有许可①。三是对特许持有人履行普遍服务义务的监督。特许持有人享有国家授予的合法垄断地位，必须平等地、普遍地为公众提供某项特殊并且不可或缺的服务。未经批准，特许持有人没有擅自停业、歇业、中止或者终止服务的权利。为此，《行政许可法》第六十七条规定："取得直接关系公共利益的特定行业的市场准入行政许可的被许可

---

① 例如，驾驶员因视力衰退不适宜驾驶车辆，餐饮店老板因患传染病而不宜继续从事餐饮经营。

人，应当按照国家规定的服务标准、资费标准和行政机关依法规定的条件，向用户提供安全、方便、稳定和价格合理的服务，并履行向用户提供安全、方便、稳定和价格合理的服务，并履行普遍服务的义务；未经作出行政许可决定的行政机关批准，不得擅自停业、歇业。被许可人不履行前款规定的义务的，行政机关应当责令限期改正，或者依法采取有效措施督促其履行义务。"四是对被许可人之外的公民、组织进行监督，以确保其先依法取得许可再从事须经许可的活动，制止、制裁非法从事须经行政许可事项的活动及其责任人①。本节重点介绍行政机关对被许可人和其他公民、组织的监管。

监管是行政许可制度的重要环节。行政许可能否发挥其应有的社会控制功能，在很大程度上取决于行政机关是否履行职责，公民、组织尤其是被许可人是否履行义务。行政许可审批本身不能保证被许可人在许可范围内从事活动，也不能确保被许可人自觉履行法定义务。行政许可审批只有与监督、管理相结合，才能形成一个有效的监控体系，从而真正发挥行政许可制度的效能与作用。过去，各种规范设定了很多许可，政府该管的事却没有管好。由于"审批监管缺位，许多地方都出现非法转让、倒卖、出租许可证的现象"②。究其原因，一是事前审批与事后监管脱节，行政机关将行政许可等同于审批，只行使行政许可审批权，不履行监管职责，行政许可的准入门槛很高，一旦进入，无人监管。二是缺乏有效的监督机制，行政机关主要依靠年检和突击检查履行监管职责，监督检查成本很高却收效甚微。三是监管机关对于监督检查中发现的问题，缺少权威的监督手段，不能及时制止、有效制裁违法行为人，行政许可监管流于形式。四是行政机关在监管中只有权力，没有责任，执法

---

① 例如，国务院于 2003 年 3 月公布的《无照经营查处取缔办法》第二条规定："任何单位和个人不得违反法律、法规规定，从事无照经营。"第四条第（五）项规定"超出核准登记的经营范围、擅自从事应当取得许可证或者其他批准文件方可从事的经营活动的违法经营行为"，由工商行政管理部门依照本办法的规定予以查处。

② 崔勇：《论 WTO 环境下的行政审批制度改革》，《行政与法制》2001 年第 10 期。

扰民现象比较突出，行政许可监管未能发挥其应有的作用。为了监督和保障行政机关履行监管职责，应当强化行政机关监管行政许可的法律责任，赋予行政机关必要的监督检查措施和处置措施。

一、行政许可的监督检查措施

行政许可的监督检查，是针对行政机关实施行政许可以及被许可人或者其他公民、组织从事行政许可事项的活动的监管措施。监督检查虽然不直接为公民、组织设定实体权利义务，但是，监督检查足以对公民、组织的利益产生实质性的影响，违法或者不当的监督检查足以侵害公民、组织的合法权益。因此，法律规范有必要明确行政机关的监督检查措施及其适用条件、程序，防止其滥用。

过去，关于行政许可监督检查的立法很不完善，行政机关缺少发现违法行为信息的有效手段，行政许可监管中通常采用两种方式：一是执法人员分片负责；二是实行年检。执法人员分片负责具有影响市场主体正常的生产经营活动，执法人员因分散执法而容易被同化等缺陷。实践中广泛采用的年检制度也存在很多问题。在大多数情况下，"年检就是收费"，不缴费不能通过年检，交了钱就能通过年检。年检无法保证被许可人从事行政许可事项的活动始终符合法定条件。每逢年检，被许可人把证明自己仍然符合许可条件的资料呈报给行政机关，缴纳年检费，就算合格了。有些被许可人只有年检那天合格，其他时间都不合格。大多数年检只是行政机关向被许可人收取费用乃至吃拿卡要的依据。为此，《行政许可法》实际上限制了年检的适用①，代之以经常性的监督检查。

（一）书面审查

为防止执法扰民，行政许可的监管方式要实现由直接监管向间接监

---

① 行政许可法草案第二次审议稿第七十条第二款规定："行政许可的实施机关根据法律、行政法规的规定，对涉及公共安全的设备、设施进行年检。对年检合格的，行政机关应当发给相应的证明文件。"根据这一规定的精神，只有针对涉及公共安全的设备、设施，在法律、行政法规规定实行年检制度的情况下，才可以实行年检。有些不需要年检的许可，如驾驶证等，就没有必要实行年检。

管的转变。实践证明，多数行政许可事项都可以通过核查被许可人与其所从事的生产经营活动有关的书面材料，准确地作出其是否依法从事有关活动的判断。书面审查作为一种间接检查措施，既有利于节约行政成本，又有利于避免对被许可人正常活动的不必要的干预。因此，书面审查应当优先于其他方式而适用。凡是通过分析被许可人所报材料可以判断被许可人是否具备许可条件、是否依法从事有关活动的行政许可事项，行政机关应当实行书面审查。《行政许可法》规定，行政机关应当主要通过核查反映被许可人从事行政许可事项活动情况的有关材料，履行监督责任。行政机关依法对被许可人从事行政许可事项的活动进行监督检查时，应当将监督检查的情况和处理结果予以记录，由监督检查人员签字后归档。为了建立被许可人的信用档案，增强其依法从事行政许可事项活动的自觉性，从而增强交易安全，《行政许可法》还规定，公众有权查阅行政机关监督检查记录。行政机关应当创造条件，实现与被许可人、其他有关行政机关的计算机档案系统互联，核查被许可人从事行政许可事项活动情况。

为了确保行政机关能够进行书面审查，被许可人或者其他公民、组织应当向行政机关如实提供反映自己从事行政许可事项活动情况的有关材料；必要时，行政机关可以依法查阅或者要求被许可人或者其他公民、组织报送有关材料。同时，行政机关履行监督检查职责，应当遵循提高效率、降低成本的原则。在监督检查中，行政机关进行审查所需的材料，能够通过行政机关之间资料共享解决的，不要求被许可人再行报送；能够通过在市场提取产品进行监督的，不进入企业提取产品样品；通过书面材料审查即可以发现问题的，不进入生产经营场所检查；能够通过利用现代信息技术，通过计算机联网核查被许可人从事行政许可事项活动情况的，就不要求被许可人到行政机关来报送材料；能够利用较少的管理成本达到较好管理效果的，就不用较高成本的管理手段①。

---

① 张兴祥：《中国行政许可法的理论和实务》，北京大学出版社2003年版，第247页。

（二）抽样检查、检验、检测与实地检查

在某些特定情况下，通过书面检查的方式难以达到监督效果。为了保障行政机关履行监管职责，《行政许可法》授权行政机关在必要时可以依法进行抽样检查、检验、检测和实地检查，并对行政机关实施抽样检查、检验、检测和实地检查的情形和程序作了规定。根据《行政许可法》第六十二条："行政机关可以对被许可人生产经营的产品依法进行抽样检查、检验、检测，对其生产经营场所依法进行实地检查。检查时，行政机关可以依法查阅或者要求被许可人报送有关材料；被许可人应当如实提供有关情况和材料。"行政机关根据法律、行政法规的规定，对直接关系公共安全、人身健康、生命财产安全的重要设备、设施进行定期检验。对检验合格的，行政机关应当发给相应的证明文件。

抽样检查、检验、检测是行政机关选择被检查对象的某些部分、某些要素进行采样，根据对采样的检查、检验、检测来判断整个客体的情况的监督检查措施，常用于产品、商品的检验、检测。有些情况既不能通过书面审查进行监督检查，也不可能通过抽样检查作出判断，行政机关必须进行实地检查。实地检查，就是行政机关进入被许可人或者与行政许可事项有关的活动的公民、组织的生产经营场所进行检查的监督措施。过多地采用实地检查措施，难免影响被许可人正常的生产经营活动。因此，实地检查主要适用于涉及安全、卫生的产品、商品的生产经营场所。

（三）督促被许可人自检

有些直接关系公共安全、人身健康、生命财产安全的重要设备、设施，往往需要经常性地进行检查，以确保其安全运行；有些设备、设施，在其设计、建造阶段就需要进行检查，如果等建成以后再去改正错误往往会造成难以弥补的损失。而行政机关限于人力、物力和财力，不可能进行日常的监督检查，更不可能对所有设备、设施都派员进行监督。为了科学配置行政执法资源，引导被许可人诚实守法，有必要建立重要设备、设施的设计、建造、安装和使用单位自行检查的制度。为此，《行政许可法》第六十八条第一款规定，"对直接关系公共安全、人身健康、生命财产安全的重要设备、设施，行政机关应当督促设计、建造、安装和使用单位建立相应的自检制度。"

为保障监督检查权正当行使，防止行政机关滥用监督检查权，借机敛财，为钱执法，侵犯公民、组织的合法权益，《行政许可法》第六十三条规定，"行政机关实施监督检查，不得妨碍被许可人正常的生产经营活动，不得索取或者收受被许可人的财物，不得谋取其他利益。"

二、行政许可监管的信息交流制度

过去，行政机关没有把行政许可监督检查作为一项日常工作，监管中获取信息的渠道相对封闭，各自为战。为此，《行政许可法》规定了鼓励举报制度和违法行为异地抄告制度。

（一）鼓励举报制度

行政许可监管需要充分利用外部力量，鼓励公民、组织对违法从事行政许可事项的活动进行举报、投诉。《行政许可法》第六十五条规定："个人和组织发现违法从事行政许可事项的活动，有权向行政机关举报，行政机关应当及时核实、处理。"鼓励举报，将行政执法权与公民的社会监督权利有机结合起来，是充分利用当事人之间的利害关系强化行政许可监督的重要方式。

行政许可监管中建立鼓励举报制度，主要基于以下考虑：一是行政机关实施监督检查，受到人力、财力、物力等条件的制约，不可能对所有的被许可人或者其他公民、组织实施普遍监督，也不可能做到随时监督。实践证明，单纯依靠增加行政执法投入的方式加大监管力度，其后果必然是投入大、见效低。在行政资源有限的情况下，只有发动全社会的力量，调动公众的积极性，才能对被许可人实施更有效的监督。二是行政许可事项的活动直接影响公民、组织权益，利害关系人最了解被许可人和其他公民、组织是否违法从事行政许可事项的活动，能够在第一时间发现违法，也有监督的内在动力。三是鼓励举报可以调动社会监督力量，拓宽行政机关获取信息的渠道，从而有效弥补行政机关不可能全天候执法、不可能在全区域巡查的局限。

为便利公民、组织举报违法行为，行政机关应当定期公告取得行政许可的公民、组织以及举报电话，公告年检合格或者通过其他监督检查的公民、组织及举报电话。不仅如此，要使行政许可监管的鼓励举报制度发挥作用，还必须借助以下条件：行政机关将取得的被许可人的情况以及行政机关的监督检查记录予以公布或者供公众查阅；对公民、组织的举报及时予以核实；对于查证属实的违法行为，依法予以处理并公布处理结果；为举报人、投诉人保密。

（二）行政许可违法行为抄告制度

根据"谁许可、谁监督"的原则，通常情况下，作出行政许可决定的行政机关负有监督检查被许可人从事行政许可事项的活动的法定职责。但是，如果行政机关自成一体，各自为政，互不统属，信息封闭，就会导致监管成本居高不下。如果被许可人在作出许可决定的行政机关辖区外从事行政许可事项的活动，例如，律师异地代理业务、驾驶员驾车远行，作出许可决定的行政机关就难以实施有效的监管。为了保证行政许可监管的有效性，《行政许可法》建立了旨在促进行政机关信息交流的违法行为异地抄告制度，明确了违法行为发生地管辖规则，尽可能实现行政许可监管属地化。该法第六十四条规定："被许可人在作出行政许可决定的行政机关管辖区域外违法从事行政许可事项活动的，违法行为发生地的行政机关应当依法将被许可人的违法事实、处理结果抄告作出行政许可决定的行政机关。"违法行为抄告制度，可以促进行政机关之间的信息沟通与交换，可以在一定程度上解决被许可人在发证机关辖区外实施违法行为无人监管的问题，使被许可人的行为始终处于行政机关的有效监督之下。

此外，有学者提出，以被许可人为信息披露义务主体的行政许可信息强制披露制度，是一种削弱被许可人信息优势地位、优化行政许可监管对策的重要制度安排，它具有舒缓监管信息不对称状态、强化被许可人自律、促使监管权力规范运行等价值①。

三、行政许可监管的处置措施

行政机关通过监督检查，发现行政许可决定违法、被许可人或者其他公民、组织有违法行为，应当依法采取处置措施。例如，责令改正、责令补办许可证、给予行政处罚，等等。规范行政许可监管中的处置措施，既是强化行政许可监管职能的需要，也有利于保护被许可人的合法权益。根据《行政许可法》的规定，结合行政执法实践，行政机关对于行政许可监管中发现的问题，可以依法采取以下处置措施：

（一）责令限期改正

行政机关发现被许可人违法从事行政许可事项的活动，或者发现公民、组织未经行政许可从事行政许可事项活动的，应当责令其停止违法行为或者改正。主要适用于四种情况。

1. 被许可人未依法履行开发利用自然资源义务或者未依法履行利用公共资源义务的，行政机关应当责令限期改正；被许可人在规定期限内不改正的，行政机关应当依照有关法律、行政法规的规定予以处理。（《行政许可法》第六十六条）

2. 取得直接关系公共利益的特定行业的市场准入行政许可的被许可人，应当按照国家规定的服务标准、资费标准和行政机关依法规定的条件，向用户提供安全、方便、稳定和价格合理的服务，并履行普遍服务的义务；未经作出行政许可决定的行政机关批准，不得擅自停业、歇业。被许可人不履行普遍服务的义务的，行政机关应当责令限期改正，或者依法采取有效措施督促其履行义务。（《行政许可法》第六十七条）

3. 行政机关在监督检查时，发现直接关系公共安全、人身健康、生命财产安全的重要设备、设施存在安全隐患的，应当责令停止建造、安装和使用，并责令设计、建造、安装和使用单位立即改正。（《行政许可

---

① 徐晓明：《行政许可持有人强制信息披露制度问题研究》，《行政法学研究》2011年第3期。

法》第六十八条第二款)

4. 制止、制裁未经许可的相对人擅自从事依法应当取得许可的活动的行为和行为人。例如,《无照经营查处取缔办法》第九条第 (一) 项规定,县级以上工商行政管理部门对涉嫌无照经营行为进行查处取缔时,可以 "责令停止相关经营活动"。

(二) 中止行政许可

一般认为,行政机关作出行政许可决定以后,在行政许可存续期间,被许可人不再符合法定许可条件,行政机关决定暂时停止其继续行使行政许可赋予的权利,即行政许可中止。《行政许可法》对此未作规定。理论上认为,行政许可中止制度能够及时提供完整的行政许可信息,维护行政许可的公信力;能够在一定程度上敦促被许可人维持符合法定许可条件的状态,并能最大限度地维护被许可人的合法权益①。基于行政许可监管职能,行政机关拥有行政许可中止权,即暂时停止被许可人使用其合法获得的行政许可的权力。中止行政许可,不影响许可证的效力,而是在一定时间内影响被许可人从事行政许可事项的活动。

行政机关发现被许可人未严格按照许可证上标明的方式、范围、期限从事行政许可事项的活动的,为制止违法,依法暂扣许可证或者责令其限期停业整顿是否属于中止行政许可,存在一定的认识分歧。一种观点认为,行政许可中止不同于暂扣许可证的行政处罚②。另一种观点认为,行政许可中止可区分为处罚性的行政许可中止和非处罚性的行政许可中止③。从相关的单行法规定来看,中止行政许可既可以作为行政许可监管处置措施,也可以作为一种行政处罚。作为行政处罚的行政许可中止,旨在责令被许可人改正违法行为,督促被许可人改进行为方式和条件,履行法定义务。

---

① 王太高:《论行政许可中止》,《法学》2014 年第 4 期。
② 王太高:《论行政许可中止》,《法学》2014 年第 4 期。
③ 肖泽晟:《非处罚性行政许可中止——从某环评批复行政复议 "后语" 说起》,《当代法学》2012 年第 6 期。

（三）撤销行政许可

行政许可是一种行政行为。在《行政诉讼法》中，法院判决撤销违法的行政许可①。

同时，行政许可的效力不仅取决于行政许可行为本身是否合法，还在很大程度上取决于被许可人是否依法从事许可事项，是否始终符合法定许可条件。因此，《行政许可法》也规定了行政机关撤销行政许可的具体情形②。我们此处分析行政机关撤销行政许可的相关问题。

撤销行政许可，主要是行政机关针对违法发放、变更许可的行为，针对被许可人不再符合许可条件等情况采取的处置措施。根据信赖利益保护原则，被撤销的行政许可的被许可人在许可证存续期间从事行政许可事项的活动仍然具有法律效力。因此，与行政法理论认为被撤销的行政行为自始不具有法律效力不同，被撤销的行政许可只向后失去效力，不溯及既往③。同样，为了保护被许可人的信赖利益，行政许可法对撤销行政许可的情形作了严格的规定④。

1. 可以撤销的行政许可。是指行政机关应当根据具体情况，在综合考虑撤销行政许可决定对相关各方利益的影响，引起行政许可决定违法的原因，行政许可决定违法的性质和程度等因素的基础上，决定是否予以撤销的行政许可。

行政许可有下列情形之一的，作出行政许可决定的行政机关或者其上级行政机关，根据利害关系人的请求或依据职权，可以撤销行政许可：（1）行政机关工作人员滥用职权、玩忽职守作出准予行政许可决定的；

---

① 2014 年《行政诉讼法》第七十条。

② 《行政许可法》第六十九条。

③ 杨解君主编：《行政许可研究》，人民出版社 2001 年版，第 271 页。

④ 也有学者认为，《行政许可法》第六十九条第一款回避了对行政许可违法性的抽象解释，导致许多实质性违法的行政许可无法在第六十九条的框架内予以撤销；许多不应受到行政许可撤销制度保护的无效行政许可反而要在第六十九条的框架内才能予以撤销。（李升、李卫华：《中德行政许可撤销法律之契合性比较》，《法治研究》2013 年第 2 期）

（2）超越法定职权作出准予行政许可决定的；（3）违反法定程序作出准予行政许可决定的；（4）对不具备申请资格或者不符合法定条件的申请人准予行政许可的；（5）依法可以撤销行政许可的其他情形。基于上述理由撤销行政许可，无过错的被许可人的合法权益受到损害的，行政机关应当依法给予赔偿。

2. 应当撤销的行政许可。分两种情况：一是被许可人以不正当手段取得的行政许可。《行政许可法》第六十九条第二款规定，"被许可人以欺骗、贿赂等不正当手段取得行政许可的，应当予以撤销"。行政机关撤销被许可人以不正当手段取得的许可，被许可人基于行政许可取得的利益不受保护。二是法律、法规规定应当撤销的行政许可。例如，国务院《无照经营查处取缔办法》第六条规定："对于已经取得营业执照，但未依法取得许可证或者其他批准文件，或者已经取得的许可证或者其他批准文件被吊销、撤销或者有效期届满后未依法重新办理许可审批手续，擅自从事相关经营活动，法律、法规规定应当撤销注册登记或者吊销营业执照的，工商行政管理部门应当撤销注册登记或者吊销营业执照。"

3. 不予撤销的违法许可。对于《行政许可法》规定可以撤销或者应当撤销的行政许可，行政机关认为撤销该许可可能对公共利益造成重大损害的，不予撤销。违法的行政许可是否必须撤销，要在权衡受益人的信赖利益是否值得保护，以及不撤销行政许可可能给公共利益造成的影响等因素的基础上确定。

在性质上，撤销行政许可，既可以作为行政处罚，也可以作为监管措施。作为监管措施的撤销行政许可尽管不属于行政处罚，但是由于撤销行政许可可能影响被许可人的合法权益，行政机关撤销行政许可的决定应当以书面形式作出，并且应当事前告知被许可人撤销行政许可决定的理由和依据，听取被许可人的意见。

（四）注销行政许可

行政许可决定可能因为特定事实的发生而失去效力。为了维持正常的社会秩序，保障交易安全，导致行政许可失效的事实发生以后，行政机关应当办理有关手续，向社会公示行政许可失去效力的事实。注销行政许可，就是基于特定事实的出现，由行政机关依法定程序收回行政许可证件或者公告行政许可失去效力。被注销的行政许可自注销之日起不再具有法律效力。对于注销行政许可的性质，理论上存在认识分歧。有学者认为，注销行政许可是行政机关在行政许可效力终止后办理的手续，是一种程序行为，注销之前行政许可已经失效①。也有学者认为，"注销行政许可是指行政机关基于特定情况的出现，依法消灭已颁发行政许可的效力的行为"②，注销行政许可属于"行政行为的废止的一种情形"③。在单行法和行政法律文书中，对"注销"一词的使用也存在差异。例如，《国家司法考试实施办法》第十九条、《电信业务经营许可证管理办法》第二十九条规定的"注销"，就是程序性的注销，针对已经被确认为无效或者失效的行政许可。在一些地方行政机关的法律文书中，"注销决定"被赋予了终止行政许可效力的效力。

《行政许可法》第七十条规定，行政许可"有下列情形之一的，行政机关应当依法办理有关行政许可的注销手续：（一）行政许可有效期届满未延续的；（二）赋予公民特定资格的行政许可，该公民死亡或者丧失行为能力的；（三）法人或者其他组织依法终止的；（四）行政许可依法被撤销、撤回，或者行政许可证件依法被吊销的；（五）因不可抗力导致行政许可事项无法实施的；（六）法律、法规规定的应当注销行政许可的其他情形。"其中有些情形，虽然行政许可的效力并没有被明确废止，但是，考虑到行政许可具有人身属性，被许可人死亡、终止自然导致行政许可法律关系消失，也可以视为行政许可的效力不复存在。同时，为更好地区分注销行政许可与撤销行政许可、吊销许可证的关系，我们倾向于将行政许可定位于程序性的行政行为。

完善行政许可注销制度，有利于保障行政许可信息完整准确，降低

---

① 王太高：《论行政许可注销立法之完善》，《法学》2010 年第 9 期。

② 马怀德主编：《中华人民共和国行政许可法释解》，中国法制出版社 2003 年版，第 248 页。

③ 湛中乐主编：《行政许可法实用解答》，中国法制出版社 2003 年版，第 211 页。

交易成本，维护交易安全。首先，应当明确注销行政许可的适用范围。对于尚未失去效力的行政许可，行政机关不得予以注销。其次，注销行政许可以后，行政机关应当及时收回行政许可证件或者加注"失效"，通知被许可人、向社会公示或者公告注销，以防失去被许可人资格的公民、组织仍然从事需经行政许可的活动。第三，行政机关注销行政许可，应当依法作出书面决定，必要时应当说明理由。

（五）实施行政处罚

为保障行政许可法律规则得以遵守，相关的行政处罚涉及两类不同的对象：被许可人；未依法取得许可的公民、组织。

被许可人有依法从事许可事项的义务。《行政许可法》第八十条规定，被许可人有下列行为之一的，行政机关应当依法给予行政处罚；构成犯罪的，依法追究刑事责任。

（1）涂改、倒卖、出租、出借行政许可证件，或者以其他形式非法转让行政许可的；（2）超越行政许可范围进行活动的；（3）向负责监督检查的行政机关隐瞒有关情况、提供虚假材料或者拒绝提供反映其活动情况的真实材料的；（4）法律、法规、规章规定的其他违法行为。

《行政许可法》第八十一条规定，"公民、法人或者其他组织未经行政许可，擅自从事依法应当取得行政许可的活动的，行政机关应当依法采取措施予以制止，并依法给予行政处罚；构成犯罪的，依法追究刑事责任。"刑法相应的规定主要是非法经营罪。当然，只有那些违反国家规定的特定行政许可并由填补空白构成要件的规范性文件，限定有刑罚后果的严重扰乱市场秩序的经营行为，方能以非法经营罪论处①。

公民、组织未经行政许可擅自从事依法应当取得行政许可事项的活动的，如果行为人符合行政许可条件，行政机关可以在作出行政处罚决定的同时，责令其补办有关行政许可。

---

① 王作富、刘树德：《非法经营罪调控范围的再思考——以〈行政许可法〉若干条款为基准》，《中国法学》2005年第6期。

| 第十七章 |
行政给付与行政救助

胡敏洁　浙江大学法学博士，南京大学法学院教授。兼任中国人民大学比较行政法研究所研究员、江苏省社会法学研究会理事、上海金融与法律研究院研究员。主要研究方向为行政法学、社会政策与社会性规制。在《中国法学》等刊物发表论文近四十篇。主持国家社会科学基金、教育部等课题近十项，出版专著《福利权研究》，译著《何谓法律——最高法院中的宪法》。

宋华琳　浙江大学法学博士，南开大学法学院教授，博士生导师。曾为耶鲁大学访问学者。主要研究方向为行政法总论、比较行政法、政府规制法、食品药品法。发表论文六十余篇，出版专著《药品行政法专论》，译著《创设行政宪制：被遗忘的美国行政法百年史》《打破恶性循环：政府如何有效规制风险》《规制及其改革》《美国公用事业的竞争转型》《偏颇的宪法》《宗教与美国宪政经验》。

第一节　行政给付①

行政给付的概念有广义和狭义之分。狭义的行政给付是政府有提供必需的生存条件、防范生活风险和社会共同生活条件的义务。例如，政府向公民提供最低生活保障金，提供失业、疾病、养老保险，提供公共交通通信和生活用水用电用气。广义的行政给付是政府满足公民社会权和其他公法受益权行政义务的总和。同时，它又较为容易与"给付行政""服务行政"等概念相交错。此外，它会因国别的不同、历史时期的分殊，又呈现出不同的形态。

一、行政给付的学术流脉与既有研究

（一）行政给付的发展史

早在中华民国时期，即存有关于"给付"内容的研究。社会救济法、赈灾法等的颁布，使得此时的给付更关注于基本民生的满足。② 或是受孙中山先生三民主义中"民生主义"的影响，民国行政法学者白鹏飞先生在 1927 年即指出"现代的国家，不仅依法及警察以维持社会之安宁为已足，必更进一步。而以开发社会之文化，增进国民之福利，为一种重要的任务。"③ 在此阶段也发表了诸如《五权宪法与民生主义》《宪法草案

---

① 　本部分撰写人胡敏洁。

② 　例如，1943 年，中国历史上第一部国家济贫大法《社会救济法》得以公布实施。同时，国民政府认为以前制订的相关法规已经不合实际，接着又公布了一系列法规，如《社会救济法施行细则》（1944 年）、《各省市县市地方救济事业基金管理办法》（1942 年）、《社会部奖助社会福利事业暂行办法》（1944 年）、《救济院规程》（1944 年）、《管理私立救济设施规则》（1945 年）、《赈灾查放办法》（1947 年）等等，逐渐形成了一整套与济贫相关的法律法规体系。

③ 　白鹏飞：《行政法总论》，商务印书馆 1927 年版，第 2—3 页；转引自罗豪才、甘雯、沈岿：《中国行政法学》，载罗豪才、孙琬钟主编：《与时俱进的中国法学》，中国法制出版社 2001 年版，第 94 页。

民生编国民生计之我见》《宪法与民生》之类的论文①，这些论文多从宪法角度讨论民生，故与行政给付的内容相关联。在日本学者清水澄德《行政法泛论》与《行政法各论》的中文译本中，都有专章讨论恩给权及内务行政的问题。②

行政给付涉及政府对于个体的积极给付，在社会主义国家的中国，并不缺乏所谓的行政给付，例如类似的济贫和社会救助工作，但这并非现代意义的给付行政，它更多是一种单一的从政府角度的施舍与恩赐，公民并不存在要求政府给付的权利，因此这只能被认定为是一种单向的法律关系。这种单向的法律关系存在于计划经济时代。在旧的体系与制度中，政府直接负责无依无靠、无家可归的孤老残幼，形成了国家承担完全和近乎无限的福利责任，这使得福利模式更多的是一种基于"单位制"的制度，是在一种近乎封闭的状态下运作的。在此背景下，计划经济下的给付行政是一种平均主义的给付。③

我国现行《中华人民共和国宪法》第四十四条规定退休人员的生活受国家和社会的保障，第四十五条第一款第一句规定公民在年老、疾病或者丧失劳动能力的情况下，有从国家和社会获得物质帮助的权利，第四十五条第一款第二句规定国家发展为公民享受这些权利所需要的社会保险、社会救济和医疗卫生事业，这可被视为行政给付的制度性保障。根据宪法的规定，我国先后颁布了《中华人民共和国劳动法》《中华人民共和国残疾人保障法》《中华人民共和国老年人权益保障法》《中华人民

---

① 萨孟武：《五权宪法与民生主义》，《新生命》1929 年第 2 卷；张静愚：《宪法草案民编国民生计之我见》，《河南政治月刊》1933 年第 3 卷第 8 期；程绍德：《宪法初草中之国民生计章》，《时代公论》1933 年第 65—66 期；袁晴晖：《宪法与民生》，《社会建设》1933 年第 1 卷等。资料来源：参见何勤华、李秀清主编：《民国法学论文精粹》（宪政法律篇）附录部分，法律出版社 2002 年版。

② ［日］清水澄：《〈行政法泛论〉与〈行政法各论〉》，金泯澜等译，上海商务印书馆 1908 年初版，再版于何勤华主编，中国政法大学出版社 2007 年版。参见胡敏洁：《给付行政范畴的中国生成》，《中国法学》2013 年第 2 期。

③ 参见胡敏洁：《福利权研究》，法律出版社 2008 年版。

共和国妇女权益保障法》等法律，并且逐步建立了养老保险、失业保险、医疗保险、工伤保险、生育保险、社会救济、社会福利制度以及优抚等社会保障制度。在中国，"行政给付"尽管未成为法律上的用语，却依然有着极其丰富的制度实践。①

（二）行政给付与给付行政

在行政法学的讨论中，有必要界定"行政给付"，并厘清此概念与"给付行政"词语的区别和联系。同时，行政给付作为一种制度实践，其包括的范围涉及基本物质帮助、福利给付等等，其范围也亟待厘定。在大陆法系国家和地区所讨论的"给付行政"，与本章所讨论的行政给付，看似只是用语稍有区别，实则意蕴殊异。

给付行政一词源自德语 Leistende Verwaltung，大多使用于与侵害行政，或维护秩序行政的对比上。它最早渊源于德国法。1938 年德国学者福斯多夫在其著作《作为给付主体的行政》中创立了给付行政论，认为随着人口增长和城市化这一社会现实，基于生存权保障需要的行政为给付行政，这包括水、电、煤气的提供；所有种类的交通手段、邮政、电话、电报的提供，乃至对老龄、残疾、疾病、失业领域的规制。② 一般而言，其内容包括：（1）国民生活中不可缺少的水电、煤气等的供给事业；公共汽车、铁路等的运输业；邮电通信事业的行政经营。（2）社会保险或公共扶助等的社会保障行政；社会保障行政的特色在于，给付主体与受领者之间的给付关系多是通过行政行为等单方面形成，甚至这种关系建立后还要受到行政的广泛干预。（3）补助金交付、融资、债务保证等的资金交付行政等。这是指行政主体为了保证经营的安定，满足公共需要，而对私人、私营企业提供资金，其内容包括国家、地方公共团体、行政法人等提供的保险、企业融通资金信贷、青少年保护、就

---

① 参见宋华琳：《作为宪法具体化的行政法——〈公法学札记〉的札记》，《中外法学》2003 年第 5 期。

② 参见陈新民：《服务行政及生存照顾概念的原始面貌》，载陈新民：《公法学札记》，中国政法大学出版社 2001 年版，第 47—48 页。

业信息提供等。

中国改革开放以来，行政法学总论的著述中，常会出现"给付行政"的语词，尤其是对于行政职能扩张或者变化的描述上，即政府的给付职能。[1] 例如，应松年教授在他 1985 年合著的《行政法学研究》一书中，在介绍英美法系行政法概念部分提到，二战后，英美法系行政法的发展包括有关社会服务的法、公共事业的法。[2] 姜明安教授 2005 年主编的《行政法与行政诉讼》一书中，第一章认为，国家职能的扩张导致为适应社会发展之需，为保障社会的发展和进步，需要举办社会福利和社会保险。[3] 该书后续章节，则将狭义的行政给付仅限于行政物质帮助，并将其归为依申请行政行为。这种体例和安排是多数教科书中所采用的方式。[4] 晚近，在我国的多数教科书都会有涉及"行政给付"的章节。例如，罗豪才教授主编的《行政法学》中认为"行政给付又称行政物质帮助，是指行政机关对公民在年老、疾病或丧失劳动能力等情况或其他特殊情况下，依照有关法律、法规规定，赋予其一定的物质权益或与物质有关的权益的具体行政行为。"[5]

在 1993 年前后出版的部门行政法研究丛书中，《民政行政法》一书

---

[1] 姜明安主编：《行政法学》，法律出版社 1998 年版，第 114—117 页。该部分由董炯撰写。姜明安主编：《行政法与行政诉讼法》，北京大学出版社、高等教育出版社 1999 年版，第 189—193 页；张正钊主编：《行政法与行政诉讼法》，中国人民大学出版社 1999 年版，第 138—141 页；姜明安主编：《行政法与行政诉讼法》，法律出版社 2003 年版，第 132—137 页。这三部分均由杨建顺撰写。

[2] 应松年、朱维究：《行政法学总论》，工人出版社 1985 年版，第 14 页。

[3] 姜明安主编：《行政法与行政诉讼法》，北京大学出版社、高等教育出版社 2005 年版，第 272 页。

[4] 例如，朱新力教授主编：《行政法学》中同样如此。在第一章"行政法概述"部分涉及行政的分类时指明规制行政与给付行政的分类，而在后续章节中将行政给付视为独立的部分。（参见朱新力主编：《行政法学》，高等教育出版社 2004 年版，第 7、236 页）

[5] 罗豪才、湛中乐：《行政法学》，北京大学出版社 1996 年版，第 242 页。国内多数教科书中都有这种体例安排。

涉及行政给付的内容。在现今中国行政法学的主流学说中，"行政给付"行为的范围较窄，只是"给付行政"的一种方式，多将其限定为社会保障行政中的行政物质帮助，是指行政机关对公民在年老、疾病或丧失劳动能力等情况或者其他特殊情况下，依照有关法律、法规，赋予一定的物质权益或与物质有关的权益的行政行为。其外延包括优待、抚恤、安置、补助、提供社会保障和最低生活保障、救灾扶贫等，这比其他大陆法系国家讨论的给付行政范围要窄得多。

行政给付作为一种行政行为具有如下特征：

1. 行政给付是行政主体依法向行政相对人给付金钱或实物的行为。如果说行政征收中的税收是无偿地取之于民，行政给付则是行政主体向相对人给付金钱或实物，是无偿地用之于民。例如《失业保险条例》（1999年1月22日公布）中即规定了失业人员可依法领取失业保险金。

2. 行政给付行为是依申请的行政行为。除了在发生自然灾害等紧急情况下，由行政主体主动予以实施外，就绝大多数申请而言，给付对象的申请是必不可少的步骤。即使在紧急的情况下，有时也要求履行相应的申请手续，只不过手续相对比较简单而已。

3. 行政给付是一种授益性行政行为。行政给付是政府以国库为后盾实施的行为，而国库的来源是税收，税收是对相对人不利的侵害行为，行政给付则赋予了相对人物质利益或与物质有关的利益。当然，这种授益并非无限，而是仅仅提供满足最低生活需求的资金或实物。

4. 行政给付是依法作出的行为。在西方发达国家，都制定了有关行政给付的基本法律，例如美国的《社会保障法》（1935年）、英国的《国民救助法》（1948年）、德国的《社会救助法》（1966年），以及日本战后由《生活保护法》《儿童福利法》《残疾者福利法》《精神病患者福利法》《老年福利法》和《母子福利法》组成的"社会福利六法体制"。① 在我国相应的给付立法尚不完备，但行政给付行为依然要符合法律、法

---

① 参见陈建安主编：《战后日本社会保障制度研究》，复旦大学出版社1996年版，第61页。

规、规章和政策的要求，同时行政给付只能给予符合法定条件的公民，并遵循法定的程序来实施。

行政给付的方式是指行政主体通过何种形式实施物质帮助行为，赋予被帮助人以一定的权益。这主要包括如下几种方式：

1. 发放现金。发放现金是主要的行政给付方式。例如城市居民最低生活待遇的发放、社会救济金、福利金、自然灾害救济金等。

2. 给付实物。这种行政给付方式不直接给被救助对象发放现金，而是赋予其某种与物质相关的权益，给付的范围多为公民衣食住行方面的生活必需品，具体形式包括提供廉价住房，减免公共场所门票费以及减免义务教育阶段子女的学杂费等。

3. 收容安置。国家或代表国家的行政主体建立各种设施，对特定的对象予以收留，并满足其基本的物质生活需要。收容安置的对象主要是无固定居所的公民，因年老体弱、身体或精神上有缺陷以及患病或遭受伤害不能独立生活而需要特别救助者。

4. 减免费用提供服务。这种方式通过对公民减免特定的费用，使得其本应缴纳该费用才能实现的权利得以实现。例如《中华人民共和国律师法》（2001 年 12 月 29 日修正）第四十一条规定："公民在赡养、工伤、刑事诉讼、请求国家赔偿和请求依法发给抚恤金等方面需要获得律师帮助，但是无力支付律师费用的，可以按照国家规定获得法律援助。"

二、中国法上行政给付的法律规范层次

作为一种制度层面的行政给付，它在中国的确立与被认可都需要法律上的支持。从法律规范意义上来看，这在西方国家早有所验证。例如，德国在宪法中确立了社会法治国原则，德国学者多认为给付行政发轫于宪法上的社会国原则，强调国家应努力建立与维护社会安全与社会正义。日本国宪法中也有关于生存权的相关规定。在我国，也应讨论行政给付的法律规范层次，讨论行政给付的宪法基础，讨论行政立法、行政规定中对行政给付内容的设定。

（一）行政给付的宪法基础

从比较法的角度审视，给付行政的成立往往是宪法中生存权或社会权的体现。例如，《日本国宪法》第二十五条规定："一切国民都享有维持最低限度的健康和有文化的生活权利。国家必须在生活的一切方面努力于提高和增进社会福利、社会保障以及公共卫生事业。"① "生存权"被认为是一种"要求确保生存或生活上必要诸条件的权利。"② 德国《宪法》第20条第1款和第28条第1款确立了"社会法治国"（Sozialstaat）原则，其产生的主要动因在于19世纪以来人口增长、工业化、无产阶级产生以及都市化等带来的社会现实问题。③ 公共行政由此从秩序维护者转为给付主体。

我国《宪法》第十九条、第二十一条、第二十二条、第二十六条、第四十二条、第四十四条和第四十五条以及2004年宪法修正案第二十三条都涉及行政给付的内容。在这些规定中，明确了国家在发展医疗卫生、社会保障事业，发展图书馆、博物馆、文化馆和其他文化事业，保护和改善生活环境和生态环境等领域所负有的义务。宪法也确认了公民在特定情况下获得物质帮助的权利，主要是指老年人、患疾病的人或残疾人所享受的权利。宪法还设定了包括退休制度等在内的制度保障。④ 依据这些宪法规范，便会要求行政机关积极承担相关的职责。

我国学者大多会以《宪法》第四十五条所规定的"物质帮助权"来推导出行政给付的含义。这似乎表明了在行政给付中所蕴含的宪法背景，即宪法上的相应权利能够影响并改变行政法学的重心。对于社会主义国家的中国而言，传统的社会主义宪法重点本不在于保障经济自由，而在

---

① 《日本国宪法》（1946年公布，1947年实施），《世界宪法大全》，姜士林等编，青岛出版社1997年版，第385页。

② 许志雄：《社会权论》，罗文图书公司印行1991年版，第6页。

③ 陈新民：《公法学札记》，中国政法大学出版社2001年版，第99页。

④ 参见杨海坤主编：《跨入新世纪的中国宪法学——中国宪法学研究现状与评价》（上），中国人事出版社2001年版，第34页。

于保障社会权利。① 这使得以确保社会权实现为宗旨的行政给付，有了宪法规范层面的依据。

（二）行政给付与行政立法

在给付行政的诸具体领域中，多带有高度专业技术性特色。例如，在社会保障行政过程中，如何确定社会保障中的家庭收入，如何认定工伤或残疾，这些问题无法交由立法机关处理。因此往往会经由授权立法，来交由行政机关制定相关的法律规范。给付行政涉及领域众多，立法类型也颇为繁复。在这个领域中，法律规范具有较强的专业性，法律规范也呈现出变动不居的形态。②

1. 中央层面的不同立法

国务院及国务院部门，如民政部、人力资源和社会保障部、国家卫生和计划生育委员会、国家食品药品监督管理总局等，都可能规定与行政给付相关的规范。例如，国务院 2007 年颁布了《关于在全国建立农村最低生活保障制度的通知》以及《关于解决城市低收入家庭住房困难的若干意见》等。不同行政部门承担不同的行政给付职能，但需要部门间的配合与合作。例如，医疗保险即涉及人力资源和社会保障部、国家卫生和计划生育委员会以及国家发展和改革委员会之间的协调。

从行政给付所需资源及资金角度考虑，中央级的立法能够在宏观的层面上实现社会有限资源的分配与再分配，特别是涉及财政预算等问题时，必须在中央层面来规范这些内容。目前的问题在于，哪些事务适合中央层面的立法，而哪些事务更适合地方来做。根据《立法法》第七十二条第一款、第二款的规定，各省、自治区、直辖市的人民代表大会及其常务委员会"根据本行政区域的具体情况和实际需要，在不同宪法、法律、行政法规相抵触的前提下，可以制定地方性法规"。"设区的市的

---

① 韩大元、林来梵、郑贤君：《宪法学专题研究》，中国人民大学出版社 2004 年版，第十二章"社会经济权利"部分（林来梵撰写）。

② 参见 ［日］ 大桥洋一：《行政法学的结构性变革》，吕艳滨译，中国人民大学出版社 2008 年版，第 170 页。

人民代表大会及其常务委员会根据本市的具体情况和实际需要，在不同宪法、法律、行政法规和本省、自治区的地方性法规相抵触的前提下，可以对城乡建设与管理、环境保护、历史文化保护等方面的事项制定地方性法规，……"

根据《立法法》第七十三条的规定，地方性法规可以对两类事务作出规定："为执行法律、行政法规的规定，需要根据本行政区域的实际情况作具体规定的事项"和"属于地方性事务需要制定地方性法规的事项"。诸如涉及限制公民人身自由的重要事项，则属于全国人大及其常委会的立法范围。对于涉及普遍公民权利的行政给付，如公民最低生存权益的确保，再如流浪乞讨、最低生活保障等问题，应由中央立法来统一规定。

对于中央层面的立法而言，最重要的任务是通过立法来形成给付行政的基本制度框架。我国现存的问题，在于中央层面的行政给付立法主要集中于各个部委，由全国人大及其常委会制定的立法则并不多见。

2. 地方层面的诸多法律规范

行政给付涉及复杂的财政因素考量，因此常由地方政府来履行具体的行政给付职能。例如，根据《城市居民最低生活保障条例》① 第四条的规定："城市居民最低生活保障制度实行地方各级人民政府负责制……"根据该条例第十六条的规定："省、自治区、直辖市人民政府可以根据本条例，结合本行政区域城市居民最低生活保障工作的实际情况，规定实施的办法和步骤。"实践中，各级地方政府以地方性法规、地方政府规章及规范性文件等形式，颁布了诸多涉及行政给付的法律规范。

以江苏省南京市为例，即有《江苏省城市居民最低生活保障办法》《南京市城乡居民最低生活保障条例》及《南京市城乡居民最低生活保障条例实施细则》三部涉及最低生活保障的法律规范。这三部不同的法律规范，在具体内容的规定上以收入核查为中心，规定呈不断细化的趋势。例如，《南京市城乡居民最低生活保障条例》第十四条规定：最低生活保

---

① 《中华人民共和国国务院令》第 271 号，1999 年 10 月 1 日起施行。

障金数额应当按照其家庭人均收入低于当地最低生活保障标准之间的差额确定。对高龄老人、残疾人、大重病患者等有特殊困难的最低生活保障对象，应当适当上浮其保障标准或者给予特殊照顾。

以此为依据，《南京市城乡居民最低生活保障条例实施细则》第十二条中便详细规定了可以增发的情形，依次为增发 10%、20% 以及 130%。如第十二条第一款的规定："最低生活保障对象家庭中有下列情况之一的，本人每月按保障标准增发 10% 保障金：1. 70 周岁以上（含 70 周岁）的老人；2. 持有《中华人民共和国残疾人证》的残疾人；3. 在校就读的学生（含幼儿园）……"

主要出于财政因素的考量，在行政给付领域，一般的管理模式为属地管理。某些地方的财政收入较高，提供的给付水平可能也较高，这加剧了地方之间存在的差异和不平等，削弱了国家的团结互助和社会分配功能。那些政府给付能力较高的地区，也可能借助属地管理设置种种界限，限制其他地区居民成为本地区居民的可能性。

例如，《南京市城乡居民最低生活保障条例实施细则》第五条第一款第十项便规定了外地来本市就读的在校学生不能享受最低生活保障待遇。第十二项也同时规定了"无正当理由，在申请享受最低生活保障待遇之前，已在本市以外地区居住半年以上的居民。"这种情形不仅为我国所独有。由于我国尚不存在一部在全国范围内实施的"社会保障法"，使得各级地方政府在实践中具有了更为广阔的立法政策形成空间。

（三）行政给付与行政规定

基于行政给付的权利基础，即生存权或社会权，此类权利往往被委任于立法机关的裁量决定，即如果没有相关具体的立法，则不能通过诉讼来主张其权利，这在日本行政法学中表现为"抽象权利说"[①]；在美国则表现为对于福利权的审慎态度，即认为法院"在高度迥异的领域作逐案判断"，"它们常常不具备对重要社会变革中所涉及问题至关重要的，

---

① 参见［日］大须贺明：《生存权论》，林浩译，法律出版社 2001 年版，第 69—118 页。

所需要的专长与谋划能力。"① 在行政给付中，每每通过规范性文件、行政计划、行政指导或者以通知、意见、决定、会议纪要等形式，来体现行政机关的政策裁量。例如，诸多关于医疗保险、养老保障金的调整等都是通过"文件""通知"等形式展开的。我国行政给付领域欠缺立法机关制定的法律规范，同时行政给付受政策影响甚巨，具有一定的灵活性，这些都使得行政规定在行政给付中发挥着重要作用。

三、行政给付的原则

作为一种授益性行政行为，行政给付须遵循如下原则。

（一）基本生活保障原则

行政给付的目的在于保障人民的"最低生活水准"。个人尊严、自由发展等基本权利都必须以人的继续生存为前提。这要求国家积极地作为，建立相应的行政给付制度，并提供各种必要的服务，使得人民能享有维持人性尊严的最起码的生活条件，并有能力克服生活上的各种风险。但行政给付提供的仅仅是满足最低要求的资金或实物，因为这既体现了现代社会下的生存权保障，又避免了申请人产生不劳而获的思想。例如，《城市居民最低生活保障条例》第三条即规定："城市居民最低生活保障制度遵循保障城市居民基本生活的原则，坚持国家保障与社会帮扶相结合、鼓励劳动自救的方针。"

（二）补充性原则

基于国家与社会相互分离的基本原则，凡是个人能够自发、自立完成的事，就不应当交由团体来做。国家此时需要提供的只是"有益的帮助"，即促进资助发展，促使其能够自行完成事务的帮助。德国行政法学者福尔斯托霍夫在 1959 年指出，现代的社会和 20 世纪 30 年代的社会在本质上已有极大的差异。除了在国家陷入战争及灾难的非常时期外，在

---

① 参见胡敏洁：《论社会权的可裁判性》，《法律科学》2006 年第 3 期；胡敏洁、宋华琳：《美国福利权的宪法论争》，《政治与法律》2005 年第 3 期。

和平时期，应由"社会之力"来解决其成员的生存照顾问题，而非依赖国家及行政的力量。国家只有在社会不能凭借自己的力量维持稳定时才充当一种"国家补充功能"。①

这在很多领域都有所体现，例如，20世纪80年代之后一些新的替代福利国家的概念不约而同地被构思着，如"志愿福利国家"与"福利多元主义"等，其中都要借助市场来弥补政府部门的缺陷。② 再如，在市场经济不断激烈的竞争中，必须先确立宪法上对这种竞争行为是否交由市场自我调适和处理，而将国家权力的介入视为一种补充性的地位。在德国，国家辅助性作用原则的具体要求是，公民个人的生活需要自我负责，尽自己所能努力实现自我发展；同时鼓励社会团体积极组织起来，团结互助共同为促进社会福祉服务；个人自我负责与团体协作优先于国家在给付行政方面所负的责任。个人负责和自我决定在其间发挥着重要作用。在日本也实行了"补充性原则"。行政主体以一般纳税人的负担所进行的给付活动，原则上是对私人或家庭、市町村等共同体无法充分实现其生活上的重要利益时实施的补充性活动。首先要负责的是私人或家庭、市町村等共同体，日本《生活保护法》中明文规定了此原则。

就公众福祉的保护而言，市场和社会可以发挥更为重要的作用。如前所述，《宪法》第四十四条、四十五条规定，社会可以在退休人员的生活保障、给需要救助者以物质帮助方面发挥作用。《宪法》第十九条、二十一条规定，国家鼓励社会办学，举办各种医疗卫生设施，开展群众性的卫生活动。在立法和实务中，均确立了这一原则。例如，《中华人民共和国老年人权益保障法》（2009年修正版）规定，"老年人养老主要依靠家庭。家庭成员应当关心和照料老人。"（第十条）同时建立养老保险制度和医疗保险制度（第二十条、二十五条），保障老年人的基本生活。《残疾人保障法》规定，"残疾人的抚养人必须对残疾人履行扶养义务"（第九条），同时鼓励残疾人联合会和地方组织发展残疾人事业（第八

---

① 参见陈新民：《公法学札记》，中国政法大学出版社1999年版，第85—86页。
② 参见林万亿：《福利国家 历史比较分析》，巨流图书公司1994年版，第314—315页。

条）。

《城市居民最低生活保障条例》也规定要"遵循保障城市居民基本生活的原则，坚持国家保障与社会帮扶相结合、鼓励劳动自救的方针"（第3条）。在我国民政工作中，城市社会救济确立了"依靠集体，依靠基层，生产自救，群众互助，辅之以国家必要的救济"的方针；生产救灾工作中确立了"依靠群众，依靠集体，生产自救，互助互济，辅之以国家必要的救济和扶持"的方针。

（三）平等原则

行政给付应平等实施。只要符合法律规定的标准，当事人提出给付的请求，政府就应当一视同仁，平等对待。对公民予以平等保护是各国宪法确立的基本原则。我国《宪法》第三十三条第二款规定："中华人民共和国公民在法律面前一律平等。"但在给付行政领域，无论是从法律规范层面，还是实施层面，都未能充分践行平等原则。

基于平等原则的要求，符合行政给付条件的相对人有平等请求国家作为以提供保护和帮助，并获得平等给付内容的权利。凡未达到最低生活水平的公民，不论其困难大小，应由政府补足其差额，保障其最低限度的基本生活。从具体操作看，制定科学合理的最低生活水平线是行政给付得以正常发挥作用的基本条件。在我国行政给付实践中，还存在着不同利益群体之间、不同地区之间以及城乡之间的给付条件和标准的差距，应对其逐步予以改进和完善。

（四）时限原则

《城市居民最低生活保障条例》第八条第三款规定："管理审批机关应当自接到申请人提出申请之日起的30日内办结审批手续。"同时根据《最高人民法院关于执行〈中华人民共和国行政诉讼法〉若干问题的解释》的规定，公民、法人或者其他组织申请行政机关履行给付的法定职责，行政机关接到申请60日内不履行的，可依法提起行政诉讼。但根据实证调查结果，至少有三分之一的行政机关不遵守法定时限，个别行政机关乃至不予答复。因此有必要在行政给付中引入时限原则，要求给付机关遵循一定的法定时限要求。

(五) 信赖保护与持续给付原则

一般而言，合法的行政给付行为是一种授益性行政行为，根据法律安定性的要求和信赖保护原则，原则上不能被废止，行政给付只能在一定条件下才能改变。《荷兰行政法通则》第 4 章第 51 条则规定如果主观或客观情况发生重大改变，以至于不能继续提供给付或不能不变的提供给付时，行政机关必须事先经过合理期限的告知。除了一次性的、临时性发放的给付之外，大多数行政给付是定期性的，也应进行连续性的稳定供给，如果改变有关给付基准时，应事先告知相对人，并对行政机关的变更权设置一定的限制。

作为法治主义原理的本质性要素之一，法安定性原则要求行政行为必须不断增强其预测可能性，法治主义原理的实现要求行政活动必须遵循信赖保护原则。给付行政对于信赖保护原则的贯彻，主要表现在政府对自己作出的给付决定和给付行为应守信用，不得随意变更。若因情况发生了变化，确实需要改变有关基准或者变更、撤销、废止已经作出的给付行为时，应进行利益的考量，认定对已经作出的给付行为的变更、撤销、废止所产生的利益确实大于相对人因此损失的利益时，方得为之。除了一次性或者临时性发放的行政给付外，大多数给付的发放是定期性的，政府应当进行连续的、稳定的给付。

四、行政给付与行政组织法的变革

行政给付及福利国家的发展，使得行政任务不仅仅在于传统的秩序维护，而更多的任务表现为公共福祉的提供。在传统的秩序维护阶段，为确保组织之间的相互协调与控制，行政机关的设置往往以科层制为中心。这种制度一旦确立，便总是运用其权力维护其地位，而不是促进变迁和革新。① 而在行政给付领域，单一地依靠行政权力来实现行政目标，似乎已经变得力不从心。例如，政府与贫苦者之间所建立的社会保障关

---

① ［美］彼得·布劳、马歇尔·迈耶：《现代社会的科层制》，马戎等译，学林出版社 2001 年版，第 149 页。

系，其目标在于给予公民基本的生存保障或者更高层次的社会保险。而每个穷人要想获得社会保障金，往往需要进行一定的家庭调查，而由于地域不同，获得的社会保障金数额也可能不同。如果想要严格的划定某一界限，并严格依循某种组织设定规则，便容易忽略社会保障领域中的个性特征。面对福利问题，不能仅倚重严格依循科层制设定的层层行政部门，很多情况下还需要依靠社会组织的力量来实现行政任务。此外，由于给付行政通常不需要强制。因此，行政机关在选择以公法形式抑或私法形式来实现行政任务方面具有一定的选择自由。这种选择自由不仅与行政机构的组织形式有关，而且与给付或者使用关系的具体形式有关。① 这种选择自由也使得行政组织的形态趋于多元化。

（一）承担行政给付任务主体的多元化

在给付行政领域，尽管社会组织发挥了重要作用，但行政机关依然是最为重要的组织形式。很多给付项目依然有赖于财政资金的保障及政府的发放。例如，在我国的社会保障领域，民政部、人力资源与社会保障部门发挥重要的作用，负责灾害救济、社会保险以及社会福利等多种项目。从二者的权属划分来看，民政部门主要负责维持公民最低生存的保障项目及有关紧急状态下的救助，人力资源与社会保障部门则负责更为常规化、持续化的项目，如养老、工伤、失业、医疗、生育等，这些多与公民的劳动权益相关联。这些部门之间涉及的核心问题是职权如何分配。

私法形式的行政组织也在行政给付中发挥重要作用。在我国，很多事业单位与企业作为事业单位法人和企业法人，承担了较多的行政给付任务。私人在行政给付中越来越发挥积极的作用，如承担了扶贫、扶持弱势群体、帮助失学儿童、促进社区发展等功能，它能够有效地利用和配置社会资源，构成了政府与市场之间的公共领域，是替代官僚政治与精英管理的可行选择。这一类型的组织在我国行政给付中发挥着越来越

① 参见［德］哈特穆特·毛雷尔：《行政法学总论》，高家伟译，法律出版社2000年版，第37页。

重要的作用。例如，各种慈善协会与社会保障基金等减轻了政府财政负担，减轻了政府提供公共服务的压力。此类组织与行政机关之间，可能也存在某种授权或委托关系。政府为实现自己的目标可将给付提供的职能委托给这些组织进行，也可以通过签署协议的形式实现职能委托。政府部门不再直接提供服务，而是由非政府组织通过平等竞争机制获得政府的资助，签订相关合同，并履行相应义务。

（二）行政给付中的中央与地方

伴随着福利国家与给付行政的发展，各国纷纷建立各种社会保障措施以及相关的公用设施。在这一过程中，发达国家开始发现福利制度所带来的物质主义非但不能带来人们所期望的幸福感，反而成为酿就新的城市贫困、社会排斥边缘群体的温床。① 在此情境下，居委会与街道办事处等基层组织的功能被重新审视。这为行政给付中的纵向职权配置，中央与地方行政组织的分权，注入了新的元素。

1. 中央行政组织的调整与职权分配

以我国为例，为适应机构改革以及不断增加的公共事务要求，民政部与劳动与社会保障部门的管理体制也逐渐变革。1998 年以前，作为行政给付重要组成部分的社会保障领域，其管理权限往往为"多龙治水"。例如，社会保险事项分属劳动部、人事部、民政部及铁道部以及交通部等各个部门。1998 年中央机构改革，在保留民政部并调整其职能之后，新组建劳动与社会保障部门负责统一管理全国社会保险等事务。②

2. 地方行政组织承担的行政任务

行政给付涉及中央与地方之间的预算及财政分配，为了缓解过多的财政压力，更多的事务也被转移到地方政府来执行。例如，就国营特困企业职工的生存保障而言，县、乡镇行政乃至基层自治组织都发挥着重要作用，它们承担着教育、医疗、社会福利、公共设施建设等领域的给

---

① 参见杨团：《社区公共服务论析》，华夏出版社 2002 年版，第 2 页。

② 参见郑功成：《中国社会保障制度变迁与评估》，中国人民大学出版社 2002 年版，第 26 页。

付职能，为企业职工提供基本保障。这也为诸多实定法规范所体认。例如，根据《城市居民最低生活保障条例》的规定，城市居民最低生活保障制度实行地方各级人民政府负责制。由县级人民政府民政部门以及街道办事处和镇人民政府（以下统称管理审批机关）负责城市居民最低生活保障的具体管理审批工作。这些均表明地方在承担给付行政职能中的重要地位。

五、行政给付的程序

行政给付的专业性，给实际操作带来了巨大的困难。例如养老金的核算、伤残程度的认定、对贫困程度的查明等环节都涉及诸多专业性的标准，因此更需要从程序上来确保相关的实体价值。这实际上成为衡量行政给付的一项重要基准。同时，由于行政给付涉及的领域广泛，因此行政给付的程序也会因为领域的不同而有所差别。以社会保障行政中的城市最低生活保障为例，它往往要经历申请—审查（入户调查）—审批—发布几个不同的环节。[1]

一般而言，行政给付的程序启动往往以"申请"作为第一阶段，当然依职权的情形除外。社会保障行政由于是一种较为典型的授益行政，在具体的法律规定中，我们往往可以找寻到关于申请的制度规定。以下选择援引该领域中较为重要的几部法律、行政法规中关于申请的相关规定。

农村五保户供养条例：享受农村五保供养待遇，应当由村民本人向村民委员会提出申请；因年幼或者智力残疾无法表达意愿的，由村民小组或者其他村民代为提出申请。

城市最低生活保障条例：申请享受城市居民最低生活保障待遇，由户主向户籍所在地的街道办事处或者镇人民政府提出书面申请，并出具有关证明材料，填写《城市居民最低生活保障待遇审批表》。

工伤保险条例：提出工伤认定申请应当提交下列材料：（一）工伤认

---

① 参见胡敏洁：《福利调查与受益人权利保障》，《当代法学》2008年第2期。

定申请表；（二）与用人单位存在劳动关系（包括事实劳动关系）的证明材料；（三）医疗诊断证明或者职业病诊断证明书（或者职业病诊断鉴定书）。工伤认定申请表应当包括事故发生的时间、地点、原因以及职工伤害程度等基本情况。分析上述规定，大概具有以下三种特征。

（1）多数情况下，申请是本人提出的；当然，基于社会保障行政受益者的特殊性，在一些特殊的情况下，可以由他人代为申请；（2）申请多数情况下需要采取书面形式，因此往往会需要填写相关的申请表或者审批表；（3）申请的内容需要符合相关规定，否则可能需要程序上的补正。

作为授益性行政行为的"开端"，一般情况下，相对人一旦申请，则行政机关的裁量权就被收缩至零，申请一到达行政机关，行政机关便开始活动或程序开始进行。多数情况下，行政机关一旦接到行政相对人的申请，则需要在法定的时间内决定是否受理该申请，并开始其后的各项程序。也就是说，此时，申请发挥了一种推进功能，促使并形成了行政程序法律关系。在这种关系中，当事人具有受理请求权、补正指导请求权等。对于私人依法提出的申请，行政机关即应开始进行行政程序，没有裁量的余地。行政相对人是否提交"申请"，在很多行政行为中，特别是授益行政行为中往往具有特殊的功能意义，只要申请一到达行政机关，行政机关即负有开始活动或者程序进行的义务。[1] 有些情况下，行政机关的延迟履行会给行政相对人带来沉重的后果。例如，一名身处贫困中的低保申请者，及时的决定将使他的生活不至于陷入绝境。因此，在不同的授益性行政行为中，借助程序法意义上的申请功能，将影响到公民的实体性权利，进而使得它同样具有实体法意义上的功能。[2]

在行政给付的几个不同环节之中，特别是审查环节会涉及家庭收入

---

[1] 沈政雄：《资金交付行政之法统制》，台湾政治大学法律学研究所 1997 年硕士论文，资金交付行政，第 188 页。

[2] 参见胡敏洁：《授益性行政行为中的"申请"——以社会保障行政为例证》，中国法学会行政法学研究会 2009 年年会论文集（下册）。

的核查等问题，这也是实践部门中所要面临和解决的主要问题。其中，"家庭收入"的计算与统计则可能需要借助更为专业化的技术手段来进行。这些技术性的问题需要交由专家来加以判断。更为明显的利益多元化则体现为，在更为广泛的社会保障行政中，可能包含了私人，其中又有企业与个人之分；政府，有中央政府与地方政府之分；受益群体，例如残疾人群体、老年人群体等。这些复杂的利益群体，再伴之以社会保障行政中往往会带有的政策甚至政治色彩，使得行政过程要考虑的利益群体具有复杂的多样化特征。

因此如何在程序上保证实体价值，就成为衡量行政给付的一项重要基准；同时，行政给付牵涉领域甚广，数量极多，为了提高行政效率，有必要设计与之相适应的行政程序。在行政给付领域，行政相对人往往是社会生活中的弱者，他们所拥有的能力和占有的资源更少，程序设计上需考虑到此因素。[①] 这些多元的利益表达，要求在行政过程中重视处于不利地位群体的利益表达，并在此背景下建构行政程序法。给付行政也要求行政程序法治的结构性改革。在给付行政领域中存在诸多技术性、专业性和政策性的因素，这使得行政相对人和行政主体之间存在信息不对称，也要求通过行政程序中的公开、听证、说明理由等加以补充。这些是总体上对于行政给付程序的要求。还需注意，行政给付中的特殊程序尤以"动态监管程序"为代表。如城市最低生活保障中的"动态管理"制度，即民政部门、街道办事处、乡（镇）人民政府及社区居委会要于每季度末月份内，对享受对象的家庭人口和收入情况进行核实，根据核实情况及时办理延续、提高、降低或终止最低生活保障待遇的手续。以这一程序为核心的退出机制，在行政给付中具有重要地位。完善的退出机制可以确保行政给付的目标之实现，并可确保资金利用的合理目标。然而，当下行政给付领域，例如低保、廉租房等，相关的退出机制尚不完善，动态管理等缺乏有效的监督，退出操作上的随意性较大。这都需要进一步加以完善。

---

① 参见高秦伟：《论社会保障行政中的正当程序》，《比较法研究》2005年第4期。

六、行政给付的救济

根据《中华人民共和国行政复议法》第六条第十项的规定，公民、法人或者其他组织申请行政机关依法发放抚恤金、社会保险金或者最低生活保障费，行政机关没有依法发放的，可依法申请行政复议。根据《中华人民共和国行政诉讼法》第十二条第十项规定，对行政机关没有依法支付抚恤金、最低生活保障待遇或者社会保险待遇的可以提出行政诉讼；《行政诉讼法》第五十七条规定，人民法院对起诉行政机关没有依法支付抚恤金、最低生活保障金和工伤、医疗社会保险金的案件，权利义务关系明确、不先予执行将严重影响原告生活的，可以根据原告的申请，裁定先予执行。当事人对先予执行裁定不服的，可以申请复议一次。复议期间不停止裁定的执行。

综上所述，我国对于行政给付纠纷的解决主要依托信访、仲裁、行政复议及行政诉讼形式。更多情况下，是通过信访和仲裁的形式来解决纠纷的，而采取行政诉讼解决纠纷的比率并不算高，且主要集中于劳动以及抚恤金发放领域。

首先在法律依据上，在我国社会保障法律体系中，并不存在一部统一的社会保障法，规范性文件的数量远远多于法律、行政法规，其在具体案件的审理过程中占有重要地位。而这些规范性文件一般仅仅关注到了行政给付领域某些方面的问题，注重的是局部和短期的效益，并未将行政给付领域的法规制定及政策选择作为整个社会制度的一环，同其他领域形成相互的关照。尽管在我国《宪法》中存有相关公民获得物质帮助的权利以及社会保障制度等相关规定，但在福利行政案件的司法审查中，援引《宪法》作为审判依据的案例尚不多见。其次，要想对行政给付案件作出妥当的判决，其前提基础就在于事实问题的认定，这往往要涉及对贫困程度的查明，对伤残程度的认定，相当程度上需依赖于在"专家统治论"之下的行政官员对事实问题的审查，涉及临床医学、劳动卫生、毒理学等诸多领域的专业知识。在我国行政给付案件的审理过程中，法院往往并非直接尊重行政机关的事实认定结果，而是径自重新作出事实认定判断，然后再进一步对行政机关的事实认定作出判断。同时，我国的行政给付案件中，主要存有合法性审查和合理性审查之分。法院主要对具体行政行为是否合法进行审查，而较少涉及合理性判断。

最后，根据我国《行政诉讼法》第七十三条规定，"人民法院经过审理，查明被告依法负有给付义务的，判决被告履行给付义务。"第七十四条规定："行政行为有下列情形之一的，人民法院判决确认违法，但不撤销行政行为：（1）行政行为依法应当撤销，但撤销会给国家利益、社会公共利益造成重大损害的；（2）行政行为程序轻微违法，但对原告权利不产生实际影响的。行政行为有三种情形之一，不需要撤销或者判决履行的，人民法院判决确认违法：（1）行政行为违法，但不具有可撤销内容的；（2）被告改变原违法行政行为，原告仍要求确认原行政行为违法的；（3）被告不履行或者拖延履行法定职责，判决履行没有意义的。"

对于行政给付案件的审查，需对程序是否合法作出判断，主要考虑是否逾越时限，是否履行了充分告知义务，是否说明理由等因素。例如，审查行政机关是否在社会保障金申请的法定期限内作出行政决定；在拒发或少发抚恤金、最低生活保障金时是否充分说明了决定理由。至于给付判决在未来究竟如何完善和细化，仍有待进一步的司法解释。

第二节　行政救助①

一、行政救助的概念与宪法基础

新千年后，中国迈入大国政治经济转型的关键期，如何在保证经济增长的同时实现社会平稳过渡，如何在继承我国特殊国情和经验的基础上，融汇西方先进思想，成为值得深入研究的话题。中国政府治理正经

---

① 本部分撰写人宋华琳。研究生曹雅静同学协助搜集整理资料，为本部分的撰写做了诸多基础性工作，在此谨致谢忱。

历着从"秩序行政"向"服务行政"的蜕变，随着社会转型、社会结构分层及利益的多元，在现代社会，贫困和失业等不再被认为是个人能力微弱的问题，而要求国家积极介入市民生活，以帮助生活贫困者和社会经济上的弱者，保障公民在社会生活中的尊严。社会保障制度作为"安全网"，发挥着日益重要的作用。[1] 2014 年通过的《中共中央关于全面推进依法治国若干重大问题的决定》指出，"加快保障和改善民生、推进社会治理体制创新法律制度建设。依法加强和规范公共服务，完善教育、就业、收入分配、社会保障、医疗卫生、食品安全、扶贫、慈善、社会救助和妇女儿童、老年人、残疾人合法权益保护等方面的法律法规。"2015 年 3 月国务院总理李克强作的《政府工作报告》明确提出，"民之疾苦，国之要事，我们要竭尽全力，坚决把民生底线兜住兜牢。"[2] 国务院常务会议曾提出，"要推动慈善与政府救助衔接互补，出台政府购买社会救助服务措施，发挥社工、志愿者等社会力量作用。"[3] 行政救助有助于保障公众的最低生活水平，保障公众的最基本福祉。

（一）行政救助的概念

行政救助是指行政主体依法对特定相对人予以救援与帮助，旨在给予有特殊困难或特定情况下的相对人以一定的物质帮助或救助，为其提供最低限度援助的行政给付行为。行政救助体现于对特困人员、受灾人员、残疾人、未成年人、老年人等群体的保护。

1. 行政救助与社会保障

在我国，较易混淆行政救助与社会保障行政的概念。社会保障一般是为了确保公民的生存权，由国家和社会提供的生活保障，包括社会保

---

[1] 宋华琳：《美国的社会保障申诉委员会制度》，《环球法律评论》2004 年春季号。

[2] 参见李克强：《政府工作报告——2015 年 3 月 5 日在第十二届全国人民代表大会第三次会议上》，http://www.gov.cn/guowuyuan/2015-03/16/content_2835101.htm?gs_ws=people_6356231159659618446。

[3] 参见中国政府网，http://www.gov.cn/guowuyuan/2014-12/31/content_2799117.htm。

险、社会福利、行政救助、劳动保护等内容，而行政救助是对陷入贫困、生存面临困难的公民提供最低限度的援助。因此社会保障涵盖范围相对更宽，行政救助的范围则相对更为限定。

2. 行政救助与给付行政

福斯多夫（Forsthoff，1902—1974）为德国行政法学界最早提出"服务行政"理论的学者，其提出的"生存照顾"彰显了现代国家行政任务重心的转型。① 某种意义上，给付行政是"指通过公共设施、公共企业等进行的社会、经济、文化性服务的提供，通过社会保障、公共扶助等进行的生活保护、保障，以及资金的交付、助成等，即通过授益性活动，积极地提高、增进国民福利的公行政活动。"因此给付行政的范围要比行政救助更宽，行政救助属于给付行政的一种重要且具体的形态。②

（二）行政救助的宪法基础

1929 年，我国学者罗隆基在《论人权》中即指出，"凡一切国民的水旱疾病灾疫的赈济，是国家在人权上的责任，不是政府对国民的慈善事业。这种责任，应在其他责任之先，因为生命是人权的根本。灾疫遍地的现状，是国家失职的证据。灾疫遍地而不能赈济，是国家在人权上没有担负责任的证据。"③ 可以从社会国理念、人权保障条款及获得物质帮助的权利等多维度，来理解我国行政救助的宪法基础。

1. 社会国理念

社会国理念入宪最早可追溯至法国 1793 年的《雅各宾宪法》第 21 条规定："每个社会都有给予其人民工作的义务，人民不能工作时，也有给予其生活之资的义务。"社会国（Sozialstaat）或者福利国理念是 19 世

---

① 参见陈新民：《公法学札记》，中国政法大学出版社 2001 年版，第 92—111 页。
② 参见王贵松：《支配给付行政的三大基本原则研究》，载刘茂林主编：《公法评论》第 1 卷，北京大学出版社 2003 年版。
③ 罗隆基：《论人权》，载刘军宁主编：《北大传统与近代中国：自由主义的先声》，中国人事出版社 1998 年版，第 158 页。

纪西方国家自由主义发展的结果，也反映了当时社会主义思潮的强大影响。① 在二战后，德国《基本法》第 28 条第 1 款第一句规定："各州的宪法制度必须符合《基本法》规定的共和、民主、社会和法治国家原则"。国家的任务在今日已不仅仅是不侵害个人权益。在社会国原则的要求下国家有必要创设一个使个人得以自我决定、自我发展、自我完成的前提环境。社会福利国家负有积极的作为义务。②

2. 人权保障条款

为了让公众能够过上健康的、有文化的、最低限度的生活，因此要给予"社会经济上的弱者"以生存权保障。生存权的目的在于保障人民能过上像人那样的生活以在实际生活中确保人的尊严；其主要是保护和帮助生活贫困者和社会经济上的弱者，是要求国家有所作为的权利。③

《中华人民共和国宪法》第三十三条第三款规定，"国家尊重和保障人权"。这意味着基本权利规范应拘束立法、行政与司法，对于那些宪法没有作出明示性规定但却非常重要的人权，同样也必须给予尊重和保障。④ 尽管我国宪法未明文规定"生存权"三字，但作为未列举权利的生存权，国家依然有尊重和保障生存权的义务。⑤ 生存权是人格尊严和基本人权的具体体现，这要求国家以生存照顾为底线，为公民提供最低程度的行政救助。行政救助制度的建构，将为公民生存权的保护提供制度性保障。⑥

---

① 参见龙晟：《社会国的宪法意义》，《环球法律评论》2010 年第 3 期。

② 参见蔡维音：《德国基本法第一条"人性尊严"规定之探讨》，《宪政时代》第 18 卷第 1 期。

③ 参见 [日] 大须贺明：《生存权论》，林浩译，法律出版社 2001 年版。

④ 参见林来梵、季彦敏：《人权保障：作为原则的意义》，《法商研究》2005 年第 4 期。

⑤ 见 [日] 杉原泰雄：《宪法的历史——比较宪法学新论》，吕昶、渠涛译，社会科学文献出版社 2000 年版，第 11 页。

⑥ 关于制度性保障理论，参见许志雄：《制度性保障》，《月旦法学》1995 年第 8 期。

行政救助的制度安排，某种意义上是对资源的再分配，是"分配正义"理念的具体化、制度化。宪法修正案在《宪法》第十四条中增加规定："国家建立健全同经济发展水平相适应的社会保障制度"，此规定直接对中央和地方各级政府提出了制度建构的任务，为行政救助制度的核心部分及相应实施提供了宪法层面的制度性保障。①

3. 获得物质帮助的权利

《宪法》第四十五条规定："中华人民共和国公民在年老、疾病或丧失劳动能力的情况下，有从国家和社会获得物质帮助的权利。国家发展为公民享受这些权利所需要的社会保险、社会救济和医疗卫生事业。国家和社会帮助残废军人的生活，抚恤烈士家属，优待军人家属。国家和社会帮助安排盲、聋、哑和其他有残疾的公民的劳动、生活和教育。"因此公民有获得物质帮助的权利，国务院先后制定了城市生活无着的流浪乞讨人员救助管理办法、法律援助条例、自然灾害救助条例、城市居民最低生活保障条例等行政法规，实际上在建构覆盖城乡的行政救助体系，以保障公民实现其获得物质帮助的权利。

二、行政救助的原则

国务院颁布的《社会救助暂行办法》第二条规定："社会救助制度坚持托底线、救急难、可持续，与其他社会保障制度相衔接，社会救助水平与经济社会发展水平相适应。社会救助工作应当遵循公开、公平、公正、及时的原则。"从学理的角度观之，行政救助应符合基本生活保障原则、辅助性原则、平等原则及信赖保护原则。

（一）基本生活保障原则

行政救助的首要目的是保障公民的基本生活。在各国的行政救助中，多以普遍型最低收入支持项目为轴心。例如日本《生活保护法》规定"本法所保障的最低限度的生活，必须是能够维持健康的、具有文化意义

---

① 参见任喜荣：《"社会宪法"及其制度性保障功能》，《法学评论》2013年第1期。

的生活水准之生活。"① 在我国，国务院颁布的《社会救助暂行办法》第一条规定"保障公民的基本生活"，第二条规定"坚持社会救助托底线……"。《城市居民最低生活保障条例》第三条则规定："城市居民最低生活保障制度遵循保障城市居民基本生活的原则"。

（二）辅助性原则

二战后，德国学者福斯多夫认为国家权力对个人的生存应该负有一种"补充性"责任，即只有当个人和社会不能凭借自身的力量来达到目的时，国家权力才可以介入。② 辅助性原则又称补充性原则。辅助性原则既承认个体的自我决定与自我负责优先，同时又承认个体仅凭自己的力量是不足的，只有通过社会关系和所在的共同体才能够得到充分发展，因此上位组织的协调（harmonization）、融合（integration）、凝聚（cohesion）和社会的团结（solidarity）也是必然的，而且符合辅助性原则的要求。③ 辅助性原则强调在救助领域，除了行政的作用外，个人自助有着重要的意义，此外各种社会团体或社会组织也在其间发挥重要的作用。④

辅助性原则在我国行政救助的立法中也有所体现，强调个人、家庭、社会在救助中的作用。例如《中华人民共和国残疾人保障法》第九条第一款规定："残疾人的扶养人必须对残疾人履行扶养义务。"该法第七条第二款则规定："国家鼓励社会组织和个人为残疾人提供捐助和服务。"我国《社会救助暂行办法》第七条规定："国家鼓励、支持社会力量参与社会救助。"《社会救助暂行办法》第五十二条规定："国家鼓励单位和个人等社会力量通过捐赠、设立帮扶项目、创办服务机构、提供志愿服务等方式，参与社会救助。"《社会救助暂行办法》第五十六条规定："社会

---

① 参见韩君玲：《日本最低生活保障法研究》，商务印书馆 2007 年版，第 189 页。
② 参见陈新民：《公法学札记》，法律出版社 2010 年版，第 39—41 页。
③ 参见毕洪海：《国家与社会的限度——基于辅助原则的视角》，《中国法律评论》2014 年总第 1 期。
④ 参见沈政雄：《社会保障给付之行政法学分析——给付行政法论之再开发》，元照出版公司 2011 年版，第 127 页。

救助管理部门及相关机构应当建立社会力量参与社会救助的机制和渠道，提供社会救助项目、需求信息，为社会力量参与社会救助创造条件、提供便利。"这些法律规范或是辅助性原则的生动体现。

（三）平等原则

《中华人民共和国宪法》第三十三条第二款规定："中华人民共和国公民在法律面前一律平等。"这可被视为是平等权的宪法规范，平等既是公法学的基本原则，也是公民的一项基础性权利。[①] 在现代社会，平等不仅要求法律适用层面的平等，更要求在制定法律规范时的平等。

就我国行政救助立法和政策的实体层面而言，存在着城乡差异、身份差异，例如存在城市最低生活保障制度和农村居民最低生活保障制度的差异，城镇居民医疗保险和城乡居民医疗保险之间的差异。在未来，应逐步消除这些差异，真正让救助法律制度体现权利平等、机会平等和规则平等，切实保障公民经济和社会权利。同时，当行政主体适用行政救助法律规范，作出具体的行政救助决定时，也应恪守平等原则，做到同等情况同等对待，不同情况不同对待。[②]

（四）信赖保护原则

行政法上的信赖保护原则，是指行政机关实施的某项行为导致一定的法律状态的产生，如果私人因正当的信任该法律状态的存续而安排自己的生产生活，国家对于私人的这种信赖应该提供一定形式的保护。信赖保护的宗旨在于保障私人的既得权，并维护法律秩序的安定性。[③] 保护私人既得权要求行政机关在行政救济中，当公共利益与私人利益发生冲突时以保护公民基本权利为出发点和宗旨，切实保障公民的既得利益。

---

① 参见林来梵：《从宪法规范到规范宪法：规范宪法学的一种前言》，法律出版社2001年版，第111、113页。

② 参见姜明安、余凌云主编：《行政法》，科学出版社2010年版，第75页（李洪雷撰）。

③ 参见李洪雷：《行政法上的信赖保护原则》，《公法研究》（第四卷），中国政法大学出版社2005年版，第73页。

维护法律秩序的安定性则要求，行政机关应当对符合条件的公民提供持续、有效、及时的行政救助。

从学理观之，对具有持续性效果的授益性行政行为，法律应给予更高的信赖保护。① 例如《日本生活保护法》第五十六条规定："对于被保护者，无正当理由，就已决定的保护不得进行不利的变更"。② 在我国，在"陈有球等55人与深圳市社会保险管理局关于补发、续发退休金行政争议案"中，广东省高院指出，"对于该实际做法的评判，应坚持保护行政管理相对人合法权益原则。如果被上诉人套机关工资标准调整的退休金数额少于按《深圳市社会保险暂行规定》第 30 条规定调整的数额，上诉人有权请求按《深圳市社会保险暂行规定》第 30 条规定计算不足退休金。如果算出来的退休金数额多于第 30 条规定调整的数额，根据信赖保护原则，已调整发给的退休金不再变动。"在此判决中，法院明确承认了信赖保护原则。③

三、行政救助的范围

根据国务院《社会救助暂行办法》的规定，可将我国行政救助的范围分为最低生活保障、特困人员供养、受灾人员救助、医疗救助、教育救助、住房救助、就业救助和临时救助八个方面。

（一）最低生活保障

最低生活保障相当于是对因贫困无法维持最低限度生活的人，提供行政救助，体现了行政救助中的基本生活保障原则。我国最低生活保障范围的确定，以家庭成员人均收入水平作为判断基准，保障收入低于当地"最低生活保障标准"的公民。《社会救助暂行办法》第九条规定：

① 参见〔日〕大桥洋一：《行政法学的结构性变革》，中国人民大学出版社 2008 年版，第 182 页。

② 参见韩君玲：《日本最低生活保障法研究》，商务印书馆 2007 年版，第 215 页。

③ 参见李洪雷：《行政法上的信赖保护原则》，《公法研究》（第四卷），中国政法大学出版社 2005 年版，第 100—105 页。

"国家对共同生活的家庭成员人均收入低于当地最低生活保障标准，且符合当地最低生活保障家庭财产状况规定的家庭，给予最低生活保障。"《城市居民最低生活保障条例》第二条第一款规定："持有非农业户口的城市居民，凡共同生活的家庭成员人均收入低于当地城市居民最低生活保障标准的，均有从当地人民政府获得基本生活物质帮助的权利。"

（二）特困人员供养

《社会救助暂行办法》将此前的农村五保供养和城市"三无"人员救助制度整合为特困人员供养制度。该办法第十四条规定："国家对无劳动能力、无生活来源且无法定赡养、抚养、扶养义务人，或者其法定赡养、抚养、扶养义务人无赡养、抚养、扶养能力的老年人、残疾人以及未满16周岁的未成年人，给予特困人员供养。"特困人员供养的内容包括提供基本生活条件；对生活不能自理的给予照料；提供疾病治疗；办理丧葬事宜。为尊重供养对象自主选择意愿，还规定了特困人员可以自行选择供养形式，既可以选择在当地的供养服务机构集中供养，也可以选择在家分散供养。①

（三）自然灾害救助

自然灾害是指由于自然异常变化造成的人员伤亡、财产损失、社会失稳、资源破坏等现象或一系列事件。据民政部2010年统计，近20年来，我国因遭受各类自然灾害每年平均死亡约4300人，倒塌民房约300万间。特别是2008年汶川特大地震，死亡和失踪人数达8.8万余人。②自然灾害具有不可抗拒、造成损失大、结果不可逆等特点，这要求行政机关主动对受灾人员进行救助。

《社会救助暂行办法》第二十条第一款规定："国家建立健全自然灾害救助制度，对基本生活受到自然灾害严重影响的人员，提供生活救助。"自然灾害救助措施主要体现为：第一，受灾地区人民政府应当在确

---

① 参见《社会救助暂行办法》第十九条。
② 《国务院法制办就〈自然灾害救助条例〉答问》，中国政府网，2010年7月14日，http://www.gov.cn/zwhd/2010-07/14/content_1654178.htm。

保安全的前提下，对住房损毁严重的受灾人员进行过渡性安置；第二，自然灾害危险消除后，受灾地区人民政府民政等部门应当及时核实本行政区域内居民住房恢复重建补助对象，并给予资金、物资等救助；第三，自然灾害发生后，受灾地区人民政府应当为因当年冬寒或者次年春荒遇到生活困难的受灾人员提供基本生活救助。①

（四）医疗救助

在医疗救助方面，不再区分城市医疗救助和农村医疗救助，而是做出统一制度安排。《社会救助暂行办法》第二十七条规定："国家建立健全医疗救助制度，保障医疗救助对象获得基本医疗卫生服务。"最低生活保障家庭成员、特困供养人员和县级以上人民政府规定的其他特殊困难人员，可以申请相关医疗救助。② 医疗救助的方式，可以是对救助对象参加城镇居民基本医疗保险或者新型农村合作医疗的个人缴费部分，给予补贴；也可以是对救助对象经基本医疗保险、大病保险和其他补充医疗保险支付后，个人及其家庭难以承担的符合规定的基本医疗自负费用给予补助。③ 此外，国家建立疾病应急救助制度，对需要急救但身份不明或者无力支付急救费用的急重危伤病患者给予救助。符合规定的急救费用由疾病应急救助基金支付。④

（五）教育救助

《未成年人保护法》第二十八条规定："各级人民政府应当保障未成年人受教育的权利，并采取措施保障家庭经济困难的、残疾的和流动人口中的未成年人等接受义务教育。"《社会救助暂行办法》第三十三条规定，"国家对在义务教育阶段就学的最低生活保障家庭成员、特困供养人员，给予教育救助。"对在高中教育（含中等职业教育）、普通高等教育

---

① 参见《社会救助暂行办法》第二十四、二十五、二十六条，《自然灾害救助条例》第十八、十九、二十一条。

② 《社会救助暂行办法》第二十八条。

③ 《社会救助暂行办法》第二十九条。

④ 《社会救助暂行办法》第三十二条。

阶段就学的最低生活保障家庭成员、特困供养人员，以及不能入学接受义务教育的残疾儿童，根据实际情况给予适当教育救助。教育救助根据不同教育阶段需求，采取减免相关费用、发放助学金、给予生活补助、安排勤工助学等方式实施，保障教育救助对象基本学习、生活需求。

（六）住房救助

住房既具有商品的属性，又具有公共物品的属性，这使得国家在住房政策中，要兼及考虑经济发展和权利保障的双重因素。① 国家对符合规定标准的住房困难的最低生活保障家庭、分散供养的特困人员，给予住房救助。住房救助通过配租公共租赁住房、发放住房租赁补贴、农村危房改造等方式实施。住房困难标准和救助标准，由县级以上地方人民政府根据本行政区域经济社会发展水平、住房价格水平等因素确定、公布。②

以公共租赁住房为例，根据《公共租赁住房管理办法》的规定，公共租赁住房是指限定建设标准和租金水平，面向符合规定条件的城镇中等偏下收入住房困难家庭、新就业无房职工和在城镇稳定就业的外来务工人员出租的保障性住房。申请公共租赁住房，其条件是：第一，在本地无住房或者住房面积低于规定标准；第二，收入、财产低于规定标准；第三，申请人为外来务工人员的，在本地稳定就业达到规定年限。③

（七）就业救助

国家对最低生活保障家庭中有劳动能力并处于失业状态的成员，通过贷款贴息、社会保险补贴、岗位补贴、公益性岗位安置等方式，给予就业救助。县级以上地方人民政府应当采取措施，对于最低生活保障家庭中有劳动能力的成员均处于失业状态的，确保该家庭至少有一人

---

① 参见凌维慈：《公法视野下的住房保障》，上海三联书店 2010 年版，第 160 页。
② 参见《社会救助暂行办法》第三十七、三十八、三十九条。
③ 参见《公共租赁住房管理办法》，住房和城乡建设部第 11 号令，2012 年 7 月 15 日起施行。

就业。①

(八) 临时救助

《社会救助暂行办法》对临时救助制度的功能定位、对象范围、实施程序等作出了规定，明确对因火灾、交通事故等意外事件，家庭成员突发重大疾病等原因，导致基本生活暂时出现严重困难的家庭，或者因生活必需支出突然增加超出家庭承受能力，导致基本生活暂时出现严重困难的最低生活保障家庭，以及遭遇其他特殊困难的家庭，给予临时救助。②

四、行政救助基准的制定

(一) 裁量基准

行政裁量的目的在于实现个案正义，因此裁量原则上是"个案裁量"。但行政实践中上级行政机关常常就裁量的事项，以执法手册、工作指南、纲要等方式。制定统一的标准，作为执法人员行使裁量权的依据。这被称为裁量基准。其意义在于为了防止因执法人员能力的不足或差异，使得行政活动有失公允。裁量基准通常就是裁量事项中相同或者相类似的事项作一般性的规定，使得执法人员遇到相同或者相类似的事项作相同或类似的处理。裁量基准的制定，不能违背授权的目的，不得超出法律规定的幅度以及职权范围。

(二) 行政救助中的裁量基准

之所以要设定裁量基准，是因为当行政法律规范没有提供"要件—效果"之间关联性的规定，或者根据这样的关联性规定无法获得处理具体行政案件时所需完整判断标准时，行政救助机关需要去按照立法者意图，在行政法律规范所预定的范围内，以"要件—效果"关联性规定的

---

① 参见《社会救助暂行办法》第四十二条、第四十三条。
② 参见《社会救助暂行办法》第四十七条。

形式来设定判断基准。①

　　裁量基准对行政救助政策的实施具有直接的意义。它有利于本地方或本系统的救助政策能保持一定的灵活性，能切合本地或本系统的具体情况；同时还有利于本地方或本系统执法能具有一定的连贯性，让救助决定保持相对统一的尺度。针对情节、性质、事实、后果基本相同或者相似的情况，应处以基本相同的行政决定。②

　　在行政救助政策的实施过程中，行政机关要认定申请人是否符合特定的要件。以城市居民最低生活保障行政领域为例，民政部门要认定申请人是否是持有非农业户口的城市居民，判断其共同生活的家庭成员人均收入是否低于当地城市居民最低生活保障标准，并进一步判断其是"尚有一定收入"，还是"无生活来源、无劳动能力又无法定赡养人、扶养人或者抚养人"，区分相应情况给予不同的城市居民最低生活保障待遇。③ 在以上的事实认定环节中民政部门具有相应的裁量权。因此有必要引入裁量基准，来实现行政裁量权的自我拘束。

　　但是在行政裁量基准的实施实践中，存在着行政救助管理方式滞后，调查审核机制不规范，基层审核机构人员专业化素质有待加强，财政资金无法满足所有适格申请者请求等问题。例如在实践中存在基于人情考量来决定受救助人资格的现象。在有的情况下，"上边有钱就发，没钱就不发"，行政相对人不知道究竟在何时才能获得行政救助，常常"等米下锅"。这些都制约了裁量基准的有效适用。④

---

① 参见朱芒：《日本〈行政程序法〉中的裁量基准制度——作为程序正当性保障装置的内在构成》，《华东政法学院学报》2006年第1期；王天华：《裁量标准基本理论问题刍议》，《浙江学刊》2006年第6期。

② 参见宋华琳：《基层行政执法裁量权研究》，《清华法学》2009年第3期。

③ 参见宋华琳：《基层行政执法裁量权研究》，《清华法学》2009年第3期。

④ 参见胡敏洁：《社会福利领域中的裁量与规则——基于〈城市最低生活保障条例〉的分析》，《浙江学刊》2011年第2期。

五、行政救助的程序

(一) 行政救助程序制度概况

在我国，行政救助程序制度主要包括申请与受理、调查、民主评议、审核审批、发放、动态管理六个环节。

1. 申请与受理

除自然灾害救助等少数情况外，行政救助多为依申请行政行为。行政救助应以申请人的申请为前提。申请人应向适格主体提出救助申请，适格主体可能包括基层人民政府、街道办事处等机构。例如《社会救助暂行办法》第十一条第一款规定申请最低生活保障"由共同生活的家庭成员向户籍所在地的乡镇人民政府、街道办事处提出书面申请……"。《社会救助暂行办法》第三十条规定："申请医疗救助的，应当向乡镇人民政府、街道办事处提出，经审核、公示后，由县级人民政府民政部门审批。最低生活保障家庭成员和特困供养人员的医疗救助，由县级人民政府民政部门直接办理。"

2. 调查

行政救助机关作出决定时，需要一定的信息来确定申请人是否符合救助资格。此信息可以来自申请人的申报，但申请人在申报中可能存在欺诈、隐瞒事实等现象，因此需要行政机关对申请人是否适格展开调查。当通过审核申请材料即可认定事实，作出决定时，行政机关不一定需要展开调查。换言之，行政机关具有决定是否启动调查的裁量权。根据《社会救助暂行办法》第五十九条的规定："县级以上人民政府社会救助管理部门和乡镇人民政府、街道办事处在履行社会救助职责过程中，可以查阅、记录、复制与社会救助事项有关的资料，询问与社会救助事项有关的单位、个人，要求其对相关情况作出说明，提供相关证明材料。有关单位、个人应当如实提供。"

行政调查可以以多种方式展开，行政相对人有接受调查并如实提供相关信息的义务。调查申请人家庭经济状况和实际生活情况的方式包括：(1) 信息核对。乡镇人民政府（街道办事处）通过县级以上人民政府民政部门与公安、人力资源和社会保障、住房城乡建设、税务、金融、工商等部门和机构，对低保申请家庭的户籍、车辆、住房、社会保险、养老金、存款、证券、个体经营、住房公积金等收入和财产信息进行核对，并根据信息核对情况，对申请人家庭经济状况声明的真实性和完整性提出意见。（2）入户调查。调查人员到申请人家中了解其家庭收入、财产情况和吃、穿、住、用等实际生活状况；根据申请人声明的家庭收入和财产状况，了解其真实性和完整性。（3）邻里访问。调查人员到申请人所在村（居）委员会和社区，走访了解其家庭收入、财产和实际生活状况。（4）信函索证。调查人员以信函方式向相关单位和部门索取有关证明材料。（5）其他调查方式。①

3. 民主评议

并非所有行政救助决定都需民主评议程序。民政部 2012 年印发了《最低生活保障审核审批办法（试行）》，在最低生活保障行政中引入了民主评议程序。② 在最低生活保障行政中，当家庭经济状况调查结束后，乡镇人民政府（街道办事处）应当在 5 个工作日内，在村（居）民委员会的协助下，以村（居）为单位对申请人家庭经济状况调查结果的客观性、真实性进行民主评议。这旨在借助熟悉申请人情况之人，通过商谈讨论程序，帮助救助机关确认事实，确认申请人是否符合受领低保资格的条件，保障最低生活保障行政决定的公正公平。

根据《最低生活保障审核审批办法（试行）》的规定，民主评议的程序包括：（1）宣讲政策。乡镇人民政府（街道办事处）工作人员宣讲低保资格条件、补差发放、动态管理等政策规定，宣布评议规则和会议纪律。（2）介绍情况。申请人或者代理人陈述家庭基本情况，入户调查人员介绍申请家庭经济状况调查情况。（3）现场评议。民主评议人员对

---

① 参见《最低生活保障审核审批办法（试行）》（民政部，民发［2012］220 号）第十九条的规定。

② 参见《最低生活保障审核审批办法（试行）》（民政部，民发［2012］220 号）第五章的规定。

申请人家庭经济状况调查情况进行评议，对调查结果的真实性和完整性进行评价。（4）形成结论。乡镇人民政府（街道办事处）工作人员根据现场评议情况，对申请人家庭经济状况调查结果的真实有效性作出结论。（5）签字确认。民主评议应当有详细的评议记录。所有参加评议人员应当签字确认评议结果。对于对民主评议争议较大的低保申请，乡镇人民政府（街道办事处）应当重新组织家庭经济状况调查核实。①

4. 审核审批

以最低生活保障行政为例，审核审批程序大致包括：乡镇人民政府（街道办事处）根据家庭经济状况信息核对、入户调查、民主评议等情况，对申请家庭是否给予低保提出建议意见，并及时在村（居）民委员会设置的村（居）务公开栏公示入户调查、民主评议和审核结果。公示期为 7 天。公示结束后，乡镇人民政府（街道办事处）应当将申请材料、家庭经济状况调查结果、民主评议情况等相关材料报送县级人民政府民政部门审批。县级人民政府民政部门应当自收到乡镇人民政府（街道办事处）审核意见和相关材料 5 个工作日内提出审批意见。拟批准给予低保的，应当同时确定拟保障金额。

5. 发放

《社会救助暂行办法》第二条第二款规定："社会救助工作应当遵循公开、公平、公正、及时的原则。"应遵循便民、及时的原则，结合不同行政救助类型，结合不同地区情况，来设定行政救助的发放形式和发放途径。例如最低生活保障待遇的发放主要是以低保金的形式发放，而自然灾害行政救助就可能涉及资金和物资的救助。行政救助应按时、足额发放，以保障受救助人的基本生活需求。例如《城市居民最低生活保障条例》第八条规定，城市居民最低生活保障待遇由管理审批机关以货币形式按月发放。

---

① 参见《最低生活保障审核审批办法（试行）》（民政部，民发〔2012〕220 号）第二十三、二十四条。

6. 动态管理

行政救助的标准应随着时间的推移，应与经济社会发展水平的变化及物价变动情况相适应。[1] 例如《社会救助暂行办法》第十条第一款规定："最低生活保障标准，由省、自治区、直辖市或者设区的市级人民政府按照当地居民生活必需的费用确定、公布，并根据当地经济社会发展水平和物价变动情况适时调整。" 2014 年初，国家发展与改革委员会、民政部、财政部、人力资源和社会保障部、国家统计局联合下发通知，要求各地在 2014 年 3 月底前完善社会救助和保障标准与物价上涨挂钩的联动机制。这样的设计初衷是通过动态管理，以满足被救助人的实际基本生活需求。

行政救助的动态管理，也体现于对行政救助的后续监督管理。当被救助人条件发生变化时，应及时查明事实，并对行政救助决定作出必要的变更。例如《最低生活保障审核审批办法（试行）》第三十二条规定"低保家庭应当向乡镇人民政府（街道办事处）定期报告家庭人口、收入和财产状况的变化情况。""乡镇人民政府（街道办事处）应当根据低保家庭成员和其家庭经济状况的变化情况进行分类复核，并根据复核情况及时报请县级人民政府民政部门办理低保金停发、减发或者增发手续。"

（二）简化行政救助程序的可能性

在实施行政救助政策，作出救助决定的过程中，基层机构及人员每年可能要处理数以千计乃至万计的个案，他们也成了针对特定情形输入认定的事实和相应的法条、输出行政决定的"决策工厂"（decision-makingfactories）。[2] 过于正式化的程序设计可能会加大行政成本，造成行政过程的"阻滞"，阻碍行政任务的实现，不利于及时保障行政相对人福祉。

---

[1]　参见《社会救助暂行办法》第二条第一款。

[2]　参见 Mark Bovens & Stavros Zoundis, From Street-levelto System-level Bureaucracies: How Information and Communication Technology is Transforming Administrative Discretion and Constitutional Control, 62 Public Administration Review 174, 175 (2002)。

从比较法的角度看，出于行政效率的考量，《德国联邦行政程序法》第10条第2句规定行政程序应力求简单和合乎目的。欧洲行政法则认为，行政程序的简化与迅速是法律安定性原则的要求，程序若持续时间过长将危及法律关系的安定，要求行为的时限应和所实现的目标相适应。①

行政救助制度是为了保障濒临生活危机的公民拥有最低限度的生活，亟待行政救助的行政相对人在社会经济生活中处于弱势地位，因此行政救助对他们而言可谓雪中送炭。这要求在行政救助的程序设计中，不仅要注重对事实的查明，还应尽可能简化行政救助程序，从而降低行政成本，提高行政效率，让相对人及时获得救助。例如《社会救助暂行办法》第四十八条规定："申请临时救助的，……救助金额较小的，县级人民政府民政部门可以委托乡镇人民政府、街道办事处审批。情况紧急的，可以按照规定简化审批手续。"在未来，应明确对于怎样的事项，在怎样的条件下，可以简化行政救助程序。但在简化行政救助程序的情况下，如何设计最为基本、最为必要的程序装置，以保障"最低限度的公正"，成为未来需要进一步探研的课题。

（三）行政救助中的说明理由

行政行为说明理由是良好行政所应秉承的原则，有助于实现行政主体的自我拘束，有助于保障行政相对人程序权利和救济权利的实现。② 当行政主体作出拒绝行政相对人救助申请的决定时，作为侵益性行政决定，行政主体应以书面方式说明拒绝救助申请的理由。例如《社会救助暂行办法》第十一条第三项规定："县级人民政府民政部门经审查，对符合条件的申请予以批准，并在申请人所在村、社区公布；对不符合条件的申请不予批准，并书面向申请人说明理由。"

在我国，行政行为或欠缺理由说明，或理由说明不够充分。理想的理由说明，应对法律问题、事实问题和裁量问题予以说明。当行政救助

---

① 参见宋华琳：《基层行政执法裁量权研究》，《清华法学》2009年第3期。
② 参见宋华琳：《英国行政决定说明理由研究》，《行政法学研究》2010年第2期。

机关做出拒绝申请人申请的决定时，多是因为救助申请不符合救助条件，在此情况下，应对事实问题作出充分说明，说明足以影响行政救助决定的事实，或说明作为作出、改变和废除行政救助行为依据的事实。① 为此，需要说明行政救助机关在作出决定的过程中，所进行的调查结果，民主评议的结果，认定证据时的主要考虑。

此外，当行政救助机关给予了申请人行政救助，但未能完全满足申请人的请求时，应向申请人说明理由，说明行政救助机关在做出决定时考虑的因素。

六、行政救助的救济

我国行政救助的救济主要包括行政复议和行政诉讼。

（一）行政复议

根据《中华人民共和国行政复议法》第六条第十项的规定，对于申请行政机关依法发放抚恤金、社会保险金或者最低生活保障费，行政机关没有依法发放的，可以申请行政复议。根据该法第六条第十一项规定，认为行政机关的其他具体行政行为侵犯其合法权益的，可以申请行政复议。国务院颁布的《社会救助暂行办法》第六十五条规定："申请或者已获得社会救助的家庭或者人员，对社会救助管理部门作出的具体行政行为不服的，可以依法申请行政复议或者提起行政诉讼。"因此对行政救助机关做出的行政行为不服的，可以依法申请行政复议。

（二）行政诉讼

2014 年修订的《行政诉讼法》扩大了行政诉讼的受案范围。根据新《行政诉讼法》第十二条第十项的规定，认为行政机关没有依法支付抚恤金、最低保障待遇或者社会保险待遇的，可以提起行政诉讼。根据新《行政诉讼法》第十二条第六项的规定，申请行政机关履行保护人身权、财产权等合法权益的法定职责，行政机关拒绝履行或者不予答复的，可

---

① 参见章剑生：《行政行为说明理由判解》，武汉大学出版社 2000 年版，第 78 页。

以提起行政诉讼。这是以成文法化的列举形式，规定了部分行政救助行为的可诉性。此外，《行政诉讼法》第二条第一款规定，"公民、法人或者其他组织认为行政机关和行政机关工作人员侵犯其合法权益，有权依照本法提起诉讼。"因此，在大多数情况下，行政相对人可针对行政救助行为提起行政诉讼。